浙江文獻集成

李慈銘日記

第十四册

光緒十七年六月十三日起
光緒二十年正月初一日止

〔清〕李慈銘 著
盧敦基 主編
何勇强 副主編

浙江大學出版社
ZHEJIANG UNIVERSITY PRESS
·杭州

本册目録

光緒十七年六月十三日至光緒二十年正月初一日
（1891年7月18日—1894年2月6日）

荀學齋日記後戊集之上

附録

荀學齋日記後丙集之上

光緒十七年六月十三日至十二月十二日(1891年7月18日—1892年1月11日)

光緒十有七年辛卯六月十三日乙巳　晴,酷熱。撰學海堂六月課諸生策問兩道,一問漢、唐石經異文異義,一問《漢書·地理志》《續漢書·郡國志》誤文隱義,爲之終日屏營。余壽平編修以得江右試差來謁。陶生譽光自山左來試京兆。得張朗齋尚書書。子培來夜談。陶生饋樂陵棗兩匣,阿膠兩封。夜酷熱不解,而月佳甚,袒卧床上,開窗看之。

十四日丙午　晴,酷暑益甚。作書致季士周,并三書院課題三紙。蔡癯客來,以所作制義名《燼餘文樸》一册見質。余壽平來。今日須詣東直門驗米,以毒熱不敢出,命僕吴升往,偕書吏放行。竟日閲《有學集》詩,自《秋槐集》至《東澗集》訖。命僧喜拜子貞弟首七,送楮錢萬。晚有凉風,夜月甚皎。

邸鈔:以右春坊右庶子吴講轉補左春坊左庶子,以翰林院侍讀秦澍春爲右庶子。

十五日丁未　晴,酷熱,微有風,傍晚微陰。上午答賀余壽平,詣邑館,共敦夫、蕺子、介夫談,至午歸。得陳星白常夏義烏學署四月三十日書,文采駢麗,近時佳手也。余壽平來求策題,即以前日所撰兩問目付之。新授山東督糧道恩叔涵恩燾來,臺中同寮也。夜初更密雨,竟夕淅瀝時作。

閲《有學集》。蒙叟卒於康熙甲辰,年八十三,其詩以《癸卯病榻消寒雜詠》四十六首終,而末二首爲甲辰元日作，其首句云『新年八十又加三』，此後無詩矣。蒙叟一生首鼠，晚益決裂。高宗純皇帝御製詩有云：『進退都無據，文章那有光。』大哉王言，誅伐至當。今閱是集，其蒙面喪心，鬼蜮萬狀，有真出情理外者。其於國朝年號、國號、列聖廟號，皆無一字及之。爲王文通永吉、王文安鐸兩人墓志，皆不明言其入仕本朝，亦不載贈謚恤典。其《續諱辨》爲歸元恭作，言古人於時君之名不避，元恭『元』字本作『玄』，時人見其姓字即知其名，近日人與之書忽改稱元恭，爲之驚駭。此生而致死之，爲不仁之尤，故仍稱本字云云。蓋其時已康熙初年，故人爲避御名作『元』，而蒙叟以爲不必避。《贈地師愚山子序》謂遼、薊以外，不入天文分野，可謂無君之甚矣。

《建文年譜序》謂文皇帝之至仁、讓皇帝之至德，三百年臣子皆不能知。文皇帝果有分豪利天下之心，豈不知孺子之未焚，豈不知亡人之在外？以帝之神聖，苟欲滅此朝食，窮鱗弱羽，遁將安之？乃明知其朝黔夕楚，而胡濙之訪張邋遢，捨人而求諸仙，迂其詞以寬之；鄭和之下西洋，捨近而求諸遠，廣其塗以安之。藥燈之詛咒，薙染之藉手，彼髠之罪，百倍方、黄。以榮國榻前一語，改參夷而典僧録，其釋然於溥洽，昭於中外者，所以慰藉少帝之心，而畀之以終老也。文皇帝之心，高皇帝知之，興帝當作興宗或康帝。知之，天地鬼神知之。三百年之臣子安處華夏，服事其聖子神孫，尚論懵如，而文皇帝之心事晦昧終古，此則可爲痛哭者也。其言可謂無是非之心。至論讓皇帝之至德，則謂帝苟有分毫不忘天下之心，憑仗祖德，依倚民懷，散亡可以收合，蠻夷可以扇動，衛世子之焚臺，衛太子之詣闕，誰能非之？既云文皇神聖，遁將焉往，又云建文可以收合散亡，明是遁辭，不顧矛盾。且焚臺是子路助出公言，欲焚臺以懼太子，非太子焚臺；詣闕者成方遂非戾太子，皆故謬其辭，此所謂好惡拂人之性也。

《劉文端一燝墓志》《許祭酒士柔墓志》皆極情自言在萬曆中爲清流眉目，負翰林重望。《李忠文墓志》言忠文與交最摯，癸未忠文北上時，執手流涕，以東南事屬之，且重託以左寧南，謂爲名將，可與共事，入都後復郵書申言之。鄒漪《啓禎野乘序》言黄石齋臨致命時，謂虞山公尚在，國史猶未死也。以負罪苟生、身名瓦裂之日，猶强顔騰口，自附名賢，可謂無羞惡之心，全謝山譏其爲瞿福桂是集如此稱。《浩氣吟序》顔甲千重，可爲一歎者，此類蓋不知凡幾也。

至其《高會堂詩集》中《贈雲間顧觀生秀才有序》云：『崇禎甲申，皖督貴陽公抗疏經畫東南，請身任大江以北援剿軍務，南參贊史公專理陪京，兼制上游，特命余開府江浙，控扼海道。三方鼎立，綽有成算。拜疏及國門，而三月十九日之難作矣。顧秀才實在貴陽幕下，與謀削稿。丙申順治十三年。陽月，余游雲間，許玠孚爲余言，始知之，請與相見。撫今追昔，慨然有作。讀予詩者，當憫予孤生皓首，亦嘗闌入局中，備殘棋之一著。而貴陽賓主苦心籌國，楸枰已往，局勢宛然，亦將爲之俯仰太息，無令泯没於斯世也。』則以游士無稽之語，追頌大奸負國之功。其當日鼠竄南都，附和馬、阮，容臺建議，貢媚逢君，不啻自發其覆矣。無論此舉爲事所必無，蒙叟雖竊重名，亦未有以經濟許之者。貴陽奸黠之尤，果有此疏，當並仕留都，時方共賣恩市黨，何不舉以相告？蓋蒙叟底藴，早爲士英窺破，禮卿一席，不過以供諂媚，等於倡優畜之。乃既久歷滄桑，窮奇骨朽，顧觀生以江湖遊乞，感凶人豢養之恩，妄造讕言，以媚老物。蒙叟明知其僞，公相欺謾，冀以惑亂後生，顛倒白黑。至稱之爲苦心籌國，尤爲昧良無耻。其餘牴牾觸犯，不一而足。

是集雖奉明旨嚴禁，而自來推爲文章大家，故藏之者甚多。都下八旗貴官世家，每樂道其書，共相珍秘。其詩集爲遵王所注者，近年有翻刻本。余故辭而闢之，以著其獲罪之大，益足見高廟諭旨惟斥其詭譎向背，首尾兩端，不深窮其魑魅之狀，所以爲聖人之大也。

其《黄氏千頃齋藏書記》有云：莆陽曾裔雲在史館親見謝承《後漢書》爲德清少師携去，案：此謂方從哲。閻百詩記傳青主語則謂在山西，皆不足信。余問之其後人，不可得。富順熊南沙爲文言有桓譚《餘論》，屬直指使者訪之，而不可得。慶陽李司寇家有《西夏實録》，其子孔度屢見許而不可得。此等則足以廣異聞耳。

十六日戊申　晴暑霒靆，鬱溽尤甚。儲濟倉請詣門驗放正白旗包衣甲米，以暑甚路濘，且時已遲，託載侍御代放。弢夫來。陳鑑卿挹清來辭行，贈以朱提二金，棗餅兩合。得余壽平書。節孝張太恭人生日，饋素饌及瓜果，晡後畢事。華亭張縣令茂貴爲其生母苗太宜人受吊，送京錢十二千爲奠。夜初雲合，後稍開霽，月出。是夕望。二更後雨作，瀧瀧達旦，枕畔聽之，蕭槭萬狀。

十七日己酉　晨大雨滂沱，已稍稀，旋復涔沛，竟日亘夕。床床屋漏，又有去年之懼。太平倉又來請放米。如此淋淖，可惡甚矣。命僕吴升往，同書吏放行，賞以車錢十二千，至夜一更始歸。竟日閲《有學集》。夜密雨，二更後益甚，壁濕燈昏，爲之不寐。至五更後雨聲稍止。是夕凉如秋中。

十八日庚戌　午正三刻四分大暑，六月中。是日中伏。晨陰，旋日出，午微陰暑溽，下午晴，景復烈，晡後有風自西，稍覺澄爽。作書致弢夫，索還舊著《霞川花隱詞》及《歷代名人年譜》，得復。作書致子培，索還鈔本《秦邊紀略》，得復。太平、儲濟兩倉來請放米，以道濘不可行，再命吴升往。以中伏，薦西瓜、甘瓜於寢。竟日閲《有學集》。得余壽平書。夜初仍有雲，月出漸霽。夜判牘三道，查倉放米等事。書吏、花户，盤互固結，弊不勝究，略盡我心而已。

邸鈔：御史英樸升刑科給事中。

十九日辛亥　晴陰相間。族弟子貞明日開吊，詒以藍呢輓障一，文曰『又弱一个』。掌浙江道伊御史伊薩本以十六日卒，今日來訃，送奠儀四千。上虞人杜際辰來謁，以赴京兆試寓先賢祠。閱《有學集》。傍晚微雨，晚雨漸密，夜初雨甚，至一更後稍止。

邸鈔：上諭：王文韶等奏營員受賄，聽糾攻破土寨，請旨懲辦一摺。據稱雲南猛參土目罕榮先與猛角猛董土目罕榮高挾嫌構衅，罕榮先欲向參將鮑虎請兵攻打兩猛，因句串提督吴占勝之差弁已革把總李廷先，賄通文案貢生賀緒文爲之主謀，許給該參將等銀兩，訂立合同。鮑虎遂私帶兵團，攻破猛角，肆行虜掠。當經飭派道員劉春霖馳往查辦，安撫土目人等，一面提集鮑虎等，追出虜獲物件，給還該寨，並追出贓銀，撫恤難民，將要犯李廷先就地正法，土目罕榮高及兩猛民人均已帖然歸業等語。此案參將鮑虎身充哨官，膽敢受賄聽糾，擅帶防兵攻破土寨，並擄獲多贓，實屬大干法紀，著革職即行正法，以昭炯戒。貢生賀緒文即賀仲壽主謀立約，外委孫占定、楊有才隨同立約，分受贓物，均著即行斥革。該三犯現均在逃，著即通飭所屬，並咨行各該犯原籍，一體嚴拏，務獲正法，毋任漏網。都司劉朝聘、把總梁玉庭、周洪泰附和立約，尚未分贓，均著革職，永不敘用。都司潘體治、蕭玉春等會同列名，均著一併革職。記名提督吴占勝身爲管帶，不能約束將士，於李廷先等串謀攻寨等事漫無覺察，致釀巨案，實屬咎有應得，現已病故，著即行革職，以示懲儆。

二十日壬子　晨陰，巳後霢霂蒸溽，午雨漸作，下午密雨，晡後稍止。宗文宿饋六安茶兩筒，黄精一匣，墨一合，新修《壽州志》一部，受茶一筒，作書還之。張姬、僧喜俱詣子貞家吊，以明日出殯永定門外也。閱《有學集》。再得文宿書，仍送書物，又以滁樓師所著《四書體味録》殘稿一册見詒，受之，并《壽州志》及茶一銙，犒使四千。傍晚稍霽，坐庭中小飲微醉。爲子培、載義門及僧喜書便面。晚微見夕景，得絶句一首。夜又小雨，爲花農書便面。此扇閣之三四年矣，今日忽了之，亦一快也。

夏日雨後晚興偶得二十字

雨過喜晚晴，槐柳團我屋。一面斜陽黄，三面樹陰緑。

邸鈔：上諭：前據御史文郁奏參烏里雅蘇臺將軍托克湍於赴任時勒索臺站、騷擾地方情事，當諭令奎斌確查具奏。旋據托克湍自行檢舉，請交部議罪。並據奎斌查明，委員吉通有收受各臺銀兩，請送部嚴究。復經先後諭令，都統確查研訊，並將家人陳有嚴拏到案，徹底根究。兹據奎斌奏稱查明托克湍被參各款，提訊吉通及家人平安、張有等供認，該將軍勒索騷擾等事均有實據，請旨分别懲辦等語。此案烏里雅蘇臺將軍托克湍於經過臺站時，竟有折收羊價禮銀，縱容屬員家人攬貨分肥、勒派駞馬，復揑造家人陳有之名，希圖卸罪，實屬貪黷營私，辜恩溺職。托克湍著即行革職，仍追繳贓銀，分别入官還主。已革驍騎校吉通著從重發往新疆充當苦差。所有分受贓銀之家人平安、張有，均照擬懲辦。另片奏酌擬章程、整頓臺站等語，即著該都統悉心酌核，妥議具奏。

二十一日癸丑　晴，酷熱。早起見昨夜爲花農所書扇，首有兩行摺疊未開，爲補寫昨詩，即作片送之。陶子方中丞模來。午飯後詣東直門外，驗放正白旗包衣甲米一千六百餘石。是日衢中有積水，由驢市胡同出朝陽門，循城而行，傍晚歸亦如之。得花農書，并以園中新開梔子花十朵相詒。蔡癯客來。蕚庭來。夜初小坐庭中，倦甚早卧，至四更後始起飯，飯畢已曙色矣。

二十二日甲寅　晴，酷暑益甚。爲義門便面作緑杉野屋小景。午飯後復詣東直門驗米一千六百餘石，順道由錫鑞胡同訪王廉生，暢談小食，以前所借《建炎以來朝野雜記》還之。傍晚歸，覺中暍甚憊，不食。王芾卿來。弢夫來。夜卧閲《居易録》。

邸鈔：命内閣侍讀學士金保泰錢唐人，辛未。爲江南正考官，編修李盛鐸江西德化人，己丑。爲副考官；劉世安鑲黄旗漢軍人，己丑。爲陝西正考官，修撰吴魯福建晉江人，庚寅。爲副考官。江南正考官自同治丁卯劉有銘始以四品卿得之，前年戊子李文田以學士小考差得之，尤爲僅事，今更出意外矣。以察哈爾副都統永德爲烏里雅蘇臺將軍，照例馳驛前往。以福建布政使劉樹堂調補浙江布政使，新授布政使賈致恩方入都陛見，病死。以山西按察使潘駿文爲福建布政使，以廣西右江道張汝梅爲山西按察使。劉樹堂，雲南保山人，監生；潘駿文，安徽涇縣人，諸生；張汝梅，河南密縣人，軍功，皆朝隮驟見。然以賈易劉，猶吾浙之福也。右贊善李殿林轉補左贊善，編修李培元升右贊善。詔：本日補行引見之新進士户部七品小京官侯維鵬著以原班用。

二十三日乙卯　晴，酷暑。剃頭。

竟日不快，卧閲《道援堂集》。凡詩十二卷，詞一卷，前有毛西河及吾越周炳曾、嘉興徐嘉炎三序。徐序言是集爲其從孫掄三所選刻，非全集也。翁山忽釋忽儒，蹤迹詭幻，而詩才磊坷，實有過人處，惟意在吊奇，自託遺民，言不由衷，故多枝語。如《戊辰元日作》云：『憶昔先皇帝，元年此戊辰。久無王正月，徒有漢遺臣。草野私哀痛，漁樵愧隱淪。千秋殉宗社，血淚更何人。』『鷄鳴肅冠服，北面拜威皇。弓劍長如在，園陵不敢忘。元年猶此日，正朔更何方。有恨遺臣庶，哀思淚幾行。』二詩看似忠憤勃發，然其時已爲康熙二十七年。翁山非明之世家，未霑寸禄，當崇禎改元之歲，尚在童齔，何以滄桑久易，四海永清，忽念先朝，發此深痛？我朝應天順人，命曆攸歸，奉朔尊王，人無異望，得統之正，遠過有明。乃云『久無王正月』，又云『正朔更何方』，不特顯爲違悖，其立言之指，亦甚不通。至『元年猶此日』五字，更爲費解。且既曰『徒有漢遺臣，血淚更何人』，又曰『有恨遺臣庶，哀思淚幾行』，兩首之中複沓矛盾。『漁樵愧隱淪』，所愧者何事？『園陵不敢忘』，不忘者何爲？皆無聊凑足之語。蓋詩以道性情，其情僞者，詞必枝也。乾隆時有旨禁行，高宗聖矣哉。是集至今亦多奉爲枕秘，幾與《初學》《有學》兩集等，余故揭而著之。《江左三大家集》有錢，《嶺南三大家集》有屈，皆坊刻也，中皆去其觸犯忌諱之作。余自童時，每見一都之市皆賣其書，十家之塾必有其書，蓋東南間傳誦已久，朝廷之功令不能勝也。兩家詩文集之奉嚴禁，蒙叟出處披猖，獲罪聖朝，人多知之；翁山終身處士，外間所行，多非全集，其干犯之由，世鮮能知也。

芾卿來，言潘文勤夫人乞余爲文勤墓志銘，以日記兩册見示。感念存没，爲之愴然。余壽平來，夜令僧喜見之。

邸鈔：江西南昌府知府崔國榜升廣西右江兵備道。

二十四日丙辰　晨陰，上午晴，酷暑。晨詣慧叔家視其子姪，以慧叔明日葬於西便門外三里楊枋店先人之邃也。又詣其比鄰韓子喬編修小坐，復詣介唐、敦夫、子獻談。賀王蕺子以江蘇道員用、宗文宿以安徽知州用，俱不值，午後歸。得僧慧五月二十三日柯山書。得四弟婦是月十五日書、鳳妹書、嘯巖弟書、灝齋姪書。莫堅卿主事開吊，送奠分十千。是日傍晚小有涼意，晚又鬱悶，夜初更雲合，二更密雨，徹曉有聲。廄中祭馬祖，付果醴、豚肉、紙馬等錢十八千。花農來。

邸鈔：禮部郎中崇俊授江西南昌府遺缺知府。復以九江府曹秉濬調補南昌府，以崇俊補九江府。

二十五日丁巳　晨小雨，巳後霒陰溽悶，晡後雨，傍晚更密，入夜稍止。宗文宿柬飲江蘇館，辭之。午詣東直門外，放米五百餘石。是日正白旗包衣甲米共一萬三百三十三石盡放竣，傍晚冒雨歸。子蕁來。介唐夫人來。閲錢竹汀氏《漢書考異》。

邸鈔：以光禄寺卿薛福成爲太常寺卿。

二十六日戊午　晨雨，巳後止，傍午薄晴，下午晴，頗涼爽。弢夫來。宗文宿來辭行。爲余壽平擬《漢·地理志》《續漢·郡國志》策問一道，悉注考據家疑義於上方，即作書致之。傍晚澂霽，有秋意，坐庭下作畫，亦百忙中消遣法。是日上萬壽賀節。

二十七日己未　晴，晨及上午頗凉，午後稍熱。爲子培扇面畫少陵『白沙翠竹江村暮，相送柴門月色新』二語詩意，頗費經營，晡後始畢，并題七言長句於上。潘仲午祖年來，亦爲伯寅宫傅求志墓也。夜作家書，以有事中輟。是日得詩二首。

酬許仙坪河帥寄贈所撰河防局條規和其去年工次唱和詩韵

灑渠改道兩然疑，瓠子歌成已歷時。不惜危言除積蠹，獨將實政答深知。潰堤過蟻何須問，補穴亡羊未爲遲。帝簡儒臣行水鏡，久持龍節莫輕離。

爲子培扇頭繪老杜白沙翠竹江村暮二句詩意媵之以詩

月色柴門照主賓，杜陵佳句最情親。爲君盡寫詩中意，何日真成畫裏人。鴛水烟花三月棹，霞川竹樹一家春。入柬見憶如相訪，扶杖紅橋有老民。余世家越西郭外霞川之濱，地名竹竿巷，相近有紅橋，先君子故自號竹村，余嘗自署霞川花隱，亦稱西郭紅橋市人。

二十八日庚申　晴，晨頗凉，上午復熱，午後酷熱。沈子敦以所刻《唐律疏義》兩帙及潘霨惠如中丞所刻陶鳬卿侍郎《紅豆樹館書畫記》一帙見詒，子敦有刻疏義序及薛侍郎允升序，皆佳。潘中丞，陶侍郎之甥也。陶生譽光來謁，邀之至宜勝居午飲，并邀敦夫、子獻、文宿同飲，敦夫以事不至，僧喜隨往，下午歸。作書復子敦，屬其刻鄉哲沈子敦垚《落帆樓文鈔》，其文中有論服制數首，皆有裨禮律。以其人與子敦同姓字，故屬并刻之，成佳話也。子培來，久談，至晚去。子培言《唐律疏義》薛序其所代作，沈序則徐乃秋侍郎兆豐作也。

閲《紅豆樹館書畫記》，共八卷。所載自唐至國朝，卷一至五爲手卷，卷六、卷七爲册葉，卷八爲立軸，各詳載題款印章。書多録其全文，畫皆記其結構，各有識語，略述其人之行事及書畫之品格，烟雲點綴，山水發皇，足以消暇忘憂，怡神助暢。前有皨卿自序及潘紱庭文序。

二十九日辛酉　晴，酷熱。閲《紅豆樹館書畫記》。午後詣觀音院吊伯循，送奠儀六金，晤敦夫、子獻、子蓴、郭少蘭、戚聖懷、紫泉、弢夫、旭莊諸君，晡後歸。張姬亦偕介唐、詹黼庭等夫人往唁其諸孤女，傍晚歸。慧叔弟婦饋西瓜六枚。是日復得詩二首。

再寄仙坪河帥用前韵與前日一首連寫。

入山采藿復誰疑，已是秋風振落時。一掌河流猶易障，群飛海水更難知。徙薪曲突今何及，止沸焦原事未遲。立仗龍鍾慚負甚，多勞攘臂睨支離。

觀音院

般若城南院，頻看設繐帷。旅魂凄竹影，淚雨濕楊枝。酒幾長安醉，田虚下潠思。蓮臺皈向晚，惆悵夕陽時。

三十日壬戌　晴陰埃霾，午有小雨。是日畫團扇兩柄，一作喬松兩株，左峙奇石，石旁有雁來紅一本；一作深柳讀書堂，紅窗青幌，一人臨朱闌，對几看書，一童子於山石下俯池邊洗硯。姬人以素緞繡袖一雙、繡鞋段一方詒伯循之女，并饋餅餌一苞，果一合，以伯循眷屬隨其柩明日南還也。夜雨，早卧。一更後雨止。三更後起小食，入前門，至西長安門下車，詣午門外朝房，以(嘗)〔當〕祭日，上親祀太廟，余奉派查收百官職名也。晤同官滿洲富侍御亮、達侍御椿，山西同年王侍御儆。是夕甚凉，天宇朗然，得詩一首。

雨後五更入紫禁城有事太廟口號

鳳城雨過碧天凉，暗水流花繞苑墻。燭晃朝衣星影動，風移宫樹漏聲長。鷄籌漸警千官肅，鶴輦輕籠半仗香。自愧側身槐棘裏，頻聞鈞樂奏鏗鏘。

秋七月癸亥朔　晨及午晴，暑熱復熾，下午小雨，多陰，傍晚又微雨。昧爽上駕出，余收滿洲鳳侍郎秀、桂侍郎公全以下職名九十餘紙畢，遂出西長安門，登車入東安門，至沙灘關帝廟答拜陶子方中丞，談歷兩時許。驅車出城，至邑館送伯循樞南歸，則已行矣，悵然久之，巳刻歸。昨畫兩扇，本以一託文宿附致徐亞陶，以一贈文宿，今日至邑館，聞文宿已以昧爽行，不及致之，乃以雙松扇題一絶句贈黄漱翁，以深柳讀書堂扇贈敦夫，各書近詩於畫背。張詩卿饋醴鮒魚一器，龍井茗兩瓶。得王芾卿書，饋洞庭碧螺春茗兩瓶，并其從叔祖井叔秀才嘉禄《嗣雅堂遺詩》一册，即復。王莪子詒銀十兩爲别。再得芾卿書，即復。夜初小雨有聲，一更後止。

初二日甲子　晨陰，旋晴，午後微陰，下午有密雨，旋止，陰晴不定。作書致漱翁，致敦夫。得子培書，即復。得敦夫復、漱翁復。晡後詣朱桂卿，聞又病歐，不能見客。詣紫泉，并晤褚百約、吴子修諸君，紫泉出荷花露一杯見餉。同閲符幼魯曾《竹里勘書圖》長卷，款題『文外七十四叟王無我繪』，有一印朱文，曰『笨凷』。其後題詩者三十餘人，有查初白、厲樊榭、陳玉几、金壽門、趙谷林諸君。壽門題名作金司由，其印章曰金司農，以『由』爲『農』，所未聞也。其記歲月爲康熙再壬寅歲，則聖祖之六十一年也。有錢名世題絶句一首。無我，不知何人，畫竹頗疏秀。有幼魯小象。卷首萬九沙題『竹里勘書圖』五大字，款題爲『幼魯年道兄』。幼魯以監生援例爲户部主事，其與萬氏有年誼，亦不可考。

傍晚詣左笏卿，不值。晚赴弢夫廣和居之飲，坐有子蓴、子修、子培、仲弢。夜二更後歸，有微雨。同年薩祭酒廉續娶，賀錢四千。是日剃頭。

畫雙松雁來紅扇面贈漱蘭侍郎

蒼官磊砢峙塵中，相保冰霜歲晚同。爲恐世人嫌老醜，石旁添寫少年紅。

初三日乙丑　晨薄陰，巳後晴陰相間，下午鬱悶熱甚，晡後大風驟雨，旋霽，傍晚復雨，入夜大雨雷電。津門寄來秋季脩脯等銀二百五十兩。作書復季士周，犒使銀二兩三錢。得漱翁書，即復。都中士夫眷屬率資建盂蘭道場七晝夜，今日桂卿送啓來請施捨，爲書四金，以助佛緣。夜雨，至一更後稍止，二更復有急雨。

邸鈔：廣東水師提督方耀卒。以湖南提督鄭紹忠調補廣東水師提督，以廣東潮州鎮總兵婁雲慶爲湖南提督，以□□□□□劉世俊爲潮州鎮總兵。

初四日丙寅　卯初初刻十分立秋，七月節。晴，下午復酷熱。得鄧獻之六月十日黄州書，并寄來新刻詩集三册，是洪右臣送致者，即作書復右臣。金忠甫來。十日煮食新蓮子，和藕瀹之，甚佳。

邸鈔：以通政司副使堃岫爲光禄寺卿。

初五日丁卯　晴熱，有爽氣，晡後陰。作片致漁笙，致敦夫，致子培，俱得復。得小圃弟六月下旬汴梁書。珊園姪來。楊莘伯來，久談。料檢書籍。夜陰，微熱。庚辰同年陳户部鴻綬嫁妹，賀錢六千。陳君寓十刹海，其父壽山在恭邸教其女孫。比日聞十刹海荷花甚盛，夾岸柳陰中茶棚櫛比，游人麟集，近來録録少暇，幽憂彌甚，今日天氣小佳，欲往一游，竟不得也。南花泡子荷池聞五月末爲雹所傷，竟無一花矣。

初六日戊辰　晨密雨，巳後稍止，上午復雨，午後益密，晡後漸霽，晚晴，涼甚。竟日評改學海堂課卷鄰臺懷古詩，頗有合作。邑子張宇鍾、何□桂來謁。

邸鈔：詔：廣州將軍繼格加恩在紫禁城内騎馬。

初七日己巳　陰溽靉靆，傍晚晴。先君子生日，供饋特皃一，果羹一，肉肴五豆，菜肴四豆，時果四盤，巧果一盤，饅頭一盤，紗帽餡子一盤，珍珠團一盤，糯米飯一簋，新蓮藕湯一巡，酒四巡，飯及茗飲再巡。徐壽蘅侍郎柬約午飯，作書辭之。左笏卿來。下午至東直門外驗放鑲藍旗蒙古甲米一千六百九十六石，至傍晚始畢，驅車歸。至東華門外，已見燈火，抵家已人定矣。始叩拜先人，徹饋。弢夫來。朱子涵來謁。修伯宗丞次子也，少年援例爲順天府屬官，甚囂競，而潘文勤頗喜之。去年高府尹萬鵬之死，人多謂所激怒致病也。今加捐江蘇道員矣。夜家人供乞巧筵。

邸鈔：以大理寺卿張蔭桓爲都察院左副都御史。

初八日庚午　晴熱。漁笙來。龐絅堂來。紫泉來。傍晚入城，夜一更由景山路抵西苑門外六項公所，寓禮部朝房，二更後詣奏事處，遞稽查甲米摺子，回朝房息燈而寢。

邸鈔：命工部左侍郎汪鳴鑾錢唐人，乙丑。爲山東正考官，編修龐鴻書常熟人，庚辰。爲副考官；白遇道陝西高陵人，甲戌。爲山西正考官，曹詒孫湖南茶陵州人，庚辰。爲副考官；吴同甲江蘇高郵州人，庚辰。爲河南正考官，御史褚成博餘杭人，庚辰。爲副考官。

初九日辛未　晴，上午微陰，鬱熱，晚陰。未明奏摺發下，奉旨：知道了。是日卯刻，上詣建福宫聖容前行禮，警蹕將出。余昧爽上車行，池荷漸明，宫燈時過，至景山路，旭日將上，朱霞粲然，樓閣五雲，相爲映發，亦奇觀也。過北池子，倦甚假寐，出城始醒，抵家已加辰矣。小食而卧。王蕺子來，以紈扇二索書。弢夫來。剃頭。夜初雲合，旋有風，復霽。崇御史（崇齡）病故，送奠分四千。

初十日壬申　晨陰晦，巳大雨，至午稍止，午後晴溽鬱熱，晡後陰，傍晚復雨。評改學海堂課卷。作書致子培昆仲，爲明日團拜事，得復。漁笙來。子培來。付增壽寺盂蘭道場功德銀四兩，即前日桂卿所轉率者。

邸鈔：上諭：松森奏理藩院現辦哲里木盟副盟長一缺例案不符，且例無幫辦盟務不論品秩開列在前明文各等語。著恩承等查明，詳晰具奏。

十一日癸酉　晴溽鬱熱，晡後陰，傍晚大雨如注入夜。午詣西鄰唐暉庭小坐，旋赴才盛館全浙同鄉團拜，演四喜部，兼傳別部。印結局提公費銀三百兩，都中各省皆有團拜，吾浙不舉此者蓋百餘年矣。京官共百四十餘人，部曹百四人，計人出三金，京堂翰詹科道及九項小京官人率一金，能從豐者聽其自書。余初擬出八金，而許尚書，徐、錢、汪三侍郎皆止書四金，因亦如其數，而公柬上祇書三金，不欲多上人也。是日以譚文卿尚書鍾麟及浙人之爲外吏將出都門者陶子方中丞等爲客，許尚書以疾不至。晤徐、錢兩侍郎及吴季卿、郭少蘭、子虞、爽秋、花農、子培、子封、紫泉、弢夫、仲弢、子修、佩蒽、馮心蘭、徐班侯、漁笙、介夫、子蓴諸君，夜偕漱翁同席。密雨數作，檐霤瀧瀧，殊覺畫鼓奪聲、華燈減色矣。三更後歸，流潦滿街，抵家飢甚，始飯。明日考試翻譯童生，五更遣僕詣午門聽宣。

邸鈔：上諭：恩承等奏稱此次請簡副盟長係遵照歷辦成案開繕清單等語。幫辦盟務差使在正副盟長之次，總辦本盟各旗事務與專管一旗札薩克相較，自應開列在前，况有歷辦成案，何得以例無明文妄議更張？恩承等照案開列請簡，並無不合；松森固執己見，率行單銜具奏，實屬糊塗任性。理藩院尚書松森著交部議處。

十二日甲戌　晴熱中凉爽有秋意。家人俱詣崇效寺亡室殯宫作中元之奠，至晚歸。夜寫諭帖數百言，諭旗員、倉吏、花户，限放米日期時刻。

十三日乙亥　晴熱。手校新刻詩集訖，自撰序一通，附舊序之後。爲朱子涵書團扇。唐暉庭來。傍晚詣邑館答何、張二生，訪王莪子及敦夫、子獻，皆不值。賀緒百約、龐劬庵得試差，各投一片而歸。

十四日丙子　晴陰靉靆，酷暑鬱溽。詣東直門外稽放鑲藍旗漢軍甲米八百餘石，傍晚歸。過桑叔雅門，欲問叔雅在楚消息，并詢其子寶以保送知府分發河南行期，見門設繐帳，則叔雅於初七日客死武昌矣。叔雅爲柏齋尚書次子，性勤儉，善會計，昔年營先賢祠，多得其力。其人亦恭謹有家法，張朗齋尚書在山左，張薌濤尚書在粤、在楚，皆召之視工役，亦終無所效用，以候選知府終，年六十四。與余交頗久，可惜也。今日未携素服，不克入吊而歸。敦夫來。子獻來，以二樹山人梅花册子屬題。朱志侯興沂來。張姬等赴增壽寺盂蘭齋。以後日中元，先祀故寓公。陶子方中丞饋銀十六兩爲别。

十五日丁丑　晴，下午陰，晡後有小雨，旋止，溽暑如前。先君子忌日。以是日中元，用佛氏素食祀曾祖考妣、祖考妣、本生祖考妣及先考妣，祔以三亡弟。敬懸三代神位圖，菜肴十二器，時果四盤加瓜，用新蓮、新藕湯，百合羹，餘如常儀。晡畢事，焚楮繦楮泉。弢夫來。明日望，比夕月佳甚，今夜尤皎。

十六日戊寅　晴，微陰，酷暑。追饋先君子忌日，肉肴五豆，菜肴五豆，仍用新蓮、新藕湯，時果加瓜，餘如常儀。爽秋來。書玉夫人生日，詒以桃、麵、果、餅、鷄、豚及搔頭一枝。子培太夫人生日，傍晚詣粤東館拜壽，送酒十斤，燭一對。子承、子封固留夜飲，與弢夫、紫泉、仲弢、子虞、子修、旭莊諸君同席。新入臺錦御史錦昌來。蔡瓘客得直隸試用知縣，來辭行。是日本須詣東直門放正白旗包衣米、折銀米，此項本以倉米不足折成放銀，又以户部庫銀不足，經御史鄧慶麟奏請，再以銀價折放米石。以痔發不能往，命僕吴升往監，放得米四百石。夜不食歸。月皎如晝，衢巷洞然，林木之光，晶瑩如濯。得王莪子書，以紈扇一柄屬書，并以月季花畫扇爲饋。

邸鈔：上諭：吏部奏遵議處分一摺。理藩院尚書松森應得降三級調用處分，加恩改爲革職留任。上諭：劉坤一奏特參庸劣不職之道員州縣一摺。江蘇補用道胡常亨人才猥鄙，同列羞與爲伍，著即行革職，勒令回籍。按察使候補道馮邦棟辦理鹽務，舉措乖方，著革去按察使銜，以同知歸部銓選。通州直隸州知州裴大中劣迹多端，致滋物議；如皋縣知縣羅瓊章匿喪緩報，貽誤公事：均著即行革職。馮邦棟，湖南人，爲湘鄉舊幕客，與彭剛直爲親家，同治甲子光復江寧時，已保舉江蘇記名道員矣。近以引見入都。昨日有旨，仍交軍機處記名，遇有道員缺出請旨簡放，今日方謝恩，而忽已貶降，亦故事所無者也。聞其人亦録録，劉坤一以夙有微隙劾之。胡常亨，嚴州人，不知其所始，聞其在江蘇或自稱紹興、或稱杭州，而浙人無與齒數，蓋齷齪不可道者。裴大中，安徽文童，亦險譎小人也。上諭：劉坤一奏特參庸劣武職大員一摺。記名提督黃瑞堂管帶勇丁，毫無紀律，著革去提督總兵，以副將仍留江南補用。候補游擊吴爲學恃符刁狡，物議沸騰，著革去游擊都司，以守備仍留江南補用，以觀後效。

十七日己卯　晴，酷暑彌熾。評改去年九月學海堂課卷訖。生三十人，『大夫以上昏禮與士禮不同考』，『終日七襄解』，『漢昭烈帝無廟號論』，『五經無雙許叔重賦以南閣祭酒五經無雙爲韵』，『擬周彦倫答孔德璋《北山移文》雁足燈詩』，『鄴臺懷古詩』，取内課李鳳池、張大仕、張壎、于長懋、楊鳳藻等十名。童十四人，取内課陳春泗等二名。夜月皎甚，露坐久之。

十八日庚辰　晴，酷熱。詣東直門驗放正白旗包衣甲米一千九百二十石，至夜歸，勞暍不可言。莪子封來。莪子來辭行。蓴庭來。新入臺恩御史恩溥來。

閲《明文在》。常熟人薛熙編，凡一百卷，先賦，次詩，後文，大恉仿《文選》例，於諸體中各以類從。詩采及近體，於前後七子僅存一二首，而王百穀詩至數十首；文取潛谿、正學、震川三家爲多。蓋薛爲汪苕文門人，故指授如此也。卷至盈百，而每卷文自二三首至六七首，無及十首者。故篇帙寥寥，絶無不經見之作。晚明人文字概不入選，蓋有所避也。前有序例及薛自序。薛字孝穆，言與倪半園霱同編。

十九日辛巳　戌初二刻十二分處暑，七月中。晨及上午晴，午後陰，鬱暑酷悶，傍晚雨，入夜稍密，一更後止。陶生譽光來，告張朗齋尚書於昨日卯刻卒於濟南節署，以患背疽，病未十日也。尚書祖居上虞，自其曾祖遷杭州，今爲杭人，而籍大興。少孤，以末秩自效，積功至今官。伉慨開爽，君子人也。勇於任事，孜孜爲國，尤篤於故舊，與余交未及十年，而相契至深。去年歲暮，余窘甚，作書致之貸三百金，不半月以金至，手書鄭重十餘紙，言河事、東事、海防事甚悉，且擬今年請開東撫缺，赴東三省練兵自效，忠憤之氣溢於紙上，又告余後有緩急必相告。余至今未及復書，而長已矣。年甫六十，哀哉！是日本爲王蕺子及蔡癯客餞行，約敦夫、子獻、子培、子封、漁笙、陳蓉曙同飲宜勝居。午刻往，敦夫、子培以疾不至，蕺子至席散始至，傍晚歸。爲蕺子書扇，即作書致之。陶生彦聲以書來，告明日返濟南，以鬟花四匣留致余家人。其書哀甚，可憐也。子縝歿後，家貧子弱，其次子已爲諸生，余門人孫子宜之婿也，從子宜於閩，去年客死。彦聲爲朗齋尚書婿，視之如子，今尚書遽逝，所虧官私以銀數百萬計，彦聲之婦，尚書次姬所出也，煢煢嫠弱，皆失所依矣。夜遣僕王福視彦聲，詒以蜜棗一匣，磨菌一匣。子虞邀夜飲廣和居，辭之。

邸鈔：翰林院侍講崔國因轉補侍讀，司經局洗馬陳秉和升侍講。編修湯子坤授雲南府遺缺知府。

本任雲南府陳燦升分巡迤南道。後以永昌府鄒蘭馨調補雲南府，以子坤補永昌。

二十日壬午　晴，下午間陰，酷暑鬱悶。詣東直門驗放正白旗包衣折銀米一千四百八十五石，鑲藍旗包衣甲米七百又三石，晚歸。得平景蓀是月五日越中書，并寄來所刻朱海門太守《寶善堂集奏疏》。其書言杜尺莊先生著有《越言釋疏證》，倍蓰本書，今詢之杜氏，不知其書名矣。天津張生煦林來，以醴鰣魚、乾煆米各一瓿爲饋。弢夫來。

二十一日癸未　上午晴，下午多陰，鬱暑如故。作書致子培，致弢夫，俱問疾。子獻來。介唐來。有安徽舒城人孫貞女明義來拜姬人等，故直隸布政使觀之從女子也，長齋不嫁，年四十餘矣，依其兄山東候補知府某，往來直隸、河東間。去年以畿輔大災，乃勸大吏貴家婦女率資助振，自稱總辦閨閣賑捐方外。孫明義今年携米二千石至直隸散給饑民，内張朗齋夫人蒯及提督左寶貴夫人陶各五百石，合肥爲之疏。聞有旨，張蒯氏、孫明義皆傳旨嘉獎。近日入都，復約諸婦女爲盂蘭會。前日增壽寺之齋，其所具也，張姬赴之，故今日來拜，且持合肥疏以示予，此亦古今所罕見者矣。得敦夫復、子培復。

閲劉伯山氏《通義堂集》，中多經史奥論。開卷《周易履霜履讀爲禮解》上下篇，推發鄭讀之義，原本卦象，極爲精闢。二十餘年前在杭州時見俞曲園課士詁經精舍出此題，潘儀甫鴻亦主禮霜説，而罕所依據，近於穿鑿，黄元同深以支離目之，今刻入《詁經精舍第三集》中。以視此作，可知説經自有家法，不可徒恃聰明矣。

二十二日甲申　晨及午微陰間晴，午後晴，晡陰，酷熱極鬱。午後謁東直門，驗放儲濟倉正白旗包衣銀折米六百石，太平倉鑲藍旗包衣甲米一千二百六十餘石，至酉正二刻始畢。驅車入城，晚霞滿天，道旁老樹，濃緑四映，金光射之，奇艷無際，亦佳觀也。時尚暍甚，鳴蟬不絶。至東大市街，已上燈矣，出正陽門，半扇已闔，抵家一更餘矣。疲困不能食。

二十三日乙酉　晴，酷熱益熾，甚於三伏。剃頭。是日暍甚，不能出門，命僧喜答客數家。下午浴，兩年不事此矣。

閲《鐵圍山叢談》。此書得失，《四庫提要》言之甚詳且當，然吾謂論今人當美而知其惡，論古人當惡而知其善。京、攸之惡極矣，然至宣和時，京富貴已極，年亦耄耋，北伐之議，必非所豫，其諫徽宗及戒攸詩，必實有其事。其時正人已盡，天下魚爛，京非甚愚，縱不憂國，亦當爲保家計。其欲收召劉元城、陳了翁，條之與范伯淳子元實温。眉批：《宋史·范祖禹傳》不載温名，惟言有子冲。冲字元長，别見《儒林傳》。《東都事略·祖禹傳》言子仲温，以冲名例之，此書單作温爲是。交善，爲之盡力，亦必實有其事。《朱子語録》亦謂蔡氏父子晚年知爲天下所不與，漸牢籠人望，收用才賢，如李忠定、翟志惠、趙志簡亦皆爲所薦，不特龜山也。條爲韓粹彦婿，乃魏公之孫婿，故是書於魏公、潞公、温公及龐莊敏、包孝肅、東坡兄弟皆極致推崇，而痛斥王黼、李邦彦、梁師成，又屢言其兄攸之背叛，皆公言也。林攄固京之死黨，其使遼一節實可取。王荆公爲京所最恩，而是書於介甫父子惟稱其儉德，無他褒詞，則知其是非固不謬矣。且條是時久貶博白，終以竄死，而書中無一怨懟語，時時述南荒風景，優游謫地，一若類知道者。然則《宋史》謂宣和末，京再領三省，昏眊不能決事，皆條所爲，大營奸利，其罪與攸等者，蓋出攸與李邦彦等嫉害傾軋之辭，不足深信也。《提要》謂爲説部之佳者，誠然。

其卷四一條云雒陽大内，興自隋、唐，藝祖嘗欲都之，開寶末幸焉，而宫中多見怪。是後至宣和，又爲年百五十，久虚曠，蓋自金鑾殿後，雖白晝人罕敢入，入亦多有異：蠆或大於斗，蛇率爲巨蟒，日夜絲竹歌笑之聲不絶也。宣和末有監官吴本者，武人，恃氣夏月納凉殿廡間，至晡後天未昏黑，忽聞蹕聲自内而出，即有衛徒繽紛，執紅綃金籠燭者數十對，成行羅列，中一衣黄人如帝王狀，胸間尚帶鮮血，擁從甚盛，徐徐行繇殿廡。本與其從者急趨入户避之，得詳瞰焉。最後有一衛士，似怒以納凉故妨其行從也，以兩指按其卧榻之四足，遂穿磚而陷於地，頃刻轉他殿而去，遂忽不見。本大駭，因圖畫所見，遍以示人，雒陽士大夫多能傳之，曰此必唐昭宗也。據此，則唐之東都宫殿，至南宋猶無恙，不知毁於何時，志洛陽者所當考也。昭宗本英主，受制强藩，弊於賊温，椒殿之變，千古酸鼻。此則雖近語怪，然足以慰讀史者之心。朱温之刃出於背，後唐莊宗之創甚而崩，清泰帝之自焚，皆在洛京，而人皆以此事爲昭宗者，亦人心之公也。

邸鈔：上諭：山東巡撫張曜秉性忠勇，歷著勳勤。咸豐、同治年間由知縣從戎，創立嵩武軍，轉戰河南、安徽、湖北、直隸等省，迭克名城，剿平粤、捻各逆。嗣復剿辦甘肅及關外回匪，掃穴擒渠，戰功甚偉。歷蒙先朝知遇，賞給騎都尉世職，賞戴雙眼花翎，升授布政使，改補總兵，擢任提督。朕御極後，因回疆肅清，給予一等輕車都尉兼一雲騎尉世職，補授廣西巡撫，加尚書銜。調任山東巡撫，於山東黄河尤能悉心擘畫，親歷河干，督率工員，力籌修守，實屬勤勞罔懈。迭奉懿旨，幫辦海軍事務，賞加太子少保銜。方冀克享遐齡，長承倚畀，遽聞溘逝，軫惜殊深。著晉贈太子太保，入祀賢良祠，並於立功省分建專祠，生平戰蹟事實宣付國史館立傳，加恩予謚，賞銀一千兩治喪，照總督例賜恤。靈柩回籍時，沿途地方官妥爲照料。伊子知府張端本遇有道員缺出，請旨簡放；主事張端理賞給員外郎；張端瑾及伊孫張爾常均俟及歲時由吏部帶領引見，用示篤念藎臣至意。賜謚勤果。大理寺少卿楊頤爲光禄寺卿。

二十四日丙戌　晴。下午微陰。酷暑不堪，竟日汗流。仲弟生日，命家人饋食。命吴升詣東直門監放儲濟倉正白旗包衣銀折米一千四十九石。是日此一旗甲米全放竣，鑲藍旗甲米亦昨日放訖。再移文鑲藍旗都統肅親王等，催領銀折米。張姬答拜孫貞女，詒以蜜棗、冰糖各一匣。夜熱甚，二更小雨，三更密雨，逾頃止。是夕復易凉席。

二十五日丁亥　微晴多陰，酷暑極鬱。閲《唐書·李絳傳》《宋史·司馬光傳》。夜雨數作，五更後少凉。是日兼署掌廣東道御史。

邸鈔：以山東布政使福潤爲山東巡撫。命慶郡王奕劻充崇文門正監督，禮部尚書崑岡充副監督。命協辦大學士福錕兼管圓明園三山事務。記名道曾紀渠授分巡廣東惠潮嘉道。李瀚章等劾本任道德泰心性因循，不能勝任，有旨開缺。曾紀渠，國華子，以蔭得官，嘗知連州，以侈縱聞。

二十六日戊子　晨及午陰，下午薄晴。是日漸凉。撰黄漱翁六十壽序。弢夫來。得漁笙書，邀同敦夫、子獻、子封、介夫飲廣和居。傍晚赴之，暢談至夜二更歸。腹中不快，徹旦若病。

邸鈔：以廣西按察使湯聘珍爲山東布政使。以直隸津河道胡燏棻爲廣西按察使。湯聘珍，善化人，以軍功得官。

二十七日己丑　晴，晨甚凉，上午後漸熱。張生煦林來，命僧喜邀之詣便宜坊午飯。蔡癯客來，以所著《經窺》十二卷見詒，已付刻矣。此君爲俞曲園高足弟子，其説經承其家法，甚有新意，而頗喜穿鑿，好摭前賢。聞此次入都，遍干貴人，欲寫其書進呈。此近來風氣日壞，後生躁競，專以著作爲羔雁，比於唐之温卷矣。是晨驟患腹疾，瀉利交作，疲劣殊甚。下午力疾撰漱老壽序訖。凡千數百言，中以宋之范蜀公爲比。蜀公以禮部試第一人登第，以知銀臺通進司致仕，與漱翁正同，平生大節，亦頗相似也。命僧喜録稿訖，即作書致仲弢。晚坐庭下，戲與家人擲采選圖，至夜二更止，凡七周，余與僧喜皆得全紅及狀元一次。此雖無謂，然事猶近雅，李肇《國史補》所言亦猶是矣。

邸鈔：記名道、前福建臺灣府知府周懋琦授分巡直隸津河道。

二十八日庚寅　晴。得從妹適屯頭王氏薌是月十四日南昌書。子獻來。仲弢來，以其尊人六十自述七律十章見示。閱《宋史》。夜得子獻書，約明夕飲廣和居，并以平景蓀今年二月六十自述七律十首，又戊子六月生子阿宜七律五首見示。兩君皆揚歷清華，感恩志遇，故足發皇律吕。景蓀晚年得子，尤自喜也。

二十九日辛卯小盡　晴，傍午後酷熱。作書致子獻，屬今日改飲宜勝居，得復。午飯後詣漁笙談。詣子培，問其患瘧，已小愈矣。詣邑館，同敦夫、子獻久談，至晡後，漁笙來。傍晚偕詣宜勝居，弢夫、介夫亦至。招霞芬、素雲、梅雲左觥。夜二更後歸。

八月壬辰朔　晴，午後酷熱，晡後微陰。作書致子獻、敦夫，得復。作書致桂卿，以近日頗似中暑，昨歸後頭涔涔作痛，王姬又病甚，請其過診也。閱《宋史》。天津肄業陳生澤寰、姜生擇善來謁，饋果脯、糟鰣魚、㲋脯等四簍，收鰣魚。張煦林來。孟生繼坡來。桂卿來爲診脉撰方，并爲王姬診。夜苦痔發，卧閱《能改齋漫録》。

邸鈔：命禮部右侍郎李文田廣東順德人，己未。爲順天學政，內閣學士宗室溥良庚辰。爲江蘇學政，修撰吳魯福建晉江人，庚寅。爲安徽學政，宗人府府丞陳彝江蘇儀徵人，壬戌。爲浙江學政，編修盛炳緯鄞縣，庚辰。爲江西學政。詹事府少詹事張英麟山東歷城人，乙丑。調補奉天府府丞兼學政，以奉天府府丞延茂調補少詹事。吴魯登第甫一年，尚未散館，遽得安徽；盛炳緯以七品官得江西；奉天府丞向以順天府丞或鴻臚、僕少兩卿對調，未有用少詹者。延茂，漢軍進士，由禮部主事至今官，遽調少詹，皆故事所無。浙人張子虞得湖南，徐花農得廣東，皆杭人也。是日又有旨，此次簡放學政，自初八日起，每日二人遞摺謝恩，豫備召見，亦前所未有者。

初二日癸巳　晴，酷熱。小疾多感，服桂卿方藥。閲《宋史》。邸鈔：命都察院左副都御史張蔭桓兼署禮部右侍郎，順天府府尹胡聘之兼署都察院左副都御史。陳彝所署徐致祥缺。

初三日甲午　晨微陰，上午後晴，復酷熱。翁叔平師來。午後詣李若農師賀喜，久談。詣傅子尊，問其行期。詣爽秋、旭莊，皆晤。詣漱翁、仲弢喬梓，已上燈矣，談至夜一更歸。弢夫來。

初四日乙未　上午晴朗，天氣頗清，下午微陰，復苦鬱熱。得李侍郎書，即復。得弢夫書。作書致敦夫。作書致桂卿，爲王姬病乞診。弢夫來。漁笙來。書玉來。爲弢夫改潤漱翁壽序，其文駢體，甚雅馴，所易不過數十字耳，即作書致之。夜敦夫邀同書玉、漁笙、子獻飲廣和居，二更歸。得楊莘伯書，爲人乞書紈扇。再得若農師書，皆爲江蘇學政商聘幕友也。

初五日丙申　晴陰垓鮨，酷暑鬱蒸。小病不慘，卧閲《揮麈》前後録。漱翁來。沈子封來。命僕詣東直門監放甲米九百餘石。夜人定時桂卿來爲余診脉，并爲王姬診。二更後起，三更入城詣文廟丁祭，監百官東班，晤林迪人侍御。是日福箴廷協揆爲承祭，官科道到者惟余與林君耳。

初六日丁酉　辰初三刻二分白露節。晨小雨，巳後陰，午後漸晴，下午鬱熱如故，晚大風驟雨，旋止。昧爽祀事畢，回車雨作，辰刻抵家，被旨派順天鄉試内場監試官。弢夫來。族子珊源來。午初料檢行李畢，入闈，車馬擁閧，幾不能行。監試者滿、漢十人，惟文侍御郁已到，居至公堂東屋，余居至公堂西屋。監臨鳳竹岡侍郎鳳鳴、胡芰生府尹聘之，提調李小川府丞鴻逵來。稽查彈壓副都統景茀庭侍郎景善、容峻峰容山來拜。張少原給事元普、文式周侍御郁、訥侍御訥爾清阿、錦蓮峰侍御錦昌、松頤園侍御松林來。王星瑞侍御聯璧來，居西屋之東間。吴聚原同年來。供給所送來金花一對，本銀花涂金，今則銅葉耳。銀杯託一副，甆碗碟匙共二十事，紹興酒一壜，彘脯一苞，茶葉一苞，糕餅一匣，肴饌一席。夜詣至公堂監視印卷，五更始畢。

命兵部尚書許庚身錢唐人，壬戌。爲順天鄉試正考官，户部左侍郎兼署兵部左侍郎廖壽恒、江蘇嘉定人，癸亥。工部右侍郎兼署兵部右侍郎徐樹銘、湖南長沙人，丁未。内閣學士宗室霍穆歡丙辰。爲副考官。兵部堂官入闈者三人，可稱盛事。同考官十八人，多不知誰何。（此處塗抹）

初七日戊戌　晴，有風，晨甚凉，上午後復熱。坐至公堂，監視外簾各所官分印試卷坐號，至夜三更始畢。李小川府丞送所作《春闈秋闈雜詠》及《黄村放粥雜著》，語多游戲，然頗形容盡致，稍去其俚俗，亦足存一時掌故。《南征》及《打粥行》兩詩，不愧仁人之言，氣格亦老成。糧馬通判余駿年來謁拜，并送來《科場條例》一部。

初八日己亥　晴，熱甚。未明，欽命題目到，監視啓内龍門，監臨齎交主考跪接畢，即封門。黎明坐西左門，偕王星瑞同年點名給卷。凡進滿蒙漢軍官卷、鑲黄旗漢軍、順天府、廣平府、宣化府、遵化州、江南官生、教習職官、貢生共四千五百人，合四門，共點進士子一萬三千九百四十名，至晡後始畢。凡人定時監視查號印戳，自東廠洪字號至麗字號，夜二更始畢。復監啓内龍門主考親交監臨接題紙，凡一萬五千五百張，首題『言忠信行篤敬』，次題『君子之道淡而不厭簡而文温而理』，三題『詩云天生蒸民有物有則民之秉彝好是懿德』，詩題『遠樹望多圓得淮字』。

邸鈔：致仕大學士寶鋆卒。寶鋆字鋭卿，號佩蘅。上諭：寶鋆忠清亮直，練達老成。由部曹轉列詞垣，洊陟卿貳，渥荷穆宗毅皇帝知遇之隆，命爲軍機大臣、内務府大臣，在總理各國事務衙門行走，晉擢正卿，超登揆席，充翰林院掌院學士。朕御極後，深資倚畀，賞加太子太傅銜，欽奉懿旨，管理神機營事務。服官三十餘年，夙夜宣勤，靖共匪懈。嗣以大學士致仕，賞食全俸，方冀克享期頤，長承恩眷，兹聞溘逝，悼惜殊深。著賞給陀羅經被，派貝勒載瀅帶領侍衛十員即日前往奠醊，晉贈太保，照大學士例賜恤，加恩予謚，入祀賢良祠。伊子光禄寺少卿景澧以四品京堂補用，伊孫蔭桓賞給舉人，一體會試，用示篤念舊臣至意。賜謚文靖。詔：繙譯世祖章皇帝御製《勸善要言》一書武英殿刻印完竣，著每省頒發一部，交各該將軍督撫照式刊發各屬學宫，每月朔望同《聖諭廣訓》一體敬謹宣講，並賞給軍機大臣，御前大臣，毓慶宫行走，上書房、南書房行走諸臣，大學士、直隸總督李鴻章各一部。

初九日庚子　晴，仍熱。監視各所官印二場試卷坐號，并督放士子粥飯。竟日少事，多卧。夜有風。

邸鈔：上諭：前任福州將軍慶春由印務參領洊升將軍，宣力有年，克勤厥職。嗣因患病，准其開缺回旗調理。兹聞溘逝，軫惜殊深。加恩照將軍例賜恤。

初十日辛丑　晴，熱甚。昧爽起坐至公堂，辰刻見有交卷者，巳刻啓門放班，偕同事諸公輪流坐龍門外監視，至夜復監進内簾供給，仍時坐頭門。至四更始歸寢，疲困之甚。

邸鈔：以太常寺卿薛福成爲大理寺卿。山東巡撫福潤奏七月二十日，德州城守尉樂福自用洋槍轟傷身死，腰帶上繫有紅紙一條，上書『筆帖式瑞春、副領催文衡、馬甲誠來，三人定暗計，要城守尉一命』等字。硃批：案關大員自戕，著福潤會同德克吉訥提案嚴訊，務得確情，毋稍含混。

十一日壬寅　晴，有風，熱甚。黎明起坐西左門，點進第二場士子，傍晚始畢。胡芝生京兆饋菰白、茭兒菜、冬瓜、茄、韭、豌豆苗。余通判饋香麻油。夜督視查印號戳，至二更後始畢。有風，甚涼。得僧喜書，并藥物、花糕。

十二日癸卯　晴，熱甚。督放粥飯，并監視第三場卷面印記坐號。夜月殊佳，坐至公堂偕胡府尹、李府丞及諸同官暢談，至三更後始歸寢。

十三日甲辰　晴陰埃䁌，躁熱殊甚。巳刻放班，偕諸同官輪流監視。是日始晤磚門監試舒御史舒普、陳伯雙懋侯。舒君年七十餘矣，掌京畿道，腰脚健甚如少年，自言性本專愚，故能頑健。其人白頭紅頰，類有道者，所言亦深可味也。此次闈内外監試多五六十歲人，無一少年者。夜初雨。監進内簾供給及頭場卷二千餘本，偕文御史對榻張鐙而坐，逾一時始畢。是夕雨數作，五更大風，驟涼。士子至東方漸明尚有未出者，其一人僅完成三藝，斥出之。

十四日乙巳　晨陰，有風，甚涼，須棉衣，巳後日晴，稍暖。早起，仍坐西左門點名，給第三場卷，至晡後畢。是日共點進士子一萬三千六百五十四名。得僧喜書，并送食物來。胡京兆饋鳧、魚、羊、豚。余通判饋香麻油。作書致僧喜。夜督視查號記戳，至二更畢。有風，寒甚。

十五日丙午　晴。監視放粥。余通判饋肴饌一席。至公堂丞倅官等八人及各號巡綽官俱來叩節。是日監試者八人分别十八日去留，在至公堂各自掣籤，余掣得出場一籤，如釋重負矣。故事，鄉會試監試科道滿漢八員，至十八日宗室試場畢，去留者半。近年順天貢院添設坐號三千間，鄉試更派監試御史滿漢各一員，其地在東偏，去舊號幾里許，監臨、提調各官皆不能兼顧，事皆監試決之，故凡點名、監印、啓閉内外龍門等差一概不與，十六日三場畢即出闈，最號清簡。今日掣籤，亦不與也。爲文式周侍御以紫筆畫雁來紅兩株，并題一絶句云：『夕陽葉葉戰西風，鏡裏朱顔對映同。也與黄花争晚節，一年一度醉秋紅。』跋云：『式周前輩年六十一，余年六十三，光緒辛卯同監順天鄉試，繪此以爲它年白頭扶杖、同入耆英圖畫之券。』夜月佳甚，號舍士子飲唱喧呶，不可禁止。北闈不知對策爲何事，今日午刻多已完卷。其人皆蠢愚頑劣，不守法紀，恃衆鼓唱，脅制官長。種種惡習，形同無賴，不可殫述，相習成風，愈出愈奇。主者畏事，多假借優容之，益不可制。此次科場猶爲安静，然已氛囂滿目矣。偕星瑞小飲室中畢，徐步庭階間，婆娑隔墻樹影而已。五鼓啓門放班。

十六日丁未　晴。監視放班。印宗室坐號。午後兩都統出闈。監進内簾卷子。是日望，月皎如晝。士子至五更後尚有十餘人未出者。

十七日戊申　晴秋。社日。先妣忌日。闈中故事，遇國忌日，常服不挂珠，餘日皆補褂。今以私忌，不得廢公事，告同官以常服挂珠，不補服而已。黎明啓門，點宗室士子名。命克勤郡王晉祺入闈，彈壓與試者五十四人。余監啓内龍門請題紙，晤主司徐壽翁及兩内監試，一揖略談，數語而出。上命文題『古之賢王好善而忘勢』，詩題『樹杪百重泉得重字』。午監視放飯。夜監進内簾頭場卷子，共已進一萬一千六百餘卷。坐至公堂，偕諸同官暢談，張少原侍御復來西堂，談至三更後去。是夕月仍皎，然士至四更始盡出。

邸鈔：詔：大理寺卿明桂現在請假，以太常寺卿良培兼署。　以□□□□□曹正興爲浙江處州鎮總兵。本任總兵竇如田統領銘軍，本年七月初卒於臺灣防營，有旨照提督軍營立功後在營積勞病故例從優議恤。

十八日己酉　晴，復熱。巳刻出闈，傍午抵家。書玉夫人來。弢夫來。仲弢來。陶生喆甡來。保送直隸補用直隸州錢君溯耆來辭行，常州人，調甫中丞之子，恩賞舉人，由户部主事保送者。

十九日庚戌　晨陰，上午微晴，午後晴，復熱。邵筱村中丞來，以被命巡撫臺灣新入都者。唐暉庭來。介唐來。爽秋來。黄漱翁明日六十生辰，今日在皮庫營四川館演劇，送以紅尼金字壽障一軸，酒兩罎，三十斤。紅蠟刻花壽燭一對，金繡扇袋一，眼鏡韜一，又針黹兩事，桃麵兩合。下午往拜，觀劇至夜一更後歸。寫單并作片，約子蓴、旭莊、蕚庭、介夫、弢夫、書玉、資泉、介唐明日夜飲。

邸鈔：上諭：鳳鳴等奏考生舞弊，請旨辦理一摺。據稱本月十六日，明遠樓下撿獲卷夾一個，内有稟詞稱係順天府大城縣生員楊悦山來京投卷，因欠歲考除名，不得録科。適有青縣生員孫學文頭場後患病，託其入場，伊即代爲完卷，並將文卷等件呈驗。即飭查拏，該生已交卷出場，請嚴拏究辦等語。案關科場舞弊，亟應徹底根究，著步軍統領衙門、順天府、五城御史、直隸總督即將楊悦山、孫學文一體嚴拏務獲，解交刑部，嚴行審訊，照例懲辦。　前杭州府知府陳文騄授福建臺灣府遺缺知府。本任臺灣府程起鶚病故。起鶚，山陰安昌鎮人，由佐雜至今官，號能吏，士夫之在臺灣者無不稱之。凡知臺灣及臺南兩郡將十年，方攝臺灣道，遽卒，年五十三。近日聞河南彰德府知府謝祖源亦暴卒於任。祖源，字星海，會稽人，久居京師，入直隸豐寧籍。丙子進士，由編修改御史，截取得知府。今年七月間，所屬臨漳縣知縣連英忽病風，殺其妻，又欲殺典史，祖源飭内黄縣知縣吴湞庚率吏兵急馳至縣收縛之。巡撫裕寬大怒，嚴檄訶責，以爲糊塗妄爲，將按劾。祖源憂憤甚，遽發病死。或言其實吞金自盡也。年五十六。吾越士夫不競，中外一轍，蓋地運使然矣。　以太常寺少卿克們泰爲通政司副使。

二十日辛亥　晴熱。仲弢來。得旭莊書，以明日奉其太夫人就養鎮江，治裝甚遽，辭今夕之飲，即復。晡詣繩匠胡同，拜李若農師生日。詣邑館與敦夫、子獻談。詣花農，不值，傍晚歸。漱翁來。晚鐘已動，燈火將上，諸君畢來。設飲於朱霞精舍，至夜二更散。是夕珊園姪亦侍飲，三更時去。

二十一日壬子　申正三刻十分秋分中。晨小雨，多陰，巳後微陰，間有微雨，午後漸晴。得楊莘伯書，爲曾士虎催畫扇。

得爽秋書，爲陶子方中丞送所詒碑拓六事：《隋蘇孝慈墓誌銘》《唐顔魯公書扶風郡王馬璘碑》《柳誠懸書魏文貞公家廟碑》《唐大中十二年尊勝經幢》《唐睿宗書景龍觀鐘銘》《貞觀三年鄜州寶室寺鐘銘》。此一本朱拓。蘇誌光緒戊子始出於蒲城之西鄉崇德里土中，刻畫如新，楷書勻整，或有謂其按舊志所載誌文僞爲之者。顔書馬璘碑自《金石録》後無著録者，去年子方爲陝西布政，於署中掘土得之，已斷爲兩截，文亦大半漫漶。柳書魏氏家廟碑，雍正中陝西布政楊馝掘地所得，碑亦中斷，首尾上下俱多剥落，首一行祇存『判户部事上柱國賜紫金魚袋魏公先廟碑銘』，『判』字上文全剥，不知何以官判户部，亦不知爲文貞之幾代孫，名字俱不可考。今年春，子方更於土中掘得一石，以合舊出石之左方，適相凑泊，凡多百餘字。又一小石，得十八字，其五字不可辨。大中尊勝經幢亦新出土者。

洪右臣給事來。胡孝廉經一來，本名省曾，山陰人。敦夫來。爲曾士虎作『樹樹皆秋色，山山唯落暉』小景，并寫早朝詩一律於後面，即作書屬莘伯轉致。士虎，君表之從弟也。子獻來，以屬邑人金某所臨《錢松壺雁蕩圖》二十幅屬閲。每幅各以一寺爲主，各有題識，其第二十幅爲宋高宗駐泊江心寺圖。徐花農來。

二十二日癸丑　晴，熱甚。上午入署，晤同官鳳、徐兩侍御，日昳晤總憲貴、孫兩臺長，晡後歸。得弢夫書。是日付楊姓書賈銀十四兩二錢，《元詩選癸集》八兩，《道援堂集》二兩五錢，《六絃溪文鈔》一兩，鈔書銀三兩。譚姓書賈銀二十兩，《有學集》十二兩，《石經彙函》四兩五錢，《顔魯公集》二兩，汪刻《烈女傳》一兩五。天全木廠銀十一兩，宜勝居酒食銀五兩八錢，廣和居酒食錢二十四千。

邸鈔：新授詹事府少詹事延茂調補大理寺少卿。左中允李紱藻升司經局洗馬。

二十三日甲寅　晨微陰，上午晴陰相間，下午晴，晡後陰，頗鬱悶。晨赴天安門，偕大學士、九卿、科道閲視朝審册，巳刻畢事。出城詣弢夫，適王子裳以昨日至，共談逾刻而歸。甘肅布政院沈君晉祥歸安人。送來紹興團拜公費五十兩。下午答詣洪右臣，晤談。送子蓴行，不值。詣爽秋、仲弢，俱不值，漱翁以小病謝客。詣桂卿談，子培、弢夫亦至。傍晚歸。

邸鈔：刑部郎中馮鍾岱授四川成都府遺缺知府。鍾岱次日即丁母憂，二十八日更簡放步軍統領員外郎成安。

二十四日乙卯　竟日凉陰，午前後微晴，晡後霒陰，間有溦雨。晨時朝審情實人犯，赴天安門過堂。上午料檢書籍，甚覺勞勩。下午唁濮紫泉丁繼母艱，答客一二家。詣子培，談至晚歸。敦夫來。黄昏雨作，有檐滴聲竟夜，時有小雨。作片致孟志青侍御，還四月間徐副都賀障錢九千。刑部勞凱臣郎中啓捷丁内艱，送奠分八千。是日付協泰米鋪銀二十兩，同興石炭鋪銀二十兩，廣厚乾果鋪銀九兩三錢五分，吉慶乾果鋪銀六兩。

邸鈔：上諭：李瀚章奏臚陳提督戰績，懇恩優恤一摺。已故廣東水師提督方耀於咸豐初年募勇剿匪，迭解城圍，嗣由廣東轉戰廣西、江西、福建等省，克復名城，殄除巨逆。同治年間，於署潮州鎮總兵任内，創爲選舉清鄉之法，除莠安良，並籌辦一切善舉，升任水師提督，捕獲要匪，保全地方。遽以猝卒，歿於營次，深堪軫惜。加恩照提督軍營立功後積勞病故例從優議恤，生平事蹟宣付國史館立傳。伊子廷珍俟及歲時交兵部帶領引見。

二十五日丙辰　晨小雨，竟日凉陰，時有溦雨，傍午微見日景，傍晚晴霽。巳刻詣天安門，監掣兵部月選籤。署兵部侍郎薛刑侍允升，陝西長安人，老猾吏也，以余至稍遲，形色甚忤。余詰之曰：『前日兵部知會定辰刻掣籤，余以巳初至，非遲也。且此是侍郎私期，非朝廷定限也。山西道稽察兵部，每月掣選籤，請御史監掣，是客也，禮宜侍郎先至以侍御史，不得御史先至待侍郎也。」薛無以對，唯唯而已。近日士夫闒冗，憲綱掃地，大率如此。詣翁尚書師，不值。答拜同官兩人，午歸。得敦夫書。王子裳來。作書致介唐，得復。作書致敦夫，得復。是日親至東江米巷内榮陞鋪買靴，付銀二兩七錢。都門貨靴，皆在此巷，俱以内某陞爲號，數十年來内連陞之名最著，天下争趨之，後有號内聯陞者，音同相混，聲價遂減。近年内隆陞驟著，忽已閉歇，復争赴内榮陞矣。此亦時爲帝者，其實物色形製與外城無大異也。余最不喜著此，何日得青鞋布韈，消摇雲谿鏡水間，小蹇短笻，長離泥滓耶？

歐陽叔弼《集古録目》載《大曆十四年贈司徒馬璘新廟碑》，《寶刻叢編》引其文云禮部郎中程浩撰，吏部尚書顔真卿書，太子中允、翰林待詔韓秀實分書題額。馬璘字仁傑，扶風安定人，官至四鎮、北庭、涇原節度使，贈司徒，謚曰武。碑以大曆十四年七月立。趙德甫《金石録》載：唐馬璘新廟碑，程浩撰，顔真卿正書，大曆十四年七月。案：程浩嘗書昭義節度使薛嵩碑。韓秀實八分，擅名中唐。今碑額四行，行五字，上皆缺一字，止存『故尚書左缺『僕』字。射知省事缺『扶』字。風王贈司缺『徒』字。馬公廟碑』十六字，碑文剥泐不可讀，第一行僅存『開府儀同』四字，而『開』『同』已漫其半；第二行存一『朝』字左半，蓋程浩階官朝議、朝請、朝散大夫之類；第三行存一『金』字，蓋魯公階官金紫光禄大夫也；第三行碑文起首云『雷霆之師有九伐』七字，以下全泐，至末存『司檢校』三字；第四行起存『尚書左僕射知省』七字，末存『服右半泐。以禭焉册』五字；第五行起存『公以贈焉賜謚』六字，末存『字仁傑扶風茂』六字；第六行起存『陵人□在兩漢』六字。陶子方言初出土時『字仁』二字甚明白，石經燔燒，又爲土氣所鬱蝕，輕脆已甚，椎拓未幾，『字』字已泐，『仁』字亦損其一畫矣，然頼此得以證叔弼所言。新、舊《唐書》本傳不載其字，得此可補史闕。

《金石萃編》附柳書《魏氏先廟碑》於咸通末，題爲崔璵撰，又據碑文首行有『自特進贈太尉鄭公文貞公魏氏在貞觀立家廟于長安昌樂里，後二百卅五年』之文，知爲玄成後人，而不能定所立爲何人之廟。案《金石録》載《唐魏公謩先廟碑》，崔絢撰，柳公權正書，大中六年十一月。絢雖與璵不同，碑文中有『使門吏左補闕鄭愚□謂璵曰』及『璵聞命震悚，即走相君之門』云云，則爲璵撰無疑。然今碑第二行『崔』下一字，實不可辨，其左旁似作『幺』，疑趙氏得此時，其字已泐，故仞爲絢，而所載即爲此碑，固無可疑。首行『二百卅五年』之下云有來孫其下文泐，而『孫』字自可辨，《萃編》缺之。謩，爲玄成五世孫，《新唐書・宰相世系表》：徵子叔琬。琬子殷，汝陽令。殷子明，監察御史。明子憑，獻陵臺令。憑子謩。碑云：鄭公生司業府君，諱叔琬。司業生潁州府君。潁州生河西府君。河西生侍御府君，贈吏部侍郎，生相國。文云『走相君之門』，又云『司業於世次爲顯考，以相國位猶滯於三品，室未備數』，蓋用《禮記・祭法》文，以始祖爲祖考，以高祖爲顯考，以曾祖爲皇考，以祖父爲王考，故其上文有曰『虔奉祖考鄭公』，又云『以祖考妣鄭國夫人河東裴氏、皇考妣河東裴氏、王考妣范』。以下文泐，蓋是『范陽』。

《通典》卷四十八載，大唐制，凡文武官二品以上祠四廟，三品以上須兼爵，四廟外有始封祖，通祠五廟。魏氏以玄成爲始封祖，而謩官止三品，不得祠四廟，故始祖外祀曾祖爲第二室，祖爲第三室，考爲第四室，不得祀高祖也。《萃編》所據碑，已斷爲五，又雜凑失次，半幅以下，文多不可讀。今出土復得百餘字，合之左方，文較完順，其後有銘曰及銘辭，大半可誦，所敘世次及廟室之數，亦皆粲然矣。《世系表》謩之父名憑，碑文云『吏部府君諱𢍰』，當以碑爲正。《萃編》既引《長安志》，載昌樂坊屬太子太師鄭公魏徵家廟，大中中，來孫謩爲相，再新舊廟，以玄成爲封祖，此宋人避仁宗『禎』字嫌名，故諱『徵』而稱字。乃誤讀『顯考相國』爲句，又不解顯考之義，遂以顯考相國爲指謩言，疑廟是謩之子所修，又謂判户部事不知何人。兩《唐書》載徵之子孫未有判户部者，謩之子亦不言判户部事，不知唐自中葉以後判户部最爲繁要，乃入相之階。兩《唐書》謩傳明言宣宗二年由御史中丞兼户部侍郎，判本司事，謩『乞罷中司，專綜户部，從之。尋以本官同平章事，判使如故』，乃云徵子孫未有判户部者，鹵莽甚矣。謩傳云『曾祖殷，汝陽令。祖明，亦爲縣令』，碑所稱河西府君也，言嘗爲南陽令，以最内擢。讞獄忤中貴，復出爲河東猗氏令。與表所言異。傳亦云『父憑，獻陵臺令』，與表同。碑敘其父憑經使旋遷大理評事兼監察，换殿中侍御史，召爲大理寺司直，下遷獻陵臺令，大率與表、傳合，所敘謩歷官，亦多與傳同。

《舊書·魏徵傳》末敘徵四子叔玉、叔琬、叔璘、叔瑜，其次第本不明晰。《新書·世系表》先叔玉，次叔瑜，次叔琬，次叔璘。而於叔玉，但言光禄寺少卿，其子膺，但言祕書丞，俱不言其襲鄭國公；於叔瑜，但云職方郎中，不言其爲潞州刺史；《新》傳作豫州。於叔璘，不言其爲禮部侍郎；叔琬則傳、表皆不載其官，據碑則叔琬官國子司業。故其文有曰『□□司成，師儒道光，教源益濬』，足補表闕。表系殷以下於叔璘後一行，當是傳鈔移誤。謩傳不載其高祖，非此碑則不知謩爲徵何子之後矣。表言明爲監察御史，傳言明亦爲縣令。據碑言，明宰邑南陽，經李希烈之亂，民無耕牛，乃教民爲區田，歲以大稔，其下文多缺泐，而有『有爲中貴人干政者，違言交肆，奉命往邑長獲伸』之語，蓋曾内擢御史，以直忤中貴，復出爲令，傳、表各舉其一端耳。其稱河西府君，不知終於何官，碑文斷缺，不可詳矣。碑版之有裨史事，此類是也。

二十六日丁巳　晴凉秋爽。竟日考證石文，釘之壁間，反覆展玩。夜料檢内外室中書籍，掃塵插架，各從部居，勞擾紛紜，三更始罷，心目爲之一快。福山牟侍御蔭喬爲孫娶婦，送賀錢六千。

二十七日戊午　晴。剃頭。以所儲書數部付重裝。姪詢來。周生學銘來。弢夫來。是日聞翰林院保送南書房廉生、仲弢、張治秋百熙及編修陸寶忠、修撰陳冕，以九月初二日入試。是日買菊花四十盆，付錢四十千；西番蓮兩盆，錢八千。

二十八日己未　晴，下午稍暖。竟日評改問津、三取課卷。子裳來。王星瑞侍御來。同邑俞進士官圻來。作書致子培，得復。

二十九日庚申　晴，午後復暖。上午詣陳六舟中丞，賀其得浙江學政。午詣邑館秋祭先賢，同飲胙於仰蕺堂，偕子蓴、敦夫、介唐、介夫、子獻談。至晡詣繆筱珊談，傍晚歸。殷蓴庭來。子蓴來。繆筱珊來。夜評改問津諸生課卷。同年程榴孫比部惟孝開吊，送奠儀八千。

三十日辛酉　晴，下午微陰，稍暖。俞子新官圻以景德新甆酒器四事、暖酒盆一及潭菸、杭茗爲贈，受酒器，犒使三千。陳六舟來。胡鑑生經一來。竟日評改問津、三取諸生課卷，數日來共得百餘卷矣。精力疲劣，以所餘并童生共三百卷作書乞敦夫、子獻分閱之，得兩君復。張姬詣子蓴家送其眷屬行，饋以糕餅兩匣，杏仁粉一匣，糖一匣。自二十六日注假五日，至今日滿，以昨日覆奏甲米輪應滿御史往遞，余於疏中申明在假，故仍注假，移吏部。平生一事不敢欺人，况君上乎！甲米入城，特簡兩御史同都統一人專往稽察者，恐旗人私以米售之市賈，不入城，則米價驟貴，兵且乏食。又慮花户、吏胥相率舞弊，偷減勒索，或以它物入囊，僞名爲米，故入城時必督吏每囊以錐刺入，以竹筒接而視之，名曰探米，其探出之米，仍送入倉，立法可謂周矣，而不知弊即在此。旗人俱不願食倉米，應得之者，數年前已豫鬻之佐領，於是佐領與倉監督及花户比而爲奸，每開倉時，先與市賈以米色定其直，而商賈抑勒則有費，花户裝輪則有費，書吏放行則有費，胥役探視則有費，甚至每日驗放時故遲不至，走一隸催之則有費，下一札飭之則有費；所得之米直，佐領侵蝕之，監督侵蝕之，都統侵蝕之，查倉御史侵蝕之；而稽查入城者，每日放若干石，則視多少之數收取公費，每季兩御史人可得千餘金，夏季所放米最多，故所入可得二千金，滿御史以此差爲膏腴，尤以夏季爲利藪。余初被命日，吏即來請示所取公費數，余大怒斥之，吏徐曰：『此歷政無不取者，取之不損大人清名。』固以請。余益怒，揮之出。吏語余僕等曰：『大人不取，此自苦耳，於公事無益也。』次日同道某御史至，極頌余節概，曰：『此差得公，旗人萬餘户食德矣。幸公力懲蠹吏，盡去積弊。』因出一紙，書吏某某名，曰：『是皆積猾也。』且曰：『此次滿御史不可信，所恃公一人耳。』余以其人亦旗下，而能爲此言，心重之，不知其實受吏託，以言來餂我也。數日余入署，偕滿御史辨文書用印，召吏至漢公所，昌言諭之曰：『吾官户部三十年，天下膏腴也，未嘗乞一差、取一錢自潤。今居風憲，蒙天子簡命，專察吏弊，反欲有所取乎？此事利弊吾盡知，若輩毋得一豪欺我。苟公事無隳，旗丁得食米，吾亦不爲已甚。』吏唯唯。及至城蒞事日，自作文告諭各旗佐領，諭倉監督，諭花户，諭胥吏，皆數百言。召佐領，面諭以每日須親至領米，毋假手章京，毋昵比花户，毋賣與商賈，有違必嚴劾；儻花户有沮抑，吏胥有勒索，及探米、載米有舞弊者，必以告，嚴懲之。皆唯唯曰：『大人盡心如此，我旗人蒙福多矣，各有天良，敢不有以報。』然而余之爲此，不特旗人笑之、書吏笑之、隸役笑之，即余之僕從騶卒亦匿笑之，知其徒勞而無益也。滿御史以余既不收陋規，故所取益多，聞所入至四千金。天下事之不可理詰、都中之積玩、好官之難爲，皆如此也。既旗員之領米者益懈，余屢移文都統嚴督之，益不至。蓋催益嚴，則書吏、花户益相恐嚇，市儈之買米者益相勒索。而自四月余考差後，外間皆傳言余必得差，故又冀余之速去，將有待也。至八月初，尚有鑲藍旗折銀米萬二千餘石，甫放一二日，余與滿御史皆奉入闈監試之命，乃移文暫停十八日，出闈將續放，而秋季奉派稽查之滿給事中韞德已呈請臺長任其事。余等未出時，已至城催放，吏固不肯，旗人亦不至，乃持放米關防去。滿御史既出争之，韞德復呈文總憲訴其事，滿御史大怒，固請余同具呈争之。余曰：『投骨之争，何時已乎？汝欲争之，任自爲之，各行其志，毋以溷我。』滿御史不得已，昨日始覆奏矣。

九月壬戌朔　晴，下午微陰。弢夫來。上午答詣子裳、蕚庭、俞子新，俱不值。過大栅闌戲園，見慶樂、慶德諸樓門砌抹甚設，頗動觀劇之興。以居憲職，人所屬目，不便往也。午後歸。

初二日癸亥　晴，下午微陰。王芾卿來。比日評改學海堂諸生課卷。夜小雨。得弢夫書。

初三日甲子　晨雨甚密，旋止，傍午雨又作，下午時有小雨，傍晚微霽。命僧喜邀湘姪、詢姪午飲便宜坊。作書致子培，饋以百合及蘭州菸絲，得復。作書致仲弢，問其昨試南齋消息。弢夫來。是晚本約客飲宜勝居，以雨改訂後日。夜仍有小雨。得仲弢書，知昨上命題：『弓矢喻政賦以木心正則發矢直爲韵』，『登高能賦得能字五言八韵』。『弓矢喻政』四字，出焦弱侯《養正圖説》，用《貞觀政要》中語；『木心正則發矢直』七字，亦出《政要》也。

初四日乙丑　上午微陰，下午晴。郭子鈞來。仲弢來。評改學海諸生經古卷二十二本訖。書客楊惟周以明槧季彭山先生《詩説解頤》來售。

初五日丙寅　晴。子蓴來話别，言即時登車。三十餘年老友，窮途憔悴，分手黯然。自五月中亞陶之行不及面别，胸中時時作惡。今子蓴又行，白髮龍鍾，何時能再見乎！午前走送子蓴行。詣漱翁、仲弢，俱不值，午後歸。傍晚詣宜勝居，子裳、弢夫、敦夫、子獻、俞子新、胡鑑生經一、桂卿先後至，并作書邀仲弢、作片邀子虞飲，至夜二更後始散。得族妹薌八月十七日南昌書，并寄桃紅夏布、白夏布各一匹，以其婿任蓮輝則仁游幕失館，冀余爲之地。三次詒書，何以報之？是日上御棉袍褂。

初六日丁卯　晴，稍暖。亥正三刻七分寒露，九月節。子虞來。蓴庭來。蓴庭新以郎中捐試俸歷俸銀一千四百兩，得截取繁缺知府，昨日召見也。孫嵩年來，杭州人，江西候補知縣，書玉之長女夫也。命僧喜書柬，約客作九日萸觴之飲。作書致敦夫，約公請邵筱村，得復。評閱學海諸童課卷。

邸鈔：以光禄寺卿楊頤爲太常寺卿。編修嚴家讓授湖南長沙府遺缺知府。後以沅州府趙環慶調補長沙，以家讓補沅州。

初七日戊辰　晴。汪幹庭赴甘肅靈臺縣令任，來辭行。評改學海堂諸童課卷十三本訖，更閱第二期學海諸生卷。書客以明槧蔡(季)〔仲〕默《書集傳》來售。閱陳碩父《毛詩説》、陳見桃《毛詩總詁》。

邸鈔：命禮部尚書崑岡、禮部左侍郎錢應溥馳驛前往河南查辦事件，隨帶司員一併馳驛。

初八日己巳　晴，暖甚。敦夫來，以所閱課卷一箱見還。子裳來，言將往英吉利赴薛大理福成之辟。下午入署，接見貴午樵總憲，奕、張兩副都，受提塘官參謁。晡後答謁王星瑞侍御。出城送汪幹廷行，遂歸。是日在臺，聞給事中韞德暴病卒，前日之争，不可已乎！左手據天下之圖，右手刎其喉，愚者不爲，况區區錐刀之末也。同道鳳彦臣侍御歎曰：『韞君垂死作此羞面見人事，貽笑臺中，亦何苦矣！』周介夫來，以王幼遐續刻《皇朝謚法考》一册見贈。得介唐書，即復。是日易風門，去冷布窗，汛掃紛紜。

邸鈔：詔：徹任湖北鄖陽鎮總兵綦高會營私妄爲，有負委任，即行革職。以湖廣總督張之洞奏參也。

初九日庚午　竟日霒陰，上午微見日景。懸三代神位圖，祀曾祖考妣、祖考妣、本生祖考妣、先考妣，肉肴一品鍋、菜肴一品鍋各一具，重陽糕兩盤，餅餌點心六盤，時果四盤，糖饅頭一大盤，栗子湯一巡，酒茗各再巡，飯一巡，祔以三亡弟，晡後畢事。又以栗糕、饅頭、時果祀亡室。作書致子培問其疾，得復。作書致敦夫，得復。得介唐書，即復。鍾梓勤編修廣具門生柬來謁。編修，漢軍人，己丑進士，張子虞之門生也，好學，工駢文。得子獻書，并代閱問津課卷，即復。桂卿來。作書致子裳，約今夕飲。傍晚李若農師、邵筱村中丞、楊莘伯、張子虞、袁爽秋、王芾卿、徐花農先後至。夜點燈設飲於杏花香雪齋，二更後始散。是日坐間筱村談馬端敏被刺事甚詳，言端敏有僕婦，後傭於劉省三中丞銘傳家，縷述顛末，事皆目見，其言可信，它日當記出之。若農師談道光中南海吴荷屋中丞爲湖南巡撫，誤決一婦人殺夫獄，可以爲戒，暇當屬刑部司官檢得縣名姓氏記之。今年正月間，雲門言近年陝西誤決一冤獄，亦相類，皆不可不記也。筱村談故陝甘總督熙忠勤熙麟自言少年出西直門外遇鬼及盜，事甚可畏。忠勤謹厚長者，無妄言，此事亦當載之，《搜神》《夷堅》所不可廢。付李侍郎騶從車飯錢八千，它客車飯錢十七千，廚人賞錢十八千，庚辰同年汪戶部致炳尊人壽分錢四千。　夜霒陰欲雨。

初十日辛未　晨有微雨，午後小雨，竟日陰，傍晚有霽色。弢夫來。繆右臣來。作書致子獻，得復。竟日料檢卷箱及書架。

邸鈔：詔：翰林院編修張百熙、陸寶忠均在南書房行走。

十一日壬申　晴暖如春。是日忽忽不快，兼患痔寫，疲劣多卧。小檢架上書，以蘇、黄集置床頭，蓋備冬寒小病時擁衾支枕，藉此温燖也。評改學海諸生卷。題有『《毛傳詁訓》與《爾雅》同異考』，陳生文炳一卷盡録《毛詩稽古編》總詁及諸篇中訓釋語，雙行書十餘紙，閱之目力爲昏。晚覺不適甚，夜飲葯浸燒酒一匕及胡椒瀹麵，便覺少舒。

十二日癸酉　晴暖，可袷衣。得子虞書，即復。陳資泉之儷王生日，詒以桃、麵、糕、餅等四合。買菊花二十九盆，付錢八千。子虞來話別。徐蔭軒協揆第六子承燮，浙江候補同知，以六月中歿於浙，今日來訃，送奠錢十二千。何潤夫工部乃瑩來。晡後詣瑠璃廠看鄉試紅録，便過書玉，送其婿孫叔壽之行。晚歸，知珊園姪中一百二十五名，此甚可喜。吾家衰落，得此稍振，自六世祖天山府君至今已七世登科矣。珊園名湘，小圃之第二子，年甫二十五。小圃今科亦充河南監試官。慧叔弟婦以車棕頂及藤墊子見詒。

十三日甲戌　晴暖。珊園姪來叩。得吴子修編修書，并闈墨一册。得朱桂卿書，并惠王姬醫案及藥方，即復謝。閲題名録。南元賀綸夔，湖北蒲圻人，前工部尚書壽慈之孫、又甫按察之子也。尚書降補左副都御史，爲詹事賓廷所劾，休致。今年余在闈監試，第一場將畢，見刑部來文，言主事賀綸夔兄弟二人呈請應否歸入官卷。余以尚書是原品休致，非勒休，疑當入官卷；及查《科場條例》載，凡京察原品休致及奉特旨休致者，皆視勒休例，子弟不得爲官生。前數科，萬尚書青藜之子應順天試，曾以上請，後以萬是京察奉旨開缺，非休致，仍准入官卷。今賀綸夔兄弟不得爲比，因覆移刑部，毋庸更議。然綸夔竟得南元矣。南官中二人：殷秋樵之子殷濟、胡雲楣之子翔林。雲楣新升廣西臬司，尚未離天津道任也。周生學銘亦中，以出繼不入官卷。張香濤之子權中一百十三名，今年北官不成，故亦以民卷中。山、會兩邑本籍中，陳福麒、張宇鍾[人]；天津書院諸生，張克家、劉嘉瑞、喬保衡、高桂馨、趙士琛、陳桂、王壽仁、常文甯、喬瑞淇、金文宣、陳錫年等皆得雋，又中副榜者數人。北貝之中固甚易，如二喬、二陳、王、金諸生，皆文僅成章，在院中亦爲下駟，一時俱捷。然如張生大仕之經學，二三場必當獨出，及李生鳳池、陶生喆甡之文學，亦北人之秀，而皆久困場屋，此固不可一概論也。下午答客一二家。送子虞行。詣黄漱翁，談久之。詣邑館，晤敦夫、子獻。晚詣江蘇館赴芾卿之飲，坐有李侍郎及左笏卿、繆右臣、桂卿、爽秋、仲弢諸君。夜一更後歸，月明如晝。新入臺如侍御如格來。作書致弢夫。聞王廉生之子崇燕中山東鄉試第十五名。

十四日乙亥　晴暖。鍾梓勤編修來，久談。恂恂儒雅，言本楊姓，簡侯布政其族祖也。趙生士琛來見。竟日評改學海諸生課卷畢。夜閲諸童卷。馮申甫鍾岱太夫人開吊，送奠分六千。夜月皎甚，讀書作畫，事事皆佳，爲閲卷所苦，時一開簾賞之。三更後陰。

十五日丙子　晨小雨，上午漸霽，下午晴。是日料檢天津課卷共四箱訖。去年九月學海堂諸生二十六人，試『《論語》寢衣解』，『《毛傳》訓詁與《爾雅》同異考』，『王濬李愬優劣論』，『張華裴頠論』，『太華峰頭作重九賦以題爲韵』，『家在江南黄葉村賦以題爲韵』，『漢熹平一字石經殘字題後五排十六韵』，取内課張大仕、李家駒、張壎、陳文炳、楊鳳藻等八名。童十五人，取内課二名。十月學海堂諸生二十二人，試『隰有六駁解』，『《左傳》官名合於《周禮》考』，『李綱論』，『陳東論』，『賜冢象祁連山賦以侯曰冠軍謚之景桓爲韵』，『童子開門雪滿松賦以題爲韵』，『儗甘延壽陳湯斬郅支單于露布』，『放翁生日詩不拘體韵』，取内課張大仕、費登太、李家駒、張壎、楊鳳藻等六名。童十三人，取内課一名胡家祺。今年三月問津生一百二十一人，文題『子曰不患人之不己知』兩章，詩題『春風晚暖曉猶寒得寒字』，取内課陳振鐸等二十名。童五十四人，文題『賜也賢乎哉夫我』。三取生五十七人，文題『子曰君子病無能焉』兩章，詩題『杏花猶帶一分寒得寒字』，取内課林向滋等十名。童三十五人，文題『君子矜而不争群』。四月問津生一百二十七人，文題『子曰不仁者不可以久處約』兩章，詩題『梨花深院鵁鶄聲得聲字』，取内課李鳳池、魏震、王奉璋、王春瀛、張大仕等二十名。童五十九人，文題『不可以長處樂仁者安仁』。三取生五十九人，文題『子曰唯仁者能好人』兩章，詩題『櫻桃花落燕歸來得來字』，取内課林向滋、劉檼壽等十名。童三十二人，文題『能惡人至無惡也』。作書致季士周，并是月三書院題兩紙寄去，付郵錢十六千。馮心蘭侍御爲其子婦開吊，送奠分六千。是夕望，月皎於晝，庭院竹樹，清影參差。欲一曳杖行吟，以竟日勞攘小極，遽睡。

十六日丁丑　晴和。繆恒庵來。下午答客數家。詣魏染胡同晤兩姪，小坐。賀唐暉庭給諫令弟樾森舉京兆試。詣子培、子封談，至夜歸。弢夫來。子封來。

夜閲《歸震川集》。是集汰其太半，凡壽序、贈序等應酬牽率之文及説經傳會膚淺之作悉去之，更以小字精槧校刊，方爲佳本。近年崑山新補板滿紙塵氛，蕪儳不除，菁華轉掩。

夜月佳甚，忽有風至，落葉蕭然，殊有歲暮之悲。

十七日戊寅　晴，晡陰，傍晚雷電驟雨，旋止。周夢飛孝廉來。唐暉庭來。漱翁來。何崧生汝翰來。弢夫來。是日檢架上書，取《有學集》及去年友人所詒陳恭甫《左海全書》、陳樸園《今文尚書經説考》、林鑑塘春溥竹柏山房所刻書十五種，爲之編次題籤，甚覺勞勩。林鑑塘字立源，閩人，嘉慶壬戌進士，以庶吉士習國書，授編修，咸豐初告歸，戊午重宴鹿鳴，辛酉十二月卒，年八十七。時大吏方請來歲壬戌重宴瓊林，得旨賞四品卿銜，命未下而卒。所著書二十餘種，已刻者《開闢傳疑》至《開卷偶得》共十五種。所學頗博，留心三代以前事，勤於纂述，如《古史紀年》《戰國紀年》《竹書紀年補證》，皆裒然成書，而識見不精，絶無心得。《開闢傳疑》以僞三墳爲真，《春秋經傳比事》《四書拾遺》兩種，卷帙頗夥，而《春秋》分經條繫以《左傳》，絶無發明，蓋如村塾讀本；《四書》所取，多淺雜之説，皆不足觀。

《開卷偶得》，亦多談荒遠，而於經史眼前之書反不能舉證。其所學不特不敢望馬宛斯，亦不能睎梁曜北，蓋鈔撮功多，而折衷寡當也。其《古史考年同異表》取《竹書》《史記》《世紀》《三統術》《大衍術》《經世前編》諸書，分格爲緯，以代爲經，頗優於參考。《武王伐殷日記》整比月日，亦爲詳備，而終不免支離牽合、臆測無徵，又頗信梅賾僞古文，出入不一。惟《孔門師弟年表》《孟子時事年表》《孔子世家補訂》，皆鉤稽細密，頗爲有功。《滅國五十考》亦多有依據。至《孟子外書》四篇，依託甚明，蓋南宋淺人所爲，并不出劉貢父之手，前人已有定論，而深信爲真，爲之補證，又其淺識之過矣。

夜霽後月出，仍清綺。

十八日己卯　晴和。廖仲山侍郎來。邵筱村饋四十金爲别。作書致筱村，爲僕人王福欲隨之南歸也。亡室生日，設饋於堂，介唐夫人來拜，詒楮繦二千。有鄉人分發廣東知縣黄思堯來，又有居上斜街者徐仁鑄來，皆用大柬，稱世愚姪，不知其人，當往答詢之。徐花農來辭行。書玉來。夜一更後月出，皎甚。

十九日庚辰　晴和。得筱村書，所薦僕事不成。作書致敦夫，問浙榜消息，託借題名録閱之。敦夫尚未起，子獻爲借得一紙來。山陰中六人，解元王萬懷，東浦之林頭村人。會稽中二人，其一姒錫章，前科副榜，蓋禹陵廟下村人，禹之苗裔也。姒姓，世居禹廟旁，爲奉祠生，僅二三家，惟道光初有諸生一人，名佐清，自唐宋以來從無登科者，今爲破天荒矣。紹郡共得二十二人，副榜五人。今年首題『子張學干禄』一章，次題『旅酬下爲上』，三題『序者射也』。以是月十一日出榜。周生學銘來，以所刻《脉經》見詒。得書玉書，屬爲其弟資泉託筱村覓滬上一席地。夜作書致筱村，以書玉書交之。

二十日辛巳　晨稍寒，午仍暖温。上午答客數家，晤繆恒庵。午詣浙館紫藤精舍赴漱翁、仲弢喬梓招飲，坐有子裳、爽秋、桂卿、弢夫、子封、馮夢花。晡後便道送花農行，遂歸。比已秋末，而林木蔚然，多未黄落，郊原曠處，緑蔭團團，比之南中，暄暖轉勝。地氣漸變，物候已徵，此亦有識所深憂也。今日黄思堯又來，其刺改稱鄉晚生。徐君仁鑄，是鑄庵侍御之子，己丑進士，官編修，庚午年姪也。是日晡後忽腹中不快，似欲歐穀，至晚稍平復。爲子獻勘校阮文達《雁蕩圖記》，後題道光庚子作於萬柳堂。此文不載《揅經室集》中。萬柳堂在京師，文達庚子未嘗入京也，文中亦多誤字。即作書致子獻，并圖還之。庚午同年臧庶子濟臣嫁女，送禮錢四千。

二十一日壬午　晴和。今日靈氾分祠祀神，以小極不能出，命僧喜往。作書致介唐，作片致敦夫。諸君到者十五人。趙生士琛來。得子獻復、介唐復。作致族姪灝齋丙吉里中書。鄉人黄雲階思堯饋素羅一匹，鮝脯一肩，再造丸兩封，龍井茗兩瓶，蘇合丸、凝坤丸各一封。此君不知其人，詢之敦夫，言是鄉之斗門人，前數年來京，黄允仁之子。允仁亦不相識。既是邑子，全却所饋，亦近不情，受其茶、藥蘇合、凝坤。而已。同鄉葛郎中寳華爲子娶婦，送賀錢四千。本以邑人當少豐其禮，僕輩以其素無還往，未曾禀命，寫柬送去，亦可笑矣。

邸鈔：上諭：王文韶奏提督病故，懇恩賜恤一摺。前湖南提督馬如龍，世篤忠貞，深知大義。咸豐、同治年間，雲南漢、回衅起，該提督創和漢安回之議，開導回衆。其時回黨馬榮、回首杜文秀兩次竄擾省城，馬如龍帶兵援剿，殄馘悍賊，擒斬叛黨，先後殺賊萬餘，城圍遂解。身係滇省安危，厥功甚偉。嗣擢授雲南提督，調任湖南，因病開缺。兹以傷發身故，殊堪憫惻。著照提督軍營立功後病故例議恤，於雲南省城建立專祠，平生戰績宣付國史館立傳，以彰忠藎。另片奏該提督之子已革四川道員馬廣惠前因改道省親，繳照遲延，懇恩開復等語。馬廣惠著加恩開復革職處分，仍歸原省補用，並免繳捐復銀兩。

二十二日癸未　丑初二刻四分霜降，九月中。晨晴寒，上午後復暖温，晡微陰，傍晚黄色微霧，晚稍霽，成霞采。晨詣先賢祠，巳刻以特羊祀先師孔子於典録堂，午刻以少牢釋奠先賢，余爲亞獻。到者十五人，敦夫、介唐、書玉、秉衡、介夫、子獻、俞□□培元、陳蓉曙、戚聖懷、韓子喬、朱少萊、馬介臣、周夢蜚、陳心齋應禧。追憶去年秋祭到者十八人，黼卿、叔雅、伯循、蓮史皆爲逝者，子蓴改外，孫文卿憂歸，陳梅坡未來。聚散不常，浮生若夢，可深嘅也。晡後散。馮心蘭侍御來。分胙肉於各家畢，尚餘豕體一胉、《説文》作膀，《周禮》作拍，羊體兩臑一髀，以賦僕媪人二斤，外家人各得羊一體，又豕胉三分之。割餘肉以餵貓犬。内外紛紜，鬻釜互舉，觀之甚樂，作詩紀之。夜二更驟雨，旋止。

辛卯九月二十二日集郡士大夫十五人釋菜越中先賢祠憶去年八月集者十八人今章黼卿光禄桑叔雅太守及潘陸兩庶常皆已逝傅子蓴郎中改外郡孫檢討憂歸陳舍人里居而張朗齋尚書昔年與余力營創築者又新薨於山東節署酒間相對慨然作此示諸君

虎坊橋東靈汜祠，秋風釋菜陳鼎彝。先賢後賢照方册，帝車南指參娥羲。鄉國之秀萃京輦，年年簪組相追隨。少牢在俎備膋血，三獻鞠脣陳嘏詞。禮成飲福互酬酢，長幼以序無獵躋。後者視今今視昔，總角俄忽成期頤。我年過耆主郡邸，不比祠官叨禄縻。中秋璵院十餘日，管領多士昕宵疲。還家病卧及秋暮，吉蠲正值貙劉期。是日霜降。庚子陳經已逾月，先河後海禮所宜。歲例以八月下旬秋祭，必用廿一或廿八日先祀至聖先師生日。霜高日晶景卓午，庭柯葉緑如春時。送神歌闋宜一醉，聊當秋禊相娱嬉。坐間俯仰忽長歎，去年有幾某在斯。苕霅老卿出鏡水，贊裸一病與世辭。黼卿，歸安籍，自言本會稽道墟村人。長桑試守赴楚檄，黄鶴忽去空江湄。叔雅歿於武昌。騎省悼亡亦遽化，陸生已見空棺歸。逝者四人不可作，漫郎白首投一麾。或聞銜恤或請急，瀛州屈指半已非。始興尚書古豪傑，從戎萬里專鼓旗。烏孫疏勒盡收復，天戈所指無堅陴。奏凱歸來見天子，付以齊魯屏京畿。退談桑梓尤惓惓，欲興百堵張祠基。環以樓閣藝花竹，詩巢髣髴南山陲。行囊已竭尚有待，書來問訊常夢思。何期一夕大星隕，吾君廢朝爲涕洟。豈惟海岱人巷哭，花門萬部皆髡剺。越中近日氣凋喪，朝官落落晨星稀。竹箭之性失嫵媚，木强不受權要羈。老成典刑漸已盡，山川黯淡無光輝。庶子謂吴介唐。華髮日夜滋，司業謂陳書玉。鬑鬑亦有鬚。鮑防謂敦夫。翰林號耆宿，著作七品終不離。其餘館閣及郎署，大率偃蹇守冗卑。而我卅年領金穀，晚入諫垣猶夕曦。朝無闕事各緘口，吁嗟獬豸同鷄栖。一身衰疾頑未死，人仇鬼瞰將何爲。上慚鄉哲下同輩，蹉跎志事無由追。潘陸之齒少我十，尚書周甲未逮期。九原新鬼半弟畜，草霜風燭能無危。今朝有此一尊酒，相逢不飲真成癡。我願諸君各努力，斗牛光氣無終衰。孔金魏玉不世出，安知木雁非天遺。明年腰脚應更健，重陽來把黄花卮。不然歸去卧田里，八百里湖多釣磯。紅樹白蘋是處有，青山一棹隨所之。蓑笠豈等章綬苦，鷗鷺能伴侏儒飢。立功立德不可冀，猶能炳燭昌其詩。

鄉祠秋祭分得豚體一胉羊體兩臑以賦家人各持刀切肉喧笑竟夜以詩紀之

冷宦終年疏塞腸，偶得鮭韭厨生香。歸休未見一臠肉，助祭不分半胛羊。今日充閭定何日，主人醉歸僕喜色。誰何背負猪若羊，折俎所餘已盈室。膀胉肫骼肩臂臑，《説文》羊豕臂曰臑，从肉，需聲，讀若襦。《儀禮·鄉射禮》釋文人于反，今分別濡、猱二音，非是。雪飛花落紅而腴。鄰人滿墻鴉鵲噪，長髯赤脚紛笑呼。磨刀霍霍尋竅孔，家人俱似東方勇。須臾吹火滿兩廊，烓鬲釜鬵一時捧。貍奴逐隊争殘脂，黄犬摇尾求肉糜。内外飽騰及飛走，太平忽見唐虞時。主人旁觀瘦如腊，削瓜家風不肉食。平生絶潤脂膏間，孑孑小廉亦何益。曲逆豎子徒誇哈，宰肉雖均何足才。安得枌榆大酺樂，家家扶醉人歸來。

二十三日甲申　晴和，下午漸暖。是日腹中不快，少食多卧。時時點閱蘇詩，以自消遣。付福慶堂二十一日祠祭香饌等銀八兩五錢。付鄉祠長班兩日買辦魚肉、鷄鴨、香燭、楮爆、麵牲、時〈果〉、茶水等錢六十千，一豕兩羊銀九兩九錢。福慶堂賞錢十千，司廚賞錢十二千，長班賞錢四千。邑館長班送祭器，賞錢八千。

二十四日乙酉　晴陰相間，有風，微寒，晡後霒陰。弢夫來。仍閲蘇詩。是日復不快。夜三更後密雨有聲，凄然多感。

邸鈔：右春坊右中允李肇南轉左春坊左中允，國子監司業陳夢麟轉右中允。

二十五日丙戌　晨密雨，巳後稍止，竟日霒陰。趙生士琛來見。仲弢來。作詩柬子培。夜評改問津諸生卷。北士荒陋已久，近年頗知向學，鄉會兩試，津士多有對策者。今年書院諸生如趙生、張生等皆以二三場補薦獲雋，即月課制藝亦漸能菑畬經訓，是可喜也。菊花半開，移之室内。

雨中柬子培病起

天與安禪八尺床，鷽鳩相並息榆枋。耳邊落葉知秋盡，眼裏空花覺夜長。尹僕夢醒誰得失，單張内外孰堤防。羡君對聽三間雨，况有陔蘭入饌香。

邸鈔：上御承光殿，召奥國使者畢格哩本覲見。命尚書翁同龢、李鴻藻、孫毓汶、祁世長、松森，侍郎徐郙、景善、薛允升爲順天鄉試覆試閲卷大臣。詔：已故湖北巡撫翁同爵誼篤本宗，擬置義莊，其子浙江候補知府曾純等克承先志，購田一千餘畝，養贍宗族，洵屬敦睦可風。著賞給御書扁額一方，交該故撫家屬祗領，以示嘉獎。掌浙江道御史牟蔭喬選廣西柳州府知府。户部額外郎中郭賡平選禮部精膳司主事。

二十六日丁亥　陰寒，微晴，下午西風頗勁。王子裳來。徐班侯來。陳梅坡自越中來。爽秋來。爲子裳書摺扇。爲江蘇拔貢楊贄奩模書團扇，仲弢所轉乞者。夜補撰漱蘭侍郎六十雙壽詩二首。閲《莊子》成玄英義疏。郭象之注《莊》、張湛之注《列》，皆喜爲奥語，務暢玄風，然實當理者稀，徒形枝格。蓋郭本淺植，冀竊謏聞，於三代事實語言多未通解，《南華》所存微文古誼一無發明，託於刊落浮華，獨標真諦，支離曼衍，自文其陋，《莊子》之恉，因以愈晦。幸有陸氏《釋文》，備載崔、李、司馬諸家，片義零辭，藉存梗略，因文推究，猶可得其十一耳。玄英又拾郭之緒餘，所得益鮮，然頗知考證名物，補注所略。近年黎莼齋據日本所藏宋刻重翻，字大行寬，讀《莊》者之佳本也。

壽黄漱翁侍郎六十暨賢儷陶夫人四十二首

侍郎六十賦歸歟，雅志從容未遂初。似道聖心猶側席，豈惟朝論惜懸車。受釐室有千言策，履道坊無一畝廬。所喜鯉庭能養志，綴行桃李奉瓊琚。

退閑小闢六休堂，茗碗爐熏對孟光。賭弈閑從台嶠侣，侍郎時過台州館，與子裳、弢夫諸君對弈。卧游新繡雁山囊。不須竹杖扶迂叟，自佩薇壺酹漫郎。丹桂正華菊含蕊，年年瑶圃奏笙簧。

二十七日戊子　晴寒。李小川少京兆來。作書致仲弢，并詩扇送去。作書致子培。得陳梅坡書，以湖棉被胎一床見詒，言此於老年爲宜，過杭時親買得之，其意甚可感，作書復謝，犒使四千。又饋笋枝脯兩合，反之。得季士周書，寄還去年修理房屋銀三百五十兩，意甚周至。作書復謝，犒使四千。撰濮紫泉母林恭人輓聯云：『露席禱枯桑，身續蔆齡羊女表；開阡種貞柏，國化蘆衣魯母師。』恭人年十八九適壽君太守爲繼室，時太守年五十餘矣，待紫泉甚有恩，紫泉亦事之甚孝。今年祇四十九。去年其母病時，嘗禱天請代，故用《南史·孝義傳》事。撰桑叔雅輓聯云：『里祠甫就白鷄年，蘭上尊空，此後越吟誰復和；江渚遽招黄鶴侶，梅花笛斷，客中楚些不堪聞。』余創修越中先賢祠，叔雅經營之力爲多。祠本祀叢神，自辛酉後主者失人，日漸頹廢，至乙酉始修而更之，故借用《晉書》謝太傅見白鷄事。得傅子蓴津門書。送濮氏輓聯去，并奠銀二兩，素燭一對。夜復檢理書籍。

二十八日己丑　晴寒，晨尤凛然。始衣重綿。縛稿苞梧桐、紫荆諸樹。下午出吊叔雅，送輓聯及藍呢輓障一，文曰『落月長思』。詣書玉，久談。詣弢夫、子裳，答拜李小川、陳梅坡，皆不值，傍晚歸。王廉生來。吴子修來。夜閲《越絶書》，思略校脱誤，欲覓一佳本，三十餘年矣，終不得也。夜半後有風。

邸鈔：以翰林院侍讀學士惲彦彬爲詹事府少詹事。補廿六日。以鴻臚寺少卿宗室桂勛爲太常寺少卿。

二十九日庚寅　晴，稍和。上午詣龍泉寺送紫泉母夫人殯，晤惲次遠少詹、張少原給諫、郭少蘭、吴子修、陳芰生、吴佩蔥、戚聖懷、弢夫、仲弢、王友松諸君，午後歸。陳書玉來。作書致敦夫，還端午所轉借百金之半，并命僧喜録送秋祭詩去，得復。命僧喜寫詩送介唐，得復。閲林鑑塘《四書拾遺》，所采取亦頗便於初學。作書致萬薇生本敦，還去年五月至今年九月賃屋銀一百又二兩，屬其轉致季士周。付天全木廠銀一百兩。

邸鈔：上諭：德馨奏耆紳重遇恩榮筵宴一摺。頭品頂戴、前雲南布政使宋延春，早年登第，由庶吉士授職部曹，外任知府，洊升藩司，護理雲貴總督，退老林泉。前因鄉舉重逢，賞加太子少保銜。現在年屆九旬，重遇恩榮筵宴，洵屬藝林盛事。加恩賞給太子太保銜，准其重赴恩榮筵宴，以光盛典。宋延春，奉新人，道光癸巳進士，旋於十月二十日病卒。

三十日辛卯　晨晴，巳後陰，下午微晴，晡後晴。閲《莊子》成氏義疏。命王姬裝釘書籍。命張姬答詣族親宅眷。傍晚紅霞滿天，西山映之，青黛如染。時已近冬令，樹色蔚然，葉半未脱，亦鮮黄者，尤可異也。晚詣宜勝居，邀陳梅坡、俞子新、吴佩蔥、子裳、弢夫、敦夫、子獻、聖懷及鄉人黄思堯夜飲，始食菊花魚羹火鍋，一更後散。付客車飯錢十五千，酒保賞五千。

秋盡日暮出門眺望偶然成詠十二韵

客中何所適，出門塵闤闠。倦眼偶一豁，所得皆由天。薊門已秋盡，槐柳猶翠鮮。夕來隕霜少，黄葉寄孤妍。衢巷稍清曠，緑樹圍能圓。時於林杪見，一抹西山懸。晚霞一何綺，艶帶修眉蜷。白雲不可即，青黛紛來前。會心豈在遠，兹賞成吾偏。鄰寺鐘漸動，城郭生遠烟。餘映亦可愛，詩成殊欣然。歸鳥既數盡，吾亦曳杖還。

冬十月壬辰朔　晴和。命僧喜詣崇效寺，以素饌茶果祀亡室殯宫。作書致弢夫，還今春所借五十金。俞子新來。張君立權來謁，薌濤制府之子，新舉京兆試。閲《三朝北盟會編》，爲之題籤識印。夜作唁徐仲凡書。致季弟婦書。桑縣令杰來，叔雅之族弟，湖南候補縣。付崇效寺八月九月賃屋銀十二兩。

初二日癸巳　晴和，有風，傍晚陰。祖妣倪淑人忌日，供饋肉肴四豆，菜肴六豆，果羹一，時果五盤，饅頭一盤，蓮子湯一巡，餘如常儀，晡後畢事。作致三妹書，致族妹薌南昌書。發家書。弢夫來，仍以所借銀票見還。傍晚詣龍泉寺吊紫泉，晤弢夫、仲弢、吴子修、盛伯羲、張少原、何潤夫諸君。晚詣子培、子封兄弟談，夜歸。是日剃頭。署中送明年新曆，賞錢二千。

初三日甲午　晴和。書聯語贈子蓴、蓮舟兄弟，子蓴瀕行時所乞也。贈子蓴云：『詩名駕部春城柳；宦蹟滕王暮閣霞。』贈蓮舟云：『春風里有尚書塢；夏月家傳大戴篇。』子蓴兄弟居漓渚山，有孔尚書塢也。是日偶於書包布中檢得去年六月初所作《苦雨中聞蟬》五古一首，久未録稿，其後有自五月至六月連雨述灾長歌，僅有題而無詩，夜因補作七古三十二韵，命僧〈喜〉録附去年日記。徐蔭軒協揆師第四子鴻士兵部承焯病故，今日開吊，送奠分十六千。丙子舉人，年四十九。蔭翁五子，喪其三矣。同寮愛興阿侍御爲孫娶婦，送賀錢四千。同鄉余和壎户部爲子娶婦，送賀錢四千。

邸鈔：詔：本日引見鮑超之子兼襲一等子爵，又一〈等〉雲騎尉之候選道鮑祖齡加恩以道員儘先選用。

初四日乙未　晴和。作片致俞子新，以寄薌妹鬢花繡帶一匣屬轉致妹婿任蓮輝。下午詣東江米巷吊徐鴻士，晤其兄楠士通參，唁蔭軒師。今年連喪兩子，老懷頗曠達也。其聽事新闢五間，闌檻周迴，廊宇深邃，頗極華好，陳列菊花數百盆，金粲霞鮮，五色悉備，遍滿几席，皆佳種也，夕陽映之，光艷尤絶。久談而出。答拜廖仲山侍郎，是日武闈旨下，派辰字圍較射，已出城矣。詣王廉生賀其子得鄉舉，詣張樵野副都，皆不值，遂歸。陳梅坡來。得敦夫書。夜閲《施注蘇詩》。

邸鈔：御史愛興阿升禮科給事中。已革山西冀寧道王定安開復銜翎，以道員發往江蘇補用。

初五日丙申　竟日陰，傍晚微有霽景。作致江西方佑民布政汝翼書，爲子蓴瀕行時屢來見索，不得已也。又作復子蕁書，并楹帖俱託俞子新附去。傍晚詣子新不值，遂歸。子獻饋醩魚一盤，梅萓一小合，作書復謝。子裳、弢夫邀夜飲宜勝居，坐有爽秋、桂卿、仲弢、梅坡，二更歸。點閲《施注蘇詩》。

邸鈔：山西巡撫劉瑞祺卒。詔照巡撫例賜恤。

初六日丁酉　晴，晡陰，傍晚復霽。祖妣余淑人忌日，供饋肉肴六豆，菜肴四豆，有菊花魚羹，餘如常儀。

以銀八兩有半購得季彭山《詩説解頤》一部。凡總論二卷，正釋三十卷，字義八卷，共爲十册，前有胡宗憲序及彭山自序，尚是明嘉靖時原刻本。彭山説經，雖亦好出新意，然實有根據，不作無本之談。所著書甚多，余家居時嘗見其《讀禮疑圖》《春秋私考》兩種，頗多臆斷，不及此書之精實，雖不信小序，而引證群書，自申其説者少，折衷古義者多，固讀《詩》之佳本也。其卷首備列所引用之書，如謂《爾雅疏》中引有《小爾雅》《博雅》，蓋皆各爲一書；陳氏《禮書》中引有舊圖，蓋出聶崇義《三禮圖》；《玉海地理考》中引有《郡縣志》《寰宇志》，其全書未及見。明代古籍半湮，聶氏、李氏、樂氏諸書傳者絶少，固不足怪，然《小爾雅》在《孔叢子》中，當時未爲稀見，又不知《博雅》之即爲《廣雅》，至王氏《詩地理考》附刻《玉海》之後，並非《玉海》，此類皆未免疏失。又以《通典》爲唐宋白、杜佑上，尤近笑柄。且以《初學記》、《通典》、沈括《筆談》、程大昌《考古編》、《山堂考索》、《文獻通考》等皆入集類，尤爲紕繆。此由於目録之學未嘗留心，不足深訾也。其所徵引者，皆元元本本，細心考索，絶無景響之説，且爲王門高弟，而服膺朱子，發明《集傳》，申成其義，尤足徵朱、王之學本無異同，後人吠影吠聲，自成紛擾耳。

夜於朱霞精舍點燈集家人，對菊花食魚羹小飲。家忌本不應爲此，以出自祭餘，集而餕之。菊方盛華，小作點綴，聊紀節物，系以小詩。

立冬前夕菊花盛開偕家人夜飲朱霞精舍試魚花火羹有作

冬初有菊亦重陽，丁倒盆堆一室香。玉鱠紅鑪尋菜味，銀燈緑酒颭花光。幾家能得團圝樂，垂老難逢汗漫觴。爲向天涯兒女道，人生此飲莫相忘。

邸鈔：以山西布政使奎俊爲山西巡撫。户部員外郎耆年授四川順慶府知府。本任知府苗穎章告病。

初七日戊戌　丑初一刻立冬，十月節。晴。晨起泛掃卧室，移食物廚於外，更設兩几以庋書。冬初漸寒，軒翠舫不可居也。午後詣錫钀胡同赴張樵野副都招飲，坐有李若農侍郎及廉生、爽秋、子裳諸君，肴饌甚精。觀所藏惲南田山水册，筆法精絶。坐右懸錢南園通政《秋風歸牧圖》立幅，皆以淡墨烘染，凡馬十，人二，精細絶倫，馬之毛色蹄角，各極其致，樹石蒼鬱，鉤皴工密中皆帶篆籀法。南園風節峭聳，書法古勁，其畫甚罕見，不謂工絶乃爾也。款題『戊戌六月十六七八日寫』，蓋三日而成者。又有文休承山水龍舟小立幅，亦濬秀可喜。傍晚出城答拜數客，晚歸。夜寒。付書賈楊維周銀十兩。龐劬庵來，送山東闈墨。

邸鈔：以順天府府尹胡聘之爲山西布政使，以湖南按察使孫楫爲順天府府尹，以安徽鳳穎六泗道王廉爲湖南按察使。以通政司副使李端遇爲光禄寺卿。詔：鑲黄旗蒙古都統容貴、漢軍副都統安興阿加恩在紫禁城内騎馬。

初八日己亥　晴，晨甚寒。卧床换湖綾刮絨博古圖帳額，是昔年書玉所詒者，爲題『乙彝甲帳』四字，系之以贊。午後入署，晤鳳彦臣、徐叔鴻，接見臺長貴午樵、奕鶴樓。晡後出城答徐班侯，晤談。晚赴宜勝居張詩卿之飲，坐有敦夫、秉衡、介唐、介夫、弢夫、子獻、蓉曙、梅坡，夜二更歸。

閲《禮記正義》。目録之學，古人最重。《周禮》以序官爲目，故鄭注特詳；《儀禮》與《禮記》，賈、孔皆特存原目，而《儀禮》目録尚存鄭注，《禮記》則鄭注目録皆散著於各篇題下正義中，其文猶全，孔氏所疏亦甚詳備，爲《禮》學者當先熟讀此一卷也。

邸鈔：上諭：本日御史龐壐呈遞摺件，於花衣期内並未粘貼黄面，奏事銜名平格大字書寫，摺面未書『奏』字，摺尾未書年月日期，不諳體制，錯誤過多。龐壐著交部議處。其所奏坊營疲玩、捕務廢弛，請嚴定處分等語，著該衙門議奏。前安徽徽寧池太廣道雙福補授安徽鳳潁六泗道。

初九日庚子　竟日多陰，微見日景。閲《禮記正義》。《經禮》《曲禮》之説，鄭注精確，不可易也。俞子新再來辭行。是日寒甚，始衣棉袍，著棉鞋棉韈。夜作書問子培疾。得張勤果公訃狀，已自山東歸柩杭州矣。

初十日辛丑　晴，稍和。慈禧皇太后萬壽節，上詣慈寧宫行禮，不御殿受賀，百官皆於午門外行禮。得子培書。下午答拜龐劬盦，晤談。詣四眼井賀劉樾仲嫁女，送禮錢二十千。答拜俞子新。詣子培談。至米市胡同視王旭莊，以旭莊奉其母夫人就養可莊鎮江府署，昨日還京，自下斜街移居於此也。不值，遂歸。王鼎丞定安來。夜爲弢夫改一小文，即作書致之，聞弢夫已奉傳軍機處行走，將以明日入直也。付吴升賞銀二兩又錢十千。

十一日壬寅　晴。得弢夫書，言今日移居青廠黄巖新館，其地在商城相國宅後，本吴晴舫侍郎師宅也。徐叔鴻來。得許竹篔太僕七月廿七日俄都書，并寄惠四十金。書中言彼都夏晝甚長，夏至前後通夕皆見天光，冬則甚寒，室皆墐塞，時令愆迕，旅人易病。蓋羅刹之國，固非人所居也。趙生士琛來，以行卷經文就質。王鼎丞以所刻書三種見詒。

十二日癸卯　陰寒。弢夫來。始命僧喜學爲制義，題爲『事父母能竭其力』。余十歲時始爲破承題，杜先生夢蓉命題曰『無喜色』；十一歲始爲起講，張先生省堂名震，新昌諸生。命題曰『必得其祿』；十四歲始爲八比，杜先生浣谿名詩，山陰諸生。命題曰『斐然成章』。三先生皆相期甚厚，然夢蓉先生寓意尤大，蓋知余之非凡兒也。先生名炳奎，山陰諸生，尺莊先生之族子也。時歲在戊戌，年已五十餘。工篆隸飛白書，能白描人物，而性頗僻，卒以潦倒終。余自十一歲後喜窺史書，私鈔《歷代帝王譜》一册；又學爲詩，以方寸紙百餘番，寫唐人近體詩五律五絶爲一册，七律七絶爲一册，出入袖之。而不喜讀經書，尤惡讀時文。初作破承題，見《啓悟集》《文法入門》《張太史塾課》等村書，大厭嘔之，故作文久不進。時先君子督課嚴，惟逢三、六、九爲文期，則放假半日，任其在塾。余至是日如登仙，午飯後得題，即閲史或鈔詩，伺館童上燈油，乃隨筆亂寫一文字塞責。先君子數怒之，謂必無成。而浣谿先生奇賞之，逢人輒言，此奇才也。然每呈文，必取筆痛勒之，以爲不通，或至塗乙無餘字。猶記一日秋晴甚佳，先本生王父藴齋府君携賓從游蘭亭舟中，府君顧謂余曰：『是非不慧，而不肯讀書，奈何？』從舅倪□□先生名世，本會稽宿儒，嘗爲郡守周犢山先生所識拔，然竟以布衣終。先君子嘗從受業。曰：『其資質亦中下耳，不至下下也。』浣谿先生怫然曰：『是實上上資質，何言中人以下耶？』即舉其『十月先開嶺上梅』試律兩聯曰『獨憑千仞勢，自占百花魁。小春風信到，高嶂雪容催』，曰：『此豈常人語耶？』是年余十四。今五十年矣，憶之猶歷歷。一身老病，白首無成，慚負父師，泫然何已。墨枯筆秃，聊一書之，以示後人。蓴庭之姬人生日，張姬往，饋以桃、麵、鷄、豚。今賣花庸收藏紫薇五樹，付以錢四千。

十三日甲辰　晴，風。王旭莊來。閲《禮記正義》。據阮氏校勘記所引宋本及惠氏校本，以朱筆添補殿本《禮器正義》闕文百餘字。夜有風，月皎，甚寒。

十四日乙巳　晴，有風，甚寒。張樵野來。閲《能改齋漫録》。是日復整理架上及床頭書籍，小有移置。始用火鑪。夜寒甚，有風，月皎於晝。

邸鈔：前兵部右侍郎白桓卒。桓字建侯，順天通州人，前刑部尚書鎔之孫，癸亥進士，官吏部郎掌選，清介絶俗，驟擢至卿貳，勤慎一轍。卒年七十一。詔：已故貴州貴東道吴自發於咸豐年間隨同楚軍攻剿髮逆，疊著戰功，復在貴州剿平苗亂，惠愛及民。嗣因積勞在任病故，民情愛戴，歷久不衰。著照道員軍營立功後積勞病故例議恤，並於鎮遠府城建立專祠，生平事跡宣付國史館立傳。從雲貴總督王文韶等請也。

十五日丙午　晴，午前寒甚，午後稍和。是日卯正三刻月食，至巳正一刻復圓，寅刻素服詣太常救護。移架上『三通』於杏花香雪齋書架，以彼架所儲子部零種於此。得王氏妹九月十日書，寄來醩青魚一瓿，嵲脯一肩，桂花日鑄芽茶四包，大笋脯、淡笋脯各一簍；大妹寄來桂花日鑄雪芽兩圓銙，尤佳絶。吴升新娶婦來叩見，賞以二金，又賞吴升之母蚨票八千。夜閲《癸辛雜志》。

邸鈔：命刑部右侍郎周德潤爲順天武鄉試正考官，侍讀學士朱琛爲副考官。上諭：前據王文韶奏已故湖南提督馬如龍有功於滇，當經降旨議恤。兹據都察院奏雲南京官編修陳思霖等臚列該故提督功不掩罪各款，呈請代奏收回成命等語。馬如龍前在雲南，曾著戰績，朝廷賞功宥過，恩恤有加，惟建祠一節，必須輿情咸孚，方稱褒揚鉅典。今既毁譽參半，所有建立專祠著即撤銷。

十六日丁未　晴，寒稍減。是月之初天氣尚如暮春，立冬次日始有冰，前日驟寒，冰堅過寸，人苦凜冽，今日少復和煦。剃頭。評閲三月學海堂諸生課卷訖。《經禮》爲《周禮》《曲禮》爲《儀禮》解』，『旗旂考』，『馬融蔡邕論』，『大富貴亦壽考賦以二十四考中書令爲韵』，『曲水湔裙三月三賦以湔裙撲蝶水之涯爲韵』，『丁沽春柳詩用王漁洋秋柳詩韵』，『儗宋元憲景文兄弟落花詩』。生三十七人，取内課李鳳池、張大仕、張昌言、費登泰、楊鳳藻五名。張煦林《旃旗考》，詁訓名通，卓然可傳。子培來，久談。邑子杜春澤來謁兩次，王氏甥婿之弟也，命僧喜見之，言是杜葆初之姪，字叔峴，在大興縣幕中。夜閲《宋景文集》。比夕皆有佳月。

十七日戊申　晴。曾祖考忌日，供饋肉肴六豆，菜肴四豆，有菊花魚羹火鍋、紅醬燒凫，餘如常儀。作書致陳梅坡，問楊壽孫尊人理庵檢討生日。作書致子獻，得復。評改學海堂諸童課卷。爲李奎光改《曲水湔裙三月三賦》，凡二百餘字，此賦便可入選。夜詣黄巖館赴弢夫之招，坐有漱翁、龐絅堂、劬庵兄弟、李玉舟、楊莘伯、子裳諸君，二更後歸，月明如晝。是日放翁生日，本欲集合同人爲小敘，以家忌止，然又出赴人飲，以不逮事，哀不及也。古人家忌，考妣最重，祖父母已稍殺矣。先曾祖卒於嘉慶壬戌，先君子生於嘉慶戊辰，相去尚六年也，然《南史·韓懷明傳》言劉虬母亡後，遇外祖亡日，獨居涕泣，則古人不可及矣。

邸鈔：吏部郎中陳其璋補陝西道監察御史。湖北武昌府知府李有棻在任以道員遇缺題奏。

十八日己酉　晴。得敦夫書。得陳梅坡書。作書致敦夫。徐孁芙編修來見，名仁鑄，宜興人，宛平籍，己丑進士。其父致靖，丙子進士，亦官編修。其祖丁未進士，官□□，今年七十五，主講金臺書院。孁芙年僅二十五，恂恂儒雅，言爲蔡松甫弟子，留之久談。夜閲程俱《麟臺故事》、李攸《宋朝事實》。

邸鈔：上諭：慶郡王奕劻自創辦海軍以來，盡心規畫，悉協機宜，深堪嘉尚，交宗人府從優議敘。

十九日庚戌　晴，下午微陰。潘仲午祖年來，以新刻伯寅尚書《秦輶日記》《瀋陽紀程》兩書見詒，以催余爲撰墓志也。黄雲階思堯來辭行，饋炭四金，力却之。閲《揮麈餘話》。夜陰，四更有小雨。

二十日辛亥　竟日寒陰。陳雲裳其璋來。以描金蠟牋楹帖及燭詒楊壽孫，書聯語用楊汝士『文章舊價留鸞掖，桃李新陰在鯉庭』二句。理庵今年六十六，偕其配王宜人齊眉頤志，四子皆取科第，內官臺閣，外爲牧令，故以新昌里事爲比。聯中誤書靖恭里，則汝士所居也，二坊相連，亦本一家。夜詣黃巖館赴子裳之飲，酒一行而出。詣楊壽孫，觀劇數闋，酒畢而歸。夜初有小雨，旋止，二更後寒甚，天晴月出。

二十一日壬子　晴，有風，寒甚。亥正一刻二分小雪，十月中。評閱學海堂童卷訖。凡三十三人，取內課吴嘉震、華世彭二名，外課李奎光等五名。夜閱《苕谿漁隱叢話》。

二十二日癸丑　晴，嚴寒。褚百約來，以河南闈墨見詒。首題『居其所而衆星共之』，有受卷官潘守廉、內收掌官熊澤薌擬作兩首，皆佳，熊作尤貫通中西算術，而文法仍謹嚴，卓然名程也。然皆爲外簾官，足徵汴撫之夢夢。河南人文固陋，北五省中爲最下，此次闈墨頗有可觀，蓋皆百約及吴君同甲所改。次題『仲尼祖述堯舜』四句，三題『方里而井』八句。又刻經文五首，第六名饒佩蘅刻三首。《書經》文『在大戊時則有若伊陟、臣扈，格于上帝，巫咸乂王家』，《詩經》文『定之方中，作于楚宮；揆之以日，作于楚室』，《禮記》文『洗之在阼，其水在洗東，祖天地之左海也』，皆佳。今年山東闈墨亦可觀。首題『子語魯太師樂曰』一章，次題『知風之自』，三題『登泰山而小天下故觀於海者難爲水』。第三名王景祐，首藝、孟藝皆散行，頗有作家气；第二十一名劉星爛，次題文析理精，實如江右諸大家。是日甚覺疲倦，下午尤甚，本欲入署，竟不果。夜復飭吏注假五日。

二十三日甲寅　晨晴，已後微陰，有風，嚴寒。得敦夫書并代閱五月問津、三取望課卷，即復謝。此課余已閱過四十餘卷，以其餘屬弢夫閱之，已兩月餘矣。弢夫前日以交敦夫，今日方擬取回三取卷自閲之，敦夫乃已盡爲閲訖，且定甲乙甚詳，備可感也。王鼎丞饋十六金爲别，犒使六千。復敦夫書。作書致季士周，寄去課卷兩箱，并題目四紙。補八月童課一次，九月、十月生童課兩次，十月學海堂課一次。五月問津生課題『舜有天下』八句，詩題『花落中庭樹影移得移字』。生百二十七人，取内課孟繼坡、喬瑞淇、李鳳池、張毓藻、高桂馨等二十名。童五十三人，文題『舉皋陶不仁者遠矣湯有天下』。三取生課題『問子西曰彼哉彼哉問管仲曰人也』，詩題『緑荷風動露珠傾得傾字』。生五十二人，取内課林向滋、劉標壽、陳文炳等十名。童三十四人，文題『或問子産子曰惠人也問子西』。作書致王鼎丞。

夜點勘《宋景文集》中七律詩六卷。景文此體最多，亦最工，蓋平生所尤致力，雖沿西崑體，不免堆砌之病，然用事典切，語必有本，字字不苟，故寧拙毋率，寧實無虚，寧滯無浮，寧密無巧，高華警麗，而無襞積餖飣之習，由其讀書博、識字多也。武英殿本亦有誤字，此所閲者福建翻聚珍本，尤不佳。

夜寒甚，始用厚絮重衾。又坐時苦足冷，以舊緼藉布墊之。前日庚辰同年鍾庶子（鍾靈）兄子娶婦，賀錢四千。今日同年謝户部啓華、同鄉俞禮部（培元）各嫁女，各送禮錢六千。付天津寄卷箱錢十二千。

邸鈔：命順天府尹孫楫署都察院左副都御史。上諭：班禪額爾德尼呼畢勒罕於明年正月初三日坐床，著派升泰會同蘇呼諾罕前往看視。所有頒給敕書賞賚等件著由驛馳遞，其沿途經過地方妥爲護送。並著劉秉璋於司庫提銀一萬兩，派員迅速解往，一併賞給班禪額爾德尼祗領。

紀夢三首

半年花葉斷知聞，九折回腸錦字紋。京國不生懷夢草，巫山難續隔朝雲。祗愁久别紅顔改，誰料中年翠袖分。除是倩魂行露慣，淚痕重認鬱金裙。

生小朝華最可憐，斷雲零雨過青年。一珠曙後無圓月，小玉花間祗素絃。鸚母簾櫳曾共語，柳絲船舫偶憑肩。無情有恨東風裏，似此相思最惘然。

蕙心蘭質厭薰辛，聞説靈犀漸辟塵。髻上蒲冠常禮佛，懷中鈿扇不窺人。彩禽幸免修羅劫，絳樹愁纏再世身。酬得鏡中緣一笑，衹除綺語懺金輪。

二十四日乙卯　晴。得弢夫書，言感寒小病。得嘯巖弟是月七日里中書，言僧壽九月十四日舉一女。得族姪子威文炳是月初十日太原書。子威久佐山西藩司錢穀，近以胡芰生出爲汴藩，乞余言之胡君。大抵在遠親戚，忽通音問，皆此等事也。是日又得詩一首。

重感

重感魚書一斷魂，冰襟淚比慟靈芸。哀鵑欲化猶啼血，驚雁無依尚待群。風慘一簾停絮詠，塵昏半臂罷蘭熏。誰知天末斜陽影，虛望紅樓駐碧雲。

二十五日丙辰　晴。本生祖妣顧恭人忌日，供饋於堂，肉肴六豆，菜肴四豆，有菊花魚羹火鍋，餘如常儀，逮闇畢事。昨得家書，知族妹鳳玉折之耗，不知何日也。妹姿性温麗，秀絶中閨，幼失嚴親，旋喪聖善。及笄，嫁吴融馬氏，兩年而寡，孤苦零丁，身萃百哀。今年五月書來，自述不夭，親戚盡喪，惟望余歸，得以相依，其言悲絶。未及嗣音，遽聞蘭悴，傷哉！其待僧喜甚有恩，幼隨之卧起，愛過其母。僧喜昔年入都，瀕行，持之慟絶，不謂竟不相見也。年四十二，無子，它日當爲營墓田於其父母塚旁，以慰其心。今日命僧喜爲位於室，設素食奠之。作書致子培。作書致子獻，致弢夫，俱問其疾。得弢夫復。胡鑑生經一來，新選甘肅平遠縣知縣。族姪湘來。閱王禹玉《華陽集》。是日復得詩二首。

十月二十五日引見户科給事中以注病假不與賦詩自嘲

自慚伏豹霧瞢騰，絳幘鷄人唤不膺。方待李紳屈京兆，誰知徐俯即中丞。朝暉自擁緹油卧，夕拜看人瑣闥登。夢醒已聞驄馬過，輸他金爵上觚棱。宋景文詩：『曉榻夢回翻自愧，卧聽人赴午門朝。』

憶昔

憶昔斑騅餞里門，離筵親與捧金尊。手調爲勸魚羹美，眉語能添翠被温。一自齋廚消玉骨，虚憑杯珓駐芳魂。燭光鬟影真如夢，不見羅襟漬酒痕。

二十六日丁巳　晨及上午晴，傍午陰曀，晡後陰，嚴寒。閲《華陽集》。其文春容演迤，得中和之气，與晏、夏、二宋，可相匹儷，皆北宋館閣盛世之音也。詩七律最工，應制酬唱諸篇多高華秀拔，追蹤盛唐王、賈、岑、李東川之作；五律亦有警語；七絶宮詞尤佳；五、七古寥寥，俱不成篇什。今日以朱筆略點勘其詩四卷。付買錫碗四枚錢卅三千五百。

邸鈔：編修高釗中升國子監司業。京畿道御史胡泰福升户科給事中。殷李堯乞假去。司經局洗馬李紱藻升翰林院侍講。

二十七日戊午　晴，微和。

閲《歸潛志》。京叔在(余)〔金〕末最負時名，此《志》敘述亂離及一時人物，最爲詳備，《金史》既多取資，後人考完顔一朝事者，以此書與《中州集》並稱。所載詩詞亦多可觀。其論人之賢否、事之得失，亦俱平允。惟頗貶末帝，即哀宗。以爲淫恣猜忌，以術取人，敘其亡也，無哀痛之語。考哀宗天性仁明，勤於爲政，死守社稷，卒以身殉，幽蘭一炬，千古酸鼻。京叔世仕金源，自其高祖南山翁以科第起家，名撝，天會元年狀元。其父從益官翰林御史，而述其喪禍，若同局外，蓋以應舉不第，未能忘情也。其文筆亦頗冗漫，知不足齋本末附所作詩文數首，亦不佳。

自是月十三日灤陽賊起，聚至數千人，皆會匪、游勇及馬賊、金匪，麕集白狼谷中，裹脅日多。熱河都統屢疏告急，始奏稱九百餘人，繼言二千餘人，近日言有九千人，其實已至二萬餘人。旗幟皆用黑，中繪一彩鷄，人皆裹紅巾，衣亦中繪一鷄。賊首二人，一稱平清王，一稱天順王。已破朝陽、建昌，至平泉州署，知縣廖倫明無下落，都統、提督兩接戰皆敗。合肥調淮軍五營往。聞今日熱河又有急奏至，不知何如也。賊多經行陣，聞馬至萬餘匹，又洋夷資其軍火礮械。月之初七日，湖北漢口獲會匪四人，事發覺，楚督飛電咨直督嚴查天津洋艘，一日搜得洋槍千桿，拘夷人詢之，供稱此已第六次矣。夷之反覆，固肉不足食；此輩亡命烏合，而積謀蓄叛，已非一日。直東平原廣衍，無險可扼，萬一枝蔓直犯京師，固可深憂。即東走錦州，盛京守備虛弱，東三省練兵積歲，皆同兒戲，三道溝等處馬賊、礦匪縱横綿絡，俄夷乘之，亦中國之大患也。又聞有李洪者，固始人，李世忠之子，或云養子，蓄聚亡命及髮、捻餘孽已十餘年，近糾合各省游勇、會匪，克期是月十六日沿江各郡縣同日起事，聲稱爲世忠復仇。先數日，湖北事發，楚督嚴捕之，洪由上海、烟臺、天津迤邐走入熱河賊中矣。河南、安徽自賊平後已二十餘年，伏莽遍千餘里，日思竊發，官吏軍民人人知之。而疆臣及當國者略不爲意，近且賣官鬻爵，賄賂公行，欺罔朝廷，鉗制言路，惟日以媚夷爲事。儻賊不遽滅，雖湛滅此曹家族，豈足謝天下乎？言之可爲憤絶。

王旭莊來。午後答拜數客，晤介唐，晡歸。

二十八日己未　晨晴，巳後漸陰，午後陰。王子裳來，言後明日赴天津。得子培書。晚詣宜勝居，邀左笏卿、王旭莊、朱苗生、陳梅坡、張詩卿飲，至夜二更歸。天晴有星，三更後有風。眉批：付酒保賞錢四千，客車飯十二千。

閱王定國《清虛雜著》三種。其《聞見近録》一條云：太宗即位，以太祖諸子並稱皇子，嘗曰：『猶我子也，有何分别？』其後皇族遂不以疏密尊卑，皆加皇字，故有皇兄之類，非典故也。定國丞宗正嘗建言，乞如《春秋》之制，各冠其父祖所封國，王子曰某王子，王孫曰某王孫，公子曰某公子，孫曰某公孫。今本『王孫曰某王孫，公子曰某公子，孫曰某』十五字脱。惟皇子得稱焉。時吕申公喻、太常少卿梁燾沮格不行。案：宋人文集中所載制誥，多有皇曾叔祖、皇伯祖、皇叔祖等稱，誠似太尊，然自足見親親之誼。宋待宗室雖薄，《王華陽集》及《宋史》皆言自太宗子燕恭肅王薨後，宗室無封建者，仁宗慶曆四年始封大宗正濮安懿王爲汝南王，而諸王邸世有公爵之封。又婁寅亮言自神宗後，惟以濮王子孫爲宗室，太祖之後至同編氓。李攸《宋朝事實》載徽宗朝蔡京上言：今宗室人無官者已一千五百餘人，宗女之未嫁者亦千五百有奇，皆宣祖、太祖之裔，貧困失所。然自仁宗定制，出身皆拜環衛官，則已較唐爲優。定國以皇字非臣下所得稱，故爲此言，亦可謂深知國體者矣。眉批：又案：周煇《清波别志》載唐貞元間，太常寺言宗子名銜，皆云皇某親，此非避嫌自卑之道。按《儀禮》曰：『諸侯之子稱公子，公子不得禰先君。公子之子稱公孫，公孫不得祖諸侯。此自卑别尊者。』請以祖稱本封爲王公、王孫，則親疏有倫，名體歸正。國朝宗室必冠以皇字，有云皇伯祖者。大宗丞趙彦若亦嘗建議應同堂親於皇字下加從字，再從、三從親又加再、三字，三從之外加以其祖先所封郡國，爲房分而系其世次，不書皇字則親疏有别，尊卑不瀆。自元豐迄元祐，皆欲釐正，竟不果行。趙之疏先載在《元豐實録》，後史臣以其言無取，且謂出前史官私意，删去。又《宋史·孔文仲傳》載元祐初，有言皇族惟楊、荆二王得稱皇叔，餘宜各系其祖，若唐人稱諸王孫之比。文仲曰：『上新即位，宜廣敦睦之義，不應疏閑骨肉。』議遂寢。案：所謂建議者，即定國也，時文仲爲禮部員外郎。

二十九日庚申小盡　晴，上午微有風，午前後微陰。

子裳以所著《書序考異》《書序答問》二書索序，大指極言《書序》之不足信，謂史公誤采用之，劉歆又竄易之，馬、鄭又誤信而注之，且謂《逸》十六篇之目亦不可信。其《考異》皆按每篇序文逐一辨駁，以爲與古書多相違反。又謂《詩》不可無序，《書》不必有序，《書》之首數句即序也。如《堯典》，以『粤若稽古帝堯』是序文，『曰放勛』以下是經文，以下可以類推。然則若《大誥》之『王若曰』、《費誓》之『公曰』等，若無序文，何以知爲成王、魯公乎？自宋人武斷説經，明代、國初人承之，以《周禮》《左傳》爲皆出劉歆，方望谿并謂《儀禮》亦歆所竄亂。今又謂《書序》亦竄於歆，然則六經自秦火後，今所廑存者又半爲莽、歆之書，古今不將無學術乎？

又謂《詩序》是毛公所作，非出子夏，韓、魯兩家《詩》亦言出子夏，何以與毛《序》多不同？然則毛公生於秦、漢時，使先無所傳，如晉刺僖公、齊刺哀公、陳刺幽公、僖公諸詩，毛公何由知之？《魯詩》出子夏，漢人無此語。《韓詩》尤與卜氏無涉，不得以申公受《詩》浮丘伯，伯爲孫卿門人，而《毛詩》亦言傳自孫卿，遂紐合魯、毛，同出子夏。至韓嬰傳《易》，其孫商爲漢宣帝博士，始作《易傳》，今所傳《子夏易傳》，雖無全書，其遺説偶存，真僞亦不可知。要以韓商之名核之，子夏當即商之字，是與聖門卜子絶不相干，安得勇而同之？

又謂馬、鄭始以《書序》爲孔子作。夫《序》與百篇同出孔壁，史公親從子國問故，得此序而載之，授受源流可謂甚明，乃反以爲不可信，而謂孔子未嘗作《序》，然則馬、鄭大儒，何以鑿空造爲此言乎？自宋以來，疑《書序》者多矣，大率掎摭文之繁簡、篇之離合，以肆疑辯，兹更一一取而攻擊之，是又一《詩序辨妄》矣。

孔子曰信而好古，未嘗云悍而疑古也。吾浙東人之爲學，多不肯依傍前人，而勇於自信。前日見黄元同《經説》，謂漢人無《儀禮》之名，據經言之，則稱《禮經》，連記言之，則稱《禮記》；至西晉以後，《禮記》之名爲《小戴記》所奪，於是稱《禮經》爲《儀禮》。夫鄭注《禮記》稱《儀禮》爲《今禮》，班書《藝文志》稱《儀禮》爲《禮古經》、爲《禮經》，《志》曰：『《禮古經》五十六卷，《經》七十（當作十七）篇。』以『禮』字總領『古經』二句，謂《禮》有古經五十六卷，經十七篇也。《經》即鄭所謂《今禮》也，以稱今經近不辭，故止曰經，『經』字上不更出『禮』字，文法宜然。《白虎通義》稱爲『禮某經』，是《儀禮》之名當起漢、魏之間。至班《志》於『經十七篇』下注曰『后氏、戴氏』，其下云『記百三十一篇』，注曰『七十子後學者所記』，是《禮》經自爲經、記自爲記，分析極明。今之《禮記》四十九篇，《隋志》謂大、小戴遞删，固不足據，要是各傳百三十一篇之記互有損益，非班氏時别有所謂《禮記》也。乃謂漢、魏以前稱《儀禮》爲《禮記》，至晉始爲《小戴記》所奪，全無故實，創造此言，亦謬甚矣。余未見元同之書，近日課天津諸生『經禮爲《周禮》曲禮爲《儀禮》解』，諸生有用元同説者，余皆抹勒之，斥爲杜撰荒謬，不知爲元同也；後見一卷有直稱黄元同《續經説》者，始知其書爲王益吾刻入《續皇清經解》。此等巵言日出，逞臆而談，徒開後生蔑古荒經、師心自用之弊，惑耳目而喪道真，是經學之害矣。大抵近日之士，天資學力俱遠遜前人，而敢爲大言，務出新意，高者流於怪妄，庸者墮於悍愚。嘗與子培言，處今世而治經，但當守孟子『博學詳説』四字，不必更求新異也。

夜爲子裳作書致胡雲楣天津，且賀其子翔林舉京兆試。作書致子裳，還所著《書序考異》等兩册，詩兩册，詞一册，且告之曰：尊著證左縱横，其辭甚辯，足以獨樹一幟，然鄙意拘墟，實未敢信爲然也。董醖卿尚書次子蓮喪來訃，送奠分六千。庚辰同年李編修佩銘、郎中光宇喪耦，各四千。蓮即京師所稱董劍秋也，嘗以廕官刑部主事，素亡賴，宿倡聚賭甚，且與椎埋伍刑部盜案，連及者及倡家、囊家控董劍秋者累累，而蓮爲司官如故。近稍斂迹，深究醫術，尤精瘍科，都中第一也。卒年四十六，亦可惜矣。

十一月辛酉朔　竟日霒陰。

閲魏道輔《臨漢隱居詩話》、王從之《滹南詩話》。滹南論詩，甚有妙悟，其中下兩卷多譏彈山谷，雖或有太過處，然多中肯綮，言詩者不可不知也。其論『李師中《送唐介》詩，雜壓寒、删二韵，《冷齋夜話》謂其落韵，而《緗素雜記》云此用鄭谷等進退格，《藝苑雌黄》則疑而兩存之』，然『謂之落韵者，固失之太拘，以爲有格者，亦私立名字，而不足據。古人何嘗有此哉？意到即用，初不必校，古律皆然』，『但律詩比古詩稍嚴，必親鄰之韵乃可耳』。以上皆王説。案：其言甚當，然尚有未盡者。蓋古詩可通，律詩必不可通。盛唐、中唐諸名家絶未有之；晚唐詩格律大壞，始有此等泛濫之作；南宋江湖派中遂劈立名目，最爲可笑。滹南謂古人意到即用，不論古律，亦太寬矣。吴正傳《禮部詩話》云：『轆轤出入用韵，必有奇句乃可，如李師中《送唐介》詩是也。若句韵尋常，用此何爲？又必用韵連而聲協者，若東冬、寒山、爻豪、清青之類，今人乃間越用之……非是。』其論深於滹南矣。

滹南又云：『魯直論詩，有奪胎换骨、點鐵成金之喻，世以爲名言。以予觀之，特剽竊之黠者耳。魯直好勝，而耻其出於前人，故爲此强辭，私立名字。夫既已出於前人，縱復加工，要不足責。然物有同然之理，人有同然之見，語意之間，豈容全不見犯？蓋昔之作者，初不校此，同者不以爲嫌，異者不以爲夸，隨其所自得而盡其所當然而已，至於妙處，不專在於是也。』此論尤爲名通。如《能改齋漫録》等書條舉前人之詩，以爲某出於某、某本於某，則在我前者，其詩豈能盡讀，讀又豈能盡記耶？宋人若荆公、山谷，於前人詩話中所用新異之語及不經見之字，往往喜襲取之，或翻空見奇，或反用其語，是又不可一概論矣。

得子獻書，以魚肉、荎脆各一小合見詒，即復。庭中演寓人戲，偕家人觀之，頗有佳者。此輩皆畿郊之農，田事畢後，乃以此技入城覓食，二月初復歸農，以爲常。

邸鈔：以察哈爾都統奎斌調補熱河都統，迅赴新任，毋庸來京請訓。本任都統德福以失守朝陽，交部議，未上而先有此調，蓋德福求亟去也。此變實德福貪婪，啓紹■■，激而成之，乃德福奏報此股匪徒因與敖字旗蒙古■挾仇釀事，以致竄入朝陽、焚燒縣街云云。以鑲紅旗蒙古都統德銘爲察哈爾都統。詔：軍機大臣世鐸、額勒和布、許庚身、孫毓汶均加恩在西苑門内騎馬。張之萬加恩在西苑門内乘坐二人肩輿。江蘇候補道楊儒授浙江分巡温處道。本任道苑棻池告病。

初二日壬戌　風陰，嚴寒。閲趙令畤《侯鯖録》、吴可《藏海詩話》、吴師道《禮部詩話》。比日灤陽賊事，謡言四起，福建、貴州俱有揭竿，警報日至。而朝廷深諱其事，概不發鈔，至熱河都統德福之謫，亦不見諭旨。上下相蒙，閉塞成冬，憂憤之深，雜閲説部、詩話以自遣。王定國、王晉卿、趙德麟皆東坡客，而一爲貴胄、一爲禁臠、一爲宗潢，皆傾家結交，被累遠謫，心説誠服，絶無閑言。此頗有東漢風，唐、宋後不經見也。晉卿著作無傳者，定國、德麟僅此二種，蓋三人皆罕學術，終得以附東坡，至今人人知之。定國《清虚雜著》，其識似在德麟之上。《侯鯖録》間識零星典故，殊爲淺陋，惟所載詩詞多清雅可觀耳。吴正傳學有本原，論詩多有特識，考據亦不苟。

夜大風，凛冽尤甚。我曹重綿倚鑪，至二更後，尚覺瑟縮，街頭凍餒人當何如也！庚辰同年陳編修與冏卒，年四十五，今日開吊，送奠分十千。蕭山人王兵部炳經母七十壽，送禮錢四千。

初三日癸亥　晨晴，上午後澹晴，下午多陰，竟日大風，傍晚稍止。是日寒甚，始衣裘。閲惠洪《冷齋夜語》津逮本，誤字甚多，略改正之。作書致王芾卿，得復。作書致弢夫，致紫泉，俱問其疾。閲《苕谿漁隱叢話》，亦隨筆改其誤字。夜寒甚，以肉韭裹春餅小飲禦之。二更後復有風。

邸鈔：詔：御前大臣克勤郡王晉祺、慶郡王奕劻、毓慶宮師傅尚書翁同龢、左都御史孫家鼐，均加恩在西苑門内騎馬。以右翼總兵、鑲黄旗滿洲副都統文秀爲鑲紅旗蒙古都統。科爾沁博多勒噶台親王伯彦訥謨祜卒。忠親王僧格林沁子。詔：伯彦訥謨祜忠勤篤實，謹慎老成。於咸豐年間挑在御前行走，荷穆宗毅皇帝知遇之隆，錫封貝勒，賞戴三眼花翎，承襲王爵，授爲御前大臣、領侍衛内大臣，補授都統，出師奉天，剿平馬賊，嗣補閲兵大臣，管理健鋭營事務。朕御極後，迭加恩賚，在毓慶宫行走，調補正白旗滿洲都統、鑲黄旗領侍衛内大臣，管理神機營、鑾儀衛、武備院事務、圓明園大器營等處，均能夙夜宣勤，恪恭罔懈。近因請假葬親，准回游牧，方冀假滿旋京，長承恩眷，遽聞溘逝，悼惜殊深。著派盛京禮部侍郎懷塔布前往奠醊，賞給陀羅經被，即交該侍郎賫往賞銀五千兩治喪，由盛京户部給發。伊孫貝勒阿穆爾靈圭即著承襲親王，毋庸帶領引見。伊子輔國公温都蘇著襲封貝勒，頭等台吉博迪蘇著賞給輔國公，以示篤念勳舊至意。賜謚曰慎。以工部郎中宗室溥善爲鴻臚寺少卿。

初四日甲子　晴，午後澹晴，嚴寒。得弢夫書，言已入直，病尚未愈。

閲《茗谿漁隱叢話》。吴處厚注上蔡確車蓋亭詩事，王定國《隨手雜録》、王仲言《揮麈録》皆言之甚詳。定國備述朝廷議論，行遣始末，言新州之命全出文潞公，而范堯夫、劉莘老力争不得，定國皆目睹其事；仲言備述吴、蔡仇釁曲折及得詩上疏之由，皆歷歷如繪。然仲言謂處厚疏上後，其子泣諫，處厚悔之，健步追還，直至京師，邸吏適詣閤門投進，相去頃刻；定國則謂詩投進後未有處分，處厚繼有疏至，情事少有未合。仲言所紀，言得之吴、蔡兩家親串，定國則身豫此事者。蓋處厚自急足還後，知事已無及，騎虎之勢，不得不繼論之也。確奸邪陰險，其罪死不足贖。然處厚之舉，要爲君子所不爲，况更挾私怨以濟之乎！

得邑人陳訪梅秀才書，爲其弟乞覓汴中道府幕席。晡後答客一二家。詣街西唐暉庭，久談。又詣仙洲夫人而歸。介唐來。

夜閲《遺山詩》。其絶句如《榆社硤口村早發》云：『瘦馬長途懶著鞭，客懷牢落五更天。幾時不屬鷄聲管，睡徹東窗日影偏。』《跋耶律浩然山水卷》云：『六月三泉松桂寒，西風早晚送歸鞍。無因料理黄塵了，只得青山紙上看。』《秋日海棠》云：『錦水休驚散綵霞，换根元自有靈砂。瓊枝不逐秋風老，自是人間日易斜。』皆言之慨然。《倦繡圖》云：『香玉春來困不勝，啼鶯唤夢幾時應。可憐憔悴田家女，促織聲中對曉燈。』《雪谷曉行圖》云：『漫漫長路幾時休，風雪無情夢亦愁。羨殺田家老翁媪，瓦盆濁酒火爐頭。』二詩同一機杼，而意正相反，然田家燈火，相從夜織，其光景最可思。每讀班書《食貨志》前數十行，恍然見三代盛時升平氣象，豈知有綺窗朱户、兒女喁喁、倦繡懷春、無憀光景耶？兩絶相銜，可以知所用意矣。謝星海太守喪歸開吊，送奠分八千。

邸鈔：以户部右侍郎崇禮兼右翼總兵。命貝勒載瀅爲總理行營事務大臣，慶郡王奕劻爲鑾儀衛掌衛事大臣，克勤郡王晉祺管理健鋭營事務，協辦大學士福錕補閲兵大臣，都統文秀管理火器營事務。

初五日乙丑　晴。得曾君表十月二十一日書，言其子樸舉江南鄉試，平日私淑予文，請於行卷履歷中稱受業師。故人有子，深可喜也。上午詣慧叔家視兩姪，詣弢夫小坐，賀郭子鈞補禮部主事。下午歸家飯。是日聞弢夫言其鄉人范聘席縣令許珍、郎仁圃郡守□□相繼奄逝。聘席，庚午同年，其人長者，以山東壽光令丁母憂歸，遽卒於家。仁圃需次閩中，年甫五十餘，气宇開張，有幹略，人亦謹篤。皆深可惜也。閲《明史稿》弘治、正德兩朝諸臣傳。是日聞灤陽賊勢漸衰，得詩一首。得介唐書，即復。得張生大仕書。

感事

畿輔傳桴鼓，烽烟照白狼。出師人不覺，奏捷國爭望。閉塞成冬令，憂危乏諫章。廟堂正行賞，珂馬簇明光。

邸鈔：命克勤郡王晉祺調補正白旗滿洲都統，貝子奕謨調補正藍旗滿洲都統，貝勒載濂補鑲紅旗漢軍都統。晉祺調補鑲黄旗領侍衛内大臣。貝勒奕綑補授正黄旗領侍衛内大臣。睿親王魁斌補授内大臣。

初六日丙寅　晴。唐暉庭來。汪柳門侍郎來。王芾卿來。郭子鈞來。再得族姪子威書。是日得詩四首。作書致介唐，致子培，俱得復。

寒夜夢歸故山二首

泓峥忽見箬篔山，雲脚千篸插水寒。爲語山人頭白盡，夢中能得幾回看。

喔喔寒鷄尚未鳴，擁衾仍夢故山行。斜陽不似人間短，紫翠依然滿照城。

元遺山題倦繡圖云可憐憔悴田家女促織聲中對曉燈題曉行圖云羡殺田家老翁媪瓦盆濁酒火爐頭戲反其意二首

秋深夜績約鄰家，月到籬邊照葦花。不信紅閨有思婦，團圞燈火話桑麻。

茅檐土銼不禁風，宿火枯柴過一冬。却憶貂裘燈隊裏，五雲樓閣聽朝鐘。

邸鈔：上諭：前據德福奏報熱河朝陽匪徒滋事，當經飭令李鴻章、定安、裕禄各派兵勇分投剿捕。旋據直隸提督葉志超奏在建昌縣三十家子等處剿賊獲勝。兹據定安、裕德、李鴻章同日奏報迎剿教匪屢獲大捷情形：十月二十至二十七等日，奉天所派總兵聶桂林、耿鳳鳴等在朝陽縣界連獲勝仗，生擒匪首郭萬昌等，續獲匪首楊明，殲斃教首杜把什，陣斃賊匪千餘名，餘賊敗潰，現復添派總兵張永清等前往彰武台門一帶會剿；葉志超所派各隊於二十七日在建昌所屬五官營迎剿教匪，格殺大頭目傅連信、彭泰和，並斃異服誦咒道匪多名，賊屍枕藉，奪獲器械馬匹無數，平建一帶賊焰頓息，現由建昌至朝陽節節攻打，並派馬隊由喀拉沁王旗西北一路兜剿辦理，甚爲得手。此次直隸、奉天派出各軍，奮勇争先，每戰皆捷，深堪嘉尚。仍著李鴻章、定安、裕禄分飭諸軍將領，乘此聲威，合力進討，迅將朝陽踞匪一鼓殲除，毋留餘孽，以靖地方。上諭：吏部等部奏遵議處分一摺。熱河都統德福著降一級留任，現已開缺，照例註册。熱河道廷雍著降二級留任，承德府知府啓紹著降二級調用，均不准抵銷。

刑部尚書嵩申卒。嵩申字□□，號犢山，鑲黄旗滿洲人，完顔氏，故奉天總督、盛京將軍崇實之子，戊辰進士。卒年五十一。詔：嵩申持躬恪慎，辦事勤能，由翰林洊擢正卿，迭掌文衡，補授總管内務府大臣，克盡厥職。前因患病，賞假調理。兹聞溘逝，軫惜殊深。加恩追贈太子太保銜，賞給陀羅經被，派貝勒載濂帶領侍衛十員即日往奠，照尚書例賜恤，賞銀五百兩經理喪事。伊子一品廕生志賢賞給郎中，俟及歲時分部學習行走。賜謚文恪。滿洲尚書近年罕得謚者。

初七日丁卯　晴，稍和。酉初一刻大雪，十一月節。上午出門答客，問漱翁、仲弢喬梓，桂卿、聖懷、介夫、紫泉疾，晤敦夫、子獻、徐犨芙，晡後歸飯。介唐來。潘仲午來。

夜閲白珽《湛淵静語》。其學無所得，見聞亦淺，惟引《使燕日録》所記汴中金、宋故宮一則，最爲可觀。其云：『紹定癸巳，北朝遣王檝來通好，朝廷劄京湖制司差官鄒沖之等六員使北朝審實，於次年六月回抵汴，中途崔丞相名立遣人下迎狀，以南京丞相繫銜。』案：是年甲午正月金已亡，而所記汴都金之宗廟尚如故也。

邸鈔：以都察院左都御史貴恒爲刑部尚書，以盛京禮部侍郎懷塔布爲左都御史。

初八日戊辰　晴。外祖母孫太恭人忌日，前四日爲外祖仁甫倪公忌日，今日并供饋，肉肴六豆，菜肴六豆，有菊花魚羹火鍋，餘如常儀，祔以三舅、四舅。午入署，核對山西省勾到題本，凡服制攸關斬犯二人，常犯斬犯十人，以明日具題也。又核對兵部註銷册。晡後接見孫燮臣左都、奕年副都。傍晚歸，始行饋食禮，焚楮繦四挂。得濮紫泉書。吴子修編修來。

夜閲方鵬《責備餘談》二卷。此書余素喜之，其論古人，頗能折衷事理，無宋、明人迂腐苛刻之習，筆亦雋快，惟謂許衡、吴澄不當仕元，又謂孔子處此則可仕，孟子以下則不可仕，皆近偏謬。

邸鈔：詔：郡王那彦圖、貝勒載漪均加恩在御前大臣上學習行走。詔：奉宸苑卿立山補授總管内務府大臣，兼管奉宸苑事務。昨日命立山在總管内務府大臣上行走，今日復降此旨。　以工部右侍郎、三等承恩公桂祥爲鑲白旗漢軍都統。前□□□道宜麟授山西河東兵備兼鹽法道。

初九日己巳　晴和。胡芰生布政來。弢夫來。

閲周昭禮煇《清波雜志》十二卷，《别志》二卷。此書所記北宋及南宋初事，多裨史闕，最爲可觀。中有一條云：『石林爲蔡京客，故《避暑録》所書政、宣間事，尊京曰魯公，凡及蔡氏，每委曲回互，而於元祐斥司馬温公名，何也？』案《避暑録話》中雖一稱魯公，並無甚回護處，余去年日記已論及之。昭禮此書，亦稱京嘗置『居養、安濟、漏澤院，貧有養、病有醫、死有葬，陰德及物』，又舉其斷兩家迎母、籌户部郊費兩事，亦將以爲黨京乎？《四庫提要》引方回《桐江續集》，力詆此書尊王安石之非，而謂書中稱其曾祖穜與安石爲中表，蓋親串之間，不無回護。案：其書惟載安石《答吕惠卿書》，稱其醇德；及元澤買瓦盆一條，稱其父子之儉；其餘如言蔡卞以《荆公日録》改國史及國子監請版行《字説》、薛昂等競尊荆公而禁習元祐學術諸條，皆存公論，未見所謂尊安石者也。又一條云：『《春秋》傳曰：秦、晉二國繼世通婚，所娶之女非舅即姑，故曰舅姑。』此不知出《春秋》何傳。又一條云：『陽關去長安一萬里，漢將楊興敗走出此關，因以爲名。』案《漢書・地理志》敦煌郡龍勒縣有陽關、玉門關，皆都尉治，《太平寰宇記》云沙州壽昌縣本漢龍勒縣地。陽關在縣西六十里，以居玉門關南，故曰陽關。此書楊興之説，不知何據也。《漢書・西域志》：西域東接漢，阸以玉門、陽關。注：『孟康曰：二關皆在敦煌西界。』《括地志》云：陽關在壽昌縣西六（案：當作六十）里，玉門關在縣西北百十八里。是陽關安得去長安一萬里也？

邸鈔：以禮部左侍郎文興調補盛京禮部侍郎，以前盛京户部侍郎啓秀爲禮部左侍郎。以□□副都統崇光爲工部右侍郎，兼管錢法堂事務。上諭：奕綗奏病久未痊，請開去差使一摺。貝勒奕綗著開去領侍衛内大臣差使。前任寧夏將軍奕榕卒。詔：奕榕由侍衛洊升將軍，宣力有年，克勤厥職。兹聞溘逝，軫惜殊深。加恩照將軍例賜恤。

初十日庚午　晴和。午前答客數家。晤沈子封，問其太夫人疾。晡歸飯。子獻來。閲岳倦翁《桯史》。夜至五更始就寢。

十一日辛未　晴和。剃頭。胡岱青給諫來。敦夫來。徐孯芙來。夜大風。

邸鈔：詔：懷塔布未到任以前，以吏部右侍郎敬信署理都察院左都御史。

《桯史》十五卷，文筆簡秀，而敘事曲折甚備，南宋説部中最爲可觀。其記淳熙中范致能使金請正受書儀一事，詳載陳正獻諫阻兩密疏，與周公謹《齊東野語》紀史文惠諫止用兵與張魏公往復語，皆老成深見，不得謂苟安示怯也。魏公僨事，固不必論，即石湖忼慨任事，搢笏出書，卒被金廷詰責，雖云不辱使命，亦徒多此一舉矣。其記開禧三帥符離覆師本末，亦較它書爲詳。

邸鈔：命貝勒載漪調補正黄旗領侍衛内大臣，都統容貴補正白旗領侍衛内大臣。上諭：葉志超等奏官軍進剿榆樹林等處股匪獲勝情形一摺。前因喀拉沁等旗被匪滋擾，諭令葉志超等分兵防剿。該提督派令副將潘萬才由五虎、馬梁一帶節節進剿，十月二十九日行抵榆樹林地方，與賊接仗。該匪二千餘名堵塞街口，抵死抗拒。都司蔣廣棟等分率勁旅，四面圍攻，鏖戰兩時之久，將該匪悉數殄除，奪獲馬匹器械甚多。附近各莊之賊聞信來援，各隊分投迎剿，陣斬黄衣賊目數名，擊斃馬步賊匪一百餘名，僞王季妖師、僞帥兵侯孫惠等五名均被擊斃，隨即進剿西橋頭踞匪。又建昌迤東之葉柏壽一帶，有匪首劉懷等糾黨千餘人盤踞殺掠，本月初三日提督聶士成督隊進剿，參將葉玉標等左右奮擊，陣斃匪首劉懷並匪四百餘名，奪獲槍礮、車馬、旗鼓多件，賊衆紛紛敗潰。聶士成現率各隊馳往黑水地方，雕剿另股賊匪。現在平泉、建昌等屬，要路已就疏通，辦理甚爲得手。仍著葉志超督飭各營將弁，乘勝進攻，合力兜剿，務將竄擾蒙旗各股匪悉數殄除，毋留餘孽。以翰林院侍講學士丁立幹爲侍讀學士，以左春坊左庶子吴講爲侍講學士。上駟院卿海緒調補奉宸苑卿，内務府堂郎中長有爲上駟苑卿。

十二日壬申　晴和。吴子修來。

閲孟元老《東京夢華録》。北宋汴京之繁盛，自非南渡可及，然天街錦繡，不出灰堆，雖鋪敘丰華，要無麗矚，較之《武林舊事》《錢唐夢粱》以聖水吴山映發五雲樓閣者，終有仙凡之判。所羡當日士夫雍容臺省，恩光稠疊，承平風度，思之如在天上耳。

夜月皎甚。

十三日癸酉　晴和。介唐學士來。得弢夫書，還日記兩帙，即復。趙生士琛來。書玉來。張氏甥昌棫自里中來，自癸未秋遣之歸，今以貧甚復來依，言其母寄食婿家，其婦依其父。念之可憫，將何法以活之？ 翰文齋韓賈以明嘉靖時刻《唐六典》及馮鷺門集梧校刻宋王存《元豐九域志》來售，與諧價《六典》十二金，《九域志》四金。 晡答客一二家。 詣介唐賀遷，不值，遂歸。

夜閱《九域志》。共十卷，馮氏謂據宋刻鈔本參校各本而成。所云宋刻鈔本，即《四庫》所收毛氏汲古閣鈔本也。崑山徐氏所藏宋槧本，朱竹垞跋謂失四京第一卷，而府州軍監均有古迹一門。《四庫提要》謂汲古本缺第十一卷，而無古迹一門，猶是元豐時經進之本。竹垞謂有古迹者，民間流行之書。馮氏據《玉海》所載紹聖四年、大觀二年兩次奏請續補，謂有古迹及書元豐以後之府名者，是經續修而未進呈之本。此刻無古迹一門，每卷下馮氏各系校語，極爲詳晰，然亦不免誤字。

近日買黑貂裘一領，直銀十二兩八錢，先付九兩四錢。付十月賃屋銀六兩，崇效寺殯屋銀六兩。付張甥車銀一兩八錢。付白建侯侍郎奠分六千，禮科給事中愛溥堂（名愛興阿，瓜爾佳氏，道光丙午舉人，年七十三）奠分四千，戴編修兆春之嫂奠分四千。

十四日甲戌　陰，竟日有風。 褚百約來。 廖仲山少司農來。 楊庶常家驥饋毚脯兩肩，鮝脯四尾，臺灣葛一匹，粵東丸藥兩包，受毚脯、鮝脯，犒使四千。 雜閱宋人説部。 夜霽，月皎甚，有風，甚寒。

十五日乙亥　晴，嚴寒，微有風。 以嘉靖本《唐六典》校東洋刻本、明本，誤字甚多，遂還之。 楊庶常家驥來。 是夕望，月皎於晝。

夜校閲《宋史·王韶傳》。後附其幼子寀傳，載其以左道與林靈素相軋被誅，並無枉詞。王明清《揮麈後録》則言寀並無以術干進事，因其姻劉昺兄弟貴顯，爲京尹盛章所忌。適寀言靈素誕妄，靈素知之，泣愬於徽宗，逮寀下獄，盛章因而陷之，謂昺、寀交通謀逆，遂及禍。岳珂《桯史》亦稱寀之爲人雋爽有气概，明清且言南渡後寀子孫貴盛。《宋史》皆略之，疑《史》所言非其實也。《史》又謂寀官止校書郎；明清言寀歷官直祕閣，知汝州、陝州，以失察盜鑄免官。《史》謂寀忽若有所睹，遂感心疾；明清謂世所傳輔道寀之字。遇宿冤之事皆妄。明清之言，謂得之張德遠，德遠爲子蒙劉昺之字，《録》中昺皆作炳，又言炳弟焕字子宣，疑《史》作昺亦誤。之婿，其妹又爲盛章子婦，事皆目睹，則所紀自較《史》可信。明清又言盛章奏逮訊炳時，開封府捕吏竇鑒抽得架上炳和輔道詩，遂以爲奇貨。案：《宋史・吴擇仁傳》吴中復從孫，附中復傳。言擇仁知開封府，故事，尹以三日聽訟，右曹吏十輩列庭下，一人云某送獄、某當杖，尹無所可否。有竇鑑者，以捕盜寵，官諸司使，服金帶。擇仁視事，狃舊態來前，叱而械諸獄，一府大驚。即此竇鑒也。

邸鈔：命吏部尚書麟書教習庶吉士。命户部右侍郎崇禮、兵部左侍郎洪鈞均在總理各國事務衙門行走。

十六日丙子　晴，嚴寒。是日市中論囚，決十一人，絞三人。

終日校閲《宋史》。其中繁蕪可省并者甚多，而事迹亦多脱落。又故矯《南》《北史》一家總傳之例，務爲分析。然如韓魏公之父國華、温公之父池行事寥寥，自以附傳爲宜；又有名迹皆不甚著，亦一一析之者。以此推之，其卷帙可少十之二三也。

十七日丁丑　晴。祖妣倪太君生日，供饋素肴六豆，肉肴四豆，加菊花魚羹火鍋，餘如常儀。黄漱蘭丈來，久談。校閲《宋史》。得季士周書，并冬季脩脯銀二百七十一兩，明年關聘銀十二兩，即復，犒使銀二兩四錢。

邸鈔：上諭：前據給事中張廷燎奏參河南巡撫裕寬人地不宜，於地方公事未能整頓，當派尚書崑岡，侍郎錢應溥前往查辦。嗣據該給事中奏河南尉氏等縣劫案層出，該撫裕寬毫無振作各節，復經諭令崑岡等歸入前奏一併查覆。茲據覆奏：已故彰德府知府謝祖源並非氣忿殞命；已革臨漳縣知縣連英亦非匿報蝗災；已故延津縣知縣郭炳新因虧短交代，情急自盡，非由後任逼勒；已革河南候補直隸州知州徐本華、已革東河候補同知秦培委辦河工，查無夤緣入局情事；巡撫裕寬亦無信任家丁等情。既據分晰查明，均著毋庸置議。南汝光道朱壽鏞於隊勇誤拏顧桂身死一案，不即申報巡撫，僅將武弁黄金文發縣審辦，實屬疏忽。朱壽鏞著交部議處。武陟縣知縣賈聯堂於所屬劫案迄無一獲，實屬捕務廢弛，著先行交部議處，仍勒限嚴緝逸犯。署光山縣知縣蔣斌審理案件，將原告秦熊氏責押病斃，已屬任性妄爲；修理城橋各工，並未禀報上司，輒即派捐錢文，顯有科斂欺飾情弊。臨潁縣知縣孫寶璋勒捐科罰，罔恤民艱，修理衙署，派令書役捐辦，尤屬糊塗荒謬。蔣斌、孫寶璋均著即行革職。似此貪劣不職之員，該管上司毫無覺察，實難辭咎，著吏部查取職名，分別議處。河南巡撫裕寬於地方應辦事宜尚無貽誤，惟本年夏間信陽等處百姓因訛言驚徙，該撫於查明後不即具奏，亦有不合。裕寬著交部議處。河南盜風本熾，游兵散勇所在句結，該撫務當嚴申禁令，督飭地方文武及留防各營實力查拏，嚴行懲辦。如果稍有懈弛，即著分別徹參。

上諭：定安等奏參官軍擊散朝陽竄匪一摺。熱河股匪竄至朝北營子一帶占據，總兵張永清等於本月初三、初七等日擒斬千餘名，乘勝探剿照樹溝賊巢，生擒匪首李洛道正法；統領豐陞阿由大廟貝子府一帶進剿，擒獲賊目陳洛溟、道士盛信滄等二十名正法，沿途斃賊百餘，並獲賊首潘岳林；總兵聶桂林追賊至興隆窪等處，斬賊一百四五十名，復分隊攻擊，斃賊六百餘名，生擒賊目侯可均正法。剿辦均屬得手。仍著定安、裕祿督飭諸軍務，將各股悉數殄除，毋留餘孽。

上諭：葉志超等奏官軍進剿毛家窩鋪賊匪及剿除高爾磴一帶賊匪各摺片。本月初二、三等日，西橋頭之賊退併毛家窩鋪，糾合道匪二千餘人，負固死守。初四日，副將潘萬才等三面攻擊，當將賊巢擊破，陣斃僞大王趙金貴、徐小枝，及僞領兵侯陳忠等十餘名，馬賊二百餘名，道匪一千餘名，奪獲槍礮、馬匹、旗幟無數，並生擒僞大王劉獻堂正法。復於初六日在二十家子地方將起事賊首王廷煦、宋學督、宋洛大三名一併擒獲，均訊明正法。又建昌縣屬高爾磴等處匪徒盤踞，總兵曾騰芳等疊次獲勝，斃賊多名，並起獲金丹、道盟簿、符咒等件，生擒匪首于剛，並將道士吴廣生一股悉數殄除。又據總兵藺福善稟報，在建昌附近將僞平西王佟傑拏獲，剿辦甚爲順手。仍著葉志超督飭各營，乘勝進攻，毋留餘孽。

十八日戊寅　晴，寒少減。午後入城，答拜廖仲山、汪柳門兩侍郎，俱不值。出城答楊庶常而歸。校閱《宋史》。

邸鈔：詔：江蘇江寧縣已故舉人、國子監助教銜汪士鐸操行清峻，博學通經，主講安徽東山書院，士林矜式。宣付國史館列入儒林傳，以爲窮經砥行者勸。從兩江總督劉坤一請也。

十九日己卯　晴，微陰。午詣江蘇館赴仲山侍郎招飲，坐有漱丈、爽秋、廉生、殷秋樵鴻少、陳冠生修撰冕，冠生，仲山之婿也。肴饌甚精，酒亦醇旨。傍晚始散。弢夫來。

夜閱《輟耕録》。南村此書，有關元代掌故甚大，間及南宋事，多涉浙東先哲流風餘韵。惜其好采瑣聞，流及小説。若別爲一書，以資談柄，亦自可觀。付《九域志》銀四兩。

邸鈔：以太僕寺少卿許景澄爲通政使司副使。

二十日庚辰　晴。校閱《宋史》及《東都事略》。朱桂卿來。張嘯庵來，以所取湖北闈墨見詒。首題『子曰師摯之始』一章，文頗有佳者，副榜一名劉壬林，文主《史》《漢》説，以師摯爲殷周時人，其文最可觀。

邸鈔：上諭：祥煜等奏前熱河都統德福因病出缺一摺。奎斌未到任以前，熱河都統著熱河道廷雍暫行護理。

二十一日辛巳　晴，下午微有風，即止。桂卿五十雙壽，饋以桃、麪、酒、燭，僅受桃、麪。仲弢來。介唐來。趙生士琛來。校閲《宋史》。傍晚詣桂卿拜生日，不值。詣子培，談至夜歸。

《宋史·張永德傳》：『太祖將聘孝明皇后也，永德出緡錢金帛數千以助之，故盡太祖朝而恩渥不替。』案：《東都事略·永德傳》以此爲太宗娶符后事。太宗告太祖以『符氏大家，而吾方貧，無以爲聘』。太祖與永德書，令太宗以情告之，永德傾家以助，故後在兩朝恩寵不替。以情事覈之，《事略》是也。符后爲魏王符彦卿女、周世宗皇后之妹，故太宗言符氏大家，欲求人助。若太祖孝明王皇后，乃彰德軍節度使饒之女，非符氏比；且太(后)〔祖〕聘后時已爲殿前都點檢，官位崇重，亦無求助於人之理。又《宋史》言永德家世饒財，父穎事晉至安州防禦使，『周太祖初爲侍衛吏，與穎善，乃以女妻永德，永德迎其母妻居宋州』。《事略》則云：『周太祖將兵征淮南，過宋州，宋州使人勞之於葛驛。葛驛先有一男子一女子，不知其所從來，轉客於市，傭力以食。父老憐之，釀酒肉衣服，相配爲夫婦。及太祖至，市人聚觀，女子於衆中呼曰：此吾父也。市人驅之去。太祖聞之，使前問之，信其女也，相持而泣。將携之以行，女曰：我已嫁人矣。復呼其夫視之，曰：此亦貴人也。乃俱挈之軍中，奏補供奉官，即永德也。』兩書所載絶異。然防禦使五代已爲重職，何得與衛吏結姻？且永德既世爲并州富人，何以無故迎母妻居宋州？亦疑《事略》所言爲得其實。《宋史》蓋出永德貴後粉飾之辭。其父官防禦，當亦由郭氏得政，并貴其父耳。又《事略》言永德四歲時，母馬氏被出，嫁安邑人劉祚。祚卒，永德於南陽公宇爲二堂，繼母劉居其左，馬氏居其右，問安視膳，皆得其歡。馬氏封莒國夫人。劉先卒，永德爲起大第，買田以聚其族，繼母之弟劉再思亦任以官。《宋史》則云永德迎母歸州廨，起二堂。繼母劉卒，馬預中參，時年八十一，太宗勞之，賜冠帔，封莒國太夫人。同母弟劉再思署子城使，於市西里起大第聚劉族。此《宋史》所敘爲近情。《事略》蓋以兩皆劉姓，遂誤再思爲繼母之弟也。《事略》文筆簡覈，諸傳事迹刊落太多，往往衹存官閥，惟永德此傳，多載新異。如周太祖、柴后自擇所配，柴翁入冥知郭雀兒作天子及永德遇睢陽書生事，皆與它傳體例迥殊，《宋史》述之尤詳。

以明日冬至，先祀故寓公。夜小飲。

邸鈔：定安、裕禄奏本月初十日朝陽黑城子、大幛子等處之捷。

二十二日壬午　巳正三刻五分冬至，十一月中。晴，微陰。祀曾祖考妣、祖考妣、本生祖考妣、先考妣，祔以三亡弟，肉肴六豆，素肴六豆，餛飩四盤，大餳一盤，饅頭一盤，餘如常儀，逮闔畢事，焚楮鋌、楮錁。又以素饌供亡室。夜偕家人小飲。

閲洪筠軒《平津讀碑記》八卷，《續》一卷，《再續》一卷。曰平津者，洪氏客孫淵如氏濟寧道幕中，讀孫氏平津館所藏碑，自周秦至唐末所系跋尾也，前有翁覃谿、許周生兩序及自序。《續記》《再續記》者，洪氏後官粵東時所續見也，亦止於五代。

爽秋來。

二十三日癸未　晴。黄按察毓恩來，由四川建昌道新擢浙臬者。周介夫來。弢夫來。蓴庭來。邑子秦孝廉達章來，今科新舉於鄉者，并送行卷。子獻來。得季弟婦是月朔日書、灝齋姪書，言鳳妹於七月二十八日以瘵疾亡，僧壽九月十八日舉一女。

二十四日甲申　竟日多陰。作致四弟婦書，寄去翠玉璜及銀瓔一串，以給僧壽之女，名之曰華，字之曰佛香，又寄回蜜棗、柰脯、杏人兩匣。作致灝齋姪書、孝北姪書，俱屬以家事。書吏來告明日詣天安門監掣兵部月選官籤。向例，吏、兵兩部月選，俱於二十日截缺，二十一日開缺單，二十二日應選者過堂。此次二十二日兵部來文言無缺停掣，二十三日忽言有缺應掣，蓋書吏先匿缺爲市，既得賄，始補出也。余以其違例限，口授吏具文駁之，明日不赴掣。夜得徐叔鴻書，并所擬移兵部文稿。我輩不爲已甚，但舉其弊端，使有所戒而已。杭人俞德甫主事開吊，送奠錢十六千。俞名士彥，官户部三十年，不得補缺。今秋尚應鄉試，年七十矣。試後病，以是月卒。與同寓保安寺二十年，未嘗一相見也。有一妾，先兩日卒，三子皆幼。此亦呰郎孽海矣。庚辰同年江户部昌燕賀錢四千。同鄉馬工部錫祺以其世母喪來赴，送奠分六千。

二十五日乙酉　上午晴，下午陰，傍晚有霞。是日肝气動逆，腹痛不快。作書致介唐。夜閲《輟耕録》。

邸鈔：詔：已故記名提督、廣東瓊州鎮總兵陶定昇，咸豐、同治年間管帶湘軍，轉戰江西、安徽、山東、河南、直隸、陜西、甘肅等省，疊克名城，戰功卓著，進擣關外回巢，厥功尤偉。加恩照軍營立功後積勞病故例從優議恤，生平事蹟宣付國史館立傳，並於安徽、陜西、甘肅等省祔祀曾國藩、左宗棠、劉松山專祠。從兩廣總督張之洞請也。　前吉林分巡道顧肇熙補授福建臺灣道，兼按察使銜。以邵友濂奏調，且力薦之，有『才識勝臣十倍』之語。

二十六日丙戌　晴。新授廣西臬使胡雲楣廉訪來。得族弟品芳是月朔日書。閲《東都事略》。

二十七日丁亥　晴，稍和。陳梅坡來。兵部復來片，言此次衛守備一缺，漕督咨文實以廿二日申刻到，自同治十一年六月奏定章程，照吏部文選例，凡於二十五日過堂以前到者皆歸入本月開選，仍請改以明日公同掣籤。此亦文飾之辭。蓋漕督所咨，實不知何日到部，吏壓閣爲市，至廿二日説定，始呈堂畫到耳。然亦無可窮詰，因召部吏兩人嚴飭之而已。閲《輟耕録》。

邸鈔：詔：二十九日親詣大高殿祈雪，分遣貝勒載濂、載瀅、載澍等禱時應諸宫廟。成都將軍宗室岐元卒。詔：岐元老成練達，由司員洊升侍郎，補授盛京將軍，調補成都將軍，宣力有年，供職勤慎。兹聞溘逝，軫惜殊深。加恩照將軍例賜恤，准其入城治喪。伊長子宗人府候補筆帖式璞良以主事用，次子立方以筆帖式用。湖北武昌府知府李有棻升廣東分巡高廉欽道，禮部郎中高蔚光授湖北武昌府遺缺知府。詔：前任甘肅蘭州道恩霖、前任奉天奉錦山道誠勳、前任吉林分巡道瑞霖、前任雲南迤東道耀恒、前任浙江衢州府知府榮堃、前任廣東瓊州府知府謙貴俱外用。掌京畿道監察御史舒普升禮科給事中。

二十八日戊子　晴。徐叔鴻來。午後詣天安門，偕兵部右侍郎巴敦甫巴克坦布籤掣江西袁州衛守備李濱一缺。武選司掌印聯郎中、主稿郭少蘭郎中皆在，備言照會兩岐之故。余更索同治十一年奏案及此次漕督咨文觀之，因語侍郎及兩郎中，此後月選幾缺、幾人到班，須於二十五日前咨送山西道，以備稽核。皆諾而散。答拜胡雲楣、黄澤臣兩按察。詣邑館，晤子獻、介夫、介唐，談至晚歸。楊莘伯來。杜生宗澤來，以津門年糕一苞爲饋。此王氏妹次女婿之弟、杜葆初之姪也。夜作致王氏妹書、致季弟婦書、致鄭妹夫書，致從弟楚材書，寄回朱提六十金。大妹、三妹、僧慧各十金，楚材六十壽儀四金，僧寶讀書銀八金，二妹四金，二妹之女荷姑二金，孝北姪二金，資福、隱修兩庵各二金，張姬之弟四金。作書致介唐，屬其託張詩卿易番銀寄回，得復。陳御史其璋丁外艱，送奠儀八千。夜患腹痛。

邸鈔：以西安將軍恭壽調補成都將軍，以鑲藍旗蒙古都統榮禄爲西安將軍。掌山西道御史徐樹鈞調京畿道御史。工部郎中松壎授雲南昭通府知府。本任知府倫五常病故。

二十九日己丑　晴和如春。發家書，以銀交詩卿，易番銀八十六圓。叔鴻來。胡鑑生來。敦夫來，介唐來，子獻來。作書致胡蘄生布政，爲族子子威文炳館事也。子威游幕山右三十餘年，近佐晉藩錢穀，已歷數政，兹以胡君往莅，連馳兩書，乞爲先容，其平日未嘗有一字至也。余念宗族之誼，又以詩舫三子均在晉依彼，儻彼失館，則盡無栖枝矣，不得已爲作書言之。夜爲張樵野題《運甓齋話別圖》，得七律兩首。

邸鈔：兵科給事中胡泰福授雲南臨安府知府。本任知府馮鏡仁行至廣南病卒。

張樵野副都蔭桓**以昔年奉使英法兩國日便道還粤東倪豹岑中丞**文蔚**餞之撫署運甓齋所繪話別圖屬題二首**

皇華暫輟紫宸班，龍節雍容照百蠻。博望祇窮星宿海，甘英徒見大秦山。敦盤談笑兜離側，衽席裨瀛指顧間。會待功成圖益地，不誇西母獻雙環。兩《漢書》、《魏略》皆言大秦西有弱水、西王母，弱水蓋即大西洋，西王母蓋即今英吉利等國多女主也。

玉帳賓筵集縵胡，綺尊高燭照氍毹。方言絶域輶軒録，海國諸戎職貢圖。使者錦衣天上出，材官靺注席前趨。祇今柏署重回首，還念金梁落月無。豹岑去年卒於汴撫，其前數月尚爲余畫《湖塘村居圖》見寄，今睹此卷，不勝憮然。

三十日庚寅　晴，有風，微陰，下午風，甚陰。胡蘄生來，久談，已與訂定，仍延子威佐錢穀。作致子威姪書，又致炳姪書，詩舫之長子也，見依子威習錢穀。付衣賈余姓銀十四兩，前月以二十四金購獺脊裘一領也。比日時苦腹痛，以冬旱無雪，又不甚寒，气不收攝，肝疾復作。閱《輟耕録》。

十二月辛卯朔　晴，午後微陰，晡復晴。上午詣胡布政送行，不值，詣徐壽蘅侍郎，皆邑館鄰居也。詣敦夫、子獻小坐。答詣楊莘伯、徐叔鴻，晤莘伯，久談，晡後歸飯。得爽秋書，約紫藤精舍飲期。《唐國史補》言元和末有敕父子、兄弟無同省之嫌，自是楊於陵任尚書，其子嗣復歷郎署；兄弟分曹者亦數家。又言御史故事，大朝會則監察押班，常參則殿中知班，入閤則侍御史監奏。案：同省、押班二事，至今行之。

初二日壬辰　陰，午後微有日景。閱《明史》。夜觀震澤王文恪公畫像卷。像凡五，其四白描，面略用粉赭，爲二十九歲編修像、四十八歲少詹像、五十二歲吏侍像、六十二歲太傅像，案：文恪以大學士加少傅，兼太子太傅，非真太傅也。皆紙本臨寫，像邊有汪退谷題識。其一絹本，紅袍玉帶，麒麟補服，旁無題字，絹有裂紋，蓋真像也。後有文恪自書贊行草十一行，有方格，末題『拙叟自贊』。有兩長方印，一曰『濟之』，朱文；一曰『大學士圖書印』，白文。其裔孫惕甫芑孫又以公手書辭免内閣兩疏、辭免加官兩疏、乞歸三疏、謝准乞歸疏、辭朝疏、謝賞銀幣鞍馬疏，每疏後皆有批答，合裝於册，其後有萬曆甲辰王穉登題，文字皆劣。國朝康熙五十八年汪退谷真書跋，康熙庚子五十九年。何義門跋，辛丑錢絅庵跋，乾隆中沈敬亭起元贊、浦蘇亭霖贊、石琢堂贊、法梧門題詩、錢南園跋、王蓬心贊、秦小峴贊、何道生跋。此卷由嘉興金氏轉入霍邱裴氏，今裴氏以還公裔芾卿同年藏之，芾卿持以屬題，留之三四年矣。今夕擬爲作記，不成。江韵濤太守今日開吊，送奠分六千。韵濤年六十二，前年余晤之席間，知其諱老，詢之曰：『君今年五十有幾？』韵濤跼蹐答曰：『學生尚未五十也。』坐皆匿笑。又庚辰同年黄禮部英采之母劉宜人開吊，年六十九，見其訃狀，列子五人，孫二十人，曾孫五人，亦人生之福矣。

初三日癸巳　晴。得徐壽蘅侍郎書，并闈中見懷和王衷白聚奎堂詩韵寫小册見詒，又别以一册屬和，即復。撰王文恪畫像記成，即書於卷後，别存稿。夜詣芾卿家赴飲，坐爲爽秋、桂卿、子培、仲弢。肴饌甚精，談諧復暢。坐間懸魏正光四年鞠彦雲碑朱拓本，甚佳。二更後歸，有風，甚寒。

邸鈔：編修鄭思賀授陝西道監察御史。欽天監監副井衛垣升監正。

初四日甲午　晴，嚴寒。得爽秋書，惠酒一罌，醩鰣魚一盤，即復，犒使四千。濮紫泉來。芾卿來。新入臺鄭侍御思賀來。再得爽秋書。閲徐敦立度《却掃編》。

邸鈔：左中允李肇南升司經局洗馬。

初五日乙未　晨陰，上午微晴多陰。署中知會余轉掌山西道，所遺協道趙侍御時俊署理。作書致紱卿。作片致敦夫。介唐來。得芾卿書。得敦夫復。付隸役道喜錢三千。庚辰同年丁象震工部丁生母艱，送奠分六千。

初六日丙申　晴。作書致廖仲山侍郎，約初十日午飲。和徐壽蘅詩韵兩首，即寫之册葉，作書致侍郎。弢夫來。得壽翁復，并惠琯谿貢柚兩枚，東洋鰒魚兩小甖。得廖侍郎復書，辭飲。

夜閲《却掃編》。所載官制沿革，多史志所未備。宋人説部，此與《愧郯録》《揮麈録》可以鼎峙，言掌故者不可不讀也。《春明退朝録》《梁谿漫志》次之。付庚辰同年公送合肥傅相明年七十壽障錢三千。

徐壽蘅侍郎今年主京兆試以余奉命監試外簾用聚奎堂壁間王衷白詩韵見懷依韵奉和二首

瑣院清宵玉漏深，槐龍夾道月斜臨。白蓮有焰難穿壁，修竹無風不入林。故事：外簾監臨、監試、提調各官與内簾主考、監試等相見皆在夜中，欽命題目到時及發題紙時隔門交數語而已。老驥名場曾戰陣，朽舟宦海任浮沉。平生未識黄封茗，虚負東堂品水心。侍郎詩注謂闈中每得佳卷，諸公輒以不獲質余爲憾。又言余三考試差，閲卷者得一文字出入者輒擬爲余。

蘭臺卿月最華深，玉節三朝又此臨。侍郎於咸豐元年已以學士主試蜀中。樞密再傳稱弟子，今科正考官許恂叔尚書爲侍郎門下門生。文章廿考長詞林。侍郎丁未入館，至今已二十科。並坊易地殊修行，侍郎新宅鄰山會邑館，去年嘗相易地以開南閤，故借用《唐闕史》所載三峰李僕射修行坊易地事。築館如余是陸沉。却笑瑣廳頭白久，余自咸豐至光緒，皆以有官人凡再應京兆試，三應禮部試，故用唐宋人瑣廳語。也來隔幔論琴心。

邸鈔：上諭：葉志超奏官軍克復貝子府老巢，擊破下長皋賊圍一摺。敖罕貝子府經提督聶士成等十一月十八日四面環攻，鏖戰多時，鼓勇登陴，各營乘勢攻入，陣斬賊首王正等，殄斃匪黨五百餘名。賊紛紛逃竄，馬隊跟蹤追剿，復斃三百餘名，奪獲槍礮、刀矛、旗幟、車馬甚多。當將貝子府克復，乘勝回攻下長皋。該逆抵死抗拒。我兵槍礮齊施，賊衆奔潰，生擒僞軍師孔慶廣，擊斃逆首王動等三名、夥賊千餘名，潰匪搜殺殆盡，被脅難民分別開釋。現在敖罕、喀拉沁兩旗一律安謐。在事出力員弁均屬奮勇可嘉。記名提督聶士成交軍機處記名，遇有提督、總兵缺出，開列在前，請旨簡放，並賞穿黄馬褂。江自康交軍機處記名，遇有提督、總兵缺出，請旨簡放，並賞加頭品頂帶。副將潘萬才，總兵曾騰芳、藺福喜、余有雲均交軍機處記名，遇有提督、總兵缺出，請旨簡放。餘升賞有差。詔：初九日再詣大高殿祈雪，仍命貝勒載濂等分禱時應諸宮廟。

初七日丁酉　寅初三刻三分小寒，十二月節。晨陰，旋晴。剃頭。閲《唐國史補》，校正數十字。廖仲山侍郎來。胡雲楣按察來。丁叔衡編修立鈞來，以所取湖南闈墨見詒。首題『子曰爲政以德』兩章。第三名鄭沅作以内緯外經爲主，頗有作意，惜未能暢發其義耳。第二名曾榮甲、第十三名李希聖，文皆佳。

邸鈔：編修劉名譽授廣東瓊州府知府。

初八日戊戌　晴寒。午後入署辦事，受江西新任提塘黎明參謁，晡後散。答拜鄭侍御思賀。傍晚詣全浙館紫藤精舍赴爽秋之飲，坐有漱翁、仲弢喬梓，芾卿、笏卿、桂卿、子修、子培、子封，夜二更歸。黄按察毓恩來辭行，送十二金爲别。供先人臘八粥。桂卿來。新授臨安知府胡岱青侍御來。夜半大風。

邸鈔：定安、裕禄奏十一月初九日至二十二等日，提督左寶貴等援剿朝陽開太廟、鄂爾土板、煤窑溝、千溝子、二十家子等處，迭獲勝仗，大股逆匪俱經殄滅。詔：此次奉天各軍奮勇剿賊，與直隸各軍同奏膚功，深堪嘉尚。所有出力員弁，著定安、裕禄覈實保奏，候旨施恩。

初九日己亥　晴，嚴寒。午後詣先賢祠，偕同鄉公請胡雲楣也。到者敦夫、介唐、書玉、介夫、子獻、韓子喬、陳梅坡、何崧生八人。是日本兼請浙江龔、黄兩按察，同郡京官公柬列名者二十二人，其間參會誰何不一，頗憂酒邊觴政紛挐，幸兩按察俱辭飲，今日衹備一席，從容醖藉矣。芸楣晡後始至，酒三行而去。偕諸子張燭暢談，至夜二更始散。林贊虞侍御來。

夜閲邵氏伯温《聞見前録》。其所記北宋朝章國論，多有關係。謂韓氏子弟作《魏公家傳》，於曹后、英宗母子間，欲張大其功，語多傅會。所述兩宮間■慈孝■皆非■王巖叟公之■魏公■爲欺，■史尚■用兩■。言仁宗之恭儉、神宗之尊禮大臣，皆史所未及。間及談諧瑣事，亦俱可觀。惟稱寇萊公之儉素，則非實録。萊公固才相，然頗奢縱，諸書所言皆同，不必爲之諱。其詆王荆公亦太過。又謂真宗大漸時，八大王元儼有威名，居禁中，不肯出。李文定公取王所用金盂水，以墨筆攪之，盡黑，王疑有毒，遽上馬去。此則不近事理，蓋村野無稽之言矣。至記其父康節之生，李夫人於山行雲霧間見一大黑猿，感而遂孕，及臨蓐，有一死女胎同墮。後二十年，夫人夜中再見一女子來，泣言方得受生。此雖近語怪，然家庭傳述，必非妄造，鬼神情狀，變幻難知。《四庫提要》謂『意欲神奇其父，轉涉妖誣』。夫黑猿固近神奇，若同生有女墮胎，則於康節無與。《後漢書》言竇武與大蛇同産，事更怪幻，而明載正史，論者不以爲嫌也。其謂鄒志完之諫立劉后，實田承君晝激發之。《宋史》浩傳即取之是書。案：《揮麈三録》復言志完於建中靖國初自新州召還，不一年遂代言西掖，案：史言徽宗立，復召爲右正言，遷左司諫，改起居舍人，遷中書舍人。傷弔之後，噤不出一語。吴興劉希范珏時爲太學生，以書責之甚峻，由是復進讜論，再竄昭州。然則邵氏謂志完性本懦者，非過論矣。

初十日庚子　晴，嚴寒，午後少和。是日先柬約潄翁、敦夫、桂卿、爽秋、弢夫、旭莊、楊壽孫、德孫兄弟飲杏花香雪齋，以潄翁今年六十，桂卿、弢夫皆五十，旭莊四十，合二百歲，爲之壽也。潄翁、弢夫午初早至，爽秋晡後始來，楊壽孫以疾辭。日昳設飲，至夜一更後始散。殷蕚庭來。

夜閲邵公濟博《聞見後録》。所載頗涉瑣碎，不及其父之書，又有複出《前録》者，《四庫提要》已言之。其於熙寧初温公劾王介甫一疏及先與吕獻可往復語，皆複述《前録》，一字不異，又謂温公此疏不載《傳家集》，故備録之。公濟續其父書，不容疏忽，失照至此，疑是後人傳寫兩録重出，非本如是也。温、荆兩公，本交契至深，後雖異趨，未嘗顯相攻伐。故至元祐時，温公病中聞荆公薨，尚告吕正獻謂介甫無它，但執拗耳，贈典宜厚，則公於荆公固終身重之。此疏詆擊甚峻，詞既過激，文亦煩複，與公它疏不類，既不見集中，疑出後人僞爲，非真公作，亦蘇明允《辨奸論》之類也。至温公與吕獻可言且緩出疏一事，亦温公之説爲然。介甫此時新參大政，鋭意興治，未有不善之迹，使諸君子從容贊助，詳論利害，必不至顯相水火，反用小人。獻可乃逆而折之，峻文深詆。介甫不堪，遂致參商。不幸其言而驗，遂以先識歸之程明道，謂新法是吾黨激成，獻可實爲首禍耳。余嘗謂宋人如孫甫之劾晏元獻、唐介之劾文忠烈，皆非君子之道，獻可之因濮議而痛劾韓、歐，亦其比也。公濟又載陳了翁《尊堯集序》中條舉《荆公日録》之誣，然因此可見神宗倚任之專、荆公自任之勇，君臣際會，可謂千載一時。而當日人才皆出荆公下，又群起而咻之，至不能容，無有能將順神宗圖治之美、匡拂荆公意見之偏者，危言醜詆，衆口一辭，不啻抱薪救焚，添羹止沸，泯棼朋黨，出入喧呶，惇、京乘之，遂成禍亂，可一歎也。《荆公日録》久亡，賴此尚存梗概。邵氏父子雖力貶荆公，然其清節廉退，身無嗜欲，《前録》亦備言之，是亦公論耳。

　　邸鈔：上諭：崧蕃奏官兵剿辦下江廳苗匪事竣一摺。貴州下江廳屬寨苗滋事，經總兵丁槐等督軍剿辦，先後斃匪多名，生擒匪首梁老得等正法。官軍進攻加車逆寨，復陣斬二十餘人。餘黨逃往月亮山子寨，旋經招撫一千餘名，並獲匪首老勞即老羅等六名正法，苗民一律綏靖。辦理尚爲妥速。該廳汪承恩雖無激變情事，惟於差役需索並不查究，實屬昏憒。汪承恩著即行革職。古州鎮總兵丁槐、署貴東道袁開第均交部從優議敘。瘴故總兵銜記名總兵、副將全忠孝，補用副將周起鳳，均交部照軍營病故例從優議恤。其餘請獎出力各員弁，著該部議奏。詔：安徽寧池太廣道成章開缺，送部引見。成章，漢軍人，此次以蕪湖民焚毁教堂案，頗右民，遂徹任，而民心頗附之，督撫不得已令回任。洋夷怒争，閧於通商署中，遂有此旨。

　　十一日辛丑　晨陰曀，上午微晴，旋陰，午後雪大作，晡後益密，入夜積三寸許。今年第一次得雪，甚可喜也。陳蓉曙來。有邑子馬星綬來，蓋庚午同年馬叔良之猶子。閲《聞見前後録》。夜一更後雪止，有風，甚寒。

邸鈔：前浙江道御史林紹年補山西道御史。浙江温處道楊儒調補安徽徽寧池太廣道，安徽鳳陽府知府趙舒翹升浙江温處道。

十二日壬寅　晴，風，嚴寒。弢夫五十生日，饋以酒兩罌，桃、麵、豚肉、花糕四合，作書壽之。上午答詣林贊虞侍御，晤談。詣弢夫賀生日，并晤桂卿，談至晡歸，寒甚。弢夫坐間懸吾鄉王季重先生所繪梅花書屋山水直幅，甚佳，今年新得之廠肆者，價祇二金，可惜也。署吏送來秋季俸米票及河東飯銀七兩有奇。

邸鈔：上諭：葉志超奏官軍進攻烏丹城一帶股匪，擒獲逆首，並剿滅大股逆匪情形一摺。逆首李國珍糾合僞軍師孟姓、僞帥張雙等，裹脅賊衆四五千人，在敖吉地方倡亂，分掠翁牛特各旗，踞烏丹城北大寺爲老巢，留僞帥梁貴成父子駐守，勢甚凶悍。十一月十五日，副將潘萬才、參將傅廷臣督軍馳抵北大寺，該逆列隊迎敵，鏖戰逾時，斃賊五百餘名。該匪退踞寺内，憑墻死拒。我軍奮勇齊登，立將寺院攻破，生擒梁貴成父子正法，殄斃那木溝踞逆張雙等多名，乘勝攻克頭分地賊巢，陣斬僞帥牛呈祥，賊衆無一漏網，沿途擊斃援賊甚衆。該逆李國珍率黨折回老巢，生擒梟示。是役先後斬馘無算，奪獲槍礮、車馬不計其數，股匪全數蕩平，東北、西北兩路均就肅清。提督葉志超調度有方，將士用命，兩月以來，所向克捷，用能迅掃逆氛，深堪嘉尚。加恩賞穿黄馬褂，並賞雲騎尉世職，以示優奬。原奏稱李國珍僞號掃北武聖人，妄立二十餘營，按八卦方向，混立名目，焚燒蒙古兩王府，蹂躪蒙古數百里，不分老幼，一併殺害，掘棄敖罕王祖墓及公主陵寢云云。

上諭：葉志超奏官軍擒獲逆首，敖罕各旗一律肅清，請將出力各員奬勵一摺。逆首楊悦春倡立金丹道教名目，煽惑愚民，蔓延平泉、朝陽、建昌、赤峰四州縣，並因與蒙古有隙，輒敢假仇殺天主堂爲名，糾黨滋事，焚燒搶劫，數萬生靈遭此毒害。先後經葉志超督軍進剿，疊獲大勝。該逆窮蹙，逃赴色力虎金廠溝山洞藏匿，意圖乘間復出竄擾。經提督聶士成帶隊馳往嚴搜，將楊悦春父子叔姪六名悉數擒獲，洵足以伸天討而快人心。現在敖罕各王旗一律肅清。所有單開擒獲逆首之副將楊元昇，以總兵交軍機處記名，遇缺請旨簡放，並賞給健勇巴圖魯名號。餘升賞有差。

上諭：熱河教匪倡亂以來，妄立僞號，殘害生靈，旬月之間，延及四縣並各王旗地方，勢甚猖獗。官軍分路進攻，迭獲大勝，甫逾匝月，擣穴擒渠，全功告蕆，剿辦甚爲妥速。李鴻章於該起事之初，一聞警報，立即調兵撥餉，迅赴戎機，盡殄醜類，實屬調度有方；定安、裕祿各派勁旅分道馳剿，同奏膚功：均交部從優議敘。熱河被賊蹂躪，各處民情困苦，著李鴻章籌撥賑款，並將善後事宜會同奎斌認真經理。此次匪徒滋事，蓄謀已非一日，該地方文武先事毫無覺察，臨事疏於防守，以致貽害民生，重煩兵力，實堪痛恨。著李鴻章、奎斌查明失事各員，據實嚴參，毋稍寬貸。司經局洗馬李肇南授安徽鳳陽府知府。

荀學齋日記後丙集之下

光緒十七年十二月十三日至光緒十八年三月十五日（1892年1月12日—1892年4月11日）

光緒十有七年辛卯十二月十三日癸卯　晴，嚴寒，下午微陰，有風。閱《宋史》列傳。《宋史》最號繁蕪，然其要者刊落甚多。如富文忠、文忠烈、歐陽文忠等，皆不出其父名。富公本名言，潞公爲唐宰相敬暉之後，亦皆不載。吾鄉陸農師平生自守卓然，乃以其嘗受業王荆公，擠之鄧潤甫、林希、蔣之奇、温益之列，尤爲鉅謬。得許仙坪河帥書，饋炭三十金。浙臬、新授四川布政龔君照瑗來。夜半入前門，由景山路至西苑門，坐六項公所待漏。是夕月色如晝，六街洞明。

十四日甲辰　晴，嚴寒。黎明入西苑，偕同官十六人詣勤政殿引見户科給事中一缺，漢軍胡效山侍御俊章以資最深得之。辰刻效山邀乃秋、叔鴻、迪臣、志青等九人飲東華門外蔡家胡衕之聚豐堂，傍午散。詣嘯庵談。答詣廖仲山侍郎，不值。出城答客一二家而歸。敦夫來。得雲門十一月十五日關中書，言已補渭南，暫攝咸寧，饋炭銀四十兩。介唐來，惠鹿角一枚。趙生士琛來，告將歸天津。庚辰同年新授瓊州守劉嘉樹名譽來。夜一更飯後早睡。是夕月皎甚，望小圃中竹樹瑩然，惜不得曳笻一賞。庚辰同年郭子鈞禮部喪耦，送奠分十千。

邸鈔：以太常寺卿良培爲通政使司通政使。以内閣侍讀學士金保泰爲太僕寺少卿。右春坊右庶子秦澍春轉補左春坊左庶子，以翰林院侍讀陸潤庠爲右庶子。詔：新授西安將軍榮禄加尚書銜。

掌廣東道御史胡俊章升户科給事中。

十五日乙巳　晴，有風，微陰，下午曀，見微雪。弢夫來。敦夫生日，饋以桃、麵。閲《聞見》前後録。命僧喜入城答拜周、趙兩孝廉。得弢夫書約飲，即復，辭之。是日望，夜月仍皎。二更時假寐，疾動。

十六日丙午　晨及上午晴，午後陰，有風，甚寒。閲《宋史·隱逸》《列女》《方技》等傳，因雜考宋人説部。其王老志、王仔昔等傳多取之《鐵圍山叢談》《桯史》諸書，其言已不可信。至林靈素之奸妄，一無技術，宜與朱勔等同傳，不宜列之《方技》。以二王例之，則李士寧、徐神翁、陳彦、謝石等，亦可併爲立傳也。

陸鳳石庶子來。直臬周玉山按察饋炭十二金。介唐學士邀明日夜飲。

邸鈔：上諭：崧峻奏特參庸劣不職各員一摺。浙江定海廳同知黄樹藩辦事顢頇，著開缺另補。太順縣知縣金鴻霄山東平度州人，庚辰進士。約束不嚴，奉化縣知縣夏經鎔年力就衰，均以教職歸選。錢清場大使程萬里任性妄爲，著革職，永不敘用。

十七日丁未　晴，風，嚴寒，下午凛冽益甚，晡風尤厲，晚稍止。得陸鳳石書，爲潘文勤夫人催撰文勤墓志，即復。余壽平編修自江西典試還，饋銀六十兩。晡後詣介唐，賀其夫人生日，饋桃、麵、糕、豚，家人俱往，送管弦一部。傍晚答客兩家。赴弢夫黄巖館之飲，坐有漱翁、仲弢喬梓，桂卿、子培、班侯諸君，夜一更後歸。月色滿街，朔風猶勁。是日曉卧中舊疾復動。年垂七十，尚有此患，乃猶不能謝絶人事，犯寒孱出，可謂不惜性命矣。歸後噤瘁之甚，席厚褥擁鑪久之。戚聖懷來。送吴宅絃歌錢二十千。

十八日戊申　晴，晡風起，復陰，晚風益横。弢夫來。介唐來。午答客兩三家。詣全浙館赴漱翁之招，漱翁爲余豫作生日，并爲桂卿、弢夫作五十壽也。坐有爽秋、子培、子封、苗生、佩蔥及仲弢。肴饌甚精，飲至夜歸。寒月出林，北風勁甚。是日鄉人秦遠帆偕其姪達章邀飲，辭之。净業寺僧饋素食，酬以一金。同年何潤夫水部之叔喪，送奠分四千。

邸鈔：以太僕寺卿壽蔭爲太常寺卿。户科給事中俊乂轉吏科掌印給事中。京畿道御史慶綿轉掌京畿道。

十九日己酉　晴。先本生王父藴山府君生日，供饋如常儀。是日封印。夜集家人爲采選圖之戲，將旦始罷，斜月尚明，比就枕，曙色滿窗矣。

二十日庚戌　晴。睡至午始起。得桂卿書，偕弢夫惠唐花六盆，牡丹、海棠、緑萼梅各二，并以柬約飲。作復書，還花并辭飲。子獻以湖南人章价人《銅官感舊圖》乞題。章名壽麟，自言咸豐甲寅湘鄉相國以鄉兵援湘潭，敗於靖港，自投水，手援起之也。再得桂卿書，仍送花來，作書復謝，犒使六千。庚午長班送官單，賞三千。庚辰長班送官單，賞四千。

二十一日辛亥　亥初初刻二分大寒，十二月中。晴。陳蓉曙來。新任山西道滿御史繼恒來拜，前福州將軍慶春之子也。是日痔發甚苦。夜增注今春《搢紳録》中内外官遷除一過。士夫以不談官簿爲高雅，然既仕矣，豈得并此不知？况官於中朝，尤宜留意。余自辛未再入都以後，必蓄是録，置之案頭，遇有遷改革除，輒增注之，至所注滿行，則更買新者，率三年一易，皆蠅頭小字，已積十餘册。嘗謂此是官簿之學，足爲它日史料，後人能保守之，將有重金購之者。今年自七月間聞東撫張勤果之訃，心甚不樂，半年以來，不注一字，今將届歲終，取邸鈔一一注之。同年丁壽鶴之弟娶婦，送賀錢四千。

邸鈔：上諭：卞寶第奏任滿籲懇陛見一摺。卞寶第著來京陛見。閩浙總督兼理船政大臣著福州將軍希元兼署。

二十二日壬子　晴。日景滿窗，剃頭一樂。龔仰蘧布政饋十六金爲别。陳蓉曙以涿州新出魏正始元年高□等造像記拓本見詒。敦夫來。子獻來。夜詣全浙館赴子培、子封、仲弢、子修四君之招，坐有桂卿、弢夫、旭莊，亦爲余及三君作生日也。二更歸。

二十三日癸丑　晴，稍和。爲子獻題二樹山人墨梅册二。首册凡七幅，款題『壬午三月丹徒官舍爲石疇二兄畫』。每幅有用春字韵絶句，共八首。其一幅爲峭壁懸枝，下臨深瀨，筆禿墨枯，隨意亂掃，轉有古趣。爲用原韵寫於此上。陳州善守齋太守善承饋炭十二金。署總憲宗室子齋侍郎敬信來拜。侍郎自奉命署理後，連請假不至任，近始假滿也。夜祀竈。崇效寺僧送紅梅兩盆，迎春、鸞枝各一盆。

二十四日甲寅　晴，微風，不寒。評改問津諸生課卷。此尚是六月間課，至今未發，甚自愧也。命僧喜入市買家具。夜復與家人爲采選之戲，三更後具牲醴、果茗、年糕、年粽祀門、行、户、井、中霤之神，又以牲醴等祀禄神，以祭餘牲加素饌祀先。達旦小飲就寢。

邸鈔：上諭：定安、裕禄奏派赴朝陽各軍援剿事竣一摺。此次奉天派出援剿熱河各軍，迭次攻克賊巢，斬擒要逆，餘匪殄除殆盡，地方一律肅清，在事出力員弁奮勇可嘉，自應量予奬敘。副都統豐陞阿、提督左寶貴親臨行陣，督率有方，均著賞穿黄馬褂，豐陞阿並賞識勇巴圖魯名號，左寶貴並賞頭品頂帶。總兵聶桂林以提督記名簡放，並賞傑勇巴圖魯名號。張永清遇有總兵缺出，開列在前，請旨簡放，並賞頭品頂戴。餘升賞有差。

二十五日乙卯　晴，下午微陰。評改問津課卷。是日多卧。夜擬撰潘文勤墓志銘，倦甚，復輟。珊園姪送牡丹兩盆，紅梅兩盆。

二十六日丙辰　晴，嚴寒。得子獻書，以余明日生日，集句篆書楹聯爲壽，云『名高北斗星辰上，春在先生杖履中』，并爲書畫屏格十二紙。陳蓉曙、梅坡送紅梅八盆，楊壽孫、德孫兄弟送花亦如之。作書致敦夫，饋以過年食物四事。作書致子獻，饋食物兩事并謝壽聯。作書致蓉曙、梅坡，致楊氏兄弟，俱謝饋花。午後詣桂卿家，以是日桂卿偕子培、子封、芾卿、旭莊、弢夫、班侯諸君醵筵爲余壽也，坐有漱翁，飲至夜歸。得爽秋書，饋桃、麵及酒，作書復謝，返酒。得敦夫復、子獻復。介唐、蕚庭各饋桃、麵、酒、燭。介唐夫人來，饋參一枝。夜家人暖壽，廚人具筵加燕菜，飲至二更後散，頗醉。

二十七日丁巳　晴。余生日。漱丈來，饋段紬兩卷，𤏲脯兩肩，及桃、麵、燭、酒，固辭段、脯不得。弢夫來。秦孝廉達章來，饋酒脯，受酒反脯。芾卿來。蓉曙來。苗生來。楊壽孫、德孫來。佩蔥來。蕚庭來。梅坡來。秦芝孫來。旭莊來。爽秋來。子封來。桂卿來。仲弢來。旭莊來。班侯來。子培來。書玉來。資泉來。介唐來。敦夫來。子獻來。劉仙洲夫人來。書玉夫人及其第四女郎來。殷蕚庭姬人來。得季士周書，并明年春季修脯等銀二百四十一兩，犒以二金。得雷瓊朱亮生觀察書，并饋炭二十兩。亮生年長於余數歲，遠官瓊海，甚勤邊事，四年以來頻承饋歲，手書稠疊，備述夷情，而余久無報書，深可愧已。羊辛楣在桂管，亦久不通問，今年屢擬各畫一扇、書一楹帖分寄兩君，始欲託額玉如，後欲附花農去，而皆不果，明年必當報之。得許仙坪河帥書，并饋歲三十金，亦三年不報之矣。今日得此三處橫財，可以爲壽。珊園姪來。書玉、敦夫、介唐、子獻合饋肴饌一席，夜即偕諸君飲。是日午間設酒麵三席，夜設肴醴三席，至三鼓始散。桂卿、子培、旭莊、芝孫、鄭雨亭、詹黼廷各饋桃、麵、酒、燭等物，收桃、麵以賦人。司廚獻木瓜、青橘、桃、麵，僕輩九人獻桃、豚、燭、麵。夜半後有風。弢夫偕其弟清夫饋銀十六兩，辭之。

二十八日戊午　晴，風，午後漸止。金忠甫來，以所取江南闈墨見詒，其文頗有佳者。胡雲楣送來別敬十六金，江西方布政汝翼送來紹郡團拜費二十金，皆雲楣之子翔林遺致，犒使八千，作書復之。龔仰蘧布政送來別敬廿四金。始知二十二日所饋十六金是翁尚書也。因使人失名刺，僕輩誤翁爲龔耳。

二十九日己未　晴。桂卿來，周紳之來，俱辭歲。午出門詣諸同人家謝爲壽，由西城至中城，傍晚歸。夜書春聯，大門云：『豈有文章驚海内；略無塵土到花陰。』夏英公句。中堂云：『可傳家業惟書卷；漸喜吾廬入畫圖。』内堂云：『花近庭階春晝永；樹當簾幕夏陰多。』先賢祠云：『湖山之靈，上應星斗；竹箭所萃，長生玉金。』金忠甫饋筆、硯、茗、脯，受筆及茗。作書致翁叔平師，言饋金事。

邸鈔：上諭：李鴻章、奎斌奏遵查朝陽縣等處失事各州縣，據實參處一摺。此次熱河匪徒倡亂，朝陽滋事最先，平泉、建昌被賊較重，蒙古受禍尤酷，且並有焚殺教堂、教民之案。該州縣等平日因循玩愒，漫不經心，以致各匪黨乘機煽惑，釀成巨變，均屬法無可貸。朝陽縣知縣廖倫明，雖無聞警先逃情事，惟平日在官，賦詩飲酒，不理民事，並屢向富民借貸，債累甚多，由赤峰調任朝陽，至爲商民遮留，實屬卑鄙不識，有玷官箴。建昌縣知縣章奏凱，於匪徒起衅之初毫無防範，事後又不將三十家子焚殺情形據實禀報，意存諉卸，居心巧詐。署平泉州知州文卜年，著名巧滑，遇事工於文飾，教堂近在縣街，不能實力保護，具報賊衆數目，又復張大其詞，於焚殺教堂情形輕信訛言，揑報出示，摇惑人心。該三員貪詐庸劣，貽害地方，深堪痛恨。該督等請將廖倫明革職永不敘用，章奏凱、文卜年分別革職勒休，尚覺輕縱。廖倫明、章奏凱、文卜年均著革職，發往軍臺效力贖罪，以示懲儆。

三十日庚申　晴，下午微陰，甚寒。楚督張薌濤尚書寄饋歲四十金。介唐學士來。弢夫來。仲弢來。壽平來，饋歲八金。午出門答客數家。詣許筠庵倉帥、林贊虞侍御，各送歲敬二金。詣壽平，還所饋。入城詣翁尚書師賀歲，詣麟芝盦冢宰、徐蔭軒協揆，俱送歲敬二金。答詣署總憲宗室子齋少宰敬信。晚出城，本欲詣先賢祠行禮，疲甚不能往，遂歸。作書致敦夫，託轉還張詩卿銀四十金，得復。壽平再送饋歲金來，不得已受之。得弢夫書，再送所還十六金，作書復謝，犒使十千。夜祀竈，祀先，懸神位圖，肉肴大豆四，中豆四，小豆八，素肴八豆，加籩八。

光緒十八年（一八九二）

光緒十有八年太歲在元黓執徐春正月在終陬元日辛酉　大雪，至下午止。余年六十有四歲，僧喜年十八歲。未明，介唐學士來拜先像，遂偕入内，至正陽門，曙色漸開，雪復大作。至東長安門下車，步至午門外朝房，偕同官小憩。辰刻進太和門，梁柱粗立，營構未半，露立楹間，衣上雪積。巳初一刻，上始御殿，余立西班品級山監禮。天樂三終，朝班始退，顧視群公，貂裘皆玉色矣。復步至朝房，易朝衣冠，俱已濕盡。小坐啜茗，復步出東長安門，雪積至五寸餘。上車而歸。祀歲神，叩先像，供湯圓。下午小卧。命僧喜詣先賢祠行禮。是日來賀者徐壽蘅侍郎等二十五家，敦夫、子獻皆來。

壬辰元日太和殿朝賀監禮喜雪成詠

含元萬國肅朝正，瑞雪繽紛下鳳城。簇擁彩旗春有色，静含仙樂細無聲。御屏近見天顏喜，拜位遥連玉墄平。金闕參差銀界盡，瑤山群鶴舞蓬瀛。

朝正大雪歸柬漱蘭侍郎

散朝歸路雪光深，濕透貂裘似凍禽。爲問火城將策試，用半山句，本昌黎語。何如茶竈借鑪斟。軫時喜慰三農望，致政難堅一壑心。風物槐街都入畫，不須台雁擅山林。

初二日壬戌　晨及上午晴，嚴寒。下午微陰，晡後陰，復雪，入夜積寸許，漸止。叩先像，供燒麥餡子及茗飲。是日來賀者，同官張給事廷燎、唐給事椿森、何侍御福堃、余侍御聯沅、吴侍御光奎、陳侍御懋侯，同年黄修撰思永、曹編修詒孫等四十一家，子培、旭莊、笏卿、芾卿、苗生、班侯皆來。周介夫柬邀安徽館内閣團拜觀夜劇，作書辭之。夜偕家人戲擲采選圖，至四更罷。

初三日癸亥　晴，上午稍和，下午復釅寒。叩先像，供炒年糕及酒。是日來賀者，祁尚書世長、敬侍郎信，同官鄭給事嵩齡、徐侍御兆豐、林侍御燦垣、本名步青。褚侍御成博，同年朱學士琛、陸編修繼煇等二十六家。漱丈來。課僕澆唐花。作書并寫前日詩致漱丈。

閲《湘山野録》，隨筆校之。文瑩所記，雖間涉瑣事，亦或談果報，如述南唐先主、宋臣張秉入冥事，言鑄鐘誦經之福，皆不免禪和家語，然載北宋六朝君臣事蹟，多有足裨史乘。文瑩爲錢唐僧，而於南唐多内辭。於吴越武肅王載其命羅隱作謝昭宗賜鐵券表，詞極恭順，迨至後唐，乃請玉册金券，名其居曰殿，官屬悉稱臣，遣使封拜東夷諸國，幾極其勢，與謝表所言相戾，後果爲安重誨奏削王爵，以太師致仕，乃深致不滿。《四庫提要》譏其嘗爲丁謂客，故多回護之語。又言王欽若遇裴度事，近於神怪。案王遇裴事，《東都事略》及《宋史》本傳皆載之，蓋即采於是書，誠爲不經。然是書言文穆未貴時，客行過一神祠，見神延之，後知爲裴晉公祠。及爲翰林學士，使兩川，至褒城驛，又見裴令公導從而至，示以富貴爵命默定之事。雖小説家言，所述具有條理。《事略》及《宋史》乃云王至褒城驛，有客來謁，既去，視其刺，乃唐裴度也，自此好神仙之事，尤鶻突可笑矣。

至丁雖世論所不予，然具有才气，又夙負文學名，風流好客，故當日士流多相稱重。其得罪自以忤劉后之故，《宋史》言真宗遺制詔皇后同聽政，丁於『同』上加一『權』字，遂爲后所深怒，所言自得其實。予已於昔年日記中論之。此書謂劉后命中貴人告執政以仁宗尚幼，不能早起，恐稽留百官班次，每日祇來宫中論政。馮拯等不敢對。晉公口奏皇帝傳寶受遺，若移大政於它處，則社稷之理不順，遂深忤旨。此事它書亦有載之者，未必妄也。蓋北宋如丁晉公、王冀公、夏英公皆以南人作相，爲北人所不喜，諸公又頗尚權譎，遂多致厚貶。而南士之論則不然。故此書頗稱三公，然亦祇述其文采風雅，而於寇萊公則極稱其功業節儉，尤極贊杜祁公、范文正、歐陽公、唐質肅、張忠定、胥學士等之美，固不失是非之公也。

《提要》又謂自此書載宋太祖燭影斧聲之事，李燾采入《長編》，遂啓千古之疑。然文瑩所言，並無逆蹟，由於後人誤會，不得歸咎此書。《長編》提要中亦言燾采摭此事，虛實互見，考據未明。案：是録言太祖臨崩之夕，一無疾病，召太宗入飲内殿後，解衣就寢，鼻息如雷。太宗留宿禁中。至五更，周廬者寂不聞聲，太祖已崩矣。次早太宗升殿，宣遺詔後，率群臣入，舉衾，見太祖玉體如新出浴，則其事甚怪，似太宗篡弑之迹，言下隱然。雖野史大半無稽，而是録作於熙寧時，神宗方厲精爲政，綜覈察下，文瑩一浮屠，使一無所憑，何敢妄言至是？蓋當時末命，實有異論。李文簡《長編》作於南渡孝宗踐阼以後，當日東南宗子多太祖之裔，其言此事，必更紛紜。文簡恐無所折衷，故采是録之語，但存燭影斧聲一節，而條辨太祖是夕之登閣望气，及以斧戳雪、太宗之留宿，皆以爲不可信，又先載太祖寢疾之事，辨其非無疾而崩。蓋《野録》可以傳疑，《長編》自當昭信，要之此等曖昧之事，後人不必深論之，亦不必力質其無。如程篁墩之作《宋太宗受終考》，皆腐儒一孔之見也。

初四日甲子　雪作竟日，寒甚。得漱翁書，并《元旦喜雪》七律二首。閱何蘧《春渚紀聞》。蘧，蒲城人，自號韓青老農，而書中多言杭、秀、蘇諸州故事，蓋寓居浙西者。所述瑣屑，罕關掌故，惟記東坡佚事爲詳。

是日來賀者，同鄉錢侍郎應溥，同年陸學士潤庠、張内翰百熙，同官高侍御爕曾等十七家。姪湘來。先像前供餃子及茗飲。夜偕家人再爲采選圖之戲，自丙夜後蓋六七周，已天明矣。

初五日乙丑　晴，嚴寒。曉卧疾動，上午始起。晡出答賀數十家。詣介唐家拜其先像。詣敦夫，晤談，至晚歸。是日來賀者，廖侍郎壽恒、張副都蔭桓，同年惲學士彦彬、金太僕保泰，同官張給事炳琳、鳳侍御英、趙侍御時俊、徐侍御樹鈞等二十二家。得芾卿書，爲潘文勤夫人催文勤墓志銘，即復。夜祀先，肉肴三豆，菜肴四豆，果羹一。

初六日丙寅　申初一刻四分立春，正月節。晴。弢夫來。得芾卿書。上午詣先賢祠行禮，詣靈汜分祠及銅觀音堂拈香，詣書玉，晤談，又答客數十家，傍晚歸。是日來賀者，翁尚書師及同官方給諫汝紹、馮侍御金鑑、謝侍御希銓等十五家。先像前供銀杏紅棗湯。得漱翁書，并和元日詩二首。乙夜復爲采選圖之戲，至丙夜後罷。

初七日丁卯　晴，微有暖意。課僕澆唐花。先像前供肉、素包子。午後詣慧叔家，叩高叔祖以下像。又答客二十餘家，日落時歸。聞是日廠市游人甚盛。是日來賀者，同鄉徐侍郎用儀，同官李府丞鴻逵、劉侍御桂文、龐侍御璽等十家。夜初月甚皎。得徐仲凡去臘七日里中書。

初八日戊辰　晴。漱翁來。徐季和副都來，以去年所取廣東闈墨見詒，首題『子曰學而不思則罔』兩章，文多有可觀。戚聖懷來。是日來賀者，房師林侍御紹年等十六家。爽秋來，以去年總理各國事務衙門致書各海關道爲族弟慧叔求膊，今寄到者九江道李希蓮、上海道聶緝槼、登萊道盛宣懷，共百八十金，屬爲轉交。張姬詣吴夫人等家及慧叔家賀年。夜和元日詩韵答漱翁二首，即作書致之。王姬侍寢。

壬辰正月六日立春訪漱老歸得手書見和元日喜雪詩韵再依韵和答

六日迎春繼履正，土牛綵仗出重城。銅街旛勝摇燈色，花市歌絃帶雪聲。身外一庵貧自樂，
胸中五嶽醉難平。憂時自琢新詩就，誰譜簫韶答禁瀛。

壬辰人日漱老和余所贈詩獎許過深再和二首奉柬

滿握瓊瑶寄好深，遠殊佳帖貺來禽。東門酒緩傾都餞，北斗羹猶待手斟。永叔自寬司諫責，
承君能諒志完心。頭顱如許營何事，兩載寒烏噤柏林。

半榻梅花映雪深，晴窗日暖報檐禽。多勞常侍酬吟什，誰與爰絲勸淺斟。封事萬言宣室席，
歸舟一曲故園心。長湖孤嶼都無恙，相約漁衫繪入林。

初九日己巳　晴，下午陰。叩先像，供炒麵。是日新易庖人。閲《范忠宣公集》。是日有風，來賀者同官林侍御啓等十一家。張姬詣慧叔家及吴、殷、鄭諸家賀年。命僧喜送銀慧叔家。

初十日庚午　晴。漱翁來。書玉來。珊園姪、嘯梅姪及其婦來。午出答客數家。欲詣廠市一游，車至廠橋西，塞涂不能過，遂歸。是日來賀者，同官丁侍御之栻等八家。通州中倉送來去秋俸米十囊，付車脚錢卅千。

十一日辛未　晴。先妣生日，供饋素肴七豆，肉肴三豆，加燒麥、餡子、春餅、瀹麵，餘如常儀。叩

先像，供燒麥。夜詣介唐家赴敦夫、介唐兩君招飲，坐有書玉兄弟、介夫、弢夫諸君，二更後歸。是日來賀者，同官胡給事泰福等九家。書玉明日生日，饋以食物六合。

十二日壬申　晴。比日春气頗暖，不可以鑪。仲弢生日，饋以食物四合，作書致之。下午詣爽秋，不值。詣潄丈、仲弢，俱不晤。順道答拜數客，復游廠市。至廠西橋，車騎仍不通，迂道由孫公園出廠東門，至火神廟略一游覽，書畫無可觀者。傍晚詣書玉拜生日，留夜飲，坐有敦夫、介唐、介夫、梅坡、子喬。二更後歸，月色殊佳。

十三日癸酉　晴。先像前换燈，供糖果合子牙盤。閲《苕谿漁隱叢話》。仲弢來，久談。是日來賀者，同官洪給事良品等五家。夜叩先像，供紅棗銀杏湯。

邸鈔：前雲南迤南道桂霖授河南開歸陳許道。

十四日甲戌　晴。入城答客，至東單牌樓二巷翁大司農師、三巷麟冢宰師、東安門内南池子徐少司農用儀、北池子汪少司空鳴鑾。回車詣同年金忠甫太僕，久談。傍晚出城，順道拜客數家而歸。是日同官王侍御聯璧、王侍御儆兩同年來。夜叩先像，供饅頭，小張燈燭。書玉夫人來，夜飯後去。比夕皆有佳月。付買花爆錢三十六千五百。

十五日乙亥　晴，風，下午稍止。命僕王升持刺入城謁客。命僧喜、張甥詣廊房頭巷買春燈。得潄丈書，并疊和正字韵詩一首，深字韵詩兩首，相期甚切，愧赧彌深。晡詣廠市，至翰文齋閲書，購得明宣城刻本韓集、柳集，禦兒吕氏刻《儀禮經傳通解》及《續通解》，常熟蔣氏刻《法苑珠林》，諧價二十五金。又購《山左金石志》不成。晤龐絅堂、劬庵兄弟，談至日落。詣先賢祠行禮，供元宵子三百枚，又詣靈汜分祠銅觀音堂拈香，復答客數家，至夜歸。祀先，肉肴、菜肴各四豆，加湯圓子，小張燈燭，放花爆。是夕望，月皎甚，有風，頗寒。書玉來。王廉生來。夜一更後偕家人小飲，復爲采選圖之戲，四更時罷。付鍾馗燈錢十二千，花籃燈四千。

十六日丙子　晴，竟日大風，寒冽異常，下午尤嚴栗。詣才盛館科道團拜，演丹桂部。余以比日有宗室銘舉者，不知所來，私寓保安寺街東口一小屋中，日持刀，從惡少執挺刃者數十人，横行衢巷，劫敚爲事，前日斫傷賣煤者一人，昨夕掠奪一走市車，執其輿夫，刀杖亂下，皆呼號乞命，且聞有虜人勒贖、奸占婦女之事。近來法紀漸弛，奸宄不戢，輦轂之下，囂然不靖，日縱不治，將成亂階。今日力爲巡城街道諸同官言之，屬其合力嚴捕，且告臺長孫燮臣總憲，又屬宗室之在臺垣者言之宗人府，舌敝唇焦，不能自已。北城馮心蘭侍御言此人屢犯刑憲，去冬以劫高姓女斫傷其父其母，訟之城坊，不能治，以送刑部，亦不敢問。余謂國法猶存，此鼠輩耳，俟其聚集時，部吏士收縛之可也。傍晚歸，風益怒，寒甚，擁衾坐久之。劉仙洲夫人生日，饋銀四兩及桃、麵、繡帨，張姬往拜。孫燮臣左都來。前御史劉觀察綸襄丁父憂，送奠儀六千。

十七日丁丑　晴，有風，甚寒。閱《四庫全書考證》。課僕澆唐花。夜叩先像，供春餅，仍點燈偕家人擲采選圖。

十八日戊寅　薄晴多陰。祀先，肉肴、素肴各六豆，餘如常儀。傍晚焚楮緼、楮鋌，收神位圖。夜詣宜勝居赴子獻之飲，坐有敦夫、介唐、書玉、介夫、弢夫、資泉諸君，二更後歸。是日甚寒。

邸鈔：上諭：前據卞寶第奏福建詔安縣大布寨胡姓擄殺徐姓一案，首犯胡印龍父子逃匿廣東饒平縣王姓家中，該縣王崧有庇匪玩法情事，當諭令希元提案審辦。嗣據李瀚章奏兩省知縣，各執一詞，與卞寶第前奏情形不同，復諭令希元秉公研訊。兹據希元審明覆奏，此案廣東已革饒平縣知縣王崧，雖無庇匪玩法重情，惟未將差役帶赴質審，又未訊出作綫匿犯確供，以致案久未結，枝節叢生，咎有應得，業經革職，著毋庸議。撤任福建詔安縣知縣吴庚揚，拏犯遲延，又不將應訊之犯王粗皮即時收審；興泉永道吴世榮會審此案，未訊供詞，先定稟稿，並爲王粗皮預寫甘結：均難辭咎。吴庚揚、吴世榮均交部議處。

十九日己卯　晴。午入署，開印畢，答拜客數家而歸。閲《邵氏聞見》前後録。王荆公日記，既賴此録存其梗概。曾布子宣日記，《揮麈録》略采掇之，此録亦存其記同文館獄兩條。

二十日庚辰　晴。僧喜生日，命庖人小治具，偕家人飲於朱霞精舍。夜復點燈小飲，微醉。以先賢祠所徹蜜供分詒同鄉。作書致弢夫，亦詒以蜜果一坐。買官板春季《搢紳録》，連内務府官簿一册，付錢十六千。

邸鈔：上諭：王文韶、譚鈞培奏官軍剿平猓黑叛匪一摺。雲南鎮邊地方上年突有新附猓夷聚衆滋事，拒捕戕官，經王文韶等督飭護理迤南道劉春霖，督同文武員弁分路進兵，當將東主、富角、閑官等佛房原奏稱夷人信佛，奉夷僧如神，其地皆以佛房爲名。及東主等各家口營原奏稱佛房之外又各有家口營，皆結寨列柵，與佛房相依爲固。五佛房中，東主較近内地，而山深地險，莫如永帕，此外夷寨，星羅棋布，皆分隸五佛房。次第攻克，殄斃無算，生擒夷酋、漢奸、悍賊多名，搜獲僞印、旗幟、槍刀多件。各賊敗竄永帕佛房，句結野狆狉及猢子、擺夷，負嵎抗拒。劉春霖等設法開導，一面分兵攻剿，内外接應，將永帕佛房、牛市堆賊壘削平，斬馘擒獲賊目多名，招降二千餘衆，拔出被脅難民五百餘家，並將向未歸化之西盟三佛主原奏稱在五佛房之外，地近猛朗，其酋爲夷僧李同明，其地縱橫三百餘里，管轄夷民四千餘户。一併招降，其戕官首惡均擒獲正法，邊境一律肅清。在事出力員弁奮勇可嘉，自應量予獎勵。參將鄒位虔著免升副將，在任以總兵交軍機處記名，遇缺請旨簡放，並賞給强勇巴圖魯名號。屈洪德著免補參將，以副將改留雲南，儘先補用，並賞换奇車巴圖魯名號。餘升賞有差。瘴故之土都司李芝龍交部從優議恤。道員劉春霖謀勇兼資，著賞給達春巴圖魯名號，並賞戴花翎。詔：刑部尚書貴恒係多羅貝勒奕絪包衣佐領下人，著加恩抬入鑲白旗滿洲。

二十一日辛巳　午初一刻雨水，正月中。晴，比日漸和，是日午後驟暖。午後詣萬福居赴陳蓉曙、韓子喬兩翰林之飲，坐有敦夫、介唐、書玉、介夫、秉衡、梅坡諸君。晡後順道答客一二家而歸。弢夫來。

是日重裘過温，甚覺不快，歸後就枕，閱宋人説部。《遯齋閑覽》中載詩人姓名詩謎云：『佳人佯醉索人扶，露出胸前玉雪膚。走入繡幃尋不見，任他風雨滿江湖。』謂賈島、李白、羅隱、潘閬也。或云是荆公所作。又《夷堅志》載元祐中有爲當時大臣姓名詩謎者云：『長空雪霽見虹霓，行盡天涯遇帝畿。天子手中執玉簡，秀才不肯著麻衣。』謂韓絳、馮京、王珪、曾布也。此等雖淺俗游戲，詩亦不工，然假借取音，庾辭寄義，古人樂府遺意猶存，是以人樂道之。因戲效其體，爲今樞廷四公詩謎云：『春曉村妝淺裹梳，額勒和布。畫眉人去戍伊吾。張之萬。瓜年鴛牒殷勤訂，許庚身。爲有狂童艷緑珠。孫毓汶。毓借同音作欲，汶讀汶汶之汶。』此詩惟借用一字，較之昔人，工拙必有辨矣。

二十二日壬午　晴，有寒意。午後入署辦事，接見臺長、三副憲。晡後答客三四家而歸。余壽平來。得張子虞去年十一月二十八日長沙書，手書累幅，詞筆俱工。夜詣宜勝居赴介夫之飲，坐有秉衡、敦夫、書玉、子獻諸君，二更後歸。是日聞城坊兵勇擒獲銘舉及其惡黨數人，道路稱快，言西南坊巷卧始貼席矣。

邸鈔：命禮部左侍郎啓秀、光禄寺卿李端遇充壬辰科會試知貢舉。是日上始換白風毛褂。

二十三日癸未　晴，微寒。殷䓬庭來。

閲新購《韓柳集》。明嘉靖中南直隸巡按游居敬序，言取蘇、閩舊本，稍加參校，付寧國守黎晨、宣城令吴悌刻之，略有音釋而無注。其稱黎曰黎守晨，稱吴則直呼姓名。明代巡方之任，嘉靖以後，雄尊極矣。悌字思誠，金谿人，官至南刑部侍郎，謚文莊，《明史》有傳，在《儒林》中，爲陽明之學，學者稱疏山先生。其令宣城，亦旋入爲御史，甚著風力。

邸鈔：鎮國公溥芸奏病難速痊，懇請開去差使，並請停俸。詔加恩賞食半俸。刑部郎中張成勳授四川川北兵備道。本任道恩佑丁〈憂〉。□□□吴殿元授直隸大名鎮總兵。本任總兵孫道奎病故。王升乞假寧家，賞以十千錢。

二十四日甲申　晴，微陰。潘仲午來催文勤墓志。上午出門答客數家，午後歸。晚詣宜勝居赴陳梅坡之飲，坐有敦夫、介唐、書玉、介夫、弢夫、子獻、楊德孫，夜二更歸。比夕頗寒，多不快。子培來，暢談至晚去。

邸鈔：前任西安將軍尚宗瑞卒。詔：尚宗瑞由侍衛於咸豐年間在直隸防剿出力，嗣挑補御前侍衛，洊升都統、將軍，宣力多年，克勤厥職。前因患病開缺。兹聞溘逝，軫惜殊深。加恩照將軍例賜恤，賞銀五百兩。伊子尚昌蔭俟及歲時由該旗帶領引見，用示篤念藎臣至意。

二十五日乙酉　晴。傍午詣黄巖館赴弢夫之飲，同坐爲敦夫、介唐、書玉、子獻、介夫、資泉，皆越人也，僧喜亦侍坐。是日有風甚寒。夜撰潘文勤墓志，至三更後敘訖，凡三千餘言。

邸鈔：上諭：巡視北城御史訥清阿等奏拏獲糾衆行强匪犯，請飭交部審辦一摺。已獲之宗室銘槼即銘舉，並夥犯武二、王桂祥、盛三、傅元有、張秀珠、文山、李生等八名，即著交刑部會同宗人府嚴行審訊，按律懲辦。未獲之柳三麻、王彭七、郝二、黄二，並宗室溥鎔、小載等，著步軍統領衙門、順天府、五城御史一體嚴拏，務獲究辦，以靖地方。

二十六日丙戌　晴，比日頗寒。仲午又來催墓志，蓋其家以二月十二日扶柩歸葬，恐不逮事也。馮心蘭侍御來言擒縛銘椝事。作書致仲午。午後入署用印，閱奏銷題本，晚歸。夜撰潘文勤銘辭。余與文勤，始合終睽。然其始也，雖蹤迹時系，亦相視落落，不甚以余爲然；其終也，往還幾絶，或竟歲不相聞。而意中時有此人，蓋余不能忘勢，文勤亦不能無望也。今以此文報之，余事畢矣。殷蕁庭來。秦孝廉達章來。庚午同年直隸人刑部陳郎中墀蓀病卒。年六十餘矣，無子，家貧甚。其妻李，繼室也，年甫三十，以死殉。聞尚有母，垂九十矣，可哀也。

邸鈔：掌山西道御史鳳英升户科給事中。刑部郎中曹志清轉福建道監察御史。鳳彦臣以第三資得之。

二十七日丁亥　晴，微陰，甚寒。得弢夫書，以所購王遂東先生《梅花書屋圖》直幅見詒，欲易錢松壺墨梅小幅。遂東山水，余家舊有兩幅，皆墨筆，用大癡法，亂後失之。今得此幅，高秀深厚，爲先生極意經營之作，得之固甚可喜，而松壺畫梅，爲故人秦秋伊所詒，超秀絶塵，亦所深愛。熊魚兼嗜，爲之躊躇，不能決也，先復書謝之。費屺懷編修念慈來，以所取浙江闈墨見詒。屺懷年少好學，所取文亦尚可觀，而浙人力詆之，謂其關節著明，外間傳一聯語云：『此子木而不仁，居然兩次衡文，無端遇合；有貝弗求胡獲，但得千金爲贄，舉念慈悲。』皆關合兩主司姓名也。衆口藉藉，至今未已，且聞有訟之浙撫者，不可解也。自寫文勤志銘清本，至晚甫得三紙。文勤夫人復走使相催。復於燈下寫七紙，共爲方册十，即作書致之，始得具晚餐。文字之責，至此亦迫甚矣。飯後已三更，復集家人爲采選圖之戲，至天明始罷。

邸鈔：福建漳州府知府、記名道雷其達升福建興泉永遺缺道。

二十八日戊子　晨微雪，旋晴。午詣賈家胡同赴子培、子封兄弟及吴佩蒽招飲，坐有漱翁、弢夫、班侯、笏卿、旭莊，談至晡後歸。楊莘伯招夜飲，辭之。徐季和副都來。新入臺曹侍御志清來。是日嚴寒，入晚尤凛冽，堂中復添熾小爐。

邸鈔：前浙江衢州府知府榮堃授福建漳州府知府。

二十九日己丑小盡　晨又溦雪，晴寒。午詣江蘇館赴夢花、芾卿招飲，坐有漱翁、弢夫、廉生、仲弢、爽秋、李木齋盛鐸、費屺懷，肴饌頗精，傍晚歸。是日晨晚皆陰，有雪意。

邸鈔：前甘肅鞏秦階道姚協贊授山東兗沂曹濟兵備道。本任道中衡丁父前湖廣督標中軍副將鳳昌憂。

二月庚寅朔　晴，午後陰，嚴寒。

閱《法苑珠林》。其書自《劫量》篇至《傳記》篇共一百篇，其首《劫量》《三界》《日月》《六道》四篇，爲佛之緣起，如儒書之有總括；其末《雜要》《傳記》兩篇，爲佛之餘事，如儒書之有雜識、有敘録。自第五《千佛》篇至第九十八《法滅》篇，則次第敘佛法之始終，每篇之首皆有述意一篇，猶儒書之有小序，實彼教中之志乘也。每篇博采諸經論，沓而比之，雖文繁語複，然釋藏精要，盡於是矣，非止專明罪福也。

紫泉來，久談，至晡後去。

初二日辛卯　晴，上午驟暖，晚復寒。仲午來謝。趙生士琛自天津來，以橙、橘、青果爲饋，命僧喜出見之，受其橙。邑子全孝廉沛豐來，去年新得舉者。夜補寫正月以來日記，追憶甚勞，至三更就寢，達旦不瞑。

邸鈔：上諭：福錕等奏醇賢親王安葬事宜，請飭擇期舉辦一摺。朕欽奉慈禧端佑康頤昭豫莊誠壽恭欽獻皇太后懿旨，著欽天監於本年四月内選擇吉期，奏明辦理。

初三日壬辰　風，陰，傍晚微有日景，甚寒。胡鑑生選知福建政和縣，來辭行，不見。唐暉庭給諫來。子獻來。得弢夫書，即復。張姬病牙風甚劇，作書致桂卿請診，夜初來按脉撰方。同鄉鄭給諫訓承幼子娶婦，賀分四千。邑子范主事迪襄喪偶，奠分四千。

初四日癸巳　上午薄晴，下午陰，竟日風，嚴寒。補寫日記。得子獻書，以近題二樹山人畫梅册十絶句相商。夜風狂甚，三更後窗壁摇撼有聲。比夕卧必四更，起亦甚遲。江西人户部陳員外熾丁父蔚堂孝廉憂，送奠分四千。

初五日甲午　大風，至午稍止，晴，晡後陰寒。曾祖妣忌日，供饋肉肴六豆，菜肴四豆，餘如常儀，晡後畢事。

書賈以《吟風閣詞曲譜》三十二種共四卷來售，有序言乾隆甲午之秋刻成，自稱笠湖，不知何人也。雜譜古人事，自《新豐亭馬周獨酌》至《翠微亭卸甲閑游》，韓蘄王事。多取忠孝義烈及高潔一節之行，間及神怪，皆有寄託，前各有小序，自述命意。雖腹笥頗儉，亦有腐語，而於詞曲，頗近當行。其《快活山樵歌九轉》之演榮啓期，《西塞山漁翁封拜》之演張志和，《换扇巧逢春夢婆》之演蘇東坡，皆有妙理；《窮阮籍醉罵財神》《偷桃捉住東方朔》詼諧寓意，亦甚絶倒；《大葱嶺隻履西歸》之演達磨，禪理頗深；《諸葛亮夜祭瀘江》雖用小説，文亦雄壯。其中排場多有可觀，不失元人遺意。其序言皆行役公餘所作，年來與知音商榷次第，被諸管弦，是固此事當家，蓋仕宦不得志者所爲也。其《荀灌娘圍城救父》一齣，即以灌配周撫，此本有元人舊曲，余中年以前亦擬譜之，嘗以史不載灌以後事爲恨，然終不可妄造配合，輕誣昔賢耳。

邸鈔：詔：都統、三等承恩公桂祥，都統文秀俱管理神機營事務。詔：鳳鳴現在丁憂，理藩院左侍郎著景善兼署。

初六日乙未　晴。剃頭。得靖江令張拜庭書，并饋炭二十金，拜庭時攝吴江令也。作書致敦夫，得復。劉户部啓翰來，新移寓對門清江館者。珊園姪來。晡後詣唐暉庭，久談。暉庭之幼弟樾森去秋中京兆試，年甫十九，今日閲其行卷，文气清爽，亦難得也。傍晚答拜潘仲午，門庭蕭寂，坐其中庭，室中是昔年星齋丈所居者，俯仰閑曠，花樹亦覺黯然，晚歸。

夜閲《明史稿·文苑傳》。其體裁頗簡絜，附傳尤有法。《趙壎傳》中附傳有李證，會稽人，嘗爲僧，名願證，善古文，太祖擢爲應奉翰林文字。《王蒙傳》附傳有郭傳，會稽人，字文遠，初亦爲僧，亦以工文授翰林應奉，官至湖廣參政。《趙撝謙傳》附有山陰趙俶，字本初，長於説《詩》，洪武中官翰林待制；山陰迮雨，字士霖，善樂府。《明史》郭、趙兩傳較詳，《府志》入《儒林》。

初七日丙申　巳初三刻驚蟄，二月節。晨陰，巳後晴，午後晴陰相間，晡陰。弢夫來。得芾卿書，以手書潘文勤墓志稿見還。晡答客一二家。詣弢夫，不值。詣馮心蘭，久談。傍晚詣子培、子封，不值，遂歸。

邸鈔：右春坊右中允陳夢麟轉補左春坊左中允，右贊善李培元升右中允。

初八日丁酉　晨大雪，至午積二寸餘，午後稍止，有日景，下午晴陰相間。午後入署辦事，接見臺長孫燮臣左都，奕鶴樓、張樵野兩副都，受提塘官參謁，晡後散。答客一二家。至翰文齋閲書，晤張嘯庵，久談。傍晚詣殷蕁庭，小坐歸。徐琴芙編修來。趙生士琛來。夜半後有風，甚寒。上親祀社稷壇，余奉派查收百官職名。

初九日戊戌　晴，晨北風甚勁，傍午稍止，寒甚。潘文勤夫人送江紬褂料一匹，江紬袍料一匹，刻絲蟒袍裁一領，端研兩匣，京珀朝珠一挂，墨晶大印章一對，竹根酒杯十枚，蔟紗佩件八事，爲志銘潤筆也。初意不受一物，曾再與芾卿言之；既以來意甚誠，勢不能却，乃受衣蟒、酒杯，犒使二金。夫人及仲午復固以禮請，不得已再受硯，使者必不肯持回，又受佩件。作書致仲午，以珠晶還之，送使茶六千。作書致桂卿，爲張姬請診。

初十日己亥　晴，上午後稍暖。弢夫來。晡詣敦夫，久談，傍晚歸。桂卿來爲張姬診脉撰方。新授開歸陳許道桂觀察桂霖來拜。閲陶鳧鄉《紅豆樹館書畫記》。所載明人尺牘題跋，往往可笑，甚至文氣不通。蓋自正、嘉以後，江湖派盛，其風斯下，而尺牘多道瑣事，間以方言里語，遂不成文。魏文帝云：『汝無自譽，觀汝作家書。』知古人猶難之也。夜月頗皎而寒。

邸鈔：廣西巡撫馬丕瑶丁母楊氏憂，以廣西布政使張聯桂爲廣西巡撫。聯桂字丹叔，江都人，以附生入貲，爲太常寺博士，俸滿截取，選廣西慶遠府同知，几二十餘年不出廣西，遂至巡撫。其兄聯第，以副榜入貲，爲刑部主事，余舊識也，亦善宦，升員外郎，記名御史，早卒。

十一日庚子　晨陰，上午後微晴，下午多陰，有風，甚寒。爽秋來，以合肥太傅子日本節使經方賻慧叔五十金屬轉交，即命僧喜持付珣姪。作書致介唐，致子培、子封，致仲弢，作片致敦夫，致介夫，致弢夫，俱約明日晚飲。得弢夫、仲弢復，俱辭飲。爽秋以所作《菊潭行》見示。詠酈縣菊泉事，以配桃源也，格調亦倣王右丞《桃源行》，而雋警過之。其所述祇據《續漢志》注引《荆州記》，未及引《水經・湍水》篇注及《太平御覽》《太平廣記》《太平寰宇志》所載諸條，暇當綜括諸書，爲賦一篇以補之。夜月，至二更皎甚。陳介卿比部墀蓀及其配李恭人今日受吊，賻以十六千。此君雖庚午同年，從無一刺往還，聞其刑部同官及辛酉拔貢同年皆醵金爲助，而庚午獨無有，故賻稍厚之。是日買洋灰褂一領，銀二十七兩。王升假滿回，饋潞南燒酒、楊村糕乾，給以錢十二千。車夫假滿回，饋鷄卵、黍米、菽花、秫粉，給以錢八千。

邸鈔：以貴州按察使黄槐森爲廣西布政使，以浙江金衢嚴道唐樹森爲貴州按察使。樹森，善化人，以諸生從戎，得官浙中，老吏也。

十二日辛丑　晨陰，上午微見日景，旋復陰，下午霒陰，甚寒。書賈譚姓來，購得《范忠宣集》，銀三兩，戴東原《屈原賦注》後附汪梧鳳《音義》，直錢十三千。午後入署用印，閲十二月兵部註銷題本。是日滿掌印訥清阿到任，以印鑰交之。晡後出城，詣濮紫泉，久談。晚詣宜勝居，邀書玉、是日午前作書邀之。敦夫、介唐、介夫、子獻、子培、子封夜飲，至二更後散歸。三更雪，至四更止，積寸許矣。比夕擁衾無俚，閲《紅豆樹館書畫記》。此在俗人以爲畫餅充飢，在知者以當卧游，惟字迹、所存詩文多拙劣耳。是日邸鈔，順天府奏京師得雪三寸有餘。比日甚寒，蓋郊畿以外連日得雪也。陳冠生修撰丁母齊恭人憂，送奠分六千。

邸鈔：上諭：李鴻章奏宗室侍衛舒英赴灤州收取地租，於被水地畝並不體察情形、減收成數，仍令交納全租，經該州知州吴積鋆集案查訊，輒敢闖入州屬，咆哮凌逼，實屬膽大妄爲，此風斷不可長。舒英著即行革職，以示懲儆。

十三日壬寅　晨陰，微見曦景，上午陰，下午霒陰。作書致爽秋，還所示詩。作書致仲弢，問其足疾。書賈楊姓以明補元槧《古今韵會》來售，索銀三十兩，又餘姚聞人侍御銓刻本《周禮注疏》，索銀二十四兩，俱還之。夜以藏書印遍識新得諸書。夜有月，寒甚，三更風起，四更後益横。書吏送來春俸銀八十兩，實得七十三兩。

邸鈔：上諭：邵友濂奏特參庸劣不職各員。福建臺灣雲林縣知縣李聯珪貌似有才，行爲貪暴；辦理三角涌撫墾委員、候選縣丞劉殿英改名朦保，聲名狼藉；辦理大嵙崁撫墾委員、補用知府、貴州候補同知沈啓灤，駐防大嵙崁營官、已革提督高登玉，玩誤事機，致開番衅。李聯珪、劉殿英、沈啓灤均即行革職，劉殿英、沈啓灤並俟經手事件查辦完竣，驅逐回籍。高登玉著發往軍臺效力贖罪，以示懲儆。以通政司副使克們泰爲太僕寺卿。編修景厚升詹事府右中允。

十四日癸卯　晨陰，大風，上午後微晴，風亦漸止，下午晴，仍有風，嚴寒如隆冬。得爽秋書。得族弟少梅除夕廣州書。王姬生日，治具小飲朱霞精舍。夜月皎甚，風益勁寒。以支那本《法苑珠林》校常熟蔣氏百媛本。此書每篇下各分部，每部又各有子目，篇目繁簡不一，故舊分百二十卷，前爲目録二卷。蔣本去之，强合爲百卷，非也。

邸鈔：命協辦大學士、尚書徐桐，刑部左侍郎薛允升，右侍郎周德潤爲各省覆試閲卷大臣。

十五日甲辰　晴，大風自夜貫晝，嚴寒冰冽。

閲南陽彭禹峰而述《讀史亭文稿》。其《田貴妃列傳》言妃屢向崇禎帝極言左良玉之跋扈，必致負國，不可用。帝終不聽。及河南陷，妃一夕自縊死，遺疏勸帝遷南京。此絶不見它書，蓋鄉里傳聞無稽之言，故并妃之父名亦誤。又《左將軍傳》言良玉方宴客黄鶴樓，一人傳密書至，良玉引登樓去梯，其人於髻上出蠟丸血書，言『吾萬死南來，欲倚將軍，今爲奸相所執，命在旦夕，將軍不救，何以見先帝地下』，末署『定王』云云。良玉讀之，慟絶仆地，遂起兵。又言良玉本不知何姓，幼爲丐，過河南左翁業洴洸者家，翁奇其狀，語其媪留養之，遂姓左。所言亦不知所據。南來太子之事無以爲定王者，且其《田貴妃傳》言良玉日後起兵，名爲救太子，實避闖東奔，而此傳以爲真救太子。又有《黄將軍得功傳》言良玉不死必不降，謂我朝得天命之厚，皆自相矛盾。至謂良玉雖驕縱喜殺掠，然勇悍善戰，其始不可謂非良將，後以受降太多，餉不能給，軍令雖嚴，有所不行，降將負良玉，良玉負國家，則平情之言矣。

閲儲畫山《存硯樓文初集》，光緒元年其六世孫等所重刻者，板式如舊。畫山深於地理，文皆有裨實用，气勢亦浩瀚，頗爲可觀。惜未得讀其《二集》耳。

介唐送來李奇峰山左書，有所求於道地者。即作一紙復介唐，屬其轉致。是日寒甚，至手不能握管。入晚風稍止，月出爲寒气所侵，其光濛然，二更始漸皎潔如昨。是夕望。

邸鈔：兵部郎中榮銓授山東兖州府知府。

十六日乙巳　晴，傍午有風，午後漸暖，傍晚有風，微寒，晚風，復寒。剃頭。澆花。弢夫所詒王遂東《梅花書屋圖》，款題『庚辰鞠有黄華之月望後三日寫』，蓋崇禎十三年也。今日夕陽時始於中庭展閲一過，爲題一詩識之。得江西方佑民布政書，知傅子蓴已到省矣。夜初風勁，寒甚，一更後風稍止，月皎如晝。

題王遂東先生梅花書屋圖立幅却寄王弢夫同年

采薇山人采紫芝，解組歸卧滄江渚。文章滑稽及繪事，揮灑元氣何淋漓。越州山水清可語，千年老梅不知數。巖扃明月無古今，澗户白雲自來去。鐵笛道人久作仙，煮石山農松下眠。荒崖緑蕚已塵蜕，九里千株薪化烟。楊鐵崖自號梅花道人，王元章自號梅花屋主。鐵崖山在會稽，言高百丈，上有緑蕚梅無數，今不知其處，楊氏書樓更無可問矣。山陰有兩九里山，元章隱居，亦未知所在。先生宦常挂謫籍，獨抱孤蹤卧冰雪。干戈滿地無好春，爲寫茅堂寄愁絶。款題『庚辰鞠有黄華之月望後三日寫』，蓋崇禎十三年也。兩翁對語床横琴，一翁風帽來入林。有兒讀書僮應客，落花一尺春風深。石法麻皴山斧劈，飛泉落樹花光裂。籬垣宛轉徑屈紆，蒼苔亂點古籀跡。嗟余離亂經中年，圖書廬舍隨飈烟。余家舊藏先生墨畫山水立幅兩軸，癸丑之歲曾題三絶句。辛酉之亂，居燬於賊，所藏悉盡。匪但綺窗絶花事，故鄉山信無人傳。同年王子託情素，水帶山襟勝瑶具。贈余此幅當卧游，何日隨君買山住。

邸鈔：上諭：崧駿奏任滿籲懇陛見一摺。崧駿著來京陛見，浙江巡撫著劉樹堂暫行護理。編修劉傳福授福建福州府遺缺知府。本任福州府胡勝丁憂。

十七日丙午　晴，有風，甚寒。得四弟婦正月二十三日書，告品芳弟於除夕前一日病故，楚材弟於元旦繼逝。聞之慘絶，淚落霑襟。族姓凋零，弟兄垂盡。品芳與余爲袒免，性誠實，有才幹，善於居積，頗致中人資，事余甚恭。比年以來，房族有事，悉以屬之，皆能盡力。於先世祠墓，尤孜孜以興復爲心，屢致余書，言子姓不肖，以侵鬻公田爲衣食，祭祀不修，將憂餒，而日望余歸，共圖挽救。乃年未六十，忽焉長逝。嗣子不肖，三女未嫁，其妾聞將臨蓐，未知能否得男。家事紛紜，深可憂念。楚材弟爲先本生祖考冢孫，其生日與祖同，故幼最愛之。去年臘月十九日爲其六十生日，余方寄銀壽之，而甫及一旬，相繼隕喪。止有一子，其境困甚，殆將流落，哀哉！作書致弢夫，并昨夕詩。得敦夫書，并爲湘姪代作行卷次藝，即復謝。下午詣龍泉寺，送潘文勤柩南歸，至則寂無一人，聞已改期矣。遂詣子培，不值。晤子封，談至傍晚歸。徐編修仁鑄來。新昌梁孝廉葆章來，新與計偕者。夜風止，月出皎甚。三更後上車入前門，進東安門，出後安門，由輦路赴關帝廟監百官班，時駕猶未出。馳道如砥，華燈夾衢，映月倍妍。晤同官張給諫，何、托、丁、訥四侍御，介唐、次遠兩講官。五更警蹕始至，上親祀甚虔，而陪祭、監儀殊不濟濟，亦近日班聯不肅之一端也。以寓帛兩架及燭楮致潘氏。仁和江觀察清驥（庚子舉人）卒，年八十一，送奠分四千。

十八日丁未　晴。昧爽侍祠畢，出宣武門，日出歸寓。是日寒甚，上與諸臣皆衣白風毛裘，余獨衣鼲鼠袍青狐爪褂，幾有陳後山之厄。曾君表之子孟樸孝廉樸計偕入都，饋㷛脯、茶葉。下午詣安徽館庚辰同年團拜，演小榮椿部，晤翁尚書師、許筠庵侍郎師。夜偕子培、芾卿、百約、劬庵、劉雲坳諸同年觀燈劇，至四更始散。是日演齣甚佳，每人率銀一兩六錢。子獻來，以新校刻余詩初集一部見詒。作書致潄丈，以其夫人明日生日，饋酒兩罈及桃、麪，得復，不受。

十九日戊申　春社日。竟日寒陰，下午有風。得弢夫書。同郡童孝廉學琦來。閱《存研樓集》。六雅熟於史事，文亦喜於琢句用事，而頗病堆砌，亦時有村學究語，每首後必有評，尤近俚腐。然其論古諸文頗有汪洋之觀，小品議論亦有佳者。新刻本誤字甚多。得馮夢花書。庚午同年四川達縣令孫清士卒（雲南呈貢人，丙子進士），送奠分四千。

二十日己酉　晨及上午晴，午後風漸起，下午大風陰霾。祖考鏡齋府君忌日，又節孝張太太忌日，供饋於堂，肉肴、菜肴各六豆，饅頭兩盤加春餅，餘如常儀，傍晚畢事，焚楮泉兩挂。翁叔平師來，久談。趙生士琛來。同邑王解元萬懷、茅孝廉善培、姒孝廉錫章來見，同郡蔣孝廉麟振、蔡孝廉殿襄皆來見，慈谿林孝廉頤山來見。諸君皆新與計偕者，皆投行卷。王君饋龜膠兩匣，玫瑰花兩匣。茅君饋紫豪筆四管，墨四挺。王字叔霖，是科優貢。姒字煥臣，己丑副貢。茅字篤甫，其父孟淵立仁乙酉舉人，世居阮社村，今居柯山，父子同赴公車。蔣、蔡皆諸暨人。林字晉霞，著有《經述》三卷，王益吾祭酒刻入《南菁書院經解續編》。同邑胡孝廉元鼎饋㷛脯、於朮。胡字梅臣，王眉叔之婿，戊子副貢，喜著述。得族弟嘯巖書，并寄厚朴花、白木耳各一匣，託茅孝廉附來。歸安陸澄齋觀察以所輯《千甓亭古磚圖釋》二十卷見詒，其子孝廉樹藩附來。前日仁和許益齋增寄來所刻《唐文粹》一部，合宋刻殘本三四本校之，又附刻郭頻伽《文粹補遺》二十六卷，託其同邑丁孝廉立誠附至。陸、丁兩家，爲近日浙西藏書之甲，去年兩家皆有子登科，而謗議紛然，皆謂副主考關節得之，至有訟之浙撫者。蓋兩家皆富，其子弟年少未學。近年浙中士習不良，房考賄行，公言不諱，科場倩替，視爲固然耳。許仙屏河帥寄贈所選明文、國朝文《才調集》各一部，皆時文也。

二十一日庚戌　晴。同邑平孝廉成、潘孝廉士林、謝孝廉昌期來。平字蓤階，潘字簡庭，謝字復所，皆山陰人。陶孝廉聞遠來，字葭生，本名在恒，仲彝之從弟也。饋於朮、越茗。胡梅臣來。是日有風，甚寒，夜半後又風。寅刻上親祀朝日壇，余監百官班。

二十二日辛亥　午初初刻［初刻］春分，二月中。晴，比日有風。天津姜孝廉秉善來，饋𩻋脯、醩鰣。午後入署，晤奕鶴樓、徐季和兩副都，用印，批回浙江巡撫咨文兩件。晡後出城，答客一二家而歸。敦夫來。子獻來。唐暉庭來。同邑單孝廉崇恩來。温州章孝廉獻猷饋腊蒐、鮝魚，受鮝。

邸鈔：左中允陳夢麟升司經局洗馬。

二十三日壬子　晴。弢夫來。王姬自正月任身，昨日胎漏，作書致桂卿乞診。同邑朱孝廉戴清來，饋於朮兩匣。江敬所孝廉來，以食物及所刻時文箋紙見詒。桂卿來診，言脉象甚虧，胎不可保，以養營清熱、安胎固下爲治。余已先令服生地黄湯及紅蓮青苧白稉飲子，桂卿用雲苓、桑寄生、續斷、阿膠、元參、白芍、地骨皮、歸身、青蒿、建蓮及銀苧。下午詣龍泉寺，以伯寅柩明日還葬也。寺内仍無一人，惟一僕守靈床而已。骨肉無多，賓客盡散，俯仰慨然，炷香行禮而出。斜陽滿野，寒飈載塵，寂寞山壟，賢愚一坯。出南横街詣邑館答客十人，已俱入城待覆試矣。詣介夫小坐。詣子培、子封兄弟，知前日新得其叔父粤東之訃，子培涕泣悲甚，慰之，久談，至晚而歸。南海桂孝廉坫字南屏。來見，浩亭縣令之次子也，去年新舉於鄉，以行卷及其尊人所著《禹貢川澤考》并蕉扇一柄見詒。得姪僧寶書，楚材之子也。言遭喪貧甚，至無以爲斂，官私逋負至二百金，不能存活。聞之慘然。

二十四日癸丑　竟日寒陰。有鄉人董慶埏來見，以匣鏡、水菸筒、筆墨、翦刀、筆冐、羗脯、於朮爲饋，受鏡、翦、筆冐。鄭侍御思賀來。山東巡撫福少農福潤來。陸孝廉樹藩來。閱《存硯樓集》。晚詣敦夫、子獻談，至夜一更後坐車歸。

邸鈔：編修王錫蕃、徐致靖升左右贊善。

二十五日甲寅　晴。同邑王積堂孝廉餘慶來。常熟曾孝廉樸來見，君表同年之子也，贄儀二十金，却之。樸字孟樸，年二十一，去秋舉於鄉，以對策得雋，行卷刻其第一道問《元史》輿地，所對甚可觀。曾氏自其高祖濟以進士宰縣，至樸五世登科矣。王姬墮孕，血注致厥逆，危甚，令服丹參湯，又以羚羊角燒灰和酒飲之，皆不效，爲作書乞桂卿診，至夜半又以羚羊角灰飲之。七十老翁，爲此紛紜，亦太多事矣。得介唐書，送來章方軒郡丞黔中所致饋炭八金，去年署麻哈州知州。即復。

邸鈔：以通政司參議徐承煜爲內閣侍讀學士。特用道鮑祖齡選浙江金衢嚴道。祖齡，故提督鮑超子。

二十六日乙卯　晴。蔡勱臣孝廉殿襄饋羗脯、筍尖、龍井茗、藕粉、反脯、筍。天津楊生鳳藻來。章孝廉獻猷來。上虞黄孝廉鍾俊來投行卷。下午入署，閱兵部註銷題本。晡後出城，詣書玉，賀其升洗馬，答拜曹侍御志清，賀同年劉雅彬編修擢福建知府，晚歸。林晉霞孝廉頤山來。桂卿來爲王姬診，言由平昔陽明，生气不振，衝任不攝，故致血逆，用建中法主治之。順天王同年慶禔卒於晉州學正署，送奠分四千。此君己未舉人，庚辰會試中式，癸未殿試三甲，不知何以尚官學正。

二十七日丙辰　晨及午晴，午後風起，下午大風，晡陰霾，傍晚風漸止。剃頭。楊生鳳藻來。弢夫來。同邑王孝廉榮祖來，黄孝廉壽衮來。嵊縣沈乙齋進士寶琛來。胡孝廉道南來。

閲青浦湯虞尊運泰《南唐書注》。共十八卷，後附補戚光《唐年世》《州軍總音釋》四卷，前有自序、凡例及陳以謙、周郁濱兩序。其書仿裴世期注《三國志》之例，遍采諸書事迹，以附益之，裁擇謹嚴，體例甚善，惜所取罕見秘笈，北宋人文集亦搜脊未多，不知視周雪客注何如耳。

邸鈔：上諭：本日禮部、順天府會奏遵旨會勘南廠淤復官地，查明地畝原委，現擬辦理一摺。復據禮部左侍郎啓秀奏司員辦理租地，不遵奏准成案，肆意欺蒙，請旨飭查各摺片。著派徐桐、崇禮確切查明，據實具奏。詔：貝子毓櫄准其因病開去差使並停俸。

二十八日丁巳　晴。作書致江敬所，饋以食物。作書致桂卿，乞爲王姬改方。作書致子培。作片致王主事邦鼎，補庚辰團拜分銀一錢。王孝廉榮祖饋羗脯一肩。黄孝廉壽衮饋杭菸杭茗。胡鍾生饋醽魚一罎，及羗脯一肩，龍井茗兩瓶，杭菸四苞，反其脯，犒使四千。沈乙齋復來，見饋宜興壺兩把共一箱，又羗脯兩肩。胡梅臣元鼎來。同邑周孝廉之驤來。周介夫來。下午詣才盛館庚午團拜，演小榮椿部，晤絅堂、劬庵、弢夫、陸蔚廷、惲次遠、朱小唐、金忠甫、丁麗生、朱苗生諸同年，至夜二更後歸。有風。弢夫來。得子培復。付庚午團分六千，馬中丞丕瑶母楊太夫人奠分六千，同年編修吉樟之祖母也。

邸鈔：上諭：李鴻章奏已故大員輿情愛戴，據情代奏，籲懇恩施等語。已故降調尚書賀壽慈從前獲咎之案，因人受過，情節本輕。其在順天學政任内，取士公平，按試定州，值捻逆北犯，募勇守城，地方賴以保全，至今人士感念。賀壽慈著加恩照尚書例賜恤，任内一切處分悉予開復。應得恤典，該衙門查例具奏。　兵部員外郎端謹授山東登州府知府。本任知府吴祖椿丁憂。

二十九日戊午小盡　晴，微陰。昨日稍和，上始换羊灰鼠褂，今日復寒。胡鍾生來。諸暨何孝廉榮烈、俞孝廉瞻淇、王孝廉恩溥來。上虞何孝廉紹聞、張孝廉晉鑑、錢孝廉繼曾來。徐孝廉智光、王孝廉佐來。徐孝廉紹謙來。同邑王孝廉慶埏來。書玉來。晡後答詣余壽平，不值。詣邑館答鄉人，晤王積堂、胡鍾生、沈乙齋、胡梅臣及黄□□、王秋生兩孝廉，晚歸。

三月己未朔　晴，上午大風，午後稍止。何孝廉紹聞饋橙子、兗脯。同邑章孝廉華國來。李孝廉德奎來。下午詣楊莘伯談，詣漱翁、仲弢喬梓談，夜歸。餘杭褚孝廉德儀來，叔寅進士之子，百約之兄子，去年新舉於鄉，投行卷。

閱《三希堂法帖釋文》十六卷。浙人陳訓導焯所著，後有乾隆六十年阮文達跋。《淳化閣帖釋文》紛如聚訟，已多訛誤，此於晉帖，多亦沿訛，至唐宋人書，文字明白，何所用釋，元、明趙、董，更不待言，乃一一載其全文。如趙之《急就章》《千字文》，董之《孝經》，亦備列之，無謂甚矣。付正月、二月賃屋銀八金。

邸鈔：工科給事中國秀轉吏科掌印給事中。工部郎中趙亮熙授浙江杭州府遺缺知府。本任知府李士彬丁父憂。

初二日庚申　晴，下午微陰，晡後陰。心雲抵都。得徐花農正月二十七日廣州書，并寄惠炭銀四十兩，《觀風題目》一册。同邑章孝廉倬漢、章孝廉觀光來。作書約心雲過談。作書致胡孝廉元鼎。王孝廉慶埏饋笋尖、兗脯。心雲來。下午詣湖廣會館，唁張給事炳琳丁母艱，送奠分六千，偕同官胡給諫，余、林、劉、高、吴五侍御談逾頃。詣先賢祠，答拜王、何等十孝廉。晡後詣子培、子封談，傍晚歸。蕚庭饋橘十枚。介唐明日生日，饋以桃、麵、鷄、豚等六事。

邸鈔：上諭：朕欽奉慈禧端佑康頤昭豫莊誠壽恭欽獻皇太后懿旨，四月二十七日親臨醇賢親王園寢賜奠。上諭：福錕等奏醇賢親王金棺奉安應行典禮並添設官兵各事宜一摺。朕欽奉皇太后懿旨：四月二十一日醇賢親王金棺奉安園寢，皇帝於十九日辦事後親詣園寓行禮致祭，是日駐蹕頤和園；二十日親詣園寓門外恭送後還西苑辦事；二十六日皇帝於辦事後駐蹕頤和園；二十七日親詣園寢行禮，仍駐蹕頤和園；二十八日還西苑辦事。所有園寢應搭戧橋踏跺並園寢開砌隧道各工，著派承修大臣一併辦理。園寢内應添設神廚、庫省、牲亭特項房間，著一律添建。其府屬原設之官員人役均毋庸裁徹。予告大學士閻敬銘卒。敬銘字丹初，朝邑人，道光乙巳進士，由庶吉士改户部主事，至尚書，授軍機大臣，拜協揆，晉東閣大學士，管理户部。光緒十五年因病請回籍調理，寄寓山西虞鄉縣，今年二月初九日卒。詔：致仕大學士閻敬銘，清勤直亮，練達老成，由部屬於咸豐年間調赴湖北軍營，辦理糧臺，洊升藩臬。蒙穆宗毅皇帝特達之知，擢任山東巡撫，因病乞退，旋補授工部左侍郎，以疾辭不赴職。朕御極後，宣召來京，簡授正卿，參預機務，晉贊綸扉，宣力有年，克勤厥職。嗣因病開缺回籍。兹聞溘逝，軫惜殊深。加恩追贈太子少保銜，照大學士例賜恤。旋予謚文介。

初三日辛酉　晴。湯伯述太守紀尚來，蕭山人，故協揆文端公之孫也，久談去。余壽平來。同鄉陸一諤壽民、沈蒲洲鏡蓉兩孝廉來。兩君爲慶元縣正副學官，俱自括蒼山來，言老友沈曉湖於正月初四日病卒於龍泉學署，年六十七。自此老友盡矣！頻年屢承惠書，久未作答，常以詩集乞余序行。宿諾不償，頹齡難駐，窮山寂寞，慚負故人，所冀詩卷長留，神理不昧，此身未死，息壤可期耳。曉湖兩子，長者官廣東曲江縣典史，次子隨侍横舍。其夫人，一諤之姊也，以老病留山居。一諤來時，其旅櫬尚未還，哀哉！秦芝孫來，新選福建順昌縣令。同鄉車孝廉書、堵孝廉焕辰、俞孝廉慶恒、章孝廉廷黼、廷爵來。王解元會澧來。秦孝廉達章來。上元宗孝廉舜年來，得其尊人湘文觀察書，并寄所刻

《浙江測繪輿圖章程》附《圖解》一册。湘文爲浙江通省輿圖局總辦也，其測繪極精詳。一謂饋仙居朮兩匣，㸠脯一肩，沈步騶饋黄菊花兩小筥，㸠脯一肩，犒使共四千。下午答客數家。詣邑館答同鄉公車十人，與心雲及陸、沈、謝三孝廉久談。傍晚詣介唐拜生日，晤書玉諸君，夜飲至二鼓歸。付送吴宅偶人戲錢十四千。

邸鈔：御史丁立瀛升工科給事中。

初四日壬戌　上午晴，下午陰。得徐仲凡二月九日書，并寄惠醉魚一瓶，南菸一匣，香糕一箱，皆越地之良，風味不淺。吴澂夫饋春茗兩瓶，㸠脯一肩。李孝廉鳳威來，饋茗、菊各一筥，㸠脯一肩。酈祝卿來，饋新製檳榔葉四喜袋一枚，眼鏡袋一枚，甚精緻可愛，漳州綫香一束，福州茶餅八封，㸠脯一肩，犒使四千。田春農孝廉自里中來，饋羅漢盤香四合，龍井茗四瓶，南菸四苞，東洋箋牘兩匣。箋以素質印采繪山水花卉，極淡艷可愛。作書復謝，犒使四千。介唐來。楊莘伯來。澂夫來。鮑士偁拔貢增彦來，饋木樸帽筒一對，淡香菰兩匣，越茗四瓶，海寧黄菊兩瓶，安息綫香八束，鼓山碑本一通，反香菰，犒使六千。謝孝廉昌運來，復所孝廉之兄，故友悝齋太守之族子也。單杏騶孝廉來。得子培書。閲《新唐書》西戎、南詔等傳。夜作書致翁叔平師。作書致子培，饋以於朮、茶餅、蜜煎枇杷，得復，以粤東波羅蜜兩瓶見詒。夜三鼓後入前門，至午門朝房待漏。至寅正一刻，上親耕耤田，駕出午門。押百官迎送班。自内至天街，燈火如晝。

初五日癸亥　晨陰，有溦雨，上午晴，下午風。黎明歸，卧至午起。仲弢來。趙生士琛來。田春農來。蔡鶴卿進士元培來。徐孝廉維則來，仲凡之猶子也。楊孝廉福璋來。丁工部象震來。得心雲書，饋暹羅燕窩一匣，西洋鬧鐘一具，潮州卷扇三柄，茈草枕席兩張，荔枝兩合，午時茶四簇，廣西沙田柚兩枚，新會老樹橙十枚，笋乾兩筒、𩻂脯兩肩，建茶四瓶，作書復謝，反燕窩、𩻂脯、建茶、笋枝，犒使十千。得子封書。謝孝廉昌運、昌期兄弟饋𩻂脯兩肩，蝦子鮝魚兩合，白菊花兩筥，香酥餠兩瓶，犒使四千。作書致子封，饋以蜜煎枇杷及香糕一合。得季弟婦二月九日書，寄來燕窩一匣，桂花茶葉兩大瓶。

初六日甲子　晴暖，有風，下午風益甚，傍晚稍止。海寧蔣進士廷黻來，饋銀二兩，徐詒孫維則來，皆久談去。下午詣先賢祠答客，晤吴澂夫、湯蟄仙。詣敦夫、子獻，答拜士偁、鶴卿、詒孫、春農及楊孝廉、王解元，談至晚歸。命僧喜詣崇效寺，以明日寒食祭内子殯宫，詣龍泉寺問濮氏厝柩南還期。是日上命户部尚書翁同龢爲會試正考官，工部尚書祁世長，内閣學士霍穆歡、李端棻爲副考官，桂卿、爽秋、子封、蓉曙皆爲同考官。浙人分房者共七人，其一馮心蘭也，其二皆杭人。科道惟心蘭，部曹惟爽秋，其餘十一人皆不識姓名少年耳。

初七日乙丑　晴，驟暖。黄漱翁饋橘三十枚，作書復謝。以茶葉、菊花詒八弟婦，以糕果詒湘姪。上午詣邑館視心雲，詣黄巖館視弢夫，皆送其明日入闈也。是晨本患咯血，在弢夫坐次忽連歐不止，遂歸。聞臺中推署巡視北城，余以避入闈之差故，自前月注假十五日，至今月朔銷假，則吏部於初三日進會試考官諸差，本已不及開列，蓋都察院須於初二日移吏部銷假，例不補入也。本冀從容一月，得過花時，選勝携尊，暫償勞攘，臺中知雜，最號繁要，北城奸猾所聚，尤爲難治。余老矣，何苦代人息肩？明當入署辭之。是日有風。傍晚洗足。夜復歐血。

邸鈔：詔：左都御史孫家鼐署理户部尚書，吏部左侍郎譚鍾麟署理工部尚書。詔：山東巡撫福潤加尚書銜。太僕寺少卿金保泰加三品銜。翰林院侍講李紱藻轉侍讀，司經局洗馬陳夢麟升侍講。

户部員外郎重燠授四川雅州府知府。本任知府崔志道假。

初八日丙寅　申初一刻十分清明，三月節。晴，晡風陰，旋稍霽。剃頭。濮紫泉來。下午入署，有新補提塘官二人臺參。晡晤孫左都、張副都，辭署差，不得，晡後歸。周介孚來，言王幼遐侍讀近校刻南宋李忠定、趙忠簡、胡忠簡、文信國四賢詞集，欲乞余爲序。子獻來。孫生用譽自閩來，子宜之子也。得子宜書，言以奉檄辦永春州德化鹽釐局事，去年匪徒陳拱倡亂焚局，被劾革職，羈候按察司獄中，極陳冤狀，欲控訴臺中，爲之申理，其詞甚切。王芾卿來。傍晚祀先，懸三代神位圖，祔以三亡弟，肉肴、菜肴各六豆，餘如常儀，逮闔畢事，焚楮繦十二挂。祀故寓公。是夕仍咯血。

初九日丁卯　竟日多陰，晡後微有日景。龐絅堂來。俞吏部鍾穎來。徐乃秋侍御來。徐班侯來。書玉來。蔡鶴卿來。及門游進士三立來。北城正指揮姜由轔、幫辦正指揮高德濟、副指揮嚴慶琳、揀發副指揮邵虎文、揀調副指揮署吏目袁國均、揀發吏目查鴻翥均來謁見。傍晚詣絅堂、劬庵兄弟談。詣敦夫，不值，遂歸。得班侯書。得王芾卿書。是日批司坊公牘五事。庚午同年爲陳郎中墀蓀率銀爲賻，賻以二金。

初十日戊辰　晴，暖甚。昨日上始换銀鼠褂白袖頭，然已暖不可裘矣。新授杭州遺缺知府趙寅臣亮熙來。彭户部鴻翊來。婁麗生來。孫生孝湛來。作書復班侯。批公牘三事。北城練勇局哨官王耀興、張定邦、張明玉來謁見。下午詣刑部山西司，會法讞定掘墳賊犯張荃兒、小劉二名。詣東單牌樓二巷答拜湯伯述。詣船板胡同答陸、周二生。出城賀書玉擢侍講，晡後歸。黄漱翁來，久談。庚辰同年孫户部橘堂丁憂，奠分六千。

是日邸鈔：上命會試頭場題。『子曰君子矜而不争群而不黨子曰君子不以言舉人不以人廢言』，『斯禮也達乎諸侯大夫及士庶人』，『井九百畝其中爲公田八家皆私百畝同養公田』，『賦得柳拂旌旗露未乾得春字』。

十一日己巳　晴，驟熱如夏日，下午風，炎歊尤甚。得徐班侯書。北城吏目王應泰今日銷假，來謁見。四品銜候選通判、借揀北城正指揮徐成立來謁見。午入城詣北城察院上事，晤滿巡城訥侍御，共讞十一案，笞一人，羈一人，晡後畢事。詣化石橋答拜福少農東撫，已移它宅矣。出城答周介孚、蔣進士而歸。熱甚，汗浹重衣，體中不適，飲梨汁、橘羹解之。夜月頗清綺。作書致子培，以日中見過，余尚未歸也。得復。作書致中城孟志清侍御，以春季五城練勇合操事，余定期是月二十七日也。得復。

十二日庚午　晴，上午微陰，有風，下午稍清霽。今歲春寒，花事甚遲，比日漸暄，柳稊始緑。自前、昨兩日驟熱，今日見丁香、海棠、梨、李、櫻桃皆嫩青滿樹，杏萼欲吐，山桃已花矣。移坐軒翠舫，整理几案。蔡鶴卿來。孫生孝湛來。彭主事鴻翊來，爲被竊請嚴飭司坊緝盗也，已兩託班侯致書請之，復兩次見過。冷官長物，固不易辦，然其請託，亦太勤矣。夜邀游、蔡兩進士、鮑士偁、婁儷生、張詩卿、姪詢等飲廣和居，命僧喜往陪。作片致鶴卿。批司牘命案兩件，以熱甚，皆飭速驗。是夕月佳甚。付客車飯及酒保賞等錢十四千。

十三日辛未　晨及上午晴，午後微陰，晡復晴，傍晚風起，漸寒。杝桃盛開。灑掃軒翠舫室，檢比書籍，補寫近日日記。晡後答詣唐暉庭給諫，王茀卿、徐乃秋侍御，俱久談。答趙寅臣太守，不值，夜歸。弢夫來。夜月甚寒。批吏牘三事。子培來夜談，至三鼓去。得弢夫書，即復。閱劉原父《公是集》，皆密實謹嚴、有本之談。儗之唐人，殆元行沖、獨孤及之亞歟？

十四日壬申　晨微雪，竟日霒陰，寒甚如冬中。黄叔容庶常來，饋甌紬被段、鯗脯兩肩。范主事迪襄來。批司牘羈押一事。作片致葉吏部慶增，取先賢祠外官捐款銀，自去年十一月至今年二月，共七十金。

閱《公是集》。其卷一、卷二賦；卷三騷；卷四至卷二十九皆古今體詩，古詩簡質，近詩殊鮮可觀；卷三十以後皆雜體文，而先制誥，後奏疏，非編輯通例。其《韓通贈中書令制》乃太祖開國時事，故有『朕以三靈睠祐，百姓樂推，言念元勳，方酬異渥』等語。其起首『易姓受命』四句，《困學紀聞》載之，不言何人所作，此誤編入，當去之。給事中德本之叔父、故馬蘭鎮總兵春泉侍郎卒，年八十三，送奠分四千。

十五日癸酉

荀學齋日記後丁集之上

光緒十八年七月初一日至十二月二十六日（1892年8月22日—1893年2月12日）

光緒十有八年壬辰秋七月丙戌朔　晴。昧爽上詣太廟孟秋時享。偕同官劉幼丹侍御心源等監百官送迎午門外觚棱。日上警蹕還宫，細樂和鳴，雍容而出。晨歸家，小食而卧。

閲懷寧李時溥《經義考實》。共八卷，援據翔實，詳於地理，兼通曆算，於小學尤精。其解《詩》『蜉蝣掘閲』，毛傳謂掘閲猶容閲，即《説文》之孑孓，狀其竭蹶，以鄭、孔舊解爲非。《爾雅・釋訓》『芾，小也』，謂小乃『朩』字之誤。此類皆確。李不知其字，世人無稱之者。其首葉曰『道光庚戌仲夏刻於壽州學署』，蓋嘗爲壽州學官也。

初二日丁亥　丑初二刻二分處暑，七月中。

《舊五代史・賈緯傳》云：緯勤于撰述，以唐代諸帝《實録》，自武宗以下闕而不紀，乃采摭近代傳聞之事及諸家小説，第其年月，編爲《唐年補録》，凡六十五卷，識者賞之。晉天福中，爲起居郎、史館修撰，謂監修國史趙瑩曰：『《唐史》一百三十卷，止於代宗，已下十餘朝，未有正史，請與同職修之。』瑩以其言上奏，晉祖然之。明年春，敕修《唐史》。按：《新五代史》亦有緯傳，其文甚略。《崇文總目》謂自吴兢撰《唐史》，自創業至開元，凡一百一十卷，其後韋述、于休烈、令狐峘遞增爲一百三十卷。蓋後唐明宗時劉昫等所修，仍止此數。晉天福中，趙瑩等始續增七十卷爲二百卷。

《欽定全唐文》中載趙瑩論修《唐史》一奏，請購求武宗、宣宗兩朝《實録》及私家撰述傳記、文集，收藏制詔、册書、日曆、除目、譜牒、行狀，又下司天臺造長曆，下太常禮院録《五禮儀注》，下太常寺考宫懸樂舞，下大理寺求格律獄案，下司天臺考天文變異、五行休咎、曆法改更，下御史臺考品秩升降、官名更易及府名使額、寺署廢置，下兵部職方考地理州縣分合改置，下祕書省考經史子集四部大數、撰人姓名，其文極詳贍。瑩無學術，昫亦寡學，皆不能爲此奏，蓋出於緯，然則緯於《舊唐書》之功爲最大也。

又《李知損傳》云：知損少輕薄利口，梁時以牒刺篇詠出入于内臣之門，時人目之爲李羅隱。陶岳《五代史補》云：知損乾祐中奉使鄭州，時宋彦筠爲節度使，酒酣，問曰：『衆人何爲號足下爲羅隱？』對曰：『下官平素好爲詩，其格致大抵如羅隱，故人爲號。』彦筠曰：『不然。蓋爲足下輕薄如羅隱耳。』知損大怒。案：羅江東之名，唐末已盛傳，故羅紹威稱之爲叔父，自名其集爲《偷江東集》，吴越以誇淮吴，謂四海皆知有羅江東。吴志伊《十國春秋》云：『世傳隱出語成讖，閩中書筒灘、玉髻峰皆留異迹。』王漁洋《五代詩話》引《纂要》云：建德有金鷄石，羅隱題云『金鷄不向五更啼』，石遂破裂，有鷄飛鳴而去。黎士宏《仁恕堂筆記》云：今豫章、兩越、八閩人，凡事俗近怪者，皆曰『此曾經羅隱秀才説過』。俚語方言，流傳委巷，久之承訛襲誤，遂曰羅衣秀才矣。此見俞中山《茶香室叢鈔》引之。余幼時常聞人言，羅隱出口成讖，後隨其母避亂巖石下，隱曰此石恐倒，遂壓而死。深斥其不經。觀諸書所言，則俗語丹青，非一日矣。然越中雖竈媪廝養，無不言羅隱事，未有稱羅衣者。昭諫以詩見惡朝貴，自以『《秦婦吟》秀才』爲人指目，亦以此得名天下。脚問夾筆，金榜俄空，筵上逢卿，白衣終老，平生忠憤，掩於滑稽，亦擇術之不慎也。

全庶熙太守琳績來，不晤。全，東浦人，其尊人幕游滇中，回逆之亂，以軍功得官，庶熙兄弟，皆起行間。其兄□□以署大理知府被劾罷。庶熙積勞膺特薦，前年簡授臨安府知府，丁父憂，今以起復入都。東浦全氏自育宋理宗母慈憲夫人，遂昌其家，後又生度宗皇后，而宋社旋屋。其一支遷鄞，顯於明萬曆間，至國朝，有謝山先生，爲世名儒。而東浦之支歷五百餘年無有聞者。今庶熙特起，近年戊子、己丑兩科有連登鄉榜者二人，亦枌榆之佳事矣。吴竹樓舍人筠孫來，揚州人，寧紹道福茨觀察之弟也。下午出門答客。

邸鈔：以浙江海門鎮總兵楊岐珍爲福建水師提督。

初三日戊子　晴。張嘯庵侍御來。

邸鈔：以□□□孫昌凱爲浙江海門鎮總兵。

初四日己丑　晴。比日酷熱。新授湘撫吴清卿中丞來。張紹原給諫來。濮紫泉來，自杭州葬親還都者。上午出門。

邸鈔：以光禄寺卿李端遇爲太常寺卿。

初五日庚寅　晴。

八月丙辰朔　晴。沈子封來。吴子修來。桂卿來診，言脉尚細弱，有緩象，此胃陰大虧、肝風内扇、液虚所致，須養陰濟陽，潤液息風。用北沙參、雲茯神、枸杞、生地、貝母、天冬、女貞等湯治之。

初二日丁巳　晴。亥正二刻十四分秋分，八月中。漱蘭丈來視疾。蕁庭來。爽秋來。鄭鹿門來。族姪浩齋自保定來，舍之邸中。

初三日戊午　晴。

邸鈔：以通政司副使許景澄爲光禄寺卿。

初四日己未　晴。翁尚書師來視疾。

初五日庚申　晴。子獻來。傍晚僧壽姪自里中來，僧喜之兄也，年二十二矣。得季弟婦書，寄來燕窩一匣，鯗脯六肩，松花卵二簍，及茶葉、香酥餅、乾菜等。得王氏妹書，寄來茶葉一大瓶及鯗脯、勒鯗、淡菜、松花等簍，又以越紡紬衫裁一領詒張姬。是日聞祁子禾尚書捐館。此公正人，與余雅相引重，爲之慘黯。

初六日辛酉　晨雨，上午霒陰，時有小雨，下午密雨，入夜不止。作書致敦夫、介唐、書玉、子獻，以僧壽攜來鄉味分詒諸君。得介唐復、子獻復。

初七日壬戌　晴凉。作書致漱丈，詒以食物。得復。聞書玉丁其繼母徐太恭人憂，作書唁之。

邸鈔：山西大同鎮總兵黄金志因病開缺，以□□□□呼延霖爲大同鎮總兵。前雲南臨安府知府全楙績授貴州鎮遠府知府。

初八日癸亥　晴。徐班侯來。新選南安知府趙笙陔侍御增榮來。

邸鈔：工部尚書、兼管順天府府尹祁世長卒。字子禾，壽陽人，大學士文端公寯藻子也，咸豐庚申進士，卒年六十八。上諭：祁世長持躬恪慎，學問優長。由翰林洊升卿貳，迭掌文衡，升補左都御史，擢授尚書，宣力有年，克稱厥職。前因患病，迭次賞假，方期調理就痊，長資倚畀。兹聞溘逝，軫惜殊深。加恩賞給陀羅經被，派貝勒載澍帶領侍衛十員即日往奠。照尚書例賜恤，並賞銀五百兩，由廣儲司給發。伊長孫一品廕生祁師曾俟服闋後以員外郎即補，伊子祁友蒙俟及歲時由吏部帶領引見，用示篤念藎臣至意。

旋予謚文恪。内閣侍讀初擬文肅、文清、文誠、文恪以呈大學士，額、張二相改爲文恪、文定、文敬、文清，硃筆圈出文恪。近來例用首二字也。

初九日甲子　晴。自前月二十二日風動厥疾後，久不出門，日閲學海、問津諸生童課卷，亦無暇晷。

吊陶茹二叟有序

陶名景松，字貞一，本名家楨，又改名誠，字伯忱，會稽之陶堰村人。其大父，老諸生也，館余家久，兩伯父及先大父皆從之受業。有子某，少慧，早歿，遺一男，即貞一也。甫生而孤，其大父亦旋卒，先本生祖父月致米石育之，至十六歲，能教童子書，始止。貞一喜讀書，博綜寡要，而拙於文，余十餘歲時，時時往還，撣藝相樂也。而性僻。以脩脯所入少，年二十餘出游，佐汴中州縣幕三十餘年，經亂歸，老矣，無妻子，而所蓄書數十篋，皆古籍，亦有珍秘者。一旦悉棄之，入天台山數年，不勝寒餓，復歸里，益窮，鄉人以爲迂怪，莫與交者。余季弟彦僑嘗客之，余弟卒，益無依。至乙酉冬，竟以困死，年七十餘矣。

茹名連，字子薌，山陰之柴去下村人，去余家不二里，嘗從其父賈秦中，數往反楚、豫間。余自少與之游。喜爲詩，工書，師邑之杜徵君尺莊先生，徵君亦重之。顧跅弛不自振，爲郡邑佐貳官司書記，至老，入故總兵紹興協副將謝永祜幕，旋又辭去，鬻筆札自給。以昔歲辛卯秋卒，年七十二。

嗚呼！余自交陶君，始知古今群籍如此之浩繁也。一日，余方從塾師受坊間所謂蘇批《孟子》者，君適來，哂之曰：『此僞書，何足道。且北宋人自荆公外，罕稱《孟子》者。』因舉李泰伯、温公以下疑《孟子》者十餘家。此其一端也。茹君自關中歸，携漢、唐碑本數百十番，以賤直售之余，余日釘一本於壁間，朝夕玩之，始知金石文字之爲用。然時年十五六，奪於舉業帖括，知之而不敢好也。今老且病矣，與陶君不相知聞者四十餘年，并不知其亂後之來歸也。與茹君别亦三十餘年矣。比歲群子姪來都下，始知其略，且爲言陶君暮年居一荒祠中，日晚輒聚鄰里童子，與説古事可感發歌泣者，傅以里語，演而長之，童子皆喜躍去。茹君好觀里劇，既老，村會社筵無不到者，白須蒼顔，雜厝沽中，植立竟夜，遇有賞心，輒以青銅錢二百擲臺上與演唱者，故村甿市兒、老優舞童無不欲君之至者。此則余成童時，塾課暇夕，環西郭之村四五里間，聞有劇集，輒與君棹小舟，夏月秋風，凌湖光，望村火，歷歷可記，而君至老不衰，亦足尚也。

余悲兩君皆以布衣窮老，於世名字翳如，不見之余文，誰知之者？平生故交，今已殆盡，然相知之早無如二君者，又重以世契之誼、鄰里之雅，夷峭不同，潛晦則一，各爲一詩以吊之。

門垂緑柳幾時春，帶草傳香得此人。袁氏愍孫欣有後，陸公書簏歎無神。烟霞竟乏人間食，經籍終爲爨下塵。彈指踞觚撢藝日，卌年回首一沾巾。

少年鄰里數琴尊，著屐芳郊屢過存。愛逐筝琵趨梓社，久司箋札老朱門。青山城郭寒烟路，緑樹人家夕照村。欲叩柴扉無處所，白頭天末爲銷魂。『青山』十四字，余十八歲過茹君家所賦詩也，君深愛之，屢欲題爲門聯。

十五日庚午　涼陰，溦雨。漱蘭丈來。敦夫來。蕚庭來。子獻來。余壽平來，并饋節禮八金。仲弢來。午出門答客、賀客數家，旋歸。

九月丙戌朔　晴。早起覺不快，閱《太平廣記》夢部以自遣。下午小卧，晡時起，詣安徽館赴王畹生編修修植觀樂之宴。甫至門下車，人騎擁閼，余穿騎中行，馬忽踶躍，蹴余墜車輸中，傷右股及脛。舁起整衣入小坐，觀齣一終即歸。近來衰苶，深畏酬應，今日本不欲出，昨酒邊曾與敦夫諸君言之，謂比見車馬雜沓，即生惴恐。平生未嘗遭擠搦傾跌之阨，何以致此？蓋衰徵也。敦夫言畹生以余故請伊及介唐相陪，其意甚誠，不便却之。竟有此厄，其兆已早成矣。方卧輸中，自分必死，竟得無恙，蓋負債未滿耳。令家人按摩，用五香膏藥貼之，亦不甚痛。戲作一詩紀之。是日剃頭。付白雲觀香資錢六千。道士劉某求方給事夫人來請張姬作齋，不往。

九月一日出門馬驚墜車下傷足戲成長句

誰信奔車有伯夷，果然平步是危機。本無折臂爲公望，仍見騰身矍乘歸。與馬成三何所怨，得夔足一古來稀。不須携酒争相看，兀坐依然杜德機。

初二日丁亥　晴。陳蓉曙來，子培來，王畹生來，皆以余昨日之驚來問無恙也。浩齋姪赴天津，命隨僧壽南來之僕高升送之，即令由津還里，僧壽付以川資二十番金，余賞以銀三兩，番銀兩圓。高升，西郭門外之會龍堰村人，與余家舊佃户徐國安鄰，今日言國安已歿，其子嘉浩尚感念五世服田之誼，頌德不忘，高升來時再三致託問余安否，爲之愴然，以布帛寄之。作書致四弟婦，寄以蜜棗一匣，又以翠花五朵寄僧壽新婦；致三妹書，寄以繡段羊襦一領連金繡花袖；致葭甫姪書，寄張氏甥女荷姑翠珠圓頂花一朵，鬢花一對。得介唐書問疾。饋浩齋餅餌兩匣，夜設小飲款之。是日足微作痛，步小蹇。兩日以紙糊卧室及聽事，爲禦冬計矣。庚午同年、故兵科金元直給事嫁女，送禮錢六千。庚辰同年薩祭酒（薩廉）嫁姪女，送禮錢六千。

有僕人南來言其鄰會龍堰農人徐家浩舊爲余家服田已五世矣尚念相待之恩致聲問訊爲之慨然以布帛寄之

會龍橋畔好村居，竹樹團欒樂有餘。下潠久抛廉吏業，余家舊藏田契多康熙年，猶是六世祖安仁府君佐幕時所殖。老農猶盼帝京書。並無崔覲山資寄，未覺園官菜把疏。乙丑後里居時，家浩之父國安常饋蔬菰。匹布俸錢聊可易，池陽問訊愧何如。余於乙丑乞假，舊所斥賣單港、白魚潭諸村田農聞余歸，多來問訊何時還業。

初三日戊子　晴，微有風。辰初一刻九分霜降，九月中。浩齋辭去。作書致子培、致敦夫、致仲弢，贈以茹氏《周易小義》《周易二閭記》各一册。作書致旭莊，以其兄可莊守鎮江，新得唐儀鳳二年中書右史胡楚賓所撰《潤州仁静觀魏法師碑》，乞其拓本。敦夫來，子獻來。介唐來。徐季和來。得書玉書。夜半後遣僕人赴午門聽宣武闈監試。

初四日己丑　晴。得仲弢書，以魏法師碑拓本見示，即復。作書致弢夫。王旭莊來。徐叔鴻來。作書致季士周，并課題兩紙。命僧喜作柬約全庶熙、王子裳、朱笏卿、王畹生、朱仲立及爽秋重九日飲安徽館，敦夫、介唐、子獻同作主人。作片致敦夫。仲弢來夜談。閲《太平廣記》夢類、昆蟲類及雜傳記。夜風甚寒。景尚書師夫人明日祔葬，送祭銀二兩。

邸鈔：前户科給事中殷李堯補禮科給事中。

初五日庚寅　晴。得書玉書。上午出門，至北孝順胡同答拜全庶熙，牛血胡同答拜易御史俊，餘姚館答拜朱笏卿及仲立。詣書玉談，午後歸。周介夫來。得敦夫書，即復。是日修築後堂南墉。

邸鈔：詔：以江蘇鎮江府屬本年亢旱，丹徒、丹陽二縣尤重，加恩賞給江北河運漕米五萬石，所有水脚經費等款一併截留。

初六日辛卯　晨陰，上午後漸晴，稍和。弢夫來。朱仲立來。作書致介唐。上午詣先賢祠，以書玉爲其太夫人受吊於此也。送奠銀四兩，并爲陪吊。偕敦夫、介唐諸君午飯後歸。閲《野客叢書》。其考據多可觀，惜誤字太多，未得一校。夜初有風，三更後雨。

初七日壬辰　晨有小雨，旋止，巳後晴。上午答客一二家。赴吴子修之飲，坐有潄丈、仲弢喬梓，子培、子封兄弟，爽秋、弢夫、子裳、班侯。觀曾鯨所繪前明遺老仁和張卿子名遂辰。小像，巾褐儼然，神清以穆，有乾隆中杭人丁敬身、周穆門、杭堇浦諸家題詩。談至晚歸。子修以其大父仲雲尚書《花宜館輯詩圖卷》乞題。吴竹虚（履）所繪。桂卿來。得書玉書，以將奔喪，乞輓聯。即復。

初八日癸巳　晴。得子培書，以李木齋編修盛鐸所刻《木犀軒叢書》共二十七種見詒，文芸閣編修轉贈者也。即復謝，以茹氏《易》學二種屬轉詒芸閣。得王幼遐鵬運書，以新刻元人白太素朴《天籟詞》爲贈。即復謝，以命僧喜所録先莊簡公詞并幼遐所録李忠定、趙忠簡、胡忠簡三家詞還之。午後入署辦事，晤懷少仙總憲懷塔布，奕、楊兩副憲，傍晚歸。

《木犀軒叢書》，爲《京氏易》八卷；王保訓輯。莊存與《卦氣解》一卷；毛世榮《毛詩禮徵》十卷；周邵蓮《詩考異字箋餘》十四卷；凌曙《儀禮禮服通釋》六卷；錢坫《車制考》一卷；焦循《論語通釋》一卷；徐養原《笛律圖注》一卷，《管色考》一卷；《律吕臆説》一卷；汪中《舊學蓄疑》一卷；凌曙《群書答問》二卷；嚴萬里《爾雅一切注音》十卷；翟灝《爾雅補郭》二卷；嚴可均《説文聲類》二卷；宋保《諧聲補逸》十四卷；沈齡《續方言疏證》二卷；臧鏞堂輯《蕭該漢書音義》二卷；焦循《易餘籥録》二十卷；孫星衍《孫氏祠堂書目》内外編七卷，《廉石居藏書記》内外編二卷，《平津館鑒藏書籍記》三卷，又《續編》《補遺》各一卷；洪頤煊《平津讀碑記》八卷，又《續記》《再續》各一卷，《三續》二卷；劉喜海《海東金石存考》一卷；王錫闡《曉庵遺書・曆法》六卷，《曆表》三卷，《大統曆法啓蒙》一卷，《雜著》一卷；焦循《開方通釋》一卷；金□□《心得要旨》一卷。論葬法。共爲四十册。

曉樓之《禮服通釋》，以徐氏《讀禮通考》多采宋以後人説，不能深求鄭、賈之義，往往與經恉違，故作此正之，然亦無甚發明。《群書答問》蓋未成之書，故刺舉奇零，亦有極簡略者，惟於《儀禮》辨正敖繼公《集説》之誤，皆爲精確，駁萬季野之疑媵娣、惠天牧之疑姜嫄廟，皆援據堅卓。汪容甫《舊學蓄疑》，書亦未成，皆偶然劄録，淺雜無緒，刻之轉爲累矣。焦里堂《易餘籥録》，乃其注《易》之暇，隨筆記述，尚多可觀，然於史學、小學皆甚疏，詩詞尤非當家，而好爲高論，肆情苛貶，其説經亦多近偏悍。惟卷十三論院本詞曲頗有異聞，其考元人爨演脚色排場尤爲詳盡，謂元齣初無生脚，末即生也，此《輟耕録》所未及言。

得孫子宜是月朔日及八月二十三日閩中書。以明日重陽，懸三世神位圖，晚供饋。是日微陰，夜有風。

初九日甲午　晴。得弢夫書。上午詣安徽館，偕敦夫、介唐、子獻邀全庶熙、王畹生及子裳、爽秋、朱筠卿、朱仲立飲於碧玲瓏館。小憩樹石間，循池陟阜，略寓登高之意。晚歸。是日館之東鄰劉寬夫太守家演劇，家人皆往觀。太守之孫容伯，年五十餘矣，登場演唱，人以爲笑，然承平時江浙間士夫亦多爲之，明季國初尤盛，少年文士以爲風流，惟此人非其類耳。其長女能書畫詩詞，多技藝，亦知演劇，蓋其家法也。僧喜偕諸甥姪游江亭，聞游人甚盛。庚辰同年、故兵部孫春山主事（汝梅）之母夫人卒，送奠分六千。付劉宅觀劇銀二兩，安徽館亭坐錢八千，司廚賞錢十二千。

壬辰九日偕同人飲皖館山亭

强作登高會，朝衣策杖來。是日集者，衣冠竟席。 皖公新竹石，退谷舊池臺。 故國山如夢，他鄉酒滿杯。 東鄰歌舞盛，落日苦相催。 是日館之東鄰大興劉氏合樂，士女畢集。

邸鈔：詔：張之萬授爲東閣大學士，福錕授爲體仁閣大學士。 自明以來，東閣爲入閣之初階，班最在下。國朝初設内三院，順治十五年改爲殿閣，有中和、保和、文華、武英四殿及東閣，十八年仍爲内三院。 康熙九年復爲殿閣。 然滿、漢皆徑授殿名，無由閣轉殿之例。 滿惟尹泰於雍正七年由額外大學士授東閣大學士，漢惟熊賜履於康熙十四年由内閣大學士改武英殿大學士，餘無授閣銜者。 滿相授文淵閣，自乾隆十二年高斌始，授東閣自四十四年三寶始。 漢相授文淵閣，自康熙四十二年陳廷敬始；四十四年復授李光地、陳文貞，仍文淵閣也；五十一年復授王掞、李文貞，亦仍文淵閣也。 滿相由閣轉殿，由嘉慶十九年松筠由東閣轉武英殿始，其先如慶桂以嘉慶四年授文淵閣，至十八年未嘗轉殿銜也。 漢相由閣轉殿，自雍正四年張廷玉由文淵閣轉文華殿始，然張文和後如蔣廷錫、嵇曾筠、趙國麟皆徑授文華殿，而授閣銜者如徐本拜東閣凡九年，陳世倌拜文淵閣前後幾二十年，史貽直拜文淵閣亦二十年，嵇璜十五年，劉統勳拜東閣十三年，王杰十六年，皆居首輔而未嘗轉銜。 滿相如托津以嘉慶十九年授東閣，至道光十一年始致仕，久居首揆，亦未嘗轉銜也。 滿相自咸豐二年裕誠由文淵轉文華後，始皆由閣轉殿矣。 滿相之拜體仁閣，自道光元年伯麟始。 漢相之拜體仁，自乾隆二十八年楊廷璋始，然其後未有授者；至嘉慶二年以授劉墉；自後至同治末惟章煦（嘉慶二十三年）、戴均元（二十五年）、彭蘊章（咸豐六年）、單樵謙（同治十一年）四人拜文淵，王鼎拜東閣，餘無不授體仁者。 至以閣轉閣，惟道光十五年潘世恩由體仁轉東閣，近年恩文慎繼之，今張南皮亦以體仁轉東閣，代文慎也。 漢相之授東閣，自順治十五年李霨以祕書院改東閣，後無繼者；乾隆元年始命徐文敬；十五年命張允隨；二十四年命蔣溥；二十六年命劉文正；二十八年命梁詩正，未幾卒；二十九年命楊應琚；三十二年楊下獄死，以命陳宏謀，然文正仍居東閣，是東閣亦有兩相也；三十八年文正薨；五十年以命梁國治（四十四年，滿相三文敬拜東閣，四十九年卒，以命伍彌泰，是梁文定拜命時東閣滿漢二相）；五十一年，梁文定薨（伍文端亦於是年卒）；五十二年，以命王杰；嘉慶元年命董誥、王文端，亦仍在東閣；次年，文恭丁憂；七年，文端予告；至道光十五年始命潘文恭；十八年，文恭轉武英，以命王鼎；二十二年，文恪薨，東閣遂虚位；同治十三年，始以命左文襄；光緒十一年，文襄薨，以命閻文介，及今恩、張二公，祇四人耳。 詔：宋儒游酢從祀文廟，位在西廡楊時之次。從内閣禮部等議覆福建學政沈源深奏請也。

初十日乙未　晴，有風，甚寒。閲《易餘籥録》。是日小極，多卧。朱孝廉興汾來，桂卿同年之子也。廖仲山侍郎來。王子裳來。傍晚撰書玉太夫人輓聯，以番布書之，云：『寡鵠完貞，自傳纁篋歸元，賴有共姜家再立；書玉尊人以壬子進士家居，死辛丑粵寇之難。尸鳩均愛，尚惜玉堂賜帔，未邀孟母帝親褒。』即作書致書玉兄弟。爲子裳書聯及横幅。晚詣子培兄弟談，晤仲弢，同詣廣和居赴鄭鹿門招飲，酒一行而歸。

夜閲孫淵如《廉石居藏書記》及《平津館鑒藏書籍記》。《廉石居》内編分經、史、子、集，而以宋、元人經學、小學十一種及天文、《龜洛神祕集》。史學、《二申野録》。説部《歷代小史》。三種附之外編，蓋斤斤於漢宋學之分、儒釋教之辨，有一字不肯出入者。《平津館鑒藏記》分宋版、元版、明版、舊影寫本、舊寫本、影寫本、外藩本，而各以四部爲次。兩書皆學者不可不讀，其識自在張氏《愛日精廬藏書志》之上。前皆有先生自序。趙笙陔太守（增榮）開吊，送奠分四千。趙以御史久次，方選知江西南安府引見，未兩旬而卒。余以未相識，故從薄送，旋聞其身後蕭條，爲之慘然。

邸鈔：以太常寺少卿左念謙爲通政司副使。西寧辦事大臣薩凌阿因病開缺。詔：奎順賞給副都統銜，爲西寧辦事大臣。

十一日丙申　晴。上午詣書玉兄弟送行，饋糕餅兩匣。詣八角瑠璃井訪孟志青侍御，久談。詣黄巖館赴弢夫之飲，坐有漱丈、仲弢喬梓，介唐、子獻、子裳諸君，僧壽隨往，晚歸。孫燮臣尚書來。蘇户部玉霖來，以其尊人文庵監丞宗經《麗江詩草》爲贈。監丞，藤州人，道光辛巳舉人，由教授升，卒年七十餘。詩學香山，俗陋之甚。然其父子皆篤謹人也。

十二日丁酉　晴。得孟志青書。昨從書玉鄉人處見所携有燕文貴《秋山行旅圖》長卷，畫頗精麗，而題款『燕文貴畫』四字墨跡獨新，蓋是臨本，有倪雲林、文衡山兩跋，皆僞。又舊拓《九成宫碑》，稱是宋搨，上虞錢氏舊藏，聞已有許價番銀千餅者，神采尚可觀，然不過明初搨也，有汪退谷跋，亦僞。下午詣徐季和大理賀其次郎娶婦，又答客兩家而歸。是日剃頭，甚覺疲苶。夜得仲弢書，即復。前日在朝房購得内務府所刻《宫中現行事例》一部及閩刻《瀛寰志略》。今日付銀七兩。

邸鈔：上諭：前據楊昌濬奏已故河州鎮總兵沈玉遂戰功卓著，籲懇優恤，當經降旨，並准其立傳建祠。兹據都察院左副都御史楊頤奏，同治二年粤逆餘黨陳金剛等就誅，未聞湘軍前來助戰，高州郡城亦未失陷，楊昌濬原奏沈玉遂率五千人馳往，竟克高州，與當時情事不符，請飭更正等語。沈玉遂轉戰各省，其勞績自不可泯，惟於剿平陳金剛股匪，既未身與其事，即著國史館將沈玉遂本傳核明更正，以昭詳慎。楊昌濬未能詳查確實，率行具奏，殊屬疏忽，著交部察議。嗣後各該督撫於奏請賜恤之案，務須查明實在戰功事蹟，不得僅憑舊部呈報，致涉虚誣，用副朝廷録善勸功、綜核名實之至意。

兵部郎中聯魁授甘肅甘凉兵備道。

十三日戊戌　晴，微陰。蔡攉客自津門來。陶生仲明喆甡來。作書致介唐，以浙紹鄉祠向有郡人報捐外官者捐款，每月由印結管局代收，近來展轉影射，收數日絀，新管局者户部應主事振緒愿而易欺，市儈猾胥，公相侵蝕，以介唐甲戌同年，故屬轉告之，并書諭捐生一紙，又作一片致應君。書玉從弟學良饋凫脯等四事，受其糕餅兩匣，餘悉還之。介唐夫人來。

閲奉新周□□邵蓮《詩考異字箋餘》，補王伯厚作也，前有翁覃谿序，其言偏激。庚辰同年伍兆鼇之叔母喪，送奠分四千。

邸鈔：以太常寺卿壽蔭爲内閣學士，兼禮部侍郎銜。

十四日己亥　微晴多陰。久不作詩矣，自三月以後日記亦久輟，昨始擬自七月補寫之，竟不能記，姑託始是月朔，夜又補作詩三首，幾不能寐，今日遂覺疲𤸃。亡友朱肯夫詹事之弟鎮夫孝廉久歿，無子，其夫人邵筱村之妹也，止有一女，今年許字太倉陸蔚亭編修之子，近日邵偕其嗣子續基挈女入都就婚，寓於餘姚館，前日分詒喜果糕餅，且請十五日送妝奩。今日贈以湔繡十事，繡段挽袖一雙，繡段合枕一對，繡帊一方，脛襪一雙，荷囊一，四喜連囊一，扇韜一，鏡韜一，裙面繡帨兩幅，繡屜一枚，并作書致仲立。蔡癯客饋鳧腊二，茗四，小銙彘脯一肩，蝦米一合，還其彘脯。夜陰，有霧，二更後有風，月出皎甚。遣僕人赴午門聽宣武闈内監試差。

邸鈔：上諭：希元、譚鍾麟奏捕獲匪首，審明正法一摺。福建德化縣匪徒陳拱等上年八月間聚衆滋事，經希元等飭令提督孫開華督軍剿辦，匪首次第就擒，地方悉臻安謐。所保在事出力員弁，著該部議奏。

十五日庚子　晴暖如春。漱丈邀偕伯希祭酒、弢夫、子封、子修、班侯至廣德樓觀玉成部演劇。晚飲萬福居，子培亦來，談甚暢，夜一更後歸。夜月皎於晝，亥正漸虧，子正初刻三分望，食之既，月光盡斂，星芒在天，丑初始漸吐，二刻復圓。詣太常寺救護。比日頗患腹疾，是日疲劣益甚，夜遂下利。

命左都御史徐郙爲武會試正考官，翰林院侍讀學士丁立幹爲副考官。

十六日辛丑　晴和。利下數次，痔發困甚。兩姬往禱吕仙祠。作書致仲弢、致弢夫，問子裳行期。致子修，言今日祁文恪開吊，以病不能往。桂卿來爲診脉撰方，言尺脉甚弱，全是虚證。閲《揮麈録》。其言唐末有《皇王寶運録》一書，紀僖、昭間事甚詳，惜歐、宋修史時未之見。所載掘黄巢祖墓，足資異聞，明季邊大受掘李自成祖墓，事適相類。宋人小説言黄巢不死，遁去爲僧，國初人亦多言自成爲僧。兩賊前後，何若出一轍也。

夜月皎甚，時携杖循行圃中，裵回樹影，得詩一章。是日〈上〉换珍珠毛褂、白鼠袖頭。祁尚書以後日出殯，送奠儀十二千。故廉州守謝惺齋夫人七十冥壽，其子祖蔭來告，饋以糕餅果燭四合。

暮秋望夜月皎如晝循行圃中率爾成詠

秋末候未寒，日夕謝人事。曳笻偶開軒，皓月已來至。病體强自策，庭柯聊徙倚。仰瞻天宇澄，俯見地氣霽。吾生何鮮歡，百病乘積悴。闢此尋丈園，寫我山林意。疏梧已就黄，倦柳尚凝翠。闌影界其間，清絶一何綺。蓬瀛縱佳絶，取適豈有異。頽然六十翁，所至總如寄。不見圓靈相，昨夜食之既。前夜交丙入望限月蝕盡。盈虧詎能常，舒慘聽所畀。瑶華慎自保，發筴貞可筮。久旅匪暫忘，盍各吾言志。

十七日壬寅　晴和。痔劇多卧，利亦不止。得弢夫書。全庶熙來辭行，以二十金爲别。趙獻甫庶常士琛來。王芾卿來，久談。閲《舊五代史》。夜月皎如昨。送陸蔚亭家賀錢六千。得仲弢書。

十八日癸卯　辰初初刻四分立冬，十月節。晴和。亡室生日，饋素饌一筵。介唐夫人來，并送燭楮。爽秋來。子修來。蔡癯客來。子裳贈十六金爲别。得季士周書，并冬季脩脯等銀二百七十一兩，明歲關聘銀十二兩，即作復書，犒使二金。夜作致四弟婦、王氏妹書，以妹有一孤女名琴，將嫁於陳氏，寄回包金首飾四事，珠翠鬢花一對，翠翹一，珥雙，又寄僧壽新婦珠翠搔頭一枝，二妹之女荷姑金翠搔頭一枝。作書致全庶熙，託附去。夜爲僧喜及僧寶姪、珣姪改試律詩，俱有思致，可喜。同鄉朱助教寯瀛弟娶婦，送賀錢六千。

邸鈔：上諭：駐藏辦事大臣升泰老成練達，懋著勤勞。由部曹外任知府，洊擢藩司，簡放伊犁參贊大臣，署理烏魯木齊都統，補授内閣學士，派爲駐藏幫辦大臣，旋授辦事大臣。抵藏以來，力圖整頓，籌辦邊界事務，尤能精心區畫，勞瘁不辭。遽因染瘴，在仁進岡行營病故，殊堪悼惜。加恩照都統例賜恤。賞銀一千兩，由藏庫給發。准其入城治喪。靈柩回籍時，沿途地方官妥爲照料。伊子壽蓉賞給主事，俟及歲時分部行走，用示篤念藎臣至意。

十九日甲辰　晨陰，已晴，和煦，微陰。閲《讀書敏求記》。遵王人不足取，事詳《錢氏家變録》。其學亦無門徑。此書所記瑣雜，識見庳陋，至采及無稽小説，然近儒多詆之，而終不能廢之。蓋久從蒙叟游，多見異書秘籍，其言絳雲樓中有宋槧元、白兩家《長慶集》，尤恨不得見之也。元集但得明成化初所翻宋本，中多空白，爲蒙叟校填者，已爲鉅寶矣。

下午答拜全庶熙送行，不值。入城訪蓉曙，亦不值。晤蔡癯客，晚歸。彥夫來，不值。是日付先賢祠長班辦祭等銀十三兩，車夫芻牧銀八兩，石炭銀二兩。付同發紬布銀十兩七錢，首飾銀三兩三錢。

邸鈔：以國子監祭酒王文錦爲内閣學士，兼禮部侍郎銜。以駐藏幫辦大臣奎煥爲駐藏辦事大臣，以大理寺少卿延茂爲副都統銜駐藏幫辦大臣。

二十日乙巳　上午晴暖，下午漸陰，有風，傍晚陰，晚風轉勁，驟寒。薛慕淮孝廉葆槤來見，淮生侍御春黎之嗣子，爽秋之妻弟也。以爽秋所撰其嗣母郭夫人行狀乞余爲墓志，送贄儀六十金。是日付七、八兩月賃屋銀十三兩二錢，崇效寺殯屋銀十二兩。夜風。同邑吴繼勳者，故工部侍郎梅梁先生之孫。其父慶壽爲侍郎嗣子，不得於繼母袁夫人（故浙江布政使秉真女）；其妻黄，故貴州都匀府培杰女也，美而文，以慶壽被逐浪游，鬱鬱死。慶壽後以入資得光禄寺署正，潦倒不振，歿於都中。有婦王，依其母；及一子，貧甚，至栖止野廟中。今同人集資贍之，余首書月助五千，介唐書四千，餘或三千、二千，計月可得五六十千，以是月始，今日付五千。是夕得詩一章。

秋晚玩庭樹有作

老人畏秋至，衰病無歡悰。留此片時暖，爲駐老圃容。婆娑幾庭樹，錯峙墻西東。疏翠强相綴，薜荔交霜紅。黄葉尤可玩，夕陽與爲烘。人生苦逼仄，暫來息疏慵。俯仰惜寸陰，裴回支短筇。悠然引清詠，漸聞鄰寺鐘。萬籟感成寂，何啻深山中。泉落烟霞濕，谷鳴蒼翠空。所畏雪霰至，天末生悲風。猶愧蟄蟲智，閉塞成嚴冬。

二十一日丙午　晴，嚴寒，自昨夕朔風勁甚達旦，水始冰，終日不解。閲《舊五代史》。此書文筆俚俗，敘事瑣陋，多不成語，有市井小説所不如者，論亦淺劣，往往可笑，蓋史家無有劣於此者。薛居正輩，真人奴也。後人掎摭《新》史，以爲疏略，或轉取此書。然不觀薛史，不知歐史之佳，其刊落野文，創通大義，實足垂範後世，薛史不過間存遺文軼事，而有關系者絶少。亦有歐詳於薛者，如《李鏻傳》等是也。惟《新》傳言鏻伯父陽，咸通間給事中，《舊》傳作伯父湯，又云父洎韶州刺史，與《新唐書·宗室世系表》合。『陽』蓋字誤。是日得詩四首。夜見寒暑表已入小寒冰點界，將屆大寒矣。付協泰米鋪銀四十兩，還錢鋪銀十兩二錢。

《新唐書·宗室世系表》高祖子鄭惠王房言湯爲惠王五世孫，鏻爲六世孫，是高祖至鏻甫七世。案《李宗閔傳》言宗閔爲惠王四世孫，與《表》合。而《表》言宗閔兄宗冉，宗冉四子澹、湯、深、洎，湯字希仁，官給事中，深字希尚，洎官韶州刺史。是鏻爲宗冉孫、宗閔之從孫也。《傳》以宗冉爲宗閔弟，云宗冉子湯，累官京兆尹，黄巢陷長安殺之。考兩《書·僖宗紀》《通鑑》，所載皆同。是湯終於京兆尹，殉國難死，《表》及薛、歐兩史皆言止給事中，可謂疏矣。

四君詠有序

四君者，故兵部尚書、山東巡撫大興張勤果公曜，故東閣大學士朝邑閻文介公敬銘，故鴻臚寺卿歸善鄧君承脩，故工部尚書壽陽祁文恪公世長也。余與鄧君雅故，同官於朝，朝夕相聚，蓋十餘年。勤果則自西域入朝始相見，甫半載別去，而書問殷殷，逾於故交。文介來長户部，僅以公事相見曹署，三年中不過四五也，然折節於余，肯受余之盡言，有故交執友所難者。文恪久官京師，撫廛曠絶，三十餘年中嘗兩遇於廣坐，及同官臺中，甫數月，亦惟公事旅見二三次，而相期甚至，以古人見待。四君皆一時偉人，其所建樹，或已顯於世，或不能自見，而守正嫉邪，孜孜爲國。鴻臚年少於余十餘歲，事余在師友間，忼概奮迅，風采照天下，卒以此爲要人所忌，鉏鋙左官，乞歸養親，又爲大吏所齮齕，鬱鬱以死，尤爲可悲。中丞以儒家子納秩從軍，二十餘已立功河朔；及從左文襄公出師關外萬餘里，掃穴犁庭，疏勒、烏孫復歸版籍，奇績軒天地；至填撫齊魯，治河尤有勞。然其殁也，以東三省邊界多事，欲整率舊部，效命黑水白山間。嘗詒書於余，悢悢以身將老，諸帥多死，思盡力爲國捍邊。余未及報而訃至，所謂没而猶視者。相國以治賦稱，嘗司胡文忠、曾文正軍饟，人比之劉晏，清操絶俗，其入掌邦計，倣國計簿，綜括天下財賦，句稽出入，世頗以聚斂目之，然爲國家計久遠，竭盡心力，追劾户部三貪吏，逮捕浙人大猾胡某，尤快人心，黜去曹郎不職者十餘人，不顧嫌怨。及入政府，卒以剛勁爲孅人所扼，沮櫽萬端，主眷遂衰，憂危去國，身後贈典，猶從減削。司空承其家法，廉静自持，晚際時艱，勤勤憂國，雖不自表異，而遇事守正。比長冬官時，同事者巧宧取容，曹司承風，諧媚競利，習爲固然，深痛疾之，而不能勝，居常邑邑。至歿之日，家無餘資。嗚呼！四君皆躋通顯，而其既也，皆不得志於世。中丞遭際爲最亨，然歿後，負累鉅萬，聞其病甚時，至斥拒醫藥求速死，是皆可悲也。余窮於世，交游幾絶，而如中丞、鴻臚之傾心投分，相國之折節，司空之引重，有逾於尋常萬萬者。自昔年七月中丞薨於歷城，年甫六十；今年二月，相國薨於虞鄉，年七十六；閏六月，鴻臚卒於家；八月，司空薨於位，年六十八。感哲人之繼逝，傷吾生之僅存。夫傷鄧歎張，交期恒有，若文介、文恪，未嘗有杯酒之歡、從容之雅。然而袁宏之賦士行，豈爲胡奴；孫綽之泣真長，何干季野？蓋燥濕之應，不以高下殊；膠漆之投，不以久暫判。銅山崩而洛鐘應，桑葉落而長年悲。豈特郢斤輟操，牙弦絶響，蓋彌有林焚鳥槁、川竭魚枯之痛焉。逝者不作，後世難誣。徐孺奠鷄，或生芻之未具；林宗慟野，知大廈之難支。儗紫陽之續《騷》，我有兼痛；較昌黎之哀董，彼止私情。《小雅》能誹，長歌當哭，各爲一詩以吊之。後之覽者，可以悲焉。

尚書奮孤童，束髮事戎纛。一戰摧黄巾，氣已無河朔。積伐開汴藩，方伯少年獨。用《晉書・荀羡傳》語。誰何彈章來，吹毛恣齮齕。文宗惜將材，特詔付軍幄。横行雖回改，專征實董督。拜命益感厲，殺賊日馳逐。遂成嵩武軍，勤果軍名。千里掃氛濁。中原既滌蕩，長驅出秦蜀。河湟聚花門，妖彗亘地軸。金城照組練，玉門塞鋒鏃。孤軍轉戰前，所至無悍族。天山冰峨峨，雪夜萬騎蹴。堅壘悉蹋平，西域國卅六。直抵伊列河，犁庭獮禽鹿。偏師拓疏勒，中屯鎮温宿。公駐阿克蘇屯田最久。丁零亦請吏，回紇胥受束。漸次興耕桑，遺黎知誦讀。稍暇歌投壺，禮士若不足。我友施士丐，謂均甫。豪氣讎視俗。謫宦依幕府，軍諮力推轂。論功歸飲至，入覲天顔穆。詔濬長安渠，萬指瘁畚梮。帝命還左班，寵以八坐禄。旌節撫青齊，鳬藻滿川陸。陽侯忽邅灾，淮濟並窮瀆。一身塡横流，長堤斬山谷。瓠子幸告成，衮衣去何速。公家本始寧，公先世自唐僖宗間居上虞，至國朝嘉慶中公曾祖始遷錢唐，嘗持其家譜乞余序。我生共鄉曲。遠道無一面，聞聲致遐矚。京華喜相見，深談屢跋燭。傾吐悉肝鬲，倚仗勝骨肉。昔冬貽我書，憂國淚可掬。海寓多伏莽，宿將半墓木。根本東三省，强虜正眈目。欲及身未老，盡瘁捍邊牧。我書未及報，公訃已來告。齎志視青冥，百身竟莫贖。豈止海岱間，瀕河萬家哭。

右張勤果公。

文介起科第，浮湛户曹郎。烈烈胡文忠，一疏揚明堂。清節比廉范，心計如孔桑。出司鄂軍餉，千里無見糧。忠義相激發，士馬日騰驤。用其治賦功，遂落欃槍芒。積漸受主知，三遷專齊疆。强力故不怠，所至蘇疲甿。内召副司空，堅卧還虞鄉。公久居山西之虞鄉。今上元二灾，三晉尤凋傷。赤地無遺黎，存者爲强粻。公時投袂起，曾袁相扶將。謂晉撫曾忠襄公、侍郎袁文誠公。肉骨逮秦豫，畿輔資屏障平。詔拜大司徒，國計倚以强。遂綜會計簿，抉弊先持綱。墨敗劾貪吏，巨蠹鋤奸商。帝心益眷注，密勿參巖廊。遂正中書席，主聖資臣良。孤立無黨與，衆沸成蜩唐。屢疏争不勝，去國心徬徨。養老乏上尊，優秩無月羊。余時居曹署，散拙守故常。朝謁屢移病，不識金與倉。公意獨延佇，音問時琅琅。累欲舁之起，群力期劻勷。頗病公刻覈，束濕無舒長。引義與公争，氣亢詞過剛。公顧昕然聽，直諒無它腸。公既不安位，我亦辭周行。同官有袁宏，謂爽秋。問訊公在床。猶傳太息言，殷勤詢行藏。公今歸帝所，我忝司臺章。緘默取充位，月日常憂傷。寢門泣公訃，秦樹雲蒼茫。

右閻文介公。

鴻臚嶺南秀，忼慨人中英。少年取鄉賦，入呰繫華纓。浮湛白雲署，録録不自名。一朝擢諫官，建樹何錚錚。至尊初御極，親賢秉鈞衡。東朝再涖政，堯舜方勵精。納諫如不及，上書日有程。延英立召對，朝奏夕已令。群少厲鋒氣，危言恣彈抨。有失不爾罪，微善必予旌。宦豎皆側目，出入莫敢攖。漸致召朋黨，報復尋仇萌。君時屢拜疏，所言皆至誠。亂始務防漸，倖門先塞庚。事或關國體，雖小必力争。兩宫屢嘉歎，手疏示公卿。讀者爲流汗，邪佞相憂驚。門庭日羅雀，圖史無觴觥。時時過予語，大廈期共撑。私憂八關輩，水火滋軋傾。鬼怪恐壞事，有累朝廷明。世事易翻覆，朝局如楸枰。自詡稷契輩，摧落同枯莖。群犢破轅出，一牛負重耕。晉秩大鴻臚，銜詔事遐征。單騎出絶域，拂菻方縱横。交南已吞噬，嶺表方窺偵。荆國主棄地，扶風欲逃盟。君獨苦楮柱，犁軒大呼訇。黟黟鬼門關，毒霧天常赬。巨虺上樹立，飛鳥晝不嚶。醜夷更肆毒，絶食陳鬼兵。刀戟積雪列，礮火殷雷轟。從官半瘴没，廷議戒僨成。君益以死誓，終得持輸平。還歸見天子，造膝陳哀鳴。臣力此已竭，戎心猶未盈。幸不辱國命，乞骸終餘生。長樂爲感動，温旨固留行。君復過余言，進退心怦怦。已中要人忌，留去何重輕。臣衰况親老，白華猶可營。誠知聖恩厚，庶幾全萊嬰。歸卧白鶴峰，足不來羊城。奈何鵩鳥灾，玉棺遽下迎。老母猶在堂，長夜視尚瞪。平生膠漆感，視予猶事兄。一朝訃音至，祝予老淚并。婚媾竟未就，稚子哀孤惸。君最愛第四子，常携以見余，爲求佳對。余欲以從孫女議昏，適君告養歸，而余孫女在里門，遂輟議云。爲君賦大招，雲車還帝京。君雖去國，不忘魏闕，瀕行時指其第四子言，近來海舶甚便，此子稍長，當令入都相依。言猶在耳，彌爲腹痛。搔首白髮短，日暮傷我情。持此問邠老，瓊海咕悲鯨。謂潘蒻初，時歸瓊州，久不得消息。

右鴻臚鄧君。

文恪席華貫，黄羊承遠裔。尊人文端公有祁大夫，字黄羊，説以《吕覽》所稱祁黄羊爲祁奚之字。儒學守素風，三晉首門第。相國佐宣宗，益以大其世。公幼禀庭誥，淡泊自約制。相國致政歸，徒步赴上計。系踵登承明，廉静忘貴勢。回翔臺閣間，所職秪文藝。篠簜皇華榮，黼黻卿雲麗。廉泉不自潤，車服日故敝。國是正多艱，退食常泣涕。馴致九列崇，志欲四海濟。危言激同僚，清節率群吏。洎拜大司空，臺意釐夙弊。故事分六官，户工職金幣。利藪害所叢，蠅蚋競嘬嚌。營繕今將作，都虞笎水利。纂籑尤紛紜，逐臭類狂猘。不問職所守，秪争骨可噬。妄言效禽行，脅肩更昝睇。旁觀爲泚汗，一家得甘毳。公本嫉惡嚴，力欲振頽滯。屹然中流間，左右苦牽曳。衆濁憎獨清，孤掌支群擠。奈何不慭遺，居位甫逾歲。易簀餘空籯，琀斂無複製。賜金出宫中，索債已門逮。公癯美髭須，煦嫗在辭氣。其中秉剛强，匪石不可礪。我生與公疏，性分有神契。我晚始入臺，公聞喜投袂。庶幾鳴鳳來，一旦豁氛彗。逡循未即發，公屢道我噫。不謂遽騎箕，九原得無懠。鉛刀遲一割，日中必致熭。餘生一息存，此心千古誓。蕭然繐帷寒，沉痾不能詣。公在殯時，余以病足不能往吊，心常恧然。終期芹曝獻，當公絜鷄祭。三歎四君詠，豈止哀已逝。

右祁文恪公。

此四章爲近年最用意之作，字不虚設，語無過情，是國史之取材，亦先友之實録。嗚虖！李北海《六公篇》既不可得見，據杜陵所述及董廣川、趙德甫所跋，大抵高古奇偉，豪氣激發，蓋非此不足傳其人也。杜之《八哀》，悒亦猶是，發揮務盡，蕪累不顧，沾沾一孔，何足知之？若達夫王君，襲美《七愛》，事非並世，不得擬焉。高詞太簡，皮作傖俗，更不足言。

二十二日丁未　晴，嚴寒，微有風。午入署核對句到本，以山西、山東、直隸、熱河四省於明日具題也。接見懷、祁兩左都，奕鶴樓副都，傳各省提塘官畫卯，紛紜至晚，始歸，寒餓殊甚。漱蘭丈來。是夕滿掌道訥澂之詣西苑進題本，俟旨下，送交内閣，應漢掌道由閣齎本交刑部侍郎設香案跪接。然自内閣步出西長安門約二里餘，若出東華門坐車至刑部，又須諸君久俟，余病後足力不濟，因託山東道孟志青代交。

二十三日戊申　晴，寒甚。閱《舊五代史》。作書致敦夫，還所假二十金。子獻以病，明日偕全庶熙南歸，晚往送之，偕敦夫及戚聖懷諸君小飲。子獻以求出使外國不得，憂貧歎老，遂成心疾，自言有鬼物憑之，日生疑畏，涕泣多妄語，可歎也。子獻有清才，能文辭，亦工書，而好名過急，欲驟致通顯，一不得志，遂披猖至此。人不學道，無術以自養，躁競之心，轉爲憂傷，往往致害其生。同鄉知好中如周雪甌、潘伯馴，皆以不能自克，中年徂謝。蓋始則得一科第，不勝其喜，夸耀自滿，家人改觀，以爲拔宅升仙，指日可待；數年以後，仕宦不進，或改宦齟齬，則思走捷徑，得旁門以售其前言，償其小失；至又不得，則精華銷落，頹然自廢，或激而致疾矣。子獻年止四十七，又非周、潘之伍，敦夫言子獻不中進士不至如此。先儒以科第爲不幸，此類是也。今日百端譬解，其言轉謬。二更執別，深爲憂之。歸後再作書致子獻，饋以遼參三枝，高麗參二枝，新煮脯段一合，糕餅一匣，命僧喜持往，又以銀六兩託以刷印所刻余詩初集五十部。子獻留端硯一方爲别，硯不甚佳，背有孫淵如氏篆字銘云：『寶月涵華，慶雲集福。封萬石君，享千歲禄。』付俞衣估銀十二兩五錢。

邸鈔：以太僕寺卿克們泰爲内閣學士，兼禮部侍郎銜。翰林院侍講學士黄卓元轉侍讀學士，以左春坊左庶子秦澍春爲侍講學士。上諭：前據光裕等奏參防禦文鐸私造假銀，恃符狡展，請旨革職。兹據步軍統領衙門奏，該革員遣抱李旺以馬蘭鎮總兵英廉誣良索賄等詞，赴該衙門呈訴。案關屬員控告該管上司，虚實均應徹究，著刑部提集案證，秉公嚴訊。

二十四日己酉　晴，寒小減。剃頭。作書致季士周，并是月望課題。婁奎照來，蓋秉衡之弟也。陳學良來。作書致弢夫，還中秋所借三十金，弢夫復書却回，再作書還之。朱仲立來。聞前日有楊副都及京畿道徐侍御家人至慶和園戲樓，索坐不得，邀八坐轎夫糾合市井拳勇無賴數十人，執持刀杖，亂肆毆擊，突壞室宇，優人、坐客傷殘血流。時玉成班方演《三俠五義》中所謂捉花胡蝶者，有武丑名張黑兒，號草上飛，拳捷最著，憤而拒敵，仆數人始各鬨而散。群班罷劇，市樓停閉，訟於官司。都下亡命所聚，冶兒閑子，索丐横行，而朝官家又多縱恣僕隸，不知約束，以致釀爲大獄。臺綱掃地，深可歎也。夜爲僧寶改制義二首。

邸鈔：翰林院侍講清鋭轉侍讀，左中允宗室景厚升侍講。

二十五日庚戌　晨微陰，上午後晴。是日邀漱蘭丈、子修、班侯、子培、子封、陳蓉曙、蔡瓘客午飲，上午坐於朱霞精舍茗談，午後設飲於軒翠舫，入晚始散。介唐來。夜閲《新唐書》。付王姬羊裘銀十四兩。此去冬爲之新製者，今賣之余，以送王氏妹爲其女作嫁衣。付司廚銀四兩，豬肉銀三兩。付客車飯錢十二千，廚人賞錢十四千。

二十六日辛亥　晴，比日稍和。文芸閣編修來。午入署閲題本用印。傍晚出城答客一二家，晤王茀卿，晚歸。是日書賈以日本刻《佛祖通載》來售，索銀四十兩；又李雁湖注《王荆公詩集》，翻乾隆間海鹽張宗松刻本，索銀六兩。言張氏原刻本去年琉璃廠得一部，人争買之，價至二十金。余甲子、乙丑間嘗購之，價不過一金，十餘年前以贈雲門。此近日之書妖也。付譚書客銀十兩。

二十七日壬子　晴和，地气微潤。是日復被旨派查甲米。閲《新唐書》。杜生宗澤來。得杜葆初里中書。朱仲立來。昨夕疾動，竟日點檢書籍，疲苶之甚。傍晚取《舊唐書》點勘《新書》，爲之目昏。

夜風起，頓寒，竟夕飂栗。付天全木廠銀十五兩。

邸鈔：以□□□傳廷臣爲湖北宜昌鎮總兵。本任總兵羅搢紳故。羅初姓賀，本山陰人。

二十八日癸丑　晨陰，有風，甚寒，上午微晴，傍午後晴陰相間，風漸止。上午入城，由東長安門赴午門，驗看月官九十餘員，下午歸，困劣殊甚。唐暉庭來。弢夫來。夜中懣不能食，復苦痔發，早卧。

邸鈔：前任閩浙總督卞寶第卒。寶第字頌臣，儀徵人。詔：卞寶第由部曹洊擢府尹，歷任封圻，宣力有年，克稱厥職。兹聞溘逝，軫惜殊深。著照總督例賜恤。

二十九日甲寅小盡　晨及上午有雪，下午微晴。取兩《唐書》點勘錢注杜詩。

冬十月乙卯朔　晴，微陰，有風，甚寒。禮部吏送明歲新曆。得張子中揚州書，寄贈光緒九年淮南書局翻刻元元統本《古今韵會舉要》一部。閲《丹鉛總録》。

初二日丙辰　晨雪，竟日霒陰。祖妣倪太恭人忌日，供饋素肴八豆，加肉豆三，爲先祖也，餘如常儀。作書致弢夫，還織罽斗被一領。是日初試火鑪，夜感石炭俗稱煤，古作墨。气，中懣不食，擁衾閲《唐語林》。此《四庫》輯本，頗冗雜無緒，脱誤甚多，若取兩《唐書》、《太平御覽》、《廣記》等書校之，可以更正不少也。夜一更後雪，至二更後稍止，積寸餘。

邸鈔：諭：本年江蘇江寧、揚州府屬，入夏以後，雨澤愆期，甘泉一縣被灾尤重，句容、儀徵、六合、江浦等縣，收成亦極歉薄。加恩賞給江南海運漕米三萬石，所有水脚運費等款一併截留振撫。

初三日丁巳　晨晴，上午微陰，下午陰。閲錢注《杜集》。陳炎祐來謁兩次，江西新城人，德夫弟邁夫之長子也。命僧喜見之。以德夫遺詩一册乞點閲。追念三十年前故友，展卷怳然，翰墨如新，中有余所評點者，爲之腹痛。潄蘭丈約初六日爲消寒第一集。夜詣廣和居，邀左笏卿、朱笏卿、鄭鹿門、桂卿、敦夫、介唐、陳學良、朱仲立飲，至一更後歸。二更雨，霰霰達旦。作復張子中廣陵書。

葉石林極不滿杜集《八哀詩》，謂李邕、蘇源明兩首累句尤多，嘗痛删之，僅存其半。余謂此是少陵憂傷國事，述其平生素懷交游大略，觀其小序數語可見，不當以顔光禄、張燕公兩家《五君詠》等爲比。其詩誠多蕪累，而光氣自不可掩，無愧詩史也。

初四日戊午　寅正初刻七分小雪，十月中。雨，至上午轉密，午後滴歷有聲，傍晚稍止。陳鏡卿炎祐詒墨一合，宣紙一端，蕘脯兩肩，茶葉四瓶，受紙、茗。

閲《唐語林》。王氏搜輯唐人説部，不知别擇，其中如陸贄之陷竇參，尤極誣妄之辭，《太平廣記》亦載之。其貶斥李衛公語尤多，皆出當日牛、李宗閔之黨楊、白、令狐諸家賓客子弟所爲，徒污簡策，惑亂後人。非若臨川《世説》，止以標舉簡雋爲長。

夜大風。是日武殿試傳臚，狀元卞賡，江蘇海州人。由第九拔。侍講馮文蔚補原官。陳書玉缺。

初五日己未　晨及上午陰，午後漸晴，竟日大風，嚴寒。點閲《杜集》。楊升庵力詆宋人以少陵爲詩史之説，謂《詩》以道性情，三百篇皆意在言外，使人自悟，至於變風、變雅，尤具含蓄。如刺淫亂則曰『雝雝鳴雁，旭日始旦』，不必曰『慎莫近前丞相嗔』也；憫流民則曰『鴻雁于飛，哀鳴嗷嗷』，不必曰『千家今有百家存』也；傷暴斂則曰『維南有箕，載翕其舌』，不必曰『哀哀寡婦誅求盡』也；叙饑荒則『牂羊羵首，三星在罶』，不必曰『但有牙齒存，可堪皮骨乾』也。余謂升庵特舉《詩》之含蓄者以相形耳，三百篇中，詞之直而僿、激而盡者多矣，刺淫亂者不有曰『燕婉之求，得此戚施』者乎？不有曰『中蕘之言，不可道也』者乎？至於『人之無良，我以爲君』，則甚於罵矣。憫流民者，不有曰『謂他人父，亦莫我顧』者乎？不有曰『瞻烏爰止，于誰之屋』者乎？至於『周餘黎民，靡有孑遺』，則極於詛矣。傷暴斂者，不有曰『捋采其劉，瘼此下民』者乎？不有曰『中谷有蓷，暵其乾矣』者乎？至於『小東大東，杼軸其空』，則即在《南箕》一詩中矣。敘饑荒者，不有曰『何草不黄，何人不行』者乎？不有曰『匪鱣匪鮪，潛逃于淵』者乎？至於『知我如此，不如無生』，則即在《牂羊》一詩中矣。由此推之，訐直憤厲者指不勝屈，所謂言各有當也。惟所舉《杜集》諸句，却非高作，學者不可專於此等求之。即三百篇之感發人心，亦不徒在《小雅·節南山之什》、《大雅·蕩之什》也。

初六日庚申　晴，有風，嚴寒凛冽。先祖妣余太恭人忌日，供饋肉肴、菜肴各五豆，餘如常儀。沈松亭爲其次孫娶婦，詒以紅呢喜障一軸，傍晚往賀，以今日家忌，車至門而不入，遂歸。

閲梅禹金鼎祚《書記洞詮》。取《文心雕龍·書記》篇之説，采周至六朝往還書牘，編爲一百十六卷。《四庫提要》譏其真贋並收，且載及《春秋辭命》，以爲失倫。然禹金此書，爲廣楊升庵《赤牘元珠》而作，楊所有者自不得删，而間亦訂正其僞。至《春秋辭命》，真西山《文章正宗》録之甚多，且載及一二單辭，升庵亦收之，禹金故别爲一卷，卷首有小敘，言之甚悉，不得以此爲譏。禹金博極群書，所編《文紀》，汪洋大觀，此特其緒餘，亦多不經人見之作，其於唐、宋類書，搜采靡遺，至釋教中如《弘明》兩集、《國清百録》，皆世所罕覯，其中間附考證，亦多精確，固足爲箋翰之鴻裁、藝林之佳本矣。是書坊間亦稀有，余購之已兩年，今日爲加籤題，并跋之如此。

邸鈔：詔：吏部左侍郎敬信、禮部左侍郎錢應溥、兵部右侍郎巴克坦布，均加恩在紫禁城内騎馬。

初七日辛酉　晴，風不止，嚴寒益冽。是日曉寒特甚，擁衾不起，夢歸故鄉，雨中舟行山水間，花林夾岸，濕紅欲滴，過橋見小屋數間，幽靚臨水，墻上露芭蕉數叢，嫩緑如拭，門前有榜楷書『峥净』二字。余呼舟人就而登之，入門有梯，躡級而上，舍宇精潔，皆有人坐如横經者。蘧然而醒，旭日已滿窗矣，爲一詩紀之。陳鏡卿來，復饋墨及孔氏補注《大戴禮》，即作書，命僧喜齎還之。書玉夫人饋燕凫、酥炙魚。夜仍有風。

寒夜夢歸故里雨中花林夾岸有精舍數楹緑蕉出屋門有榜題峥净二字以詩紀之

忽循歸路雨瀟瀟，知是山陰第幾橋。水際濕紅全上樹，屋中新緑不藏蕉。前生精舍神清洞，斷夢孤舟鑑曲潮。惆悵門題峥净字，醒來風雪助蕭寥。

初八日壬戌　晴，嚴寒，午前風，下午稍止。得王幼霞書，催四名臣詞序。午後入署，晤懷少仙左都、楊蓉浦副都、壽昌通使，傍晚歸。沈舍人祖燕來，蕭山人，己丑進士。大興人黄伯昭家麟來謁，以其父河南候補道振河行狀，持鄉人蓮舟書乞爲墓志。張姬往視詹黼庭夫人疾，又視桂卿同年之女，詒以頻果一合，木瓜四枚。孟志青來。

夜點閲杜詩。錢注於新舊《唐書》多考證之功，故詳於本事，然極不滿於肅宗，每以杜爲含刺，文致其罪。蓋蒙叟本因朱長孺鶴齡之補注，事有未備，故爲此箋。朱氏注玉谿詩，多以《唐書》求其本恉，往往篇有寄託，句有深文。蒙叟以詩史之言，益加推究，遂不免附會耳。

邸鈔：以太常寺少卿溥善爲太常寺卿。

初九日癸亥　晴，稍和。校閲《唐文粹》二卷。蘇州刻本固有誤字，近日杭州許益齋偕譚仲修據各本校改重刻。今年夏中略校碑志一卷，見有蘇刻不誤而杭刻誤改者數處。今日校賦兩卷，又有杭刻誤改者，爲略注於蘇刻本。讀書未遍，不可妄下雌黄，甚矣校書之難也。

唐人賦如李華之《含元殿賦》，李白之《明堂賦》《大獵賦》，李庾之《西都賦》《東都賦》，皆不愧奇作，以視子雲、相如、孟堅、平子雖不及，與文考、平叔、太冲可相伯仲，安仁以下則過之矣。太白兩賦，才力遠出少陵《三大禮賦》之上。李庾兩賦，簡鍊遒麗，《東都》後半，極陳天寶以後安危治亂之機，忠愛斐然，尤古人所未及。蕭穎士謂《含元殿賦》，《靈光》之下，《景福》之上，真知言也。

是日得詩兩首。

漱蘭侍郎爲消寒第一集以是日爲先大母忌不往賦詩奉柬

綺信江南報早梅，侍郎選勝具尊罍。孝經自率門生誦，新語真慚俗物來。一夕高齋琴弈樂，百年淺土蓼莪哀。代公風義君無愧，相感懸車白髮催。先大父母尚未葬，故云。

陳德夫猶子炎祐來謁持德夫遺稿一册求爲審定冬夜對之泫然有作

寒夜殘編對短燈，故人神理此間憑。持門何處求微子，去年德夫嗣子來見，頗不能似，爲之悵然。衣葛誰猶泣彦昇。久絶卅年通夢寐，尚餘一卷續麻蒸。傷心商榷當時語，隔世交期忍淚徵。卷中有余評識語。

邸鈔：以太常寺少卿溥善爲太常寺卿。

初十日甲子　晴和。皇太后萬壽節，午門朝賀。剃頭。黄伯昭來，以其尊人所著《周易貫註》乞序。甥姪等俱詣崇效寺亡室殯宫，爲寒衣之奠。

校閲《唐文粹》。唐自中葉以後，韓、柳諸家，競爲古文，號稱極盛。然務求新異，俗體遂滋，蹊徑别而心思偏，議論多而經術少，濫觴於元結、獨孤及，至皇甫湜、張籍，益張其波，降及劉蜕、孫樵，思愈苦而愈淺，詞愈鍊而愈俚。司空一鳴、羅江東最稱矯，尚流入小説，况其下乎？故余謂晚唐之有樊川，足爲中流砥柱，《樊南》《甫里》其次也，《皮子文藪》又其次也，外此無足觀者。姚氏力裁僞體，惜於此等猶不能別擇，所選古文兩卷，頗多鄙俚之文。唐人以小説爲古文者，自沈亞之始，《下賢》一集，益無足觀。市井浮薄，叫囂穢醜，唐季之文也；措大酸餡，臭腐迂陋，宋季之文也。文章厄運，莫極於此矣。

邸鈔：以内閣侍讀學士徐承煜爲太常寺少卿。

十一日乙丑　晴。殷蕚庭來。陳生雨人工部澤霖服闋來謁，饋冬笋一苞，醩魚一罎，香腸二十條，鴨臚一隻。校閲《唐文粹》，時取《文苑英華》證之。夜微有風，寒甚。點閲《吴梅村詩集》。庚辰同年連中書培基嫁妹，送禮錢四千。

十二日丙寅　晴。閲《唐文粹》。晡答客一二家。詣敦夫，談至晚歸。張姬往拜殷蕚庭姬人生日，詒以繡帨及桃、麪、豚、燭。庚午同年黎户部大鈞嫁女，送禮錢六千。

十三日丁卯　晴，稍和。閲周草窗《浩然齋雅談》，其中論詩多有名理。午後出門，賀馮心蘭爲子娶婦。詣爽秋，不值。詣婁秉衡兄弟，其弟新至京，故答之也。詣子培，不值，傍晚歸。作書并寫前消寒第一集不至詩及夢歸故里詩致漱蘭丈。作書致子培約夜談，不至。是夕月佳甚。付馮侍御賀錢十千。

十四日戊辰　晴。得子培書，言近日婦病。閲《澗泉日記》。得漱翁書，并和余韵詩兩章，即復。書玉夫人饋香橼十枚，以笋、肉、燖鷄詒之。夜月皎如晝，補完前作《四君詠》。

邸鈔：孫毓汶再奏請開缺。詔再賞假三月。

十五日己巳　晴，微陰，下午多陰。

韓仲止《澗泉日記》，其記章獻太后謁太廟一事，言薛奎嘗諫，不見聽，與《東都事略》《宋史》皇后傳皆合。《事略·薛奎傳》言章獻謁太廟，欲被天子衮冕，臣下依違不決，奎不可，曰：『太后必欲被黻冕見祖宗，不知作男子拜邪，女子拜邪？』乃止。是言后止不服天子黻冕，非竟不謁廟，與歐陽文忠撰《薛簡肅墓志》言『后不能奪，爲改服』之説本不甚殊。惟據《事略》及《宋史》所言，但冕去二旒，衮去二章，則仍服衮冕，故《墓志》『改服』二字尚無大病。《日記》亦云服去二章。《事略》奎傳已不明晰，《宋志》奎傳不誤。其誤始於僧文瑩《續湘山野録》，而葉夢得《石林燕語》因之。《事略》蓋已惑於異説，故奎傳與后傳不免牴牾耳。《石林》又以謁廟爲南郊，則更誤矣。

至《澗泉日記》載王曾罷相，章聖諭近臣曰：『曾廷辭既退矣，逡巡却立，戀冀復用。』衆皆唯唯。若水挺身對曰：『王曾以道去國，未見有持禄意，陛下料人何薄耶！顧臣等棄此如土芥耳！』憤而出，即日毁冠帶，被道士服，佯狂歸嵩山。上大駭，累召之，終身不起。其所謂若水蓋指錢若水，則真大謬，近於無稽矣。錢若水以太宗至道元年自翰林學士遷同知樞密院事，三年乞罷，時真宗已即位。其卒當在真宗咸平初；王曾以真宗末由參知政事拜中書侍郎同平章事，仁宗天聖七年罷相，相去三十三年。楊文公《談苑》據朱子《名臣言行録》引。言呂蒙正由宰相罷爲僕射，太宗謂侍臣曰：『蒙正今處寂寞，望復中書，當眼穿矣。』劉昌言時爲同知樞密院事。謂：『僕射非寂寞之地，亦未聞蒙正悒怏。今巖穴高士，不求榮達者甚多，惟臣輩苟且官禄，不足以自重耳。』上默然。及昌言罷，上問趙鎔等曰：『昌言涕泣否？』曰：『與臣等談，多至流涕。』若水曰：『昌言實未嘗涕泣，鎔等迎合上意耳。』若水因自念上待輔臣如此，蓋未嘗有不貪名勢以感動人主，遂貽上之輕鄙。將以滿歲移疾，會晏駕不果。今上按：此大年謂真宗。初年，再表遜位，乃得請。王鞏《甲申雜記》謂錢若水爲樞密副使，時呂相端罷，太宗明日謂輔臣曰：『聞呂端命下，哭泣不已。』錢公厲聲曰：『安有此！』退語諸公曰：『我輩眷戀爵禄，致爲上見薄如此。』

遂力請罷。見《清虚雜著補闕》。案《宋史》本紀及宰輔表，若水以至道元年正月入樞密，即是代劉昌言；四月，吕蒙正罷相，以吕端代；三年六月，若水罷知集賢院；次年咸平元年十月，吕端始罷。是昌言不及見蒙正之罷，若水不及見端之罷，楊、王兩説，亦皆有誤。且劉昌言爲人齷齪，亦恐無此風力，蓋必蒙正罷時若水有此言耳。李文簡《續通鑑長編》以《談苑》爲顛倒，竟改劉昌言語爲若水語，亦近武斷。又載田書記若水事云『王曾罷相，章聖語若水，若水憤而出』云云。今不取《澗泉》，蓋即本田記焉。若水罷執政後，歷任繁劇，竟卒於官，乃云被髪入山，終身不出，豈非説夢。《宋史·錢若水傳》云咸平六年卒，年四十四，是當生於太祖建隆元年庚申，而錢、吴兩家《疑年録》、吴氏《歷代名人年表》皆未之及。《長編》載咸平六年四月若水在并州病，五月召還，而失紀其卒。

王定國《聞見近録》載仁宗張貴妃本末甚詳，可裨史闕，然多不可信。其云吴越王子太師雅之女適張氏，生子堯封。考《東都事略》云，堯封母，錢氏女也，妃幼無依，由錢氏納於章惠皇后宫。《宋史》作堯封妻錢氏，蓋誤。錢能納女於宫，當是吴越王一家。然太師雅不知何人，吴越王諸子無名雅者。《事略》及《宋史》皆云納於章惠皇后宫。章惠，真宗楊淑妃也，仁宗明道初稱保慶皇太后，《宋史·楊淑妃傳》備言仁宗之尊禮及没後爲服小功，而不載章惠之謚，於《張貴妃傳》忽云章惠皇后，其疏如此。而定國云妃入宫爲倢伃沈氏養女。考《宋史》，沈氏爲宰相義倫之孫女、真宗之德妃，没謚昭静者。堯佐爲堯封之兄，諸書無異辭，皆云堯封卒後，堯佐官蜀中，不肯收恤。而定國言堯封與堯佐爲宗表兄弟。宗表兄弟不知何謂，蓋謂宗族中表兄弟，自來亦無此稱。其下述堯封語，亦稱堯佐爲宗表兄。既是同宗之表親，其分甚疏，則堯封卒後，其妻子何以欲相依至蜀？堯佐不許，亦不爲過。又言堯封從學孫明復，孫至其舍，執事皆堯封妻女，如事親。時文異倅南京，子彦博、彦若並師明復，明復遂薦堯封於文氏爲門客，張、文之好始此。

又云仁宗以大旱策免宰相，潞公召自蜀，將至闕下，貴妃親視供帳以待其夫人入謝，衆論喧然。

時貝州王則叛，仁宗北顧，妃乃陰喻潞公貝州事，明鎬將有成績，可請行。潞公既行，貝州平，潞公以功拜相。其辭皆近誣衊。又云堯封從明復學於南京，其子去華與貴妃常執事左右。及貴妃案：當作妃貴。數遣使致問，明復閉門，拒之終身。案：張師德，父去華，父子狀元，《宋史》有傳，何以堯封之子亦名去華。《宋史》：張去華，河南襄邑人，父名誼。張堯佐，河南永安人，父穎。《張貴妃傳》及《東都事略·温成皇后傳》皆同。《涑水紀聞》謂其先吴人，從錢氏歸國。《續資治通鑑長編》但云河南人（永安，今鞏縣南）。考《續通鑑長編》載温成殁後，録其從弟著作佐郎希甫爲太常博士、光禄寺丞，及甫爲祕書丞、太常寺太祝，正甫爲光禄寺丞、右侍禁閤門祇候，山甫爲西頭供奉官，並無去華之名。諸書皆言堯封祇一女，惟温公《涑水紀聞》言堯封妻惟有一女，而有庶子化基，是亦非去華矣。定國所言皆誤。

然《涑水紀聞》亦不足信。其云堯封父穎卒時，有二女入宫事真宗，名位甚微，是妃之兩姑已先入宫，它書皆未嘗言。又云后母賣后於齊國大長公主家爲歌舞者，而適蹇氏，生男守和，大長公主納后於禁中仙韶部，宫人賈氏母養之。上嘗宫中宴飲，后爲俳優，上見而悦之，遂有寵。案：齊國獻穆公主，太宗幼女也，下嫁李遵勖者，既云賣后而適蹇氏，似改適者爲后母，乃其下又云后册爲貴妃，后母爲齊國夫人，后兄化基、子守和皆拜官。以守和爲温成所生子，則適蹇氏者即温成矣。既納主第，何以又嫁蹇氏？既嫁蹇氏，何以又納宫中？《長編》謂妃年八歲，與姊妹三人由錢氏入宫，則温成入宫時年尚幼，故須宫人賈氏母養，賈氏事《聞見近録》亦言之。不當先有適人生子之事。又云『上以其所出微，欲使之依士族以自重，乃稍進用堯佐』。考温成父祖皆進士及第，故《長編》謂『上以其良家子，待遇異諸嬪使』。堯佐雖亦進士及第，本爲堯封之兄，何必依以爲重？至謂后方寵幸，齊國夫人柔弱，故官爵賞賜多入堯佐，而化基等反不及。據《長編》所書，仁宗於温成父母，可謂極盡恩禮，至殁後推恩，遍及其從弟及姪，而不言其親弟，則並無化基之人可知。此等皆非事實。《東都事略》后妃傳、外戚傳皆言堯佐爲堯封兄，《宋史·張貴妃傳》言從父堯佐，《堯佐傳》云温成皇后世父也，故諸書多言妃爲堯佐求宣徽使甚力，其親可知。惟《紀聞》以堯佐爲堯封從父弟，《長編》以爲從兄。而堯佐授提點開封諸縣鎮公事時，余靖上疏亦言堯佐爲修媛世父，（時温成由才人進修媛，尚未册爲貴妃。）則《紀聞》及《長編》皆誤。至堯封母錢氏、妻曹氏，諸書皆同。《長編》謂堯封天聖初客南都，依大姓曹氏，曹以女妻之。温成晉貴妃，封楚國太夫人，殁後，堯封進封清河郡王，曹氏晉齊國夫人。而《宋史》云堯封妻錢氏，亦爲疏謬。又《長編》謂至和元年正月，貴妃薨，追册爲皇后。三月，楚國太夫人曹氏卒。六月，追封皇后父玘爲東海郡王，温成皇后父堯封爲清河郡王，母曹氏爲齊國夫人。十月葬温成，稱皇后園陵。是以温成既用后禮，故景思比於后父，偕曹后之父同得王封。《紀聞》乃謂温成册爲貴妃，追封堯封郡王，母齊國夫人，亦誤。妃父豈有封王例耶？

真宗章獻劉后之入宮，《東都事略》后傳書法最婉而得體。曰益州華陽人也，父通，贈太師魏王。后善播鼗，蜀人龔美與之入京師，真宗爲襄王納於潛邸。王乳母秦國夫人性嚴整，令王斥去，因爲太宗言之，王不得已，置之指使張耆家。太宗崩，真宗即位，以爲美人，以其無宗族，乃以美爲兄，更姓劉。又《外戚傳》云：劉美，益州華陽人，本姓龔。章獻后之父曰通，少隸軍籍，建隆初征嶺南有功，爲虎捷都指揮使，領嘉州刺史，從征太原道卒。美以鍛銀爲業，真宗爲襄王時，后自蜀來，因張耆以進，耆得之美所。合而觀之，則后之家世單微，進身曖昧，自可想見。《宋史》后傳乃云其先家太原，後徙益州，爲華陽人。祖延慶，晉漢間右驍衛大將軍。父通，虎捷都指揮使、嘉州刺史。后，通第二女也。母龐夢月入懷，娠，生后。后在繦褓而孤，鞠於外氏。則似居然世家。乃又云善播鼗，蜀人龔美者，以鍛銀爲業，携之入京師。后既父祖通顯，何以隨一鍛銀人流轉入京？且生於仕門，又有外家，何以無一親族？强兄龔姓，蓋劉通姓名亦在明昧間，其官職里籍，蓋出附會。《續通鑑長編》直云后父通，本軍卒。后少嫁蜀人龔美，美以鍛銀爲業，携之入都，貧甚，賣后於張耆家。耆爲襄王宮指使，進之王，秦國夫人斥出之，王仍令居耆家，耆避嫌不敢歸，王予耆五百金，令别築室居之。則亦難爲君后地矣。《長編》以劉后爲已嫁龔氏。《紀聞》以張妃爲已嫁蹇氏。王定國《甲申雜記》至謂仁宗光獻曹后先嫁李觀察士衡之孫左侍禁化先，化先少好神仙，禮席之日，后已入門，化先逾垣而走，后復歸曹氏，後選納爲后。此等皆類唐人之嘲詠楊妃，爲無禮於其君者。

仁宗郭后之死，史皆有微辭，然不過謂宦者閻文應恐其復召，因后有疾，挾醫進毒耳。《涑水紀聞》載兩説：一謂后有小疾，文應使醫官故以藥發其疾，疾甚未絶，文應以不救聞，遽以棺斂之；一云上詔后入宫，文應懼，以疾聞，上命賜之酒及藥，文應遂酖之。則后之死爲甚慘。至仁宗母李宸妃之死，史無異辭。《紀聞》引李端愿曰：『章懿之死非命也，今本作『章獻之志非也』，誤。暴得疾耳，鑿垣而出，瘞於洪福寺，章獻之過也。』是宸妃亦以酷死。宫闈之事，固難言哉。

又仁宗雖寵温成，亦未嘗有廢曹后意。《紀聞》乃云貴妃飲膳供給皆逾於曹后，幾奪其位者數矣。又云嘉祐元年正月，上以跣而禱雪，暴感風眩。一日兩府詣東閤小殿門起居，上自禁中大呼而出曰：『皇后與張茂則謀大逆！』茂則内侍也，上素不喜，聞上語即自縊，救解得蘇。文彦博召而責之曰：『天子有疾，譫言耳。汝何遽如是？汝若死，使中宫何所自容耶？』曹后以是亦不敢輒近上左右。王氏《聞見近録》云：慶曆中，親事官乘醉入禁中，蓋即《宋史·曹后傳》所云慶曆八年閏正月望後，衛卒數人作亂，夜越屋叩寢殿事，非親事官也。仁宗遺諭皇后、貴妃閉閤勿出。后謹聽命，貴妃直趨上前。明日，上對輔臣泣下，輔臣亦泣，首相陳恭公毅然無改容。上謂貴妃冒不測而來，斯可寵也。樞相乘間啓廢立之議，案：樞相蓋指賈昌朝。恭公持議甚堅。久而，上復問之，梁相適進曰：『一之已甚，其可再乎！』聲甚厲，群論遂止。如所説，則曹后當日亦甚危矣。

定國之言，按之后傳，事多違反，其力稱陳執中、梁適之持正，尤爲失實。温成之薨，喪葬過禮，執中毫無匡正，豈能有此風力？適雖稍有執持，亦遠不及孫威敏之侃侃，其事蓋不足據。然《長編》言温成之薨，上謂左右曰：『昔在殿廬，徼衛卒夜入宮，妃挺身從別寢來衛。』而《宋史·曹后傳》言張妃怙寵上僭，欲假后蓋出游，帝使自來請，后與之無靳色。則並后之勢，其迹已甚著也。小説中有包龍圖打張妃鑾駕，亦非無因耳。余嘗以《宋史·后妃傳》太略，若《張貴妃傳》，當取《長編》所載身後贈謚之議、園陵之制、孫忭諸公之争執，皆有關於掌故者也。

夜月微陰。

十六日庚午　晴。是日望，夜月復皎。詹黼庭夫人以前日故，張姬今日往吊，送燭楮。世襲二等恪靖侯左豐生（念謙）自升通副後數日即卒，年止二十九，今日送奠分六千。

十七日辛未　晴。曾祖考忌日，供饋如常儀。王幼遐來。陳梅坡來。得漱蘭通政書，再寫前見和二詩，改定第二首，又和紀夢瀟字韵一首。此老近日詩格益進，興復不淺。

十八日壬申　晴。夜子初初刻五分大雪，十一月節。彭知府獻庚來拜。弢夫來。陳梅坡來，爲楊壽孫兄弟二十日爲其尊人作生日演女劇，請飲酒。介唐夫人來。閲《續通鑑長編》。

十九日癸酉　晨晴，旋陰，竟日陰寒。閲《續通鑑長編》。以酒兩罈、燭一對詒楊壽孫兄弟。詹黼庭夫人七日，張姬再往吊，送燭楮。聞陳伯雙侍御懋侯以十六日卒，周生霖侍郎德潤以今日卒，皆暴疾也。伯雙十五日方上一疏，請嚴禁州縣非刑虐民，蓋爲安徽懷遠縣知縣、署盧江縣楊霈霖發也。霈霖，江西舉人，向官京師，以亡賴名，及改爲縣令，喜爲酷暴。近在廬江，以勒索捐款、非法致斃無罪者三人，誣陷村氓，捜捕四出，形同賊盗。及死家上訴，係其母妻。廉使委提，訐及官幕，狂猘觸噬，禽獸不如。而督撫劾治，不肯窮其罪狀，僅從遣戍。此等狼虎，能去其一，爲福匪淺。伯雙言之，非小故也。乃甫得報，遽聞不起。兩君皆未六十，亦可異矣。夜校《宋史·后妃傳》二卷。同鄉葛户部寶華喪其第三子婦來訃，送楮錢四千。是日剃頭。

二十日甲戌　晴，有風，甚寒。上午詣楊壽孫、德孫家，拜其尊人壽。其家招女樂延客，不坐而出，遂歸。家人皆往觀，以鮝繡八事詒之，收繡枕、繡帊、繡襬。王畹生來。敦夫來。夜作書致漱翁，并約廿三日作消寒第二集。作詩柬致敦夫。是日得詩四首。長城張兵部度爲子娶婦，送賀錢四千。

漱蘭侍郎再和余紀夢瀟字韵詩甚有故鄉之思仍以長句奉答

更翻白雪琢新詞，華蓋山靈引夢思。松倚石梁誰聽瀑，梅開孤嶼共題詩。宦途屢見黄粱熟，近日臨桂周侍郎、侯官陳侍御相繼暴卒。京輦徒悲素髮緇。猶有高眠堪傲世，五更鐘動早朝時。

再柬侍郎約爲消寒第二集

温帽茸裘試暖冬，草廬依約似山中。後時菊蕊留陶令，今年買菊甚遲，齋中尚有數盆未開。生日梅花補放翁。本期放翁生日作集，以家忌故遲五日。舊雨一堂今有幾，碧雲三徑又來同。沈家棠棣君喬梓，佳話千秋想此風。謂子培、子封昆季及令嗣仲弢皆與是集。

漱翁近以蓴隱自號戲效俳體奉簡

少年我取蓴爲客，老去公還隱託蓴。生日充閭成隔世，余生時，先大母夢賀客滿門，時日加辰，故小字辰客，亦取謝客兒故事也。既冠，改辰爲蓴。秋風歸里屬何人。釣師鑑曲三山夢，鏡湖中向惟三山、石堰一帶有蓴菜，放翁故居也，近無聞者。先六世祖天山府君嘗欲卜居三山之陸家埭，繪《鑑湖垂釣圖》，自爲之記，言之甚詳，汪退谷先生書之，刻入上虞王氏天香樓法帖。余屢卜宅湖雙，亦先志也。寒女湘湖一棹春。見《南史·孝義傳》。記取他時羹料缺，緑絲滿寄雁池濱。

慈谿楊氏比部翰林兄弟爲其尊人作壽筵合女樂夜宴余以守官不往戲柬敦夫太史及坐上諸君

舞袖梅花滿壽觴，笙歌高擁靖恭坊。不須銀燭催宫漏，自有金釵照晝堂。御史却教紅粉避，佳人肯許白頭狂。翰林本與蓬山近，好醉琅璬錦瑟旁。

邸鈔：上諭：邢部右侍郎周德潤，由翰林洊涉卿貳，宣力有年，克勤厥職。兹聞溘逝，軫惜殊深。加恩照侍郎例賜恤。以翰林院侍讀學士長萃爲太僕寺卿。户部銀庫郎中英璞授福建興泉永遺缺道。

二十一日乙亥　晴，微陰，有風。閲邵氏《聞見近録》。劉曾枚自武昌來，以近日合肥李氏所刻叢書共二十八種，自《禮記天算釋》至《二林居文集》，皆仿知不足齋版樣，而行較寬，字較小。刻於湖北書局，紙槧不精，校勘亦疏。其中頗有未經人刻者，而佳本亦少，惟徐靈胎《樂府傳聲》，錢晦之《三國志辨疑》《後漢令長考》，洪孟慈《三國職官表》，查初白《人海記》數種最可觀。《樂府傳聲》言南北曲樂聲律源流，具有微悟。得敦夫書，并和昨日觴字韵詩。得弢夫書。得季士周書，并課卷一箱，即復。夜和敦夫詩，即寫致之，并饋香腸一盤。

閲查初白《人海記》。共二卷，記京師明末國初事爲多，足資掌故。其以弘光帝爲僞，以童氏爲真，蓋當日南北一詞，至謂僞太子未必果爲東宫，然必非王之明，則平心之言也。

敦夫和余觴字韵詩有絲竹清音隔後堂及敢教泥絮逐風狂之句再次前韵以釋其意

乍勸筵前定子觴，又迎謇姐碧鷄坊。郎君列燭新昌里，賓客聯裾壽樂堂。鸜鵒參軍誰解舞，柘枝宰相亦能狂。捧花天女來何事，爲試禪心卧榻旁。皎然《贈李季蘭》詩：『天女來相試，將花欲染衣。禪心竟不起，還捧舊花歸。』以敦夫詩用參寥『禪心已作沾泥絮』語，故以此答之。

二十二日丙子　晴，有風，嚴寒。午後入署，晤奕鶴樓副都、徐頌閣左都。傍晚出城，答拜蕭山館沈中書祖燕而歸。得王子獻是月八日里中書，言病已愈，并寄懷詩五律四首。玩其詞气，似心疾尚未除也。又寄來余詩集兩部，版印已不甚了瞭。夜閱錢晦之《後漢令長考》。

邸鈔：以內閣學士李瑞棻爲刑部右侍郎。

二十三日丁丑　晴，嚴寒凛冽。是日邀漱翁、夢花、弢夫、子修、子培、子封、班侯、伯希、旭莊、仲弢作消寒第二集，惟伯希以書來，告小疾不至。午後設飲於軒翠舫，至夜始散。介唐來。劉條甫曾枚來。

閲《酌中志餘》。所載《東林點將録》，較吴次尾《□□□□》所載，頗有不同。其中共一百九人，下有跋云：『當甲子乙丑際，在毗陵見此《録》於鄒衣白家，當時言是鄒所爲，未嘗有鄒姓名。案：此本有地僻星打虎將鄒之麟。有常之沈應奎，而神醫乃海虞之繆希雍。此本神醫胡機。今此本中缺姓名三四人，無周宗建、黄尊素、姚希孟，而有逆案中許其孝、陳保泰、楊春茂、郭鞏四人，爲不可解。』案《四庫書目》所載，本亦同此跋，然《四庫》言缺所配孔明、樊瑞、宋萬三人，此本孔明配毛士龍，樊瑞配熊明遇，宋萬配宋師襄，有天立星雙槍將周宗建、天英星小李廣黄尊素、地微星矮脚虎姚希孟，無許其孝等四人，而有逆黨之魏應嘉，又不知何故也。

二十四日戊寅　晴，有風，嚴冽。中寒不快。

《人海》引《戒庵漫筆》載：先世寫吴原年、洪武原年，俱不用『元』字，想國初惡勝國之號，故民間相習如此。以上皆李氏語。『元』字避御諱元璋，戒庵誤矣。慈銘案：《日知録》亦言之，以爲明太祖惡『元』字，故如『元宫』『元任』皆改作『原』。不如查氏之言爲近理。又云御史聽選聽察，首浙江道，内計掌察則河南道，蓋明初首下浙江，先設官，洪武元年詔開封爲北京，示重也。《名勝志》謂北宋以河南爲京畿道，故《寰宇記》首列河南；南宋以臨安爲京畿道，故《紀勝要覽》首列浙江。明朝蓋兩沿宋制。此説非也。慈銘案：明祖嘗有意都汴，它書亦多言之。蓋明祖以朱姓，故其暴虐頗類朱温，事必效之。昔人謂汴非可建都地，始於朱温凶豎，何苦學凶豎所爲哉？可發一笑。又云：故事，舉行計典後，臺省例有拾遺。順治丙戌，部院大計群吏，臺省欲循故事，内大臣不欲也，陳溧陽力主之，臺省拾遺奏上，多被反坐。己丑大計，鑒前事，雖有糾拾，亦僅矣。又引《長安客話》謂明初六科在午門内，與尚寶司相連，今猶稱六科廊，後因失火，遷午門外。此類皆談故事者所當知也。

朱笏卿來。比夕皆有大風。二十七日庚辰貢士陳户部鴻綬之尊人六十雙壽，送禮錢八千。

二十五日己卯　晴，寒威稍減，下午有風。先本生祖妣顧恭人忌日，供饋。上午詣天安門，偕徐壽蘅侍郎掣兵部月選籤，與侍郎久談。詣粉子胡同志鋭詹事宅，答拜文芸閣編修，又答客一二家而歸。殷秋樵鴻臚來。陳學良來。介唐來。夜半入正陽門，由東華門轉景山路至西苑門，坐奏事處待漏，以街道廳擬陪引見也。劉幼丹擬正。是日謝侍御雋杭東城擬正，謝侍御希銓南城擬正，鳳給事鳳英西城擬正，同坐閑話。

邸鈔：以太僕寺少卿顧璜爲通政司副使。以左春坊左庶子陸潤庠爲國子監祭酒。

二十六日庚辰　晴。黎明入苑門，層冰倚池，微月在樹，紅橋一抹，霜痕如畫。日出引見勤政殿。是日考試各部院現任筆帖式及候補譯漢官、翻譯官，奉派監試。又派二十八日午門驗看月官。一日之中兩荷丹毫特簡，亦可謂爲霞滿天矣。辰刻歸家，料檢囊篋畢，小食而卧。下午入城，晡入貢院，偕緒百約同年居至公堂之東，敬事堂後院。吴聚垣同年來，訥瀓之來，皆同派監試者。海纘亭都統海緒來。夜早卧。四更時上命題目到院。

邸鈔：詔：新授通政司副使顧璜仍在軍機章京上行走。

二十七日辛巳　晴。日出點名，到者四百餘人。偕諸君坐至公堂閑話。上午監視封號印戳。夜二更監開内龍門接題紙，復坐至公堂督委員兩人散給題紙，至三更後始歸寢。寒甚。

邸鈔：上諭：翁同龢、懷塔布奏覆審絞犯永氏一案，酌量定擬一摺。此案葆環起意誆賣永氏，據供桂誠、永氏均不知情，惟永氏甘心被賣，展轉已久，業已衆證明確，復懷疑牽控其夫。永氏、葆環均仍照刑部所擬辦理。刑部承審司員於此案人證未能傳齊，緊要情節及詳細供詞亦多漏敍，殊屬不合，著交部查取職名，照例議處。

二十八日壬午　晴。睡起甚遲，午後坐至公堂監視收卷。

二十九日癸未　晴。偕百約詣瀓之閑話。是日得詩二首。夜作書致僧喜。三更後有風。比夕苦嗽不寐，今夕得瞑兩時許。

冬曉入苑門待覲有作

待漏銅龍報曉遲，閤門促那引朝儀。樹籠殘月千秋觀，冰結寒花百子池。曙裏樓臺真入畫，霜餘洲島最宜詩。沿堤覓詠誰年少，慚愧龍鍾趁馬時。

闈中答訥瀓之侍御訥清阿

與爾同臺省，昔年同官户部，今同掌山西道。相憐若弟兄。有妻六旬健，無子一身輕。君與余皆無子。

參朮扶衰病，君嘗饋參。鞭笞見性情。與君同巡北城三月。淡菰堪辟濕，時以南中菸絲贈君。深愧報投瓊。

三十日甲申　晴，晨及午有風，下午稍止。得僧喜書，并寄食物一合。比日連夕與百約閑話，夜又苦嗽。

十一月乙酉朔　晴。桂侍御桂斌來。松怡園松林來，談半日，言其先本山陰李姓，明萬曆中出塞，展轉居蒙古烏蘇地，遂爲滿洲人氏烏蘇。此亦異聞也。是日得詩一首。

闈中贈褚百約同年侍御成博

兩餐虛費縣官庖，睡起南窗日已高。鎖院衹貪冬睡美，在家翻覺此身勞。自前日試現任筆帖式及翻譯官後，竟無一事，每日午起兩餐而已。暫時桑下偕三宿，同歲花前感二毛。庚辰榜中余年已長。君正盛時爲世用，尚期一割助鉛刀。臺中君年最少。

初二日丙戌　晴。黎明内簾出團案。傍午爲吏部諸吏書楹帖七聯。此輩逢試場，專以此爲利市，孾墨吮豪，乞者紛紛，屢斥不去，亦可笑已。晡偕百約詣松怡園、吴聚垣閑話。

初三日丁亥　申正二刻十分冬至，十一月中。晴。黎明起，坐至公堂點名。凡取譯漢官四十名，繙譯官三十名，進聚奎堂覆試。余侍御者久不至。午始歸家。得漱翁書，并和余近作尊字韻詩兩首，冬字韻詩一首。得敦夫書，饋酸棗糕一匣，酥魚一瓿，香櫞兩枚，家鄉鹽肉一方。得介唐書，饋南中菸絲兩包。皆數日前事。得徐仲凡九月杪里中書，其季子嗣龍入都補官，饋㷄脯兩肩，佛手花兩匣，蓮子兩匣，青豆粉二合。書玉夫人饋冬笋及糖油包子。命僧喜懸三代神位圖，祀曾祖考以下，夜始畢事。

初四日戊子　晨有風，晴，下午微陰。作書致介唐。前日得灝齋姪丙吉保定書，并漢玉導一枚。

今日答其書，勸以還太原，還其玉導。弢夫來。仲弢來。爽秋來。檀□□同年璣來。比患傷風苦嗽，今日尤覺不快。命僧喜出吊詹禮部、張編修兩家。詹黼庭夫人吳奠分二十千，張璧臣（筠）夫人邵奠分六千。

初五日己丑　晴。子培來。弢夫來。徐孾芙編修來。閲《能改齋漫録》，間以朱筆評校之。劉戶部嶽雲嫁女，賀錢六千。馮心蘭侍御喪偶，奠分六千。黄禮部儒荃喪偶，奠分四千。

初六日庚寅　晴。比日頗冬暄，今日晡後覺有雪意。閲《侯鯖録》。比日不快，不見一客，亦斷慶吊，偶閲雜書自遣，得詩一首。張姬往送詹夫人殯。命僧喜祀屋之故主。夜陰。陳伯雙侍御（懋侯）奠分八千。伯雙，閩人，與其弟仲耦（建侯）孿生。仲耦早登鄉榜，由軍營官知府。同治丁卯，有楚人胡某推兩人禄命，言一至御史一至太守，竟如其言，亦奇矣。

冬日閑居戲效宋人小詩

隱隱車聲隔巷聽，閑門雖設晝常扃。風鑪童試茶三昧，雪甕鄰分酒一經。窗紙暖生初日白，屋山晴讓遠峰青。蕭然莫道無家計，落葉寒花尚滿庭。

初七日辛卯　晴。得介唐書，即復。作書致吳子修，爲吳梅梁侍郎家贍養孤釐事也。子修大父仲雲制府與侍郎甲戌同年交契，子修聞越之同鄉率資事，言尚有甲戌世誼數家可以告助，故今日從介唐取率錢月摺付之。作書致百約，屬代交俸米票。下午答拜殷秋樵，不值。詣上虞館視書玉夫人，唁其聞母訃也，并晤書玉之從弟嘯梅學良及周介夫，介夫近亦寓館中也。是日疲甚，上車不落如小兒矣，衰老可歎。得百約復。

邸鈔：兵部郎中沈恩嘉升内閣侍讀學士。

初八日壬辰　晴。子修來。弢夫來，告得電報丁父憂。午後入署，有新任提塘參謁，晤奕鶴樓、楊蓉浦、壽昌三副都。晡後出城答客一二家，詣彂夫慰問，晤漱翁、徐班侯，晚歸。百約來。陳編修昌紳來。

閱《周官指掌》。乾隆中武進莊有可大久著，凡五卷，分一百篇。其文筆頗浩瀚，而多空言義理，所論地里、官制、食貨、兵車、征税、宫室、爵命、衣服之數，亦僅舉其略，且多參以臆見。蓋全不體會鄭注，於《周禮》實不能貫串，名爲指掌，罕裨經學。大久爲養恬之族孫，武進莊氏《周官》之學，好談經制，而無真詣，其家法固如此也。

邸鈔：以太常寺少卿徐承煜爲大理寺少卿。

初九日癸巳　晴，風。比日冬暄，今日風仍不甚寒。比日疲苶之甚，咳嗽尤苦，作書致桂卿請診。

閱《宋史·藝文志》。此志舛誤百出，不可殫究。錢竹汀氏謂宋三朝、兩朝、四朝國史各志藝文，元人修史彙而爲一，不能正其次第，徒憑鈔胥照本增入，故前後失次，甲乙乖方，是也。然其重恎貤繆，繁複漏略，錢氏於《廿二史考異》中略舉其一書數見者百餘種，編次失當者四十餘種，又於《養新録》舉其失載者百餘種。盧抱經氏又取康熙間倪闇公燦所補宋咸淳以後《藝文志》，爲之校訂。然其紕漏實有不可解者，如《禮》類云：『《儀禮》十七篇，高堂生傳；《大戴禮記》十三卷，戴德纂；《禮記》二十卷，戴聖纂。』夫高堂生傳《士禮》，非作傳也，此以與纂並稱，似誤爲『傳注』之『傳』矣。又云：『鄭玄《注古禮》十七卷，又《周禮注》十二卷，《禮記注》二十卷，《禮記月令注》一卷。』夫《古禮》即《儀禮》也，鄭注並無此稱，且鄭注本連經文，何須别出？既别出矣，何以不先出《周禮》十二卷乎？又别出《月令注》一卷，是何人之注乎？其下云：『陸德明《音義》一卷，又《古禮釋文》一卷。』《音義》即《釋文》也，先所云《音義》一卷，是《禮記》乎，《周禮》乎？《古禮》之稱，又何自乎？其下云：『賈公彦《儀禮疏》五十卷，又《禮記疏》五十卷，《周禮疏》五十卷。孔穎達《禮記正義》七十卷。』公彦祇疏《周》《儀》二禮，此《禮記疏》五十卷是何人所爲乎？即此人人皆讀之書，而其謬至此，遑論其它乎？蓋纂此志者幾於目不知書矣。至小學類云『徐鍇《説文解字繫傳》四十卷』，『《説文解字通釋》四十卷』，不知《通釋》即《繫傳》也。又云『張揖《廣雅音》三卷』，『曹憲《博雅》十卷』，不知揖撰《廣雅》十卷，憲撰《音》三卷，以避隋煬名，改稱《博雅》也。又云『陸德明《經典釋文》三十卷，又《爾雅音義》二卷』，《爾雅音義》即在《釋文》中也。又云『陸法言《廣韵》五卷』，『陳彭年等重修《廣韵》五卷』，『孫愐《唐韵》五卷，《天寶元年集切韵》五卷』。不知法言本名《切韵》，唐天寶時孫愐增加，更名《唐韵》，宋大中祥符時陳彭年等重修，始名《廣韵》，天寶之《切韵》即《唐韵》也。又云『丁度《切韵》十卷』，不知度等所修乃《集韵》，非《切韵》也。此亦人所盡知，而顛倒錯亂，蓋下劣鈔胥所爲耳。晁氏《郡齋讀書志》亦出『《博雅》十卷，隋曹憲撰』，其下言憲因張揖《廣雅》爲之音，因避隋諱，改名《博雅》。雖分析言之，然標題已誤。至《廣韵》五卷，亦稱隋陸法言撰。陳氏《書録解題》、馬氏《文獻通考》標題皆同。蓋南宋後人不講小學，多不知法言之本名《切韵》矣。又載『句中正《雍熙廣韵》一百卷，《序例》一卷』。案：此事《文苑傳》亦載之，然宋人無稱及之者，雍熙既有此書，何以景德復重修《廣韵》、景祐復撰《集韵》乎？景德始修，大中祥符元年書成，賜名《大宋重修廣韵》，其敕牒見刻澤存堂本《廣韵》之首，則似並無雍熙之書。

桂卿來診，言脉沉細，中气虧甚，用《金匱》麥門冬湯參治。

邸鈔：詔：十一日親詣大高殿祈雪，命貝勒載濂等分禱時應諸宫廟。

初十日甲午　晴。得王幼遐侍讀書，以所刻《宋四名臣詞》樣本一册見示，并催余序文，即復。命僧喜答視徐誼臣，唁弢夫。

校訂《宋・藝文志》。其複出者，錢氏所舉外尚有十數，惟傳記類有《宋景文公筆記》五卷，雜家類有《宋祁筆記》一卷，小説類有宋肇《筆録》三卷，注云次其祖庠語。今本『庠』誤作『祥』。案：陳氏《直齋書録解題》載《宋景文筆記》一卷，入雜家類。晁氏《郡齋讀書志》載《宋景文筆録》三卷，入小説類，注云：『皆故事異聞、嘉言奥語，可爲談助。不知何人所編，每章冠以公曰。』《文獻通考》雜家類亦稱《宋景文筆録》三卷，其下先引晁氏語，又引《中興藝文志》：『《筆録》三卷，皇朝紹聖中宋肇次其祖庠遺語，凡一百七十條。』馬氏謂『二《筆録》卷數同，祁、庠又兄弟，一書邪？二書邪？當考』。今尚存《宋祁筆記》三卷，上卷曰釋俗，中卷曰考訂，下卷曰雜説，大氐多主名物音訓，無所謂異聞故事，絶非小説家體，每章上亦無公曰。疑《讀書志》及《中興藝文志》所載乃公序書，肇所編者，名曰《筆録》，今本乃子京書，名曰《筆記》，固兩書也。然則《宋志》惟傳記與雜家複出耳。

服藥。

邸鈔：上諭：前據張聯桂奏，廣西在籍紳士雷祖迪等呈稱已故廣西巡撫蘇鳳文功績卓著，懇請宣付國史館立傳，俟例限屆期，再行題請建祠。當經降旨允准。本日都察院代奏廣西京官鍾德祥等聯名呈稱，蘇鳳文官粤，聲名平常，輿論不洽，吏部主事雷祖迪以在京供職，並未在籍具呈等詞，赴該衙門聲明。復據翰林院侍讀唐景崇等奏蘇鳳文黷貨攘功，群情怨恨，懇請收回成命等語。國史立傳，須昭彰癉之功。蘇鳳文官粤時，不特輿論不洽，且爲衆怨所歸，豈可濫邀曠典？所有事蹟宣付史館著即徹銷，屆期題請建祠亦不准行。張聯桂於蘇鳳文聲名政績並未詳查確實，遽行入告，且雷祖迪既未在籍具呈，何以該撫率不加察？尤屬不合。張聯桂著交部議處。翰林院侍讀李紱藻升左春坊左庶子。

十一日乙未　晴。校《通考·經籍志》。馬氏此《志》，以晁、陳兩《志》爲主，兩家所不録者，增入無幾，亦有兩家有而不録者。蓋多以書之見在者爲斷，故翔實勝於它書，然所據晁《志》非衢本，故三家互校，多可補正也。每書下頗喜載宋人議論，自朱子外多空言，無足取，鄭樵議論尤多妄。庚辰同年何工部乃瑩、李郎中光宇皆嫁女，各送賀錢六千。

十二日丙申　晨晴，上午後大風，下午風益甚，多陰。撰《南宋四名臣詞序》，凡九百餘言，別存稿。葛詠裳同年來。夜風不止，月晴寒甚。

閲《通志》校讎、圖譜二《略》。其言狂謬之甚。《校讎》中極詆《崇文總目》，謂每書下多爲議論，皆可删去，其言已妄；至謂唐諸帝《實録》自知爲唐人撰，不必更系以其人撰；《太平廣記》即從《太平御覽》中摘出，不必更論其書。無論其言之謬，蓋亦不知唐武宗以下《實録》爲宋人所補撰，宋敏求所補。《廣記》成書在《御覽》之前，《廣記》成於太平興國三年，刻於六年，《御覽》成於八年。《玉海》謂《廣記》成於八年者，蓋誤并《御覽》言之。樵皆目不見此等書也。《圖譜敘》極詆劉向父子，謂蕭何所收秦圖書，《别録》《七略》皆没不載，班固作《藝文志》，因仍其陋，圖書遂亡，向、歆罪通於天。無論其言之狂誕，蓋目未見《漢志》形勢、陰陽、技巧諸家，班氏皆明注圖幾卷，形法家明載《宫宅地形》二十卷，亦不知所謂圖書者，圖附於書也。豈非病狂之人夢寐之言與！

作書并序致王幼遐。

十三日丁酉　晴，風，嚴寒凛冽。得弢夫書，言家信尚未到，近得其弟十月杪滬上書，言月之中旬離家，尊人無恙。午後答客一二家。詣永光寺街赴馮夢花消寒第三集，潄翁、班侯、子修、子封諸君已早至，爽秋後到，傍晚歸。是日遣人至朝陽門外監放正白旗甲米二千餘石。書吏送來河東、四川兩處飯銀十餘兩。夜月皎於晝。作書致弢夫。是夕得詩二首。

漱蘭侍郎再用蓴字韵詩兩首言兩人署號之故語益清新依次答之二首

魚菱家計已全貧，千里吴羹欲問蓴。豈比范梅稱道號，却宜巢菜讓閑人。沅蘭早擷黔江秀，泮茅長留浙海春。侍郎嘗典試黔中，又視學江蘇最久，於暨陽建南菁書院。祇恐釣船猶未具，不容歸卧五湖濱。

自笑烟波本外臣，强從太液辨蒲蓴。《廣雅》「蒲穗謂之蓴」，即《西京雜記》所謂太液池邊有緑節蒲叢焉。本當讀徒官切，今皆讀常倫切矣，與蓴絲字混。此高郵王氏、金壇段氏説。早知花外原無隱，敢説蘆中大有人。博士蓮銜尋昨夢，郎中萍影殿餘春。鑑湖一曲何時乞，空向鱸鄉問水濱。余嘗自號霞川花隱，又嘗官博士，久官郎中，故有第三語及五、六語。

十四日戊戌　晴。作書并寫詩致漱翁。作書致百約。孫慕韓寶琦來，子授侍郎之子也。陳嘯梅來。百約來夜談。夜月皎如昨，欲作詩寄雲門秦中，不成。

十五日己亥　晴。有書客以明陸楫《古今説海》來售，索價八金，姑留閲之。前有顧千里序，言是道光元年苕谿酉山堂書賈邵姓所重刻，其實仍陸氏元槧，惟每種之前增入《四庫提要》耳。夜月仍皎。是夕望。

十六日庚子　晴，微陰，有風。得王幼遐復書。午後答客一二家，詣弢夫，其家耗猶未至也，晡後歸。張姬詣介唐夫人，送其長女十歲衣襦、首飾等物。夜詣上虞館赴陳嘯梅之飲，坐有敦夫、介唐、介夫。是夕談明季妖書事。敫生光之姓，《明史》諸書多作「皦」，遂讀同皎。余嘗見明代小説中有兩書皆作「敫」，有一書字作「皦」而旁注音覈。今京師北城棉花胡衕内有地名敫家坑，其字作「敫」而仍呼作皎，蓋實姓敫，人不常見此字，遂改作「皦」，因呼皎耳。然據其名生光推之，又似連姓爲義，如鏡新磨、羅衣輕之類，疑其人亦自以『敫』爲『皦』矣。相傳敫家坑是生光所居，遭禍後官拆毁之，地遂成阬，故名。二更後歸，月皎甚。

邸鈔：以翰林院侍讀學士宗室會章爲詹事府少詹事。

十七日辛丑　晴。先祖妣倪太恭人生日，供饋。慧叔八弟家移居其對門路東，賀以糕、桃。得漱翁書，并和蓴字韵詩兩首，已七疊韵矣。佳句絡繹，蓴字之義已盡，不能再和。

十八日壬寅　巳初二刻九分小寒，十二月節。晴。比日頗疲劣不快。

閲《萬曆野獲編》。此書紀載翔實，議論雋永，於《明史》之外，多可取補，惟間載瑣諧褻事，終近小説。其論雜劇、院本源流正變，頗爲詳盡，至謂曲語須質而不俚，有金、元蒜酪家風，無取文藻。然亦稱臨川《牡丹亭》才情絶世，不似臧晉叔、徐靈胎之菲薄《玉茗》，以爲不足道也。

趙炳林來，故人桐孫太守之子也，以知州入都引見，饋洋燭一箱，橙、笋各一包，鯗脯一肩，受橙、燭。葛逸仙詠裳來。比夕皆有佳月，往往曳杖圃中，蕭然理詠，竟不能成一詩也。

邸鈔：詔：二十一日再親詣大高殿祈雪，仍命貝勒載濂等分禱時應諸宫廟。

十九日癸卯　晨陰，上午後雪作，入夜積三寸許。孫慕韓來，呈其婦翁張勤果公行狀。竟日閲《野獲編》。其言張永嘉、張江陵、高新鄭、沈四明功罪，皆甚平允。謂楚獄之争，郭明龍必欲勘真僞，事果得實，死者當數百人，四明不肯深究，爲老成之見。謂梃擊之獄，鄭以偉時官坊局，嘗語刑部曹郎以國朝事涉藩王者，必請大臣九卿會讞。今何等大事，乃西曹一二郎官任臆獨斷，何以服人？此類真名言也。

邸鈔：以□□□陳濟清爲浙江處州鎮總兵。本任總兵曹正興病故。

二十日甲辰　晴。午後詣漱翁家，赴班侯消寒第四集。自漱丈喬梓及主人外，到者夢花、爽秋、子培、子封而已。晚歸。邑人柳太守元俊來，以舉人入貲爲直隸知府引見入都者。婁秉衡來。

夜閲《説海》中《宣政雜録》《靖康朝野僉言》《朝野遺記》《三朝野史》。雖皆寥寥數葉，多自它説部雜摭而成，所録又非全書，然亦頗有異聞軼事，足資史學。杭人程少卿恭壽之配八十壽，送禮四千。

邸鈔：以内閣侍讀學士劉恩溥爲鴻臚寺卿。

二十一日乙巳　晴。桂卿生日，賀以桃、麵等物，命僧喜往拜。趙炳林來。遣人至朝陽門外放正白旗蒙古甲米一千九百餘石。

閲張鷟《朝野僉載》、孔文仲《珩璜新論》、彭乘《墨客揮犀》、康與之《昨夢録》、陳郁《話腴》、亡名氏《談藪》，皆《古今説海》本。寥寥不全，中惟《珩璜新論》多考證名物，精鑿可喜，餘皆短書耳。《朝野僉載》本三十卷，必多有唐佚事，自宋以來，僅存其十一，然所載率荒穢鄙誕。此等小説，大氐市里訛言，傳聞失實，使其盡存，誣蠛必多。如載隋末諸葛昂、高瓚宴設，至殺食童、妾相誇，令人掩目，不如盡亡之爲愈也。

夜陰，二更後雪復作。是日剃頭。

二十二日丙午　雪，至下午稍止，晡後微見夕景。作書致吴子修，取梅梁侍郎家率錢月摺。濮紫泉辭飲，作書致之。午後入署，晡後歸。孫慕韓來，乞撰其尊人子授侍郎神道碑，以上海石印《西清古鑑》、碧筠草堂本《笠澤叢書》、王逸梧祭酒新刻《南菁書院叢書》、共八集四十一種。石印《黄石齋先生墨蹟》兩種及龍井茗、蜜漬桃、吐鐵、醻卵爲潤筆之需。得子修復。作書致介唐。作書致慕韓，還其《西清古鑑》、石齋墨拓及香茗等。得介唐復。夜陰欲雪。閲《清尊録》，皆淫冶無稽之言，其載尼誘狄氏事，亦足爲世戒。

二十三日丁未　晴，微陰。孫慕韓來，復送所還書物來，受之，犒使十二千。得紫泉書。晡後詣敦夫、介唐，談至晚歸。

閱丁儉卿氏《佚禮扶微》五卷，《易林釋文》二卷，《投壺考原》一卷，皆《南菁叢書》本也。丁氏之學，實事求是，三書皆引據確然。其《易林釋文》備言黄蕘圃刻本所改多誤，自稱據傳鈔宋本，尤不足信，後序言近世士大夫崇尚宋本，好奇騁異之謬，尤足爲俗耳針砭。其辨牟氏庭以《易林》爲崔篆作之非，亦有依據。

夜三更後有雪。

二十四日戊申　晨及上午晴，午後多陰。鄭鹿門來。閲元和管申季禮耕《操敠齋遺書》，亦南菁書院刻也。書凡四卷，皆考證經義，頗鏗鏗有漢人家法。同年李刑部日躋奠分六千。

二十五日己酉　晴。是日約繆筱珊、濮紫泉、孫慕韓、陳雨人澤霖、陳鏡卿炎祐、朱仲立、趙炳林、徐嗣龍午飲。雨人最先至，筱珊後來，至晚始散。吴絅齋士鑑來，并送會試卷、殿試策。其會試第三策考《荀子》古義，第四策考東三省輿地，皆精博僅見。然此等不特非場屋所能辨，亦非一時發篋陳書所能爲者，以充行卷，實非體也。近年少俊風气如此，同治以前所未嘗見。惟綴學方聞之士，窮老盡气，不能幾及者，絅齋年逾弱冠，所詣至此，真可畏耳。

夜閲丁氏《佚禮扶微》。卷一佚經，卷二佚記，卷三佚文，卷四附録，管子《弟子職》、荀子《禮論篇》、賈誼《容經》、戴德《喪服變除》、《石渠禮論》、何休《冠儀約制》、劉敞《士相見義》、又《公食大夫義》。（丁氏云原父又有《投壺》一篇，釋投壺之義，今《公是集》不可得，未知此義存亡。案：此篇見存《公是集》中。）卷五補遺。其卷四末附《后蒼禮記本四十九篇大小戴共傳其學非小戴删取大戴禮論》一首，反復辨論二千餘言。按：謂小戴非删大戴者，錢竹汀氏、戴東原氏、孔顨軒氏皆證之已明，謂大戴亦傳今《禮記》，后蒼所授本止四十九篇，則丁氏之創論。然謂《大戴記》本八十五篇，今祇存三十九篇，《小戴》四十九篇，《曲禮》《檀弓》《雜記》皆分爲上下，實止四十六篇，合之適得八十五篇。《漢・藝文志》稱《記》百三十一篇，七十子後學者所記者。以《大戴》八十五篇合《小戴》四十六篇，適得百三十一篇，其四十六篇所以緟數者，漢儒最重師傳，不嫌複出。則其辭枝而非理矣。豈有既合《小戴》四十六篇并數於《大戴》三十九篇中，爲八十五篇，又分析四十六篇於八十五篇之外，并數爲百三十一篇，自來記載，有此例乎？丁氏引班氏於《論語》家載《孔子三朝》七篇，今悉在《大戴禮》中。儒家載《曾子》十八篇，今《大戴禮》有十篇，是不嫌複出，不知彼是分載各家，故不妨互見，斷無一目中複數四十六篇之理。嘗謂小戴删大戴之説，必有所本，故晉人陳邵發之，而陸氏《釋文》、《隋書・經籍志》皆述之，不然何以《大戴記》所闕，適爲《小戴》四十六篇之數？其始《曲禮》《檀弓》《雜記》三篇必不分上下，蓋小戴以繁重，始分之。《大戴》存者文皆完善，何以所亡四十六篇絶無影響？今《大戴》所存諸篇，除《夏小正》《諸侯遷廟》《釁廟》三篇本《古逸禮》外，其餘雖多微言大義，然自不如《小戴》諸篇尤爲純粹。丁氏謂后蒼所傳本止四十九篇，大小戴、慶普三家共傳之，古人重師法，故皆以此相授受，其餘三十九篇，師説所略，傳者絶少，其學遂微。此説是也。至《投壺》之與《小戴》大致略同，以中有異文，故兩存其本。《曾子大孝》之與《祭義》同者，乃《祭義》采用《曾子》之文，惟《哀公問》與《小戴》文全同，據唐人義疏引《大戴禮》，尚有《王度記》《辨名記》《禘于太廟》等篇，疑唐後又有佚脱，後人取《小戴》此篇附於《哀公問五義》之後，使從其類耳。漢人引《大戴》，有《曲禮》及《禮・檀弓》《王制》等篇，文皆今《小戴記》所無，蓋小戴有所刊落。其《諸侯遷廟》《諸侯釁廟》及《夏小正》三篇不入《小戴記》者，亦以爲逸禮，無師説，故學者不相授也。然則大戴於百三十一篇中傳得八十五篇，小戴於八十五篇中傳得四十六篇，又析其中三篇，爲四十九篇，後人遂以爲小戴删大戴，其事章章明矣。

邸鈔：以詹事府詹事惲彦彬爲内閣學士，兼禮部侍郎銜。

二十六日庚戌　晴，大風，嚴寒凛冽。午後入署，閲題本。晡後詣弢夫吊唁，以其家信至，今日始設靈床也。晤鹿門、蒓庭、子修、子封。晚歸，寒甚。讀《大戴禮》。夜風不止，室中滴水皆冰。

邸鈔：上諭：前因山西歸化城副都統奎英奏參署歸化廳同知張心泰任意虐民，有擅造非刑情事，當將張心泰先行革職，交胡聘之按照奎英所咨各款查明參辦。兹據胡聘之奏稱詳查各款，並無科斂勒索，均應毋庸置議，惟所設刑具用過三眼枷一次，係因時救弊，尚非違例虐民，懇准免其革職，仍送部引見等語。已革署歸化廳同知張心泰既據查明並無科斂勒索情弊，即著毋庸置議。惟擅用三眼枷，實屬有違定例，業經革職，所請免其革職、送部引見，著不准行。該護撫另片奏請飭該副都統以後遇有蒙民交涉事件，如命盜重案應歸廳員自理者，不得率行派員會審，如果廳員審斷不公，即咨由巡撫查明參辦等語。嗣後遇有地方公事，查照定例，和衷商辦，毋得各存意見，致滋貽誤。

二十七日辛亥　晴，大風，沍寒益厲。

閲《大戴禮》。《禮三本》篇：『郊止天子，社止諸侯，道及士大夫。』案：古惟天子、諸侯得立社。《祭法》云：『大夫以下成群立社，曰置社。』鄭注：『大夫不得特立社。與民族居，百家以上，則共立一社，今時里社是也。』《郊特牲》曰：『唯爲社事，單出里。』《正義》引鄭駁《異義》，引《州長職》曰：『以歲時祭祀州社，是二千五百家爲社也。』又云：『有國及治民之大夫乃有社稷。』是所謂置社者，即大社、國社之分置，仍爲公家之社，故云『有國及治民之大夫乃有社稷』。謂治民之地有社，故歲時州長率州人祀之，大夫以下皆往。所以云『惟爲社事，單出里』，以其在州，故里人盡出，如其里中，則何以云『單出里』乎？自秦始許民立社，故《月令》有命民社之文，鄭《志》以此爲秦社。《説文》云《周禮》二十五家爲社者，即鄭所云里社，皆援漢制，以況周制。許氏《異義》，亦必主此説，故鄭君引《州長》以駁之。是大夫以下不得有社也。然自漢以後，雖有里社，終非大夫一家所得專，至今猶然，故云社止諸侯也。道猶行也，及猶止也。行爲《月令》五祀之一，《曲禮》《月令》皆言大夫祭五祀。《祭法》言：『大夫立三祀，曰族厲，曰門，曰行。適士立二祀，曰門，曰行。庶士、庶人立一祀，或立户，或立竈。』是庶士以下不得祭行，祭行止於士大夫也。行在廟門外之西，大夫、士重外事，故祭行，庶人不得及之。《荀子・禮論》《史記・禮書》皆作『社至諸侯』，『至』明是『止』字之誤。孔氏廣森反以《大戴》『止』字爲誤，謂當依《荀子》《史記》作『至』，而訓道爲天父道、地母道，諸侯以下皆得祀土，故云道及士大夫。皆非。其下文云：『所以別尊卑，尊者事尊，卑者事卑。』其分別甚明矣。楊倞《荀子注》云：『道，通也。』亦非。《史記》作『郊曢天子』，『曢』疑『時』之誤。

《本命》篇云：男以八月而生齒，八歲而齔，二八十六情通，然後其施行。女七月生齒，七歲而齔，二七十四，然後其化成。合於三也，小節也。盧注：『男女合於三十。』中古男三十而娶，女二十而嫁，合於五也，中節也。盧注：『合於五十。』太古男五十而室，女三十而嫁，備於三五，合於八也。盧注：『備三五十，合於八十也。不言大節者，省文。』《禮記・昏義》正義引《五經異義》大戴説：『男三十，女二十有昏娶，合爲五十，應大衍之數。自天子達於庶人，同一也。古《春秋》左氏説：國君十五而生子，禮也。二十而嫁，三十而娶，庶人禮也。《禮》：夫爲婦之長殤。案：此語諸家皆以爲誤文，當作『婦爲夫之姊之長殤』。長殤十九至十六，知夫年

十四、十五。見《士昏禮》也。』陳氏壽祺云：此言士之子年十四、十五而得行昏禮，於此可見，非謂《禮》有其文也。許君謹案：『舜三十不娶謂之鰥，文王十五而生武王，尚有兄伯邑考，知人君早昏娶，不可以年三十。』慈銘案：今《大戴禮》無『應大衍之數』云云，蓋太傅此下尚有説，今佚之耳。其云中古者，謂夏、殷以上也；太古者，謂唐虞以上也；其云小節之數，指周以後言之。盧僕射注引《喪服》爲夫之姑姊妹之長殤，而謂：然則古者皆以二十、三十爲昏姻之年，十六、十四爲嫁娶之期。今有三十、五十創，非也。故譙周云：『師言此説，近漢初學者所續焉。』是盧氏以太古云云爲太傅之創説，且引譙周語，以爲漢初學者所續，非《記》文本有矣。

《本命》篇及《小戴記·喪服四制》俱言三年之喪，三月而沐。今制百日剃頭，違罪至死，竊嘗疑其過重，此以乾隆時督撫周學健等違制剃頭加重，實一時法也。實用三月而沐之禮。然《王制》云：『頭有創則沐。』今制有患癩瘡者亦准剃，此聖人之達變也。

《月令》『冬祀行』或作『祀井』，古今諸儒，聚訟紛紜，然鄭義及魏高堂隆説，自不可易。不特《月令》有仲冬祀四海、井泉，祭井自從水類，古者八家共一井，是當八家合祀，如祭里社之例，非一家所能專，故不列五祀。不然井竈並重，生人食用，朝夕所賴，豈有不報祀之者乎？

今人稱竈神爲司命，且有歲終上奏人罪福之語。此并《祭法》七小祀中司命於竈耳。鄭君謂司命主督察三命，又云小神居人間，司察小過，作譴告者。鄭君此注本兼七祀言之，然云司察小過，自於司命義尤切。《通典》引鄭冲云：『司命則司命星，下食人間，司譴過小神。』是又以爲文昌七星中司命之精，皆聖人以神道設教之旨，所謂禮失而求諸野也。《祭法》正義曰：『司命者，宮中小神。熊氏云非天之司命。皇氏云司命者，文昌宮星，其義非也。』慈銘案：此雖非文昌之司命，然鬼神皆禀精英之氣，故能作譴告，所以通幽明也。

是日遣人詣朝陽門放正白旗漢軍甲米一千三百餘石。夜風。

邸鈔：上諭：前因給事中洪良品奏參内閣侍讀薛浚交通杜權，有在外招摇情事，當派徐桐、懷塔布查辦。兹據查明覆奏，薛浚既無與杜權交結往來，原參各節皆無確據，即著毋庸置議。暫革州判杜權以職官致有綽號，與刑部官人來往，實屬衣冠敗類，著即行革職，照所擬杖六十，徒一年，滿徒解回原籍，交地方官嚴加管束，毋令來京滋事。　以通政司參議常明爲太常寺少卿。

二十八日壬子　晴，晨風暫止，巳後復大風，寒冽益廩廩。前日被旨，派今日驗看月官，上午入東長安門，步入天安門、端門。寒甚欲僵，偕同官趙侍御時俊坐朝房茗談小愒，稍覺舒復。午詣午門驗看月選官等共百三十餘員，復步行而出。風吹欲仆，气喘不可支矣，戲爲口號一首。日昳還家，始飯。陳學良來。趙炳林來。夜閲《五經異義疏證》。

十一月二十八日被旨赴午門偕諸大臣驗看月選官大風寒甚戲爲口號示同官

閤吏追班趁午鐘，蒙頭擁袖太籠東。玉螭闌楯全低雪，金爵觚棱直上風。九列寒僵冰柱裏，三門色濟日華中。貂裘此際趨朝况，爲語茅檐曝背翁。

邸鈔：以光禄寺少卿岑春煊爲太僕寺少卿。

二十九日癸丑　晴，風，嚴寒。閲《五經異義疏證》。昨微覺中寒，今日不快，嗽益劇。夜風不止。

邸鈔：皇太后懿旨：本年順天、直隸雨水過多，灾區較廣，現在天氣嚴寒，小民困苦，發給内帑銀一萬兩，以資振濟。　翰林院侍讀唐景崇升右春坊右庶子。

三十日甲寅　晴，上午後又風，傍晚稍止。比日寒栗，爲近年所無，今日午後覺少減。爲王黼臣書團扇，即作片致敦夫，得復。遣人至朝陽門放正白旗步甲米四百餘石。共放過正白旗粳米一萬二千一百六十五石零。

閲《白虎通疏證》。漢儒總説群經之書，《石渠論》既亡，幸此書與《五經異義》僅存。而《異義》掇拾奇零，已不過十之四五，此書獨完善，最爲可寶。惟當日人主臨講，稱制裁决，故多定於一説，罕列同異。《異義》備引諸家，又折衷以許、鄭兩大儒，雖久散佚，而唐人正義采之者多。故兩書相輔，足爲經義之窟。《異義》得陳恭甫氏疏證，最稱精審。此書近儒陳卓人疏證，亦爲晐密，正文俱依盧抱經氏校定本，皆有明據。兩書正鑽掔不盡也。

邸鈔：翰林院侍講學士綿文轉侍讀學士，左春坊左庶子鍾靈升侍講學士。

十二月乙卯朔　晴，風止，稍和。

閲《白虎通疏證》。比以校勘丁儉卿《佚禮扶微》，紛紜數日。丁氏此書晚年所成，蓋多付之鈔胥。其引《白虎通》《五經異義》及《禮記正義》中所存佚《禮》文，往往并解義及解它文之語，牽連綴入，幾於不辨文義。丁氏何至疏失至此，必寫者之誤，今日俱校出之。《白虎通·封公侯》篇中『太子有采地』一條，引《禮》本有誤文，丁氏輯入，幾不可讀。余謂此蓋引《禮記·王制》文『天子之元子猶士也』語，傳寫誤作『《禮》曰：公士大天子子也』耳。下云：『無爵而在大夫上，故知百里也。』以無爵故同於士，以在大夫上，故封百里。《孟子》謂『天子之卿受地視侯』，太子蓋同卿制。

初二日丙辰　晴。

邸鈔：上諭：慈禧端佑康頤昭豫莊誠壽恭欽獻皇太后至德光昭，鴻猷普被，甲午年欣逢花甲昌期，壽宇宏開，朕當率天下臣民臚歡祝嘏。所有應備儀文典禮，必應專派大臣敬謹辦理，以昭慎重。

著派禮親王世鐸，慶郡王奕劻，大學士額勒和布、張之萬、福錕，户部尚書熙敬、翁同龢，禮部尚書崑岡、李鴻藻，兵部尚書許庚身，工部尚書松溎、孫家鼐總辦萬壽慶典，會同户部、禮部、工部、内務府恪恭將事，博稽舊典，詳議隆儀，隨時請旨遵行。　兵部郎中曾樹椿授安徽鳳陽府知府。

初三日丁巳　晴。作書從弢夫借贏。朱桂卿夫人來。下午日景滿窗，評閱學海諸生課卷，甫得一二本，日斜硯凍，不能用筆矣。出詣王幼遐同年談。幼遐以新刻賀方回《東山樂府》并《補鈔》一卷見贈，凡十册。《樂府》據汲古閣毛氏傳鈔本補鈔，出知不足齋鮑氏，道光末錢唐人王迪得之，今在陸氏皕宋樓。詞凡百餘闋，絶無傳本，不知鮑氏得之何人也。晚詣湫丈家赴子培、子封兄弟消寒第五集，至夜一更後歸。弢夫之尊人今日五七之期，命僧喜往送燭楮。是日丑正三刻八分大寒，十二月中。

邸鈔：明保江蘇補用道宋春鼇交軍機處記名，以海關道員用。

初四日戊午　晴。評改學海堂課卷。下午答客二三家。傍晚詣孫慕韓兄弟，小坐歸。趙炳林來，以其尊人桐孫同年所著《左傳質疑》一册、《梅花洲筆記》一册見貭。其《左傳質疑》三卷，余嘗序之，後續添《讀左餘論》一卷，皆論其大恉及文義，亦頗能貫穿。《筆記》雜考經史，皆實事求是之言。末附《四書問》一卷，亦有新義。得王氏妹十月十四日書、四弟婦十月十九日書。

邸鈔：上諭：御史文郁奏各衙門會核秋審朝審招册，爲時太促，請飭刑部先期分送，以備詳核一摺，著刑部議奏。上諭：御史文郁奏吏部銓補各項，捐班人員宜嚴防取巧，以免偏枯等語，著吏部議奏。

初五日己未　晴。剃頭。評改學海堂諸生課卷訖。周介夫來。幼遐送來《南宋四名臣詞》二十册，即作片致敦夫、介唐，送兩册去。

《王荆公集·張工部廟》詩云：『使節紛紛下禁中，幾人曾到此城東。獨君遺像今如在，廟食真須德與功。』李雁湖注云：『未詳何人。』案：《荆公集》此卷多江浙間詩，其下一首《寄伯兄》有云『身留海上去何時』，蓋知鄞縣時作，此詩亦必作於浙中。所謂張工部者，張夏也。《宋史·河渠志》載真宗景德中，張夏以工部郎中爲兩浙轉運副使，治海塘有功，死後廟祀之。今吾越所謂張相公也。國朝雍正中封静安公。越中香火最盛，杭、寧間亦有廟。京師内城高碑胡同、外城閻王廟街皆有張相公廟，亦以名其地，即越人之爲商賈都中者所造。城外廟中有碑甚詳。荆公詩所謂城東，蓋即杭城或越之東郭，然則廟之由來遠矣。

初六日庚申　晴，有風，旋止。評改問津諸生卷。桂卿來，饋肺露一瓶，即乞其診脉。

初七日辛酉　晴陰相間。作書致桂卿，贈以《南宋四名臣詞》《賀東山詞》各一册，得復。撰弢夫尊人菊人年丈輓聯云：『祭酒一鄉尊，胡爲壽靳期頤，不見稱觴齊物侍；簪豪三署近，忽駭訃傳禁密，難勝試孝彦猷哀。』以白綾書之，即作書致弢夫。爲陳梅坡、楊壽孫、德孫各書楹帖，即作書致梅坡。得爽秋書，并饋銀二十兩爲余作生日，且以近詩二首見示，詞翰高絶，其意甚勤。即復書謝，力辭之。夜四更時雪。

邸鈔：上諭：御史蔣式芬奏内侍屬託大員，請飭查辦一摺。據稱本年六七月間，有太監金九者在西苑門外直廬向刑部侍郎薛允升手遞一紙，聞係地畝案件，再四囑託，該侍郎未曾接受。又聞該太監先曾屬託尚書貴恒，是否應允，無從知悉等語。著貴恒、薛允升明白回奏。

初八日壬戌　大雪，至晚積三寸許，稍止，寒甚。煮臘八粥祀先。得爽秋書，再送銀來，再作復辭之。兩書往復，皆可存也。下午入署辦事，至晚歸。同邑俞孝廉鈞來。夜陰寒欲雪，閱問津諸生課卷。比日評改，得一百卷，將乞敦夫竟閱其餘，作書致之。

初九日癸亥　終日陰凝，有風。閱寶應成芙卿蓉鏡《心巢文録》上下二卷，《南菁書院叢書》本也，皆考證古義，多切實之談。其《釋飯鬻》《釋餅餌》《釋祭名》三篇可以輯入《續爾雅》。夜晴，有月。爲群子姪改詩文數首。得爽秋書。

《孟子・梁惠王》篇『齊人伐燕勝之』兩章與《公孫丑》篇『沈同問燕可伐與』及『燕人畔』兩章，明是一時之事。王白田據《史記》燕文公卒，齊伐燕取十城一事，屬之《梁惠王》篇，以爲宣王時事；以《公孫丑》篇事屬之湣王，謂是殺王噲醢子之役。故《梁惠王》篇皆明稱宣王，《公孫丑》篇但稱王，以其爲湣王時或尚在，或門人以湣王不終諱而追去之。其説甚巧，然止取十城，不得便云取燕，且文公卒、易王立，燕未大創，何得云毀其宗廟、遷其重器，又云謀於燕衆，置君而後去之乎？王氏之説，本之《黄氏日鈔》，實不足信。惟易王無名，王噲無謚，余嘗疑王噲即易王也。《史記・燕世家》本極疏略，所載諸君多無名，然易王始與六國稱王，其名不應無考，昭王爲王噲之子，何以不爲父立謚？謚法好更改，舊曰易，正以王噲讓國於相爲反易天常，故以此謚之耳。

殷蕚庭生日，饋以桃、豚、燭、麪。

邸鈔：上諭：前據御史蔣式芬奏參内侍屬託大員公事等語，當令貴恒、薛允升明白回奏。兹據貴恒奏稱並無太監屬託地畝案件，薛允升奏稱本年夏間在西苑門直廬，有人手持紙條投遞，拒不肯收，其人亦即走去，匆遽之間，未及問其姓名各等語，即著毋庸置議。嗣後如有此等情事，各該大臣即應據實奏參，照例懲辦，以昭炯戒。　以内閣侍讀學士沈恩嘉爲太常寺少卿。

初十日甲子　晴。浙江同鄉官謝杭州等府減緩錢糧恩，以近日嗽劇，不能夜行，不果往。仲弢來。作書致敦夫，饋以雉膾、吐鐵、菽鷄、蜜桃。閲《能改齋漫録》。夜月頗佳。

十一日乙丑　晴。評改三取諸生課卷，得四十本，以其餘託介唐代閲，作書致之。作書致仲弢。得介唐復。

閲《睢陽五老圖》册，以伯希質之李在銛太守，得二百金，將以購宋槧《周禮纂圖互注》也，昨屬仲弢來取甚急，故今日細閲一過，將跋而歸之。夜月殊清皎，命僧喜録《五老圖》中宋、元人題跋。杜正獻年在五老中爲最少，而錢明逸撰《睢陽五老圖記序》以正獻爲主，故有云『明逸游公之門久矣，以鄉閭世契，倍厚常品，今假守留鑰，日登翹館，因得圖像占述序引』云云，是此記實承正獻命而作者。臨川何同叔異跋譏其以畢世長年最高，而次之第三，謂文、富耆英之會洛陽，風俗以齒不以官。錢之序次先後，不能無議，不知錢序既主正獻，自不得不以官位爲序。然其文殊率爾，凡宋、元名人所跋，無一成文語者。書法亦多不工，且有誤字。如范文穆、洪文惠、文敏三公之跋語，皆拙甚，兩洪之字亦劣；石湖書與楊誠齋題字如出一手；元人柳道傳跋亦甚拙，又有誤字；虞道園跋亦不佳；趙期頤、周伯琦篆法一律；明吴匏庵兩跋前後相去二十年，而字體墨色豪髮不異。考都元敬《寓意編》載崑山朱氏所藏《睢陽五老圖》，有錢明逸序，而無歐陽公、司馬公以下詩，惟存南宋及元人題跋與此本同，疑此是臨本，且出不讀書人所爲，故往往不辨文義耳。所載洪武戊辰金陵王遜一記最詳，凡南宋人題跋、觀款及圖之源流、朱氏之世系皆備載之，而末兩行剥蝕有闕，文中間亦有誤字。余觀葉石林《詩話》言正獻少清羸，若不勝衣，年過四十，鬢髮皆盡白；蔡寬夫《詩話》云正獻公風姿尤清古，年近七十，髮鬢皓然，無一莖黑者。今此册所繪，乃豐頤龐碩，如偉丈夫，絶無見爲清羸者，頗亦疑非真像矣。

十二日丙寅　晴。弢夫爲其尊人開吊，午後往吊，送奠儀八金，晤仲弢、爽秋、班侯、鹿門、子修、紫泉諸君。飯後偕漱翁談。晡後視慧叔弟家，又答拜兩邑子而歸。南半截胡衕内大井胡衕有通州楊氏宅，頗華敞，余於辛未歲曾卜居不成，今粤人購之爲順德縣館，頃以答客過此，闌檻回合，有海棠數株，竹石翛然，藤架間之，積雪滿地，清綺如畫。都中偶得此境，令人流連不置，亦可歎矣。夜月甚佳。庚午同年哲生給事貴賢爲子娶婦，送賀錢六千。

十三日丁卯　晴。得陸鳳石祭酒書，以其尊人九芝翁所著《世補堂醫書》三種見贈。第一種爲文集，皆論醫學者，甚多名理，於仲景《傷寒論》闡發尤精。得桂卿書，爲代購遼參四兩。作書致弢夫，爲車贏也，得復。趙知州炳林來。爲伯希撰《睢陽五老圖》後記，凡千餘言，别存稿。夜月如晝，坐杏花香雪齋寫圖記，至三鼓畢，即作書致王旭莊，屬其轉交。

十四日戊辰　晴。作書致桂卿。得旭莊書。得爽秋書，饋唐花牡丹兩盆，紅梅兩盆，梅花兩盆，榆葉梅兩盆，作書復謝，犒使六千。是日閲學海堂課卷。『鄭義六天解』，『亥有二首六身賦以題爲韵』，『松枝代麈尾賦以捉取松枝張譏勝事爲韵』，『庾亮論』，『擬蕭大圜言志後』，『圓圓曲』。取内課李鳳池等五名。張大仕第四。孫慕韓來。

邸鈔：詔：不入八分輔國公載瀾之第四子命名溥倓。以□□□□祥祺爲通政司參議。以鴻臚寺少卿殷如璋爲光禄寺少卿。

十五日己巳　晴，午前小有風。得爽秋書。敦夫生日，饋以酒兩罎，作書致之，午後往拜，不值。出朝陽門驗放甲米一千二百餘石，至晚始歸。葛逸仙來。是夕邀逸仙、敦夫、介唐、介夫及陳嘯梅、婁奎照、陳炎祐、徐嗣龍飲宜勝居，以小極不能往，命僧喜陪席，作書致敦夫諸君。是夕望，月皎於晝。夜閲方端齋申《易學五種》中之《諸家易象别録》。

邸鈔：上諭：欽奉慈禧端佑康頤昭豫莊誠壽恭欽獻皇太后懿旨：甲午年爲予六旬壽辰，皇帝率天下臣民臚歡祝嘏，特派王大臣等舉行慶典，具見誠敬之忱。予歸政以來，仰荷昊蒼眷佑，列聖垂庥，用能膺受蕃釐，康强逢吉。兹以花甲初周，皇帝攄愛日之誠，洽敷天之慶，歡欣稱祝。予若却而不受，轉似近於矯情。惟念海宇雖已乂安，民氣亟宜培養，每於皇帝侍膳問安之際，必以去奢崇儉、愛育黎元諄諄訓誡。皇帝當仰體此意，以國計民生爲念，孜孜求治，俾四海咸臻樂利，物阜民康。仰志承歡，孰大於是，正不在備物將忱也。此次辦理慶典，王大臣等於應行典禮，查照舊章，請旨遵行外，其餘一切用款，務當力求撙節，毋得稍滋糜費，以副予慎懷節儉、體念閭閻之意。中外諸臣，其各勤職守，共濟時艱。内而王公、一二品文武大臣，外而將軍、督撫、都統、副都統、提督、總兵，照例應進貢物緞匹，均著毋庸進獻，以示體恤。本年特頒内帑振濟順天、直隸貧民，嗣後每年發銀二萬兩，交順天府府尹、直隸總督普濟窮黎。甲午年每省各賞銀二萬兩，交各將軍、總督、巡撫核實散放，均由節省内帑項下給發，用示行慶施恩、有加無已至意。欽此。朕欽奉懿訓，祇切遵循。將此通諭知之。

十六日庚午　晴。得蔡鶴廎里中書。得周玉山按察書，并饋炭十二兩。介唐夫人明日生日，送以桃、麵等四事，又饋歲冬笋、銀魚等四合。晡詣漱翁家赴爽秋消寒第六集，夜歸。通倉送來秋俸米七石八斗。朱笏卿來。敦夫來。得介唐書，饋醬蚶一盤，并承代閲三取生童卷兩束，作書復謝。是夕月皎如昨。所畜一貓十年矣，病死，埋之圃中，以葦裹食殉之。

十七日辛未　晴。亥初初刻九分立春，正月節。自定六、七兩月三取課卷。昭文孫秀才同康來謁，以所著《師鄭堂集》爲贄。集共六卷，多説經之作，專宗高密，考據鑿然，它文亦簡絜有體裁。聞其年甚少，一時未易才也。下午詣介唐家拜生日，送傀儡戲一堂。詣褚百約談。晚赴介唐之飲，張姬、僧喜亦往。夜二更歸，月甚佳。是日剃頭。遣人至朝陽門放鑲紅旗甲米二千一百餘石。

十八日壬申　晴。閲《宋史》及宋人説部，欲考一事不得，遂紛紜竟日。得山西冀寧道同邑俞觀察廉三書，并饋炭銀十六兩。趙金緘炳林來辭行。夜草《請舉行臨雍以光大典疏》《請嚴覈保舉以杜倖門而清流品疏》。《臨雍疏》附一片請勤聖學；《保舉疏》附三片，一請停止廢員開復，一劾前任山東運河道鐸洛崙、前任安徽蕪關道雙福、前任四川川東道丁士彬、前直隸候補道楊鴻典等四人復用，一劾現任順天府府尹孫楫。三更後俱畢。

邸鈔：以詹事府少詹事朱琛爲詹事。以通政司參議田我霖爲内閣侍讀學士。侍講馮文蔚轉補侍讀，左中允李培元升侍講。

十九日癸酉　晴。是日封印。上午答客數家，晤仲弢及孫師鄭，午歸。先本生大父蘊山府君生日，供饋肉肴七豆，菜肴三豆，餘如常儀。仲弢來。夜四鼓偕敦夫、介唐諸君入内，以浙江同鄉官謝減緩杭州等府歉歲錢糧恩也。坐工部朝房。

二十日甲戌　晴。黎明謝恩畢，偕同鄉十四人早食聚豐堂。辰刻出城，送趙金緘行，饋以乾果兩匣，糕餅兩匣，巳刻歸。作書致仲弢，詒以河南百合一合，是前日族弟小圃自大梁所寄者，又以一合餉介唐。孫慕韓來。閲《宋史》。漱翁來。

二十一日乙亥　晴。作書致桂卿，借車贏。作片致百約，得復。翁叔平師饋歲十六金，作書復謝，犒使八千。得孫師鄭書，以紈扇乞書畫。仲弢來。傍晚寫疏訖，夜封牘，二更入内遞奏事處上之。

晤同年王蘭箎侍御濂，亦遞封奏者，並晤唐暉庭給事。危坐九卿朝房待旦，飢乏殊甚。

二十二日丙子　晴。黎明晤爽秋。日出時旨下，余兩疏一交議、一允行。辰刻歸家，小卧。作書致季士周，并課卷三箱。六月問津生題『曰文王何可當也』兩節，童題『尺地莫非其有也』三句，詩題『竹簟凉風眠晝永得眠字』。生九十四人，取内課劉葆善、李鳳池、陳澤寰等二十名；童六十一人。三取生題『夏后殷周之盛』二節，童題『地不改辟矣』三句，詩題『千首詩成一竿竹得竿字』。生五十四人，取内課陸澎、劉藴真、李耀祖等十名；童三十三人。七月問津生題『齊人伐燕勝之至武王是也』，童題『古人有行之者至古之人有行之者』，詩題『櫻桃解結垂檐子得垂字』。生一百人，取内課李鳳池、王春瀛、張大仕等二十名；童六十四人。三取生題『齊人伐燕取之』一節，童題『湯是也』至『湯一征』，詩題『楊柳能低入户枝得枝字』。生四十八人，取内課于文彬、陳文炳等八人；童三十三人。兩次問津卷多託敦夫代閲。作書致敦夫。作書致桂卿。作書致仲弢。王莪子自金陵饋炭銀十二兩。夜得爽秋書，即復。作書致漱丈。徐侍御家鼎奠分四千，朱小唐詹事續娶賀錢八千。

二十三日丁丑　晴。得季士周書，送來明年春季脩脯等銀二百五十七兩，即復，犒使二金。霞芬之家來告昨夕玉隕，其稚子望門叩頭去，爲之慘然，遣人賻以十金。桂卿詒牡丹二盆，紅梅、碧桃等六盆，作書復謝。子培來。劉生曾枚來。夜祀竈，四更祀門、行、户、井、中霤之神，五更畢事後小飲。是夕有大風。

邸鈔：上諭：御史李慈銘奏各衙門恭辦萬壽慶典，風聞工部於未奉旨之先已派司員六十人，近日派至八十餘人，預爲夤緣者保舉之階，所關風氣，實非淺鮮，請飭各部院堂官慎選司員，力杜情面等語。著各該堂官等於應派司員，務須揀派熟悉禮儀之人，敬謹襄辦，不得瞻徇情面，率派多人，濫竽充數，以昭祗恪而重典禮。上諭：國家論功行賞，本有一定章程，不容越級請保，致滋冒濫。近來各項勞績保舉，往往不按定章，率行請獎，殊不足以昭核實。嗣後各部院衙門遇有保案，務須謹守成例，所請不准過優。各直省督撫亦當循名責實，嚴核保舉，毋得虛張功績，濫保多人，用副朝廷慎重名器至意。詔：翁曾桂調補湖南岳常澧道，廷杰調補湖南辰沅永靖道。詔：安徽徽寧池太廣道楊儒以四品京堂候補。詔：户部員外郎袁昶補授安徽徽寧池太廣道。上諭：御史余聯沅奏楚臣屈平請從祀文廟一摺，著禮部議奏。

二十四日戊寅　晴，風。黎明始就寢，至日加巳起。得仲彝江寧書，并饋炭銀三十兩。周介夫來。陳鏡卿炎祐來。褚百約來。是日换桃符，大門云：『飛騰暮景能迎歲；澹沱春風爲掃門。』中堂云：『三徑絜風吟雪宴；四窗花影讀書燈。』正寢云：『直道不須焚諫草；和風常自驗栽花。』後堂云：『玉麈香囊花蕚集；銅盤别饌竹林風。』先賢祠云：『金管嘉言編典録；瑶池慶榜集仙才。』晡時詣爽秋，賀其擢蕪湖道，不值。詣漱丈家，以今日漱丈喬梓偕班侯、旭莊、桂卿、爽秋、子培、子封、萝花、子修爲余作生日也，夜飲至二更歸。敦夫來。旭莊以金壇新出土唐魏法師碑一通見詒。李若農師饋歲十六金，作書復謝。

二十五日己卯　晴。朱笏卿、朱仲立、楊壽孫、德孫、陳蓉曙、梅坡、吴佩蒽、韓子喬以余生日，合送唐花，牡丹六盆，迎春四盆，紅梅兩盆，碧桃兩盆，作書復謝，犒使十千。作書致桂卿，還代購參銀六兩四錢。作書致敦夫，饋以醴鷄、醴肉、羞肉、年粽。作書致弢夫，饋以餅果。夜初家人先作暖壽筵，於朱霞精舍點燈小飲，微醉陶然。假寐一時，即起入内，以明日各省京官合謝皇太后恩賞二萬銀也。丑正至東華門，步入景運門，偕介唐、介夫及惲次遠閣學坐工部朝房。簪佩咸集，坐無隙處，後至之客，斂膝難容。

二十六日庚辰　晴。寅正後摺以次發下，各省分謝恩訖，仍坐朝房待，至日出詣聚豐堂公宴，巳初歸家小卧。張薌濤尚書饋銀五十兩。徐誼卿送牡丹兩盆，婁儷笙送梅花兩盆，皆爲余生日壽也。陳冠生修撰冕來。祁師曾來謁，文恪公之冢孫，李高陽外孫也。單孝廉崇恩來。介唐諸君饋生日桃、麵、酒、燭。夜庖人司馬小虎治筵獻壽，偕家人飲朱霞精舍，小設燈燭，僧喜買鶴鹿燈一對爲壽。二更席散後盥洗，撰《告曾祖考祖考文》《告先考先妣文》《告亡室馬淑人文》《告季弟彦僑文》。以明日祭先，立僧喜爲嗣也。

荀學齋日記後丁集之下

光緒十九年正月初一日至八月三十日（1893年2月17日—1893年10月9日）

光緒十九年（一八九三）

光緒十有九年太歲在昭陽大荒駱春王正月在畢陬元日乙酉　晴，風從艮地起。黎明入内，至太和門。辰正三刻，上御太和殿受朝賀。臣慈銘立三品班，監百官行禮。禮畢，偕諸同官坐朝房久談。上午出城，詣先賢祠行禮，詣靈氾分祠及觀音堂拈香。還家，祭歲神，燃爆鞭，叩謁先像，供湯圓子。介唐學士來拜先像。是歲余年六十有五矣。午後取芧麻三粒，一書『天下太平』，一書『天子萬年』，一書『六十五人』，命僧喜書『萬壽無疆』。取《唐國史補》中盛事兩則作春勝，付僧喜。下午偕家人擲采選圖。是日來賀者，同鄉敦夫、介唐、介夫，同官楊副都頤、李府丞鴻逵、鄭吏垣嵩齡、唐給諫椿森，同年陸祭酒潤庠、龐太史鴻文兄弟，知好張狀元建勳、文榜眼廷式，及門周户郎文令等六十人，惟敦夫及周生請見。

夜閲《會昌一品集》。其文高潔宏麗，無體不美，篇篇可傳，中唐以後，合陸敬輿、杜牧之而一之，它人無與比也。其《請改封衛國狀》言：『亡父先臣，憲宗寵封趙國，先臣傳與嫡子嫡孫寛中，小名三趙，意在嫡嗣，不及支庶。』《謝改封衛國公狀》又云：『亡父先臣，開國全趙，亡兄已經繼襲，未得傳孫。』是吉甫長子德修已襲封趙國公，而舊、新《唐書・李吉甫傳》及《新書・宰相世系表》俱不之載，此可以補史闕。

邸鈔：上諭：明歲恭逢慈禧端佑康頤昭豫莊誠壽恭欽獻皇太后六旬萬壽，仰維懿德，普被寰區，慶洽敷天，歡臚率土，允宜殊恩特沛，嘉惠藝林。著於本年舉行癸巳恩科鄉試，二十年舉行甲午恩科會試，俾兹多士忭舞觀光，用副朕錫類延釐、壽世作人至意。

初二日丙戌　晴。上午叩先像，供紗帽餡子及酒。下午出門賀年二十餘家，晤敦夫、介唐，拜介唐先人像，傍晚歸。王幼遐、周介夫皆邀安徽館内閣團拜觀劇，俱辭之。是日來賀者五十三人，亦有請見者。閲《李衛公别集》。諸賦皆命意高秀，詩尤清麗。卷九、卷十皆平泉山居詩文，情縟旨深，令讀者遐想不盡。是日酉初初刻十分雨水，正月中。

初三日丁亥　晴。上午叩先像，供炒年糕及酒。午後出門，賀年四十餘家，晡後歸。是日來賀者，許侍郎師應騤、徐侍郎師樹銘、李侍郎端棻、錢侍郎應溥、朱詹事琛等三十四人。夜王姬侍。

初四日戊子　晴，風，下午尤横，傍晚止，亦不寒。先像前供炒麵及酒，命僧喜及諸姪代行禮。命僧喜賀年三十餘家。是日來賀者二十四人。夜與子姪擲采選圖三周，又與家人爲點籌之戲。

初五日己丑　晴。閲《李衛公外集》。晚年之作，筆力稍衰，興采亦減，然識詣精進，尤多名論。得孫師鄭乞書扇書。得子培薦從僕書。夜祀先，肉肴五豆，菜肴四豆，果羹一。是日來賀者，廖侍郎壽恒、惲閣學彦彬等三十二人。

初六日庚寅　晴。閲《李衛公集》。杜元穎之相穆宗，建銷兵之議，致河北復叛，及帥西川，又召南蠻之亂，中唐之罪人也。而衛公有論故循州司馬杜元穎兩狀，稱其潔廉畏法、忠藎小心；又言成都被兵，由於韋皋邀結南蠻爲其外援，親昵信任，事同一家，亭障不修，邊防罷警，後人加置一卒、繕理一城，必有異詞，便乖鄰好，自武元衡以後三十餘年，戎備落然，不可獨責元穎。此當日平情之論，爲史所未詳。韋執誼坐伾文之黨，世以爲小人，而衛公有《祭韋相執誼文》，稱爲賢相，且云『信成禍深，業崇身喪』，又云『儻知公者，測公無罪。不知我者，謂我何求』，『臨風敬吊，願與神游』。其推許之如此。雖朱崖均貶，氣類相傷，亦足知叔文之才，固欲效忠唐室，執誼與劉、柳等皆思倚以成功，一蹶不支，身名交喪。史以成敗論人，非公言也。

其《奇才論》言甘露之變李訓畫策之謬。《新唐書》訓、注傳論贊取其説，謂訓因王守澄得幸，『日夕游於禁中，出入無礙。此時挾守澄之勢，與天子契若魚水，北軍諸將，望其顧盼，與目睹天顔無異。若以中旨諭之，購以爵賞，即諸將從之，勢如風靡。訓捨此不用，而欲以神州靈臺游徼搏擊之吏、抱關擁篲之徒，以當精甲利兵，猶霜蓬之禦烈火矣』。余往嘗著論，以爲不然。訓自日親用事，已爲中人所忌，及入相之時，已誅楊承和、王踐言，杖殺陳弘志，酖死王守澄，南北司已如水火，訓安得復出入軍中，潛説諸將？使在未相以前，則勢位尚輕，忽以中旨密諭諸將，亦未必能信從。衛公雖耳目見聞，亦一時揣度之言，未必悉中事理。今觀《奇才論》，又云：『賴中人覺其變，未及其亂。向使訓計盡行，所誅者不過侍從數百人而已，其徒尚數千人，與北門協力報怨，則天下横流矣。』且引竇武之事爲證。此真老成之言矣。訓所用者，自金吾及臺府卒隸外，王璠、郭行餘兩鎮迎候之兵耳。惟遠恃鳳翔，而與鄭注又自相疑。其時北軍久制於中官，恩義固結，已成不拔之勢。使當日金吾仗内幸誅仇士良等，不過大璫數人，行餘、李孝本等上殿毆擊，所殺亦不過近侍小璫而已。中人之握兵權、居禁中者，豈能以一詔召之，皆束手就死？勢必奉天子出居於外，召鳳翔之兵，合力相攻，不特宫中流血，殿闕成燼，且將士庶塗炭，城市丘墟。而鄭注終是僉人，將如何進之召董卓，韓約、孝本其才，又非袁紹等比，其禍更有不可勝言者。所謂讒人以君,儌幸也。衛公此論,固已燭照後來崔胤之事。其末云:『嗟乎!焚林而畋,明年無獸;竭澤而漁,明年無魚。既經李訓猖獗,則天下大勢亦不可用也。』何其言之深切哉!宋景文不全采此論,僅剌取其以中旨諭諸將之説,未得衛公本意。

是日來賀者十四人。介唐夫人來。書玉夫人之第四女蟾娘來,姬人等留之。得戴青來編修書。

初七日辛卯　晴。先像前供饅頭茗飲。午後答客二十餘家,便道過廠市入火神廟略一游覽,遇朱芴卿、陳梅坡,同至餘姚館小坐,傍晚歸。得邑子靖江令張拜庭嘉言書,饋炭銀二十兩。作書致敦夫。是日來賀者,徐蔭軒協揆師、李若農侍郎師及同官洪户科良品、丁侍御之栻等十六人。

初八日壬辰　晴。比日春光和煦,今日尤佳。閲《新唐書》。張姬答拜諸宅眷。傍晚答客一二家。詣子修消寒第七集,到者漱丈、仲弢喬梓,子培、子封兄弟,伯希、夢花、爽秋、班侯。夜二更歸,月色清寒。是日來賀者,李常卿端遇及同官貴給諫賢、方給諫汝紹、如侍御格等十四人。

初九日癸巳　晴,有風。晨卧中疾動,甚憊,幾不能起。作書致敦夫,爲請同鄉春酒事,得復。得越中霍子方太守賀歲書。作書致仲弢。晡後詣福州館拜旭莊太夫人生日,又答客十餘家而歸。是日來賀者,汪侍郎鳴鑾、李編修盛鐸、檀編修璣。

邸鈔:刑部左侍郎清安因病奏請開缺。許之。

初十日甲午　晴,上午甚和霽,下午有風。漱丈來。蓴庭來。旭莊來。下午答客二十餘家,城外略盡矣。詣周介夫,聞其家中有急報也,晚歸。是日來賀者,左翼文總兵文秀等七人。

夜閲《新唐書》。漢靈帝之鴻都觀、北齊武成之文林館、唐中宗之修文館、宋徽宗之延康殿,即宣和殿。皆濁世昏亂所爲也,然當其際,皆極一時之盛,文林館中,人才尤著,經儒文傑,皆萃其地,惟修文館足以亞之。其時如李嶠、崔湜、沈、宋、富、閻，雖皆僉人，而文采艷發，照映今古，鴻都、延康，不足比也。

十一日乙未　晴。先妣生日，供饋於室，素肴七豆，肉肴三豆，饅頭一大盤，時果四盤，乾果四盤，蔬餡包子兩盤，瀹麵一巡，餘如常儀。剃頭。得仲弢書，即復。作書致介唐，約今夕飲，得復。漱丈來，敦夫來，介唐來，仲弢、叔容來，子修、絅齋喬梓來，劉樾仲之子霞士來。夜設飲於軒翠舫，以明日仲弢四十生日，故爲之壽也。二更時散。得許仙坪河帥書，饋炭三十金。得陳六舟中丞書，饋炭十六金。

邸鈔：上諭：前據御史李慈銘奏順天府府尹孫楫有訶斥屬吏、積壓公事等情，當派徐桐、翁同龢確查。茲據查明覆奏，前任東路廳同知郝聯薇係屬因病出缺，並非被辱自縊；至該府尹署中應辦公事，檢查文簿，亦無積壓。即著毋庸置議。余去年附片奏參孫楫前在臺垣及守廣州劣蹟甚衆。近官京兆時，與其胞叔軍機大臣孫毓汶及兵部侍郎洪鈞等微服冶游，皆耳目衆著，人人能言。乃奉旨查辦時，樞府刪去大半，僅以郝聯薇自戕一事交出。上下相蒙，朋比欺詐，深堪髮指。所上嚴劾保舉一疏，內閣鈔出，亦被政府刪去十之二三，凡言鄭工保舉之濫、朝陽軍功之虛妄、太和門工程之廢弛，皆匿而不發，此十餘年前秉權固位者未敢如此悍然無忌也。　刑部右侍郎阿克丹轉補左侍郎，工部左侍郎裕德調補刑部右侍郎，以內閣學士克們泰爲工部左侍郎。

十二日丙申　晴。仲弢生日，命僧喜往拜。得兩淮新興場大使全雲軒錫祥書，并饋炭十二金。作書致敦夫。爲孫師鄭畫團扇，作杏花書帶草，題(四)〔二〕十字云：『鄭公書帶草，秀色傍宮墻。上接孔壇杏，參天萬仞香。』又作二律贈之，并書於扇面。朱笏卿來辭行。昨日來賀者四人，今日來賀者二人。夜與家人爲采選圖之戲。書玉生日，饋以桃、麵等四事。

十三日丁酉　晴。比日和煦，今日稍寒。得介唐書，即復。午後詣濮紫泉談，即赴繆筱珊之飲，集者子培、子封、仲弢、王芾卿、龐絅堂、葉菊裳昌熾，晚散歸。慧叔弟婦來。朱桂卿夫人來。爽秋來。仲弢來。是日來賀者六人。都察院團拜，不往。夜叩先像，上燈，供紅棗銀杏湯。買古銅鷺荷燈一對，付直銀二兩四錢。

十四日戊戌　晴，晡後微陰，有風。得孫師鄭書，并見贈和韵詩八章，言相師之意，即復。午後入城，自宣武門至西四牌樓，答客三十餘家，至夕歸。夜叩先像，供饅頭。陳鏡卿炎祐獻七律四章，借冬日牡丹爲喻，頗清雋，有思致。比夕皆有佳月，是夕望，四更後風起。作書致子獻。

十五日己亥　晨風霾，上午漸晴，風終日不止，晚益甚，頓寒。僧喜詣崇效寺謁亡室殯宫。上午入城，自東城根至東四牌樓，答客三十餘家。晤漢軍鍾編修鍾廣，其人年少静穆，鋭於汲古，所刻有《弟子職集解》，合洪、莊、王三家而爲之。傍晚過工部觀燈。晚出城，詣先賢祠行禮，靈汜分祠、銅觀音殿各拈香，分供元宵粉團三百五十枚，夜歸。叩先像，供湯圓子及肉肴、菜肴各五豆，小設燈燭。二更風止，月皎於晝，小放花爆。得弢夫書，告今日行，饋以冰糖、蜜棗、糕餅。

十六日庚子　晴，午後微風，傍晚陰。孫師鄭來，執贄稱弟子。劉仙洲夫人生日，張姬往拜，饋桃、麵等四事。唐暉庭來。濮梓泉來。陳嘯梅來。以肴饌一品鍋、卷餅一盤饋劉生曾枚。命僧喜答客十餘家。夜叩先像，供紗帽餡子、椒卷荷葉餅。是日庚午團拜，余值年，不往。

十七日辛丑　申初二刻四分驚蟄，二月節。晴和。上午答拜孫師鄭，還其摯。午詣萬福居赴韓子喬、陳蓉曙之飲，晡後歸。鄭鹿門來。傍晚詣介唐，以是晚與介唐、敦夫合請同鄉，并爲朱笏卿、朱仲立餞行也。坐中甚覺倦飢，不可楮柱。夜二更歸，月明如晝。叩先像，供年糕、年粽。陳鏡卿復呈長句一首，求薦之爽秋司書記。答以一詩，作書致之。

十八日壬寅　晴。閱《李忠定公奏議》。明正德間刻本，凡表、章、奏、劄八十卷，猶是其子秀之所編，元本。前有陳福公俊卿序，即爲秀之作者。後附制誥四卷，《靖康傳信録》《建炎進退志》《建炎時政記》各三卷。索價至十二金。朱笏卿將試令湖南，固乞致書湘中大吏爲先容，不得已爲作致吴清卿中丞書，又作書致王逸梧祭酒，甫一紙而輟。有祝生秉綱來謁，具大柬稱世愚姪，不知所自，還其柬。晚祀先，肉肴、菜肴各六豆，餘如常儀，祭畢焚楮繦，楮泉，收神位圖。夜二更入城，由東華門步入景運門。月皎於晝，寂無一人，殿閣參差，間有樹影，此境頗清絶也。遞覆奏冬季甲米放竣一摺，獨坐朝房待旦，賦一詩紀之。五更左翼總兵宗室致齋少宰敬信來，對談至曉。

十九日癸卯　晴。日出摺始下。步出東華門上車，循北池子過景山，至果公府答拜同年張司業仁黼。出城送笏卿行，尚未起也，遂歸。得山西胡芝生布政聘之書，并饋炭十金。邑人俞覲甫鈞來，笏卿來，俱辭行。以詩送朱生續基行。是日開印。得介唐書，薦僕人葛升來。

邸鈔：詔：添派刑部尚書孫毓汶恭辦萬壽慶典事務。　以甘肅分巡鎮迪道饒應祺爲甘肅新疆布政使。

二十日甲辰　晴。僧喜生日，集家人小飲。余壽平來。爽秋來。

比日疲倦之甚，閱陸楫《古今説海》中所載宋人廖瑩中《江行雜録》、趙葵《行營雜録》、陸放翁《避暑漫鈔》、趙溍《養疴漫筆》、方回《虚谷閑鈔》、高文虎《蓼花洲閑録》。諸書真僞皆不可知，所采輯間注書名，頗病錯雜，其事亦多習見，然亦有足補史闕者。如《行營雜録》引《坦齋筆衡》載徽宗時道教方盛，一時詔命章表皆指佛爲金狄，歷舉政和、宣和之詔書，林靈素之賀表，《避暑漫鈔》引《中興紀事》載張巡守睢陽時加金吾將軍謝表及激厲將士詩，《蓼花洲閑録》引《玉堂逢辰録》載大中祥符八年四月榮王宫之火，皆它書所未詳。

夜小放花爆。買鐵樹開花兩盆，大八角一坐，四季花兩筒，付錢五十八千。昨夕命僧喜於宜勝居爲陳鏡卿餞行，并請鹿門諸君飲。

二十一日乙巳　晴。朱仲立來辭行。爲笏卿作致逸梧祭酒書。下午赴馮夢花之飲，坐有漱丈、桂卿、子封、子修、旭莊、班侯。是日疲茶之甚，傍晚歸。朱笏卿來。是日得伯羲書，其賓客陸鍾岱中書蕭山人，陸星鑑之孫，選日專家。爲選僧喜娶婦日，四月初三日、十八日皆吉。夜作致季弟婦書，屬其告高氏，以三月津送新婦入都。高氏親家姥老矣，兩子皆不肖，衹有此女，其來殊不易也。

邸鈔：鑲白旗滿洲副都統希隆阿卒。詔：照副都統例賜恤。詔：鎮國將軍溥侗、溥僎均挑在乾清門行走。

二十二日丙午　晴。午後入署，晤奕年、奕杕兩副都。餔後西城内答客數家。出宣武門，詣爽秋，不值，傍晚歸。陳生雨巖澤霖來。介唐來。

閱唐孫棨《北里誌》。有自序，題中和甲辰歲，僖宗之十一年也，其明年改元光啓矣。書中敘次詳雅，多有關於掌故。其末載北里堪戒二事，爲王金吾式、令狐博士滈，皆以宰相子幾取殺身，言之凜然，其垂警後人深矣。又元人所撰《青樓集》，不著名字，但題『雪簑釣隱輯』，前有至正甲辰隴右朱經序，言雪簑爲商顔黄公之孫。至正甲辰，順帝之三十二年也，自此四年，國亡矣。所敘亦簡絜。其紀一代人士、風流習尚，多存軼事。兩書皆陸氏《説海》本，《四庫》皆不著録，蓋以間載穢褻，如《北里誌》述張住住事『舍下雄鷄傷一德，南頭小鳳納三千』之類，然其餘無似此者，亦以已收《説海》一書，故不復分載耳。庚辰同年故閣學福幼農之媛烏齊格哩氏(庶常衡瑞之母)開吊,送奠分六千。

邸鈔:直隸候補道吴廷斌授分巡大順廣道。

二十三日丁未　晴。剃頭。命僧喜送笏卿、仲立行。

二十四日戊申　晴,有風,甚和。陳鏡卿來。始徹鑪。

二十五日己酉　晴,風,下午微陰。比日温煦,而體中不適,校閲雜書以自遣。校《唐國史補》,《津逮祕書》本,頗多誤字,取《唐六典》《唐會要》《唐語林》《太平廣記》諸書校之。唐人説部已不多,言掌故者尤少,惟李氏此書最爲可觀,惜無佳本。陶生喆甡來。作致爽秋書,爲陳鏡卿薦司書記也。鏡卿年四十餘矣,貧甚,固乞爲道地,不得已而應之。是日上换羊灰褂。

邸鈔:禮科掌印給事中貴賢升内閣侍讀學士。户部郎中田志肅轉鴻臚寺少卿。

二十六日庚戌　晴,大風。下午入署辦事,晡後出城。詣介唐,不值。詣敦夫談,逾頃而歸。陳鏡卿來辭行。

二十七日辛亥　晴,有風,頗寒。校《國史補》訖。陳生澤霖來。閲《新唐書》,以取校《唐語林》及《會要》。

邸鈔:上諭:本日據總辦萬壽慶典王大臣世鐸等會同禮部奏請加上慈禧端佑康頤昭豫莊誠壽恭欽獻皇太后徽號。朕欽奉懿旨,照所請行。仰蒙聖慈俯允,朕心歡忭實深,所有一切應行典禮,著各該衙門敬謹豫備。前甘肅新疆阿克蘇道黄光達授分巡喀什噶爾道。本任道周榮傳故。翰林院侍讀學士潘衍桐告病開缺。衍桐以辛卯冬自浙江學政請假還廣州,以一目微眚,就西人治之,出其兩目,洗而内之,遂雙瞽矣。此可爲近日士夫專信洋醫之戒。

二十八日壬子　晴，有風，甚寒。蕭山何澂齋户部文瀾邀飲江蘇館，午後赴之，坐有敦夫、介唐諸君。是日忽患腹痛，勉强終席，傍晚歸。夜中忽咯血。近日疲苶，病又深矣。付崇效寺殯屋銀十兩。

二十九日癸丑小盡　上午晴陰相間，下午多陰。是日甚寒，晨有冰。竟日不快，多卧。閲《新唐書》，時時起校之。作書致王芾卿，辭今日江蘇館之飲。敦夫、介唐柬約二月三日飲江蘇館，并邀諸子姪輩，作書辭之。得敦夫書，再訂飲會，再作書爲諸子姪辭。徐研芙來。夜陰，一更後有小雨。

閲《古今説海》中《説淵》所輯諸傳，大半出《太平廣記》，而多强加標題，不注本書，此明人喜改古書之積習也。其《甘棠靈會録》取之《廣記》卷三百五十，本出《纂異録》。所云玉川叟者，盧仝也；其云有少年神貌揚揚者，蓋指舒元輿；有短小器宇落落者，蓋指李訓；有長大少髭髯者，蓋指王涯；有清瘦及瞻視疾速者，蓋指賈餗。此録首稱會昌元年，蓋作者深痛諸君子湛族之酷，藉此傳其狀貌耳。《説海》本此下注云：『此傷涯、餗諸公枉死於甘露之變也。』蓋所采唐、宋説部中本有此語。《廣記》此條目題『許生』二字，其下次以『顔濬』，而有目無文，《説海》本此，下即繼以《顔濬傳》，所述會昌中進士顔濬下第游建業遇張麗華事，蓋所據《廣記》是明初本，今小字本脱去，可據以補之。其《人虎傳》取李景亮所撰述李徵化虎遇其同年袁傪事，與《廣記》卷四百二十七引《宣室志》小異，而文加詳，蓋張讀亦取景亮之作，有所删迻耳。《廣記》作天寶十載楊浚小字本誤作『没』。知貢舉，此作十五載楊元知貢舉。據《唐語林》《唐摭言》及《登科記》當作『十五載楊浚』，兩書皆傳寫有誤。至《説海》本李徵作李微，袁傪作李儼，則轉刻之訛也。其《中山狼傳》《五真記》及《林靈素傳》《徐神翁傳》《周處士恪傳》《唐先生甘弼傳》，以上總題《海陵三仙傳》。皆雜取唐、宋説部。

聞去臘江浙奇寒越中大湖皆凍菜芋俱絶

誰吹窮律徧江鄉，汀鷺巖猨盡凍僵。甲子堯年傳鶴語，癸庚禹種斷鴻糧。錢唐十日潮無信，錢江絶流，十日不渡。鏡水千家玉作梁。還説雪深連嶺嶠，太平佳气指豐穰。聞粤東以道光十六年大雪，得連稔大穫，今再見之。

癸巳正月十八夜以奏事詣乾清門朝房假寐作

星斗森寒晝燭微，暫時假寐倚丹扉。夢争王室原非分，身傍霄辰自息機。永巷鷄聲催曉柝，内中常以數人高唱傳籌，即古鷄人唱旦之遺。半窗蟾影落朝衣。功名炊黍何時了，漏盡鐘鳴未得歸。

二月甲寅朔　晨陰，旋晴。上午答客一二家，即赴漱丈招飲，坐有伯羲、桂卿、芾卿、旭莊、佩蔥、班侯、左笏卿，請笏卿、桂卿兩君診脉定方，用紫菀湯加減，傍晚歸。殷萼庭來。得爽秋書，并見示近詩十四首，皆詞理高絶。近以擢任監司，酬接不暇，而尚從容理詠，争工出奇，其精力真不可及。

初二日乙卯　終日微晴多陰。閲《通雅》。比日疲劣服藥，因閲其末卷論脉理醫方者以自遣。鍾編修鍾廣來。從姪僧寶將赴保定習刑法，予以十六金。是夕南横街市人放花礟，塑洋人男女各四炸之，此都中火炸秦檜之故事也。

初三日丙辰　申正三刻五分春分，二月中。竟日陰寒，傍晚小雨，旋雪。朝日壇糾儀，以近日注假不克往。午詣江蘇館赴敦夫、介唐招飲，坐惟陳梅坡、戚聖懷。晡後酒畢，詣子培、子封談，至晚歸。繆筱珊來。子培來。夜雪大作，至曉積三寸許。

邸鈔：以詹事府詹事志鋭爲内閣學士，兼禮部侍郎銜。翰林院侍講臧濟臣轉侍讀，右春坊左中允高釗中升侍講。

初四日丁巳　晨至午密雪如織，下午雪中微見日景，晡後稍止。竟日取《太平廣記》校《古今説海》，聊以遣病而已。得爽秋書，言初七日赴天津。夜得春初雪霽夕懷人詩五首。

邸鈔：特用道岑春蓂選授湖北督糧道。春蓂，毓英第四子。去年冬漢黄德道孔慶輔故，以督糧道惲祖翼調補，春蓂遂得選。編修伊克坦丙戌，繙譯進士。升詹事府右中允。附生夏偕復侍郎周善幼子。以主事分部行走。

初五日戊午　春社日。晴，晨寒有冰，午後漸暖。是日上親祀社稷壇。曾祖妣忌日，供饋肉肴八豆，菜肴兩豆，餘如常儀。周介夫之母戴太恭人開吊於先賢祠，上午往吊，送奠儀四金。剃頭。

閲干令升《搜神記》、劉敬叔《異苑》，文筆簡絜，而古誼盎然。令升之書雖出摭拾，亦有它書竄入者，如卷六全録兩漢《五行志》之類。《四庫目録》所考甚詳，《目録》於此兩書及《博物志》《神異經》《十洲記》《漢武故事》《漢武内傳》《飛燕外傳》《續楚諧記》《續搜神記》諸書考訂皆極精。然自非後人所及也。

夜小設酒果，爲僧寶餞，再予以盤川銀三兩五錢，顧車一兩并宿屯飯食，共銅制錢五千。點心銀二兩。

初六日己未　晴。僧寶赴保定，床下叩别，爲之黯然。午後詣下斜街全浙館赴桂卿消寒第九集，到者漱丈、班侯、子修、子培、子封、叔容，傍晚歸。夜作致爽秋書，以爽秋明日赴津門也，并以近詩兩首寫致之。作書致褚百約，并團拜分銀一兩六錢，以後日安徽館庚辰團拜，不能到也。夜半後有風。

初七日庚申　晴。校《物理小識》。舊刻本頗有古字，新刻本盡改之，而字較整齊，亦間能改正誤文，惟舊刻每句加圈，新刻去之，非也。得爽秋復書。

初八日辛酉　晴。訥澂之來。午入署，晤徐頌閣左都，楊、壽、奕杕三副都，晡時散。詣秦遠帆，爲南中匯銀事。詣沈子敦，唁其弟子范州牧彦模之喪。晚歸。夜校《搜神記》。凡《太平廣記》所脱誤者，一一皆同，足見此書是從宋以後誤本《廣記》録出。《四庫目録》謂皆輯自它書者，此亦其一證也。

邸鈔：副都統銜察哈爾領隊大臣恒明卒。詔照副都統例賜恤。以額魯特領隊大臣春滿調補察哈爾領隊大臣，以英裕爲副都統銜額魯特領隊大臣。

初九日壬戌　晴。閲《法苑珠林》，以校《太平廣記》及《搜神記》《搜神後記》。是日始去梧桐、木槿、紫荆諸樹所裹稾草。午坐軒翠舫南窗閲書，頗覺心神清適。至日昳後漸寒，有風。

邸鈔：上諭：沈源深奏病難速痊，懇請開缺，並開去學政差使一摺。福建學政、兵部右侍郎沈源深著准其開缺。右中允王錫蕃授福建學政。

初十日癸亥　晴。午詣江蘇館赴徐誼臣招飲，坐有敦夫、介唐、秉衡、梅坡、戚聖懷、王黼臣、韓子喬，饌設頗精，傍晚歸。閲《法苑珠林》。比夕頗有佳月。得張薌濤尚書武昌書，其言鐵廠工程辦法及利弊，凡千餘言，甚爲詳盡。然江夏、大冶等處煤井，皆須掘深數十丈，方能取出佳煤，又須作爐數十座煉成焦炭，約至七月井工方能告成，然後采鐵煉鋼，可以製造槍礮輪船及各種機器，庶奪洋鋼洋鐵之利，非僅爲修造鐵路用也。其苦心籌畫，甚爲周至，然事屬創辦，其頭緒繁密，而工力浩大，所費不訾，近日徐季和廷尉已有疏糾之，此以歎任事之難耳。蔡癯客來，聞以解鉛入京者。訥澂之來。

十一日甲子　晴。以《珠林》校《廣記》。下午爲殷蕚庭書其伯母王太夫人百歲殤聯，又其從嫂陳淑人六十壽聯，又爲鄭鹿門書聯。蔡癯客饋梟腊、冬笋、菊花、蔗竿，受笋、蔗。沈子敦爲其弟子范開吊，送奠分十千。王福明日南還，予以川資銀十八兩，付還歷次買辦什物等銀三十兩，又爲作書致戚聖懷，以聖懷由主事改就散館知縣，是月可得缺，余已爲推薦之，令先歸里相待也。聖懷告近故選缺後可便道歸。作書致季弟婦。

邸鈔：以工部右侍郎徐樹銘調補兵部右侍郎；以内閣學士徐會灃爲工部右侍郎，兼管錢法堂事務。前詹事府少詹事梁仲衡補原官。右中允王錫蕃升司經局洗馬。

十二日乙丑　晴。作書致季弟婦，并借源豐潤匯兑莊銀三百兩寄回，爲僧喜辦娉娶事。午後詣敦夫，不值，即入署辦理題本事。晡後出城，詣上虞館送周介夫奔喪回里，又視書玉夫人，晚歸。是日見柳荑已緑矣。夜詣廣和居赴鄭鹿門之飲，酒一行，即至宜勝居赴秉衡之飲，坐有敦夫、介唐、梅坡、子喬，食秉衡自製魚翅羹，甚佳。夜半始歸，月明如晝。署吏送來春俸銀八十兩。

十三日丙寅　晴暖，下午衣單綿尚覺燠蒸。

閲陸九芝懋修《世補齋醫書》。其文集十六卷，極多名理之談，學者不可不讀也。如謂老人多陽盛而陰虧，凡昔肥今瘦、不耐煩勞、手足畏冷、腰脚痠耎、筋絡拘攣、健忘不寐、口流涎沫、溲液頻數、陽痿不舉、其脉沉小者，皆陰竭而血不充、熱甚而水易沸，治之者當用靈胎徐氏説，非獨補陰，并當清火以保陰，而董文敏所傳延壽丹一方尤爲無弊。何首烏七十二兩（君），豨薟草十六兩（臣），菟絲子十六兩（臣），杜仲八兩（佐），牛膝八兩（佐），女貞子八兩（佐），霜桑葉八兩（佐），忍冬藤四兩（佐），生地四兩（佐），桑椹膏一斤（使），金櫻子膏一斤（使），黑芝麻膏一斤（使），旱蓮草膏一斤（使），酌加煉熟白蜜擣丸。謂婦人經帶皆是水而非血，經是天一之水，謂之帶者，以帶脉而名，能治火乃能治水，能治水乃能調經，治者宜於逐濕清熱，不可以爲血虧而收攝滋補之。謂小兒驚風即傷寒，甚則傷寒中之温熱病。急驚風是三陽證，病之熱而實者，宜用清法而瀉之。慢驚風是三陰證，病之寒而虚者，宜用温法而補之。謂人知有勞病，而不知有逸病。劉河間《傷寒直格》列八邪之目，曰外有風寒暑濕，内有饑飽勞逸；張子和云饑飽勞逸，人之四氣；陳無擇云瘧備三因，饑飽勞逸。凡人閑暇則病，小勞轉健，有事則病反却，即病亦若可忘者。食後反倦，卧起反疲，皆逸病也。逸之病，脾病也，脾爲太陰，人不行動，則陽爲陰遏。仲景之理中湯，以白朮爲君，乾薑爲臣，參甘爲佐，皆理陰也。謂人嗜鴉片烟者之烟漏，即下利也，即滯下也，即俗所謂痢疾也。嗜烟者卧多行少，其氣易滯，治之者仍從滯下正法，以通爲止，則漏自止，若塞之，則愈漏矣。皆名論不刊。又力辨温熱之非瘟疫。吐法非嘔法，吐者吐痰。犀角之用在邪入血室之後，所以攻毒去惡。凡神昏者在胃不在心，宜用石膏、大黄，若一用犀角，則引邪入心。人參之用在邪未去時，此指體虚不能達者，用三五七分。少用之以佐達表；邪既去時，重用之以救傷液。用一二三兩，此指已極汗下、病既危篤者。所以和陰養陰，凡補陽者宜用附子，可以斬關奪隘，通行十二經，若一用參，則陰盛傷陽。皆昔人所未及。又謂瘧無截法，以發爲截；痢無止法，以通爲止。尤扼要之論也。

今歲春寒，又新有雪，久不探詥花樹。昨自外歸，見庭柳出檐，已柔條含緑，猗那作態。今日始裴回庭圃，則紅杏欲坼，丁香漸吐，櫻桃梨李，俱已含蕊，欒枝柍梅，紅氣通林，外院山桃，已作花滿樹矣。春光甫半，花事已穠，老去逝陰，益覺可惜。賦詩一首紀之。是日洗足。

邸鈔：鴻臚寺少卿田志肅轉光禄寺少卿。

十四日丁卯　晨陰，巳後晴，下午復陰。午詣江蘇館赴陳梅坡、楊壽孫、德孫招飲，坐有秉衡、敦夫、蓉曙諸君。晡後答拜蔡癯客而歸。得四川瞿子玖學使書，并饋炭二十金。王姬生日，夜於朱霞精舍張燈小飲。付車夫换銅釦雕鞍及轡韁鋄勒等銀二十二兩。付天全木廠銀二十兩，以先賢祠西院東南舍八間頹圮，明日興工營理，并修戲臺，需費八十金也。孫子授侍郎之次郎寶瑄娶婦，李尚書瀚章女。賀以酒兩罎，燈燭十斤。夜月皎於晝。

十五日戊辰　晴，微陰相間。剃頭。

比日閲《古今説海》。《説淵》壬集中載元和十二年蘇州人吴全素被追入冥事，其曰全素寓居長安永興里旅舍，又其從母之夫户部吏居宣陽里，又曰西市有絹行，又曰布政坊十家，街南王家居案最大。此等徐氏《唐兩京城坊考》皆未采。全素以元和十三年明經及第，徐氏《登科記考》亦失采。此事不見《太平廣記》，余嘗見之，忘出何書矣。陸氏題曰《知命録》，謬。

是夕望，月皎甚。

邸鈔：上御承光殿，德國使臣巴蘭德覲見。

十六日己巳　竟日密雨。

十七日庚午　晴，晨微陰，巳後嫩晴。沈鴻壽郡丞來辭行，頗以中朝掌故爲問，約略告之。徐誼臣新入太常，需次博士，來見。閲岳倦翁《桯史》。夜以寒食祀屋之故主。

邸鈔：上諭：據總辦萬壽慶典王大臣世鐸等會同禮部奏稱明歲皇太后六旬萬壽，自頤和園還宫金輦由何處乘御及蹕路經由之處，請旨遵行一摺。朕奉懿旨：還宫日由頤和園東宫門外綵殿乘輦，經由石路進西直門、地安門，至西華門内咸安門外綵殿降輦，乘轎還宫。皇帝於是日由東宫門外率王公百官跪送扶掖金輦，至牌樓乘騎導引，至石路乘轎先行，在西華門内跪迎，王公百官在西華門外跪迎。上諭：劉坤一奏特參庸劣之府州縣一摺。江蘇揚州府知府陳卿雲才欠開展，甘泉縣知縣劉沛霖性識迂疏，均開缺留省另補。泰州知州張兆鹿措置乖方，著即行革職。吏部郎中沈錫晉授揚州府知府。

十八日辛未　亥初初刻十三分清明，三月節。晴，有風。懸三代神位圖，家人詣崇效寺祭亡室殯宫。祀先，肉肴六豆，菜肴六豆，餘如常儀，傍晚焚楮鋌、楮繦、楮泉。得季弟婦初八日書，言高氏已許送女入都，新人之母躬送之，上下約十餘人，以三月望前後首涂，是月十二日已納徵幣。孫慕韓來。

金□□廷榮來。

十九日壬申　晴。葛詠裳同年來。下午詣下斜街浙館拜湫翁夫人生日，送酒、燭、桃、麵，晤仲弢，談逾時歸，途答客數家。張姬詣黄夫人家拜生日。作致季弟婦書，處分家事。

二十日癸酉　晴。祖考鏡齋府君忌日，供饋肉肴六，菜肴四。祖考側室張太恭人忌日，供菜肴六，餘俱如常儀。韓子喬來。薛□□葆植來。孫仲瑜寶瑄來。

邸鈔：以詹事府少詹事會章爲詹事。

二十一日甲戌　晴。作書致韓子喬，爲借瑠璃廠橋南姚江館安頓高氏送親諸人，得復。午邀蔡癯客、陳蓉曙、敦夫、介唐、戚聖懷、徐誼臣、金、杜兩生飲宜勝居，晡時散。詣王幼遐慰其仲兄之訃，傍晚歸。得心雲正月二十九日里中書，言以葬親及病濕，尚未赴粤東，并寄新拓得賀祕監《龍瑞宫銘》。此碑向聞在石屋塔院，所謂陽明洞天者，摩崖而俯，久無拓者，去年曾屬心雲訪之。今得之平水望仙橋南三里飛來石下，其地距顯聖寺五六里，蓋皆宛委山之别也，藤蘚蔓結，搜剔始出，故字多漫患。

邸鈔：上諭：吴大澂奏耆紳重遇鹿鳴，懇恩與宴一摺。三品卿銜即選員外郎徐棻、四品誥職候選通判彭申甫，早歲登科，在籍主講書院，陶成後進，現在年逾八秩，鄉舉重逢，洵屬藝林盛事。徐棻著賞給二品頂帶，與彭申甫均准其重赴鹿鳴筵宴，以惠耆年。徐棻、彭申甫皆道光乙未恩科舉人，相去尚三年，已請重與鹿鳴，非故事也。

二十二日乙亥　晴，微陰。后庭杏花盛開，紫丁香半坼，圃中緋桃兩樹才開至三分，新艷尤絶。午後入署，晤臺長（懷）〔貴〕午橋、奕鶴樓，晡後歸。得季弟婦十二日書。沈子敦來。仲弢來。傍晚洗足。夜作致季弟婦書，爲僧壽、僧喜小有違言，族人喜事，遂播弄蜚語，可歎也。

二十三日丙子　晨輕陰，上午晴，下午晴陰相間，春光甚媚。上午詣邑館春祭先賢祠，余爲亞獻，午後飲胙歸。外姑李孺人生日，余仲姑也，供饋肉肴、菜肴各五豆，加麵，餘如常儀，入夜始畢事。翁慶麟來，巳蘭之從弟也。始傳巳蘭訃，以去年十月卒於揚州，汔未補一官，年六十七，亦無子。夜作書致浩齋姪保陽，屬其善視僧賨，且戒勉之。是日甚暖，上始換珍珠毛褂。

邸鈔：原任山東巡撫陳士杰卒於湖南本籍。詔加恩照巡撫例賜恤。

二十四日丁丑　晴，微陰，下午小有風。緋桃、楱梅、櫻桃俱盛開，梨花、李花半放，紫、白丁香相間發，山桃已落，小庭春事極盛時矣。爲吴子修題其大父仲雲尚書《花宜館輯詩》圖卷。圖爲費丹旭所繪，在道光癸未，尚書小象猶少年也。題跋詩文皆嘉、道間名士，有梅柏峴所作記。得爽秋書，惠江紬袍褂裁各一，爲僧喜昏禮之用，作書復謝，犒使十千。作書致子修，還圖卷，并取還《越縵叢稿》。剃頭。傍晚與家人小飲花下，一年一次，點綴春光而已。夜復點燈照之，賦一詩紀事。

吴仲雲尚書振棫**花宜館輯詩圖卷令孫子修編修**慶坻**屬題**

西泠才調盡瑶琨，天目星辰手自捫。十子典型諸老在，四朝文獻一身存。滇黔旌節留金管，館閣風華種玉蓀。十榜傳家人有集，青箱花萼愧高門。

癸巳花朝後十日寓圃桃杏櫻桃梨花俱盛開偕家人小飲花下示僧喜

春風一度到我家，小園次第争開花。六十五人豈長在，對花不飲空咨嗟。去年遇閏今春早，未到清明報花曉。柳絲纔緑桃纈紅，杏靨夕緋李晨縞。乍指丁香放出頭，回顧梨渦笑晴昊。盡妍極態娱主人，不管流年此中老。花催我年日日新，我知花意速買春。一尊爛漫爲花醉，紅英白髮皆天真。有酒莫如此間樂，何况連朝風不惡。日落留筵待月來，此意莫令兒輩覺。薊門極望雲模糊，雲中五原宿麥枯。我何功德汝何福，一家團坐春風廬。風動杯盤花簌簌，百遍巡檐幾時足。此日居然圖畫中，它年御我湖山曲。

二十五日戊寅　晴暖，下午大風。緋桃漸有落者。越中先賢祠春祭，到者敦夫、介唐、秉衡等十四人，余爲亞獻，下午飲胙畢事歸。鄉人沈贊賢、俞邦達自粤東來，饋象梳、竹篦等物。得季弟婦十四日書，言高宅須送親入都者人益衆，鍾慎齋力沮之不得，屬余馳書限定人數。爽秋來。陳學良來。敦夫來，留小飲賞花，晚風漸止，夜飯後去。嘯梅姪來，同飯。老去看花，惟日不足。東坡云：『以彼無盡景，寓我有限年。』可一喟也。

二十六日己卯　晴。梨花盛開。作致季弟婦書、致鍾慎齋書。午後入署，晤劉侍御心源、丁侍御之栻、聯侍御陔、達侍御椿，晡後歸。子培來，偕坐花下，談至晚去。夜始定議，命僧喜南歸就婚，以送親往反，所費甚鉅也。更作書致季弟婦及孝北姪，處分家事。

邸鈔：上諭：據總辦萬壽慶典王大臣世鐸等會同内務府奏稱恭查乾隆年間歷次慶典，自西華門至西直門，將兩旁街道鋪面量加修葺，並搭蓋經壇戲臺，分段點設景物，明歲恭逢皇太后萬壽，可否照案辦理，請旨遵行一摺。朕竭誠籲懇，欽奉懿旨，西直門外關廂一帶及城内蹕路所經，著平治潔浄，兩旁鋪面房間稍加修葺。至點飾景物等，著相度地勢，酌量辦理，不得踵事增華，致滋糜費。朕仰承俞旨，欽悦實深，即著王大臣等將一切應辦事宜敬謹妥議具奏。

二十七日庚辰　上午微陰，竟日薄晴。孫慕韓寶琦來。作書致敦夫、介唐，再約賞花小飲。爲邑子徐時霖書楹帖二聯，且以二金贐其行。徐班侯來。薛慕淮孝廉保棟來。傍晚敦夫、介唐來，留飲花下，談至二更後去。劉夢得詩云：『今日花前飲，甘心醉數杯。但愁花有語，不爲老人開。』傷老之詞，古今同嘅。是日發電報至家中，告僧喜歸，付銀二兩五錢。

二十八日辛巳　晴，暖甚。鸞枝花開，紅艷尤絕。午後詣敦夫談，介唐亦至，遂同詣湖南館赴子培、子封兄弟觀樂。楊壽孫、德孫兄弟偕王畹生亦邀飲，以是日乙酉、庚寅兩科團拜也。子封乙酉直年，其柬早至。王畹生庚寅直年，楊氏兄弟半月前面約，其柬訂而昨日始至，蓋庚寅坐主爲濟寧，俟其昨日以疾辭，始敢請余也。此曹用心，亦可憐矣。傍晚偕漱翁坐臺前觀西班演齣，有《紅梅閣》一曲甚佳，本崑曲之《紅梅記》，演賈似道事也。《錢唐遺事》有『賈相之虐』一條，云：『似道居西湖之上，嘗倚樓望湖，諸姬皆從。適二人道裝羽扇，乘小舟由湖登岸。一姬曰：「美哉二少年。」似道曰：「爾願事之，當令納聘。」姬笑而無言。逾時，令人持一合，喚諸姬至前曰：「適爲某姬受聘。」啓視之，則姬之頭也。諸姬皆戰慄。』明人演爲《紅梅記》樂府，乃云賈平章妾李慧娘游湖上，於柳陰下見秀才裴舜卿，目之，遂爲賈所殺，又羈裴於私第，將殺之，慧娘與裴幽媾，救之得免。近日翻入西腔，亦僅見也。柳陰遇士人事記，宋、元說部亦有載之者。漱翁夜一更後去，余以俟十三旦演《胡蝶夢》，遂至三更後始歸。十三旦色藝絕倫，余素賞之，前年聞其復入都，以官守不入戲院，竟未一見，今夕忍俊一睹，風致依然。聞其屢召入內，排當供奉，去冬同年王蘭簏侍御至與想九霄、莊兒等俱入之章疏，有旨命軍機傳問，王以直對，亦不究也。聞東朝尤賞十三旦，然能優容諫官，可謂主聖臣直矣。

二十九日壬午小盡　晴，有風。桃花、櫻桃落盡，海棠將放。王子獻入都，得是月十四日家書，并燕窩、海刺、茶葉等物。得鍾慎齋書，以趙希遠《仙山樓閣圖》長卷見還，可喜之甚。得族弟嘯巖書。范秀才鵬來。薛慕淮來，以將出京，催其母夫人墓志也。

三月癸未朔　晨陰，上午後晴，下午復陰，甚暖。海棠盛開。上午詣子培，以子培昨日生日也，饋酒、燭、桃、麵，答拜薛慕淮，俱不值。詣介唐談，午後歸。子獻饋兗脯、龍眼，受兗脯。子獻來。介唐來。夜邀介唐、子獻及鄉人沈獻甫、俞伯常飲宜勝居，命僧喜往陪。

初二日甲申　晴。孫慕韓、仲瑜兄弟及夏厚庵敦復招飲，坐有漱丈及桂卿、子修、子培、子封，晡後歸。廣西張巡撫聯桂來。敦夫、介唐兩兄以僧喜將歸娶婦，贈緯帽、朝靴、忠孝朝帶、金繡佩件八事，犒使十千。

夜閱嚴氏可均《鐵橋漫稿》。長洲蔣氏重刻本，共八卷，其前二卷詩不甚佳，文多考據之作。卷三《荀子當從祀議》《甲癸議》二首，關系世教，文亦博辯恣肆。《甲癸議》爲義烏疑案，有夫出二年生子者，作仿魏時《四孤論》，假甲乙爲姓名，託稱唐逸小説之文，博樹諸議而歸於妊月無定，有不及十月者，有過十月者，羅列傳證，意在忠厚，而誼至確。卷五、卷六皆其所輯古佚書之敘。卷七《全紹衣傳》謂全氏舉鴻博時，徐相國屢招致之不往，遂深嫉之。及乾隆元年成進士，十月大科朝試，相國以祖望故，特奏凡經保薦而已入詞林者不必再試鴻博。所謂徐相國者，錢唐徐文穆本也。聞吾鄉胡稚威亦以忤文穆，爲所中傷，謂其奔競。裕陵嘗以詰史文靖，嘗歎後鴻博科失此二人，遂致不競，宰相之不愛才誤國至此。此人之有技若己有之者，所以爲一个臣也。杭人險詐，自昔爲然。今吾浙鄉誼，杭、越若仇，固無怪矣。爽秋夫人來，饋洋錦兩端。

初三日乙酉　晴。上午詣介唐，拜其生日，饋酒、燭、桃、豚及彈詞一筵。詣槐市斜街浙館置酒餞爽秋，邀桂卿、子培、子封、何澂齋、楊壽孫、德孫同飲。是日館庭花樹尚盛，嫛婗久之。傍晚歸。姬人等饋爽秋夫人肴饌一席。子培來。夜授僧喜江紬袍褂一襲，磨段袍一領，授僧壽磨段馬褂一領，授藕甥羊皮馬褂一領，其婦江紬單袿一領，又寄僧慧江紬夾褂一領，其婦磨段夾襦一領，寄亡室姪女琴姑磨段綿襖一領及亡室所遺衣服三領，寄大妹、二妹、三妹各頻果脯、杏脯一匣，蜜棗、杏仁一匣，付僧喜等盤川銀一百兩，從僕徐貴銀五兩，藕甥銀八兩。

邸鈔：兵科掌印給事中方汝紹轉鴻臚寺少卿。吏科給事中黄煦轉禮科掌印給事中。

初四日丙戌　晴。紫荊花盛開。作書致仲弢。仲弢來。爲僧喜扇上作桃花一枝，蘭數叢，題曰『宜家之花，多孫之草』，又作詩二首送之。介唐來。書玉夫人以僧喜歸娶，饋頻果脯、蜜棗兩匣，紬段兩端，還其紬段。陳嘯梅贈蔟紗佩件五事及團扇、手帕，犒使八千。

僧喜南歸就婚兼爲其母五十壽作詩送之二首

五載依余住，今朝送爾行。汝年堪授室，我老未歸耕。清儉家庭事，艱難父子情。白頭穿望眼，及早辦回程。

汝母持家苦，殷勤望爾回。兩兒婚事畢，五十壽筵開。柳絮新迎婦，婚期以四月三日。榴花笑舉杯。倚闌情既慰，好爲辦嚴來。

追憶吾婚夕，青廬淚暗滋。余以道光壬寅十月二日娶馬恭人，迎車甫至門，大母倪太淑人已棄養，至今爲鉅痛焉。大山徒有婦，伯道竟無兒。賴汝承門户，嗟余重别離。東風吹馬首，何日我歸時？

初五日丁亥　寅正三刻四分穀雨，三月中。晨微陰，巳後晴。剃頭。作書致越守霍子方，屬其開濬江橋至南門一帶郡河，并禁城中染坊，以關系水利及郡城氣脉也。王幼遐來。王子獻來。陳嘯梅來，徐嗣龍來，金廷榮來，俱送僧喜行。嘯梅姪饋餅餌，亦來送行。書楹帖四聯，一贈霍太守，一贈僧壽之婦兄陳仿梅，一贈鄉人沈贊清，一贈俞邦達秀才，俱爲兒輩應酬耳。徐誼臣詒僧喜佩件一匣，辭之。夜作致徐仲凡書，俱付僧喜齎去。張姬詒僧壽果脯、蜜棗、杏人等四匣，餅餌一匣，詒藕甥餅餌三匣，王姬詒僧壽扇袋一事，四喜袋一事，詒其女嬰翠玉小條脱一雙，詒藕甥之婦翠花一朵，首飾五事。夜治饌爲甥姪等餞行，付廚人銀三兩。

初六日戊子　晴，辰後大風，至晡稍止。僧喜早登車去，執别泫然，不能自已。老年怕與人别，况相與有瓜葛者耶！僧壽、藕甥同去。介唐來送。介唐夫人來。晡後詣西珠市口仁錢館，夏厚庵敦復比部爲子娶婦，送賀錢十六千。答客數家。晚詣敦夫，談至夜歸。是日小病，檢閲《太平御覽》，略整比之。

初七日己丑　晨陰，上午微晴，下午大風，陰。作書致介唐，致漱翁，皆寫前日送僧喜行三詩去，以見身世單寒，蕭然可念。得介唐復。張姬詣袁爽秋夫人送行，詒以繡黹等一筐，並還所贈錦段二端，袁夫人以所畫淡墨山水帳額一丈見詒。夜風徹旦，甚念僧喜。

邸鈔：上諭：崧蕃奏藩司因病出缺，臚陳事蹟一摺。貴州布政使王德榜前於咸豐年間在籍募勇，剿辦髮逆，調援江西、安徽，迭克堅城，身受多傷，嗣復轉戰浙江、福建、廣東、廣西、甘肅、新疆各省，均著戰功，擢任貴州布政使，克勤厥職。兹聞溘逝，軫惜殊深。著加恩照布政使例賜恤，生平戰蹟宣付國史館立傳，以彰勞勩。王德榜，湖南永州府江華縣人，由文童與兄吉昌於咸豐二年賊竄江華時散家資募勇剿賊，保六品頂戴。歷擢至福建布政使、達衝阿巴圖魯，賞穿黄馬褂，告養歸，旋丁内外艱。調赴西征，賞頭品頂帶，復授貴州布政使。今年二月十二日卒，年五十七，有子八人。

初八日庚寅　上午薄晴，下午陰霾竟日，西北風狂甚。是日小病，不入署，閲雜書自遣。夜寒風益甚，自校詩集。四更後風聲撼屋，床户皆動。念僧喜等河干水宿，爲之心悸。

邸鈔：以翰林院侍講學士吴講轉補侍讀學士，以左春坊左庶子李紱藻爲侍講學士。以安徽按察使嵩崑爲貴州布政使。

初九日辛卯　晴，風。朱藤花開。夏氏借馬歸寧。晡後詣子修、仲弢，俱不值。送叔容詩集一部。詣浙館赴桂卿、子培、子封、班侯、旭莊、繆筱珊、仲弢諸君之飲，坐有漱翁、爽秋。夜二更歸。是日取《御覽》校《搜神記》《搜神後記》，間有可補正者。

邸鈔：上諭：前因山西被灾較重，發部庫銀十萬兩振濟。旋據張煦覆奏冬春振撫及籌款購糧情形，該省已發銀二十五萬兩、米數萬石，嗣復據徐桐等奏捐米二萬石，李鴻章奏陸續籌捐銀二十餘萬兩，總計各項銀米源源解往，諒可稍資接濟。惟聞該省灾民衆多，爲日方長，加恩著將湖南、湖北本年應解正耗漕米六萬五千餘石迅速核實變價，同水脚運費等款一併徑解天津，交李鴻章發交辦振各員，確查灾區，妥速散放，用副軫念民艱至意。　以貴州貴東道員鳳林爲安徽按察使。

初十日壬辰　晴，暖甚。浩齋姪及族姪季朗俱自保定來。季朗在山西已數年，謀食不得，復至直隸求館，今與浩齋俱來，乞予爲之道地。此輩不能自立，事事累人，深可歎也。留之夜飯，話南北家事，令人憒邑而已。陳梅坡來。夜初覺咽中微梗，遂發熱不快。

邸鈔：以翰林院侍讀學士良弼爲詹事府少詹事。

十一日癸巳　晴熱。柳絮始飛。傷風不快。浩齋姪饋鮝脯、蜜煎枇杷、桂花梅乾及家人篋掠絨粉等，還鮝脯。有洞庭山人朱稚春縣令同饋碧螺春茗二瓶，羅漢松香四合，鮝脯兩肩，洋燭八包。其刺稱門下晚生，居桂卿寓中，蓋桂卿之門人也。受茗一瓶，香二合。

十二日甲午　晴。身熱不愈。得僧喜初十日津門書，言以是日上輪船。季朗姪饋燕窩一匣。

邸鈔：左春坊左贊善徐致靖升左中允。

十三日乙未　晴。蔡癯客來辭行。鍾編修鍾廣來。爽秋來辭行。爽秋夫人來辭行。作書致季士周，并三月兩書院開課題目，以詩集五部分致士周、吕庭芷、繆恒庵、合肥傅相，以兩部發院中示諸生。爲薛慕淮撰其母鄭恭人墓志銘，淮生侍御之繼室、爽秋之外姑也。去年爽秋以所撰行述，并致恭人遺命，將四十金乞爲家傳。余以婦人既不當有家傳，恭人又無事可紀，必不得已，當爲之銘。今其柩將歸葬全椒，慕淮姊弟督之急，故盡半日之力，力疾成之。爽秋之狀文甚宏肆，而鋪張太甚，至謂庚申文宗之東狩，侍御抗疏止行，恭人實勸之。余是年在京師，何嘗有是事？文須紀實，不能徇人。此志雖不免骫骳，故不存稿，然大體自謹嚴，銘辭尤可傳。夜作書致爽秋。是日咯血。

十四日丙申　上午晴，下午陰，頗歊熱。得爽秋書，言明日昧爽即行。爲爽秋畫摺扇，作緑楊紅杏，并題一詩。剃頭。作書致徐亞陶太守皖中，并寄去詩集兩部。夜再作書致爽秋，送扇及亞陶書去，得復。夜雨，至四更益密。三更後起入内，坐景運門内九卿朝房，偕諸同官待引見禮科、吏科給事中兩缺。

送爽秋備兵皖南瀕行畫扇贈之

鳴騶朝發鳳城闉，祖帳傾都盡故人。魚袋尚携三島露，旌旗早占九華春。六條察吏戎無策，皖南道筦海關夷務。萬卷隨車筆有神。最是一帆堪畫處，緑楊紅杏潞河濱。

十五日丁酉　晨雨小止，巳後溦雨，午後漸霽。辰刻乾清宫引見，出坐工部朝房偕同官候旨。巳刻硃筆圈出余聯沅、徐樹鈞，徐名在第六得之。兩君掣籤，余得禮科，徐得吏科。此次本陝西道林侍御燦垣居首，以有西域差託病請假；四川道余君第二，湖廣道吴同年光奎第三，皆應得之，乃越次用徐。或謂徐在軍機時有俟轉科，復以道員特用之旨故，有奥援，不能詳也。又向例，凡兩科或兩道缺出，同日引見者俟圈出用某人後，吏部具籤請得者自掣某科某道。然出缺有先後，得者有資格。如此次禮科以殷李堯請以道員分發四川先出缺，故吏部具奏以禮科、吏科爲次，則余聯沅資居二，徐樹鈞資居六，余宜得禮科，徐宜得吏科，亦不待掣籤定之，而故事如此，亦不可解。掣定後吏部覆奏申明之。上午兩君邀飲聚豐堂，午後歸。是日内閣九卿會議屈原從祀事。下午卧，夜夢厭。

邸鈔：詔：貝勒載濂之第一子命名溥稱。

十六日戊戌　晴，微陰。朱稚春來。料檢書架。竟日不快，多卧。作書致子培，索還《越中金石志》及《明鑑》。作書招三姪、四姪來，同夜飯後去。是日柳絮復飛，藤花盛開。是日望，夜月甚佳，自力行園圃間，樹色晶晶，新緑欲滴，闌干一曲，綺影如畫，欲賦詩紀之，不成。

邸鈔：以光禄寺卿許景澄爲内閣學士，兼禮部侍郎銜。福建布政使潘駿文卒。駿文字彬卿，安徽涇縣人，故河督錫恩子，由諸生入資至今官，卒年七十一。以浙江按察使黄毓恩爲福建布政使，以浙江温處兵備道趙舒翹爲浙江按察使。

十七日己亥　晴熱，晡後微陰。緒百約來，乞詩集一部去。竟日小極，閲《千金要方》。其中精理名言，能抉《靈素》之秘，使人醒悟。卷二十六論食治，卷二十七論養性，尤人宜熟讀者。《養性》中《道林養性》篇、《居處法》篇字字格言，真嗇神之寶符、延年之上藥，後來《服食宜忌》《遵生八牋》等書，皆僅綴其醩魄、獵其鱗爪耳。夜小雨。

邸鈔：詔：安徽皖南鎮總兵史宏祖准其告病開缺。以□□□□李占椿爲皖南鎮總兵。候補道袁世凱授浙江温處道。刑部郎中文康授廣東廣州府遺缺知府。廣州府李璲告病。

十八日庚子　晨及上午微陰，午後晴。得子培書，還《明鑑》兩帙。新選金華令林君孝恂來。夜招三姪、四姪共飯，與言家世舊事：先世清儉，以謹飭保家，以勤苦治生。讀書爲應世之學，而不廢治經；入仕營代耕之禄，而不敢殖貨。居鄉以交官府爲戒，故秀孝無預公事者；出鄉以涉江湖爲危，故商旅無久客居者。自先大父行以上，富者惟買田積穀，而不與市人争錐刀；貧者惟應試訓蒙，而不爲幕客求館穀。國課於季春畢完，以催税爲大辱；田租於仲冬畢入，以中歲爲定科。祭先必誠，雖荒歲必備五牲；宴客毋侈，雖大事毋過十簋。族必聚居，客必親速。和睦鄰里，見高年者，雖屠沽亦事之如長；敬畏官司，遇公門者，雖胥隸亦遠之如鬼。不多飲酒，以酗醉爲敗類；尤戒貪色，以狎妓爲匪人。遇卑幼甚嚴，雖長大亦以名呼；有吉凶必共，其賀賻不過錢百。尊師重士，而不輕結交；節食縮衣，而不惜施捨。期集宴會，多服玄衣；雖有官者，未嘗章服。傭僕客作，皆加體貌；居下輩者，概呼伯叔。子弟雖有才，未嘗眩詩文、鬻書畫，以生監以下，雖年老亦衹稱相公；新婦入門，凡臧獲皆呼爲娘子。至嘉慶以後，枝派日繁，資生不給，於名士相標榜；産業雖無恃，未嘗爲雜職、充吏胥，以雜流溷衣冠。至於今而丐者、隸者、兵者無所不有，其能者是富者開質庫，其次立邸居，才者爲幕賓，其次營小官。諸子姪生晚，耳目所及，多即匪彝，族中求充吏而不得，干犯名義，恣行不肖，祖宗禮法，掃地盡矣！余故時以暇日諄諄言之，庶稍知吾西郭李氏家法二百年來爲越中郡邑推老成已盡，無有相提撕者。重者，非一朝一夕之故也。

十九日辛丑　晴陰相間。作致季弟婦書、致僧喜書及僧壽書，皆勉以兄弟和睦、謹守門户。同邑孫進士祖華來。珊園姪自汴梁來。傍晚詣敦夫，談逾頃歸。夜半後雨。

二十日壬寅　申初一刻十四分立夏，四月節。微晴多陰。殷厚培觀察來，新自禮科請分發四川道員。葛同年詠裳來。下午答客數家，傍晚歸。偕家人以釋氏結夏法稱之，余得八十一斤。

邸鈔：國子監司業張仁黼轉右春坊右中允。

二十一日癸卯　凉陰微晴。韓子喬來。

閲《惜抱軒尺牘》。其言多醇實，論文雖時涉機構揣摩之法，然具有心得，於初學古文者易於進步，惜抱此事不可謂不深也。其論學雖時譏漢儒，然不敢恣肆，如後來桐城人之病狂。此書爲陳碩士侍郎所刻，與侍郎之札爲多，切劘文字，不少假借，而真摯如骨肉，尤見古人師生之誼。惜抱時年八十，所與友朋及族親後生書，皆周至曲盡，雖寥寥短幅，文亦不苟作，其精力不可及也。爲系一跋，識之如此。是日覺病甚，閲惜抱文，益有蒲柳之歎。

二十二日甲辰　竟日凉陰。病甚嘔血，署中請假十日。作書致桂卿請診。作書致三、四兩姪。宗加彌縣令能述來，滁甫先生季子也。黄叔容編修來。兩姪來視疾。敦夫來，介唐來。桂卿來診，言脉虚甚，不能應指，用《金匱》麥門冬湯加減。得僧喜電報，言今日已到，家計尚可，及四月三日吉期也。

二十三日乙巳　雨，竟日靀霂，下午稍甚，傍晚止。卧病，時時閲近人説部文集，以自支拄精神。津門送來夏季脩脯。久不能閲文卷，甚自恧也。作書致士周。夜卧閲《千金方》。

邸鈔：左贊善李殿林補原官。

二十四日丙午　晴。高祖考蕪園府君忌日，供饋肉肴七豆，菜肴五豆，餘如常儀。作書致邑館兩姪來與祭。作書致敦夫、子獻，約晚間小飲。子培來視疾。弢夫自黄巖寄來方竹旱菸管一枝，甚鮮澤可愛，然不如余舊所用者之疏節洞中而黄潤也，爲毆擊憨僕而敗。以竹打犬，可笑甚矣。敦夫來，子獻來，夜留共飲。是日精神小佳。許葉芬編修喪婦，送奠分四千。

二十五日丁未　晴。病甚。陸比部學源來。仲弢來。上虞何孝廉紹聞來。書玉夫人來視疾，饋龍眼一合，年糕絲一合。珊園姪饋汴紬、青氈、白棗、水菸，反其紬。陸存齋觀察心源入都，饋所刻《皕宋樓叢書》一部，并代土儀朱提五十金，受書反銀，犒使十二千。吴子修兄弟爲其弟子完孝廉開吊，不能往唁，送奠儀十二千。庚午同年劉鶴莊典籍（嵩齡）開吊，送奠儀四千。

二十六日戊申　晴熱。得三月十三日家書。剃頭。是日上午病小愈，下午復劇。

三十日壬子　晴。病小愈。客次易去壽屏，更懸畫幀聯幅，爲鄉先達茹古香尚書楹帖，系一跋。

邸鈔：詔：甘肅新疆阿克蘇道陳名鈺、浙江温州府知府德克吉訥、廣東雷州府知府郅馨、甘肅凉州鎮總兵閃殿魁均開缺送部引見。以前浙江定海鎮總兵張其光爲福建澎湖鎮總兵。

作書招兩姪共夜飯，與言家世舊事。

夏四月癸丑朔　晴，下午微陰，有風。得羊辛楣桂林三月三日書，言去年方卸鎮安攝守任，近將榷鳌税於梧州，并寄紡紬一端，葛紗一端，銀鑲椰杯一匣，所修《鎮安府志》一帙，及所刻陽明先生朝服小像一紙，陳仲魚《新阪土風》一册。余與辛楣，一别十年矣。五千里外，遠念故人，問訊殷勤，封題鄭重，對之怊悵，殆不自勝，即賦一詩懷之。桂卿饋碧螺春茗兩瓶，羅漢松香四合，作書復謝，報以外國磚糖一方，玫瑰花一匣。

《鎮安府志》，乾隆中左江分巡道沈世楓、鎮安府知府靈壽傅聚兩次撰輯，皆衹八卷，今辛楣重修之，爲二十五卷。其卷二沿革表據近人南海陳氏澧説，以府治天保縣爲漢牂柯郡之句町縣地，《漢志》之文象水即今泓滂江，其説是也。此志惟宜詳沿革、輿地、山川、户口、職官、建置、土司世系、物象、風俗，實不過八卷足矣，其餘荒陋殊甚，今必備他志體裁，如選舉表、勝蹟志、人物志、藝文志，而進士僅同治癸亥譚子中、光緒庚寅黃天懷二人，勝蹟無一地可紀，人物、藝文無一人一篇足録，惟其中死難及百歲之壽民、守節之列女可并進士、舉人等以人物一卷括之，國朝舉人十二人，其九人爲歸順州人，今光緒十二年歸順已升爲直隸州，隸太平歸順道。嘉慶己卯解元梁卓漢，亦歸順人。存其梗略而已。辛楣於沿革表甚用心，紀事志三卷述唐、宋以來西原蠻及土司叛服事最可觀。

陳仲魚氏《新阪土風絶句一百首》，詠海昌故事也，自爲之注，而詩不工。夜風。

得羊敦叔太守復禮**上巳日桂林書并寄紬葛椰杯賦詩奉懷三首**

一別修門十載餘，灕江萬里寄雙魚。胡威機杼南州絹，公路才華北户書。敦叔近攝鎮安郡守，以所修《鎮安志》見詒。春到長安能念我，瘴深絶徼更愁余。年來鬢髮知何似，宦海風波不易居。

似子才宜置廟廊，一官投老落蠻荒。梧江職綰租庸使，書中言將榷税梧州。邕管身逾謫宦鄉。書中言鎮安爲謫賢未到之鄉。差喜金環先夢月，君尚無子，去年新育一女。不妨緑萼試焚香。書言其長姬寧屢欲入道。故園三月花如錦，何日流杯禊水旁。

登朝忼慨此心同，轉眼桑榆影已空。歷盡諸艱惟欠死，更無歧路不妨窮。蹉跎事業期身後，慘澹田園入夢中。猶有故人能諒我，一緘鄭重託南鴻。

邸鈔：前□□□□道瑞霖授廣西左江兵備道。

初二日甲寅　晨微晴，竟日陰。是日復小極不快。閲《輟耕録》，略校之。夜陰有風。以詩集兩部致潘文勤夫人，屬它日以付其嗣子樹孳。

初三日乙卯　晴，下午復熱。是日僧喜在家娶婦。本擬於浙館設兩席，邀知好十餘人小飲，且詣崇效寺以素饌祭亡室，比苦羸病，不能酬酢，今日午前神气稍清，寫一單約敦夫、介唐、子獻及諸姪夜飯，命廚人略治鮭菜，付以錢三十千。杭人吴教諭承志來。作書約子培、仲弢夜飯。傍晚子獻來，仲弢來，介唐來，子培、嘯梅姪來，皆衣冠過賀，杯盤草草，殊不稱也。珊園、顥齋諸姪皆至。夜點燈小飲，至三更始散。敦夫以明日引見司業一缺不至。是日上親行常雩大禮於郊壇。

初四日丙辰　晨晴，微陰，上午薄陰，午後澹晴，晡後陰。是日甚熱，復不快。吴子修來。周生紳之來。作家書致僧喜及其母。作書致王旭莊，贈以詩集一部，得復。贈珊園、嘯梅兩姪詩集各一部，又以一部屬嘯梅轉致大興劉容伯家，以其家子女俱能詩也。余集廠坊有出售者，每部需四金，不知何人以之賈利，故外間頗不易得。作書致顥齋姪。夜大雷雨，震霆數作，今年始得此，甚快。雨至四更稍止。

初五日丁巳　晴陰埃曀，熱悶不快。殷尃庭來。胡侍御蕙馨補山東道，來拜。戚聖懷新選福建安溪知縣，來拜。夜一更時雷電雨作，達旦雨聲不絶。是日部曹送考御史試於保和殿者二十三人，同年中子培、芾卿及户部陳宗嫣與焉。剃頭。

邸鈔：編修鮑臨升國子監司業。兵部員外郎胡蕙馨補山東道御史。工部屯田司郎中韓文彬選貴州銅仁府知府。韓，山東夏津人，監生，年七十餘，善醫，精針法，都中推第一。

初六日戊午　陰涼，下午微晴。寅正三刻七分小滿，四月中。閲葉大慶《考古質疑》。其書辯證確鑿，實出南宋人程大昌《考古編》、王觀國《學林》、王楙《野客叢書》之上，所駁《學林》及吴曾《漫録》諸條，多中其失。卷三舉王荆公《字説》之精者數條，賴此得存崖略。朱注所引『中心爲忠』『如心爲恕』，亦出《字説》，尤賴此見之。作書致子培，得復。

邸鈔：右春坊右庶子唐景崇轉左春坊左庶子，左中允徐致靖升右庶子。刑科給事中唐椿森轉兵科掌印給事中。掌廣東道御史馮金鑑轉京畿道御史。

初七日己未　晴。得張子中揚州書，并所著《説文揭原》兩册。陳嘯梅來。沈松亭來。珊園姪來。敦夫來。昨派張南皮相國、崑尚書岡、徐左都郙、陳侍郎學棻閲考送御史卷。慎選守令論。王芾卿第一，陳璧第二，福建人，崑之門生，禮部員外，又崑之屬官。潘慶瀾第三。安徽人，錫恩之孫，庚午優貢蔭生，刑部員外郎。子培乃在二十，不可解也。

初八日庚申　晴。是日佛生日，遣人至先賢祠銅觀音堂點燭燒香。旭莊來，坐朱霞精舍久談。余衣單縑，覺漸凉甚，其屋不見日，非病體所宜也。兩姪來，共夜飯後去。寄天津三書院題目兩紙。閲管申季禮耕《操羖齋遺書》。其經説皆確實，無意必之談。鄭鹿門來。

初九日辛酉　上午晴陰相間，下午陰，有雷，傍晚稍霽。得僧喜三月廿三日書，言昏期改定四月十八日，高氏以今日送嫁裝來。張姬詣介唐夫人問疾，饋食物。有邑人方鳳苞來謁。仲弢來，饋紫豪管兩枝，意欲勸余仍考試差也。孝瑩姪偕浩齋姪來，告明日赴保定。余已爲浩齋託旭莊經營新選直隸龍門令林庶常仰崧幕席，屬其少留。爲孝瑩作致直隸臬司周玉山書，託爲道地，贈以詩集兩部。付孝瑩旅費六金，糕餅兩匣。子姓不能自振，事事累人，深可歎恨。閲《吴越備史》，略校正之。以詩集及《説文揭原》數種贈余壽平。

初十日壬戌　晴。作書致沈松亭，辭今日陶然亭之飲。張姬詣介唐夫人問疾。作書致介唐，還昔年所贈鹿茸一對，得復。作書致子培，以今日引見六部考送御史，問其得否。作書致桂卿，爲介唐夫人請診。王積堂孝廉來。子培來，言記名者十四人，子培名在二十，自不得與。子培親老身弱，勤學者古，今以刑部貴州司主稿兼在總理各國衙門行走，疲於吏事，故冀入臺，以謀息肩。此次試卷甚得意，以爲必首列矣，乃爲南皮所黜，蓋文義博奥，多不經見之字，又比它人多書一葉，故南皮深惡之，以卷中一處漬水迹如黍點，遂夾一籤云卷有污。蓋近來直隸三相國專守道光間歙縣衣鉢，力斥博辯宏偉之文，視學如仇，每主文試，以挽回風氣自命，原伯魯之子遍於天下矣。歙縣後，道、咸兩朝臺閣皆其子孫，士不知經史爲何事。同治中，蕭山之朱、江西之萬青藜守其師法尤篤。天下皆畏滿洲人主文柄，不知滿人惟不知學，罕識字，於文義難通，句讀故見稍異者，必屏之，不過承人餘竅，實無成見，若道光時之穆，同光間之寶，其識拔文字，或轉勝於漢人也。

十一日癸亥　晴，晡後陰。作書致介唐，問其夫人疾。作書致同年陸鳳石祭酒，贈以詩集一部。得張氏妹初一日書，貧苦可念。桂卿來診，言脉仍沉細，無起色，用白微湯。張姬往視介唐夫人疾。得介唐夫人書。得鳳石復書。

閲《李太白文集》，康熙間吴門繆武子曰芑仿宋本。太白之文，才气横逸，詞鋒飈厲，高過少陵，而醇實遜之，中唐以後，江湖叫囂一派實開其始。其《爲吴王謝責赴行在遲滯表》，吴王者，嗣吴王祗也，祗於天寶間爲河南道節度採訪使，後入爲太僕宗正卿。史於祗傳不詳其爲何時，觀此表有云：『陛下重紐乾綱，再清國步。慜臣不逮，賜臣生全，歸見白日，死無遺恨。』又云：『非有他故，以疾淹留。今大舉天兵，掃除戎羯，所在郵驛，徵發交馳，臣逐便水行，難於陸進。』蓋當肅宗初收西京時，疑忌宗室握兵在外，故祗既被召，虢王巨亦貶，永王璘遂陷於罪。而房琯以爲明皇建分命諸王出鎮討賊之策，遂爲肅宗所疑，罷相出師，卒致敗謫。祗以追赴行在遲滯被責，當日情事可知矣。唐經武后之禍，宗室幾盡。中宗人奴，反正之後，追恤甚薄。明皇以枝庶平内亂，恐人效尤，猜忌益甚，子孫至不出閤。肅宗背父自立，宜其猜防愈密矣。

夜雨，達旦有聲。

邸鈔：詔：孫朝華、吏部員外郎，直隸人，丁丑。王頌蔚、户部郎中，江蘇人，庚辰。陳名侃、户部員外郎，江蘇舉人。萬本敦、户部員外郎，江西蔭生。張汝熙、户部員外郎，順天人，丙子。陳璧、禮部員外郎，福建人，丁丑。孫賦謙、兵部員外郎，直隸人，甲戌。李念兹、刑部郎中，直隸人，甲戌。唐炳麟、刑部員外郎，湖南人。王綽、刑部員外郎，山東人，甲戌。潘慶瀾、刑部員外郎，安徽人。黄均隆、刑部員外郎，湖南人，丙子。艾慶瀾、刑部員外郎，山東人，丙子。宋承庠工部員外郎，江蘇舉人。俱記名以御史用。

十二日甲子　晨陰，巳後晴涼。得張公束書，言近從江西德中丞入都，以所著詩、詞各一册及夏布一端、香水兩瓶見詒。得桂卿書，爲購汪比部所蓄參二兩，即復。戚聖懷來。子獻來。作書致介唐，問其夫人疾，得復。

閲《李太白文集》。其《與韓荆州書》云：『白聞天下談士相聚而言曰：「生不用爲萬户侯，但願一識韓荆州。」』其《上安州裴長史書》云：『時節歌曰：「賓朋何喧喧，日夜裴公門。願得裴公之一言，不須驅馬將華軒。」』此等皆太白信口編造，非當時真有此語，即如漢世『説經鏗鏗楊子政』『五經無雙許叔重』『天下中庸有胡公』，及《黨錮傳》諸人題目之語，亦皆其門人子弟隨地標榜，非時人真有此言也。太白爲人，放軼不羈，好自標置，所言多不足信。余嘗疑所謂御手調羹、貴妃捧硯、力士脱靴等，亦皆出江湖浪人浮游夸詡，並非事實。

即李陽冰《草堂集序》、范傳正《新墓碑》皆言爲凉武昭王九代孫，然陽冰又謂『中葉非罪，謫居條支，易姓爲名』，『神龍之始，逃歸於蜀，復指李樹而生伯陽。驚姜之夕，長庚入夢，故生而名白』，傳正又謂『隋末多難，一房被竄於碎葉，隱易姓名』，『神龍初，潛還廣漢』，『父客以逋其邑，遂以客爲名』，

『公之生也，先府君指天枝以復姓，先夫人夢長庚而告祥』，傳正謂家無譜牒，『公之孫女搜於箱篋中，得公之亡子伯禽手疏十數行，紙壞字缺，不能詳備』。則其家世姓名茫昧已甚。然《上裴長史書》自云：『白本家金陵，陵當作『城』，即隴西也。若金陵，安得遭沮渠之難？世爲右姓，遭沮渠蒙遜難，奔流咸秦，因官寓家，少長江漢。』則敘述甚明，未嘗有謫條支、竄碎葉、隱易姓名、逃歸於蜀之事。是李、范皆未見此書，而范所謂據伯禽手疏者，亦不足信矣。且集有《奉餞十七翁二十四翁尋桃花源序》《夏日諸從弟登汝州龍興閣序》《春夜宴從弟桃花園序》俗本作『桃李園』。《早夏於將軍叔宅與諸昆季送傳八之江南序》《冬日於龍門送從弟京兆參軍令問之淮南覲省序》《秋於敬亭送姪耑游廬山序》，其詩中若《贈從弟南平太守之遥》《贈從弟宣州長史昭》《贈別舍人弟臺卿》《別中都明府兄》《對雪獻從兄虞城宰》《贈從孫義興宰銘》《陪從祖濟南太守泛鵲山湖》《陪侍郎叔》及《送族弟况之秦》《送族弟凝》等作尤多，是其宗族甚盛，李、范之言，尤近無稽。

又有《感時留別從兄徐王延年從弟延陵》詩。考《新唐書·宗室世系表》高祖子徐康王元禮，曾孫嗣王餘杭郡司馬延年。《宗室列傳》：嗣徐王璀薨，子延年嗣。拔汗那王入朝，延年將以女嫁之，爲右相李林甫劾奏，貶文安郡別駕，終餘杭司馬。按其詩有云：『哲兄錫茅土，聖代含榮滋。九卿領徐方，雄豪動京師。列戟十八年，未曾輒遷移。大臣小喑嗚，謫竄天南垂。長沙不足舞，貝錦且成詩。佐郡浙江西，病閑絶驅馳。』又云：『兄弟八九人，吴秦各分離。』所言皆與史傳合。而表不載延陵及兄弟八九人之名，傳亦不言延年嘗官九卿，皆足以補史缺。而太白雖不附屬籍，與當時諸王曾序昭穆，且稱爲從兄、從弟，則太白爲唐宗室無疑。惟延年兄弟實爲武昭王十一代孫，則太白亦不得爲九代孫矣。

又魏顥《李翰林集序》云：『白始娶於許，生一女二男，疑當作『一男』。男曰明月奴，女既嫁而卒；又合於劉，劉訣；次合於魯一婦人，生子曰頗黎；終娶於宋。』是太白嘗四娶。其《上安州裴長史書》有云：『楚有七澤，遂來觀焉，而許相公家見招，妻以孫女，便憩於此。』宋曾鞏序言高宗時宰相許圉師家以女妻之，留三年。而其《竄夜郎於烏江留别宋刻本作『宗』。十六璟》詩有云：『君家全盛日，台鼎何陸離。斬鼇翼媧皇，煉石補天維。一迴日月顧，三入鳳皇池。失勢青門旁，種瓜復幾時。猶會舊賓客，三千光路歧。我非東床人，令姊忝齊眉。』則宋亦顯族。考唐初宋姓自廣平以前無居台鼎、翼天維者，宗姓尤無其人，不知何人也。陽冰、魏顥皆太白同時相契，其言必非無據，而陽冰所言世次、顥所言子女，皆與太白自述者不合。其在金陵《寄東魯二稚子》詩云：『嬌女字平陽，折花倚桃邊。折花不見我，淚下如涌泉。小兒名伯禽，與姊亦齊眉。雙行桃樹下，撫背復誰憐。』又《送蕭三十一之魯中兼問稚子伯禽》詩云：『我家寄在沙丘旁，三年不歸空斷腸。君行既識伯禽子，應駕小車騎白羊。』皆未嘗及明月奴、頗黎等，疑明月、頗黎，或有一爲伯禽小字也。李華志墓謂『伯禽天然，長能持，幼能辯，數梯公之德，必將大其名。』而傳正碑言伯禽以貞元八年不禄而卒，子一人，出游不知所在，女二人嫁陳雲、劉勸，皆農夫，是其嗣已絶。惟傳正言二女『衣服村落，形容朴野，而進退閑雅，應對詳諦』，儒風宛然，欲令改適士族，皆謂死無面目見大父於地下，執志不肯。此則足爲謫仙生色矣。

邸鈔：上諭：本日召見截取知府户部郎中陶塄奏對支離，著回原衙門行走。編修朱百遂授山西太原府遺缺知府。

十三日乙丑　上午晴，下午陰。閲《太白文集》。陸存齋來。張姬詣介唐夫人視疾。督僕人移内外書架於軒翠舫，屏當汛掃，頗念其勞，犒以酒錢六千。得介唐書。夜詣敦夫、子獻談，并晤戚聲懷、薛楚生孝廉沅，同飲，至二更後歸，月色清綺。

十四日丙寅　晨晴陰相間，上午後晴，下午陰，傍晚小雨，旋霽，頗凉。作書致介唐問其夫人疾，得復。敦夫來，介唐來，子獻來，皆邀余考差者。陸孝廉錫藩來，存齋之子也。子培來，固勸余入試。己丑、辛卯兩次皆已決計不考差，皆爲子培强邀而往。辛卯是日，日已晡矣，騶僕皆已散去，子培至以袍强加余身，并約茇夫推挽上車。此良友之心，望以一差濟余之窮，亦冀主文得士，藉以報國，固可感也。然今日事勢，豈所論乎？翰林至三百餘人，得差不過十之一，而人人尖錐鑽孔，腸肥足捷，各自占缺，以期必得。居要路者，橐籥大張，多方以招之，甚至倖門四啓，懸價互諧，大賈爲之居奇，羽流爲之請問，相争相軋，人如病狂。遭此横流，丈夫不能再辱矣。夜月甚皎，早睡。是日剃頭。

邸鈔：以太常寺少卿沈恩嘉爲光禄寺卿。

十五日丁卯　晴。强起校《三國志》數葉，便覺疲困。作書致陳梅坡，還昨所借墨合，并贈以詩集一部。作書致濮紫泉，贈以詩集一部。作書致顥齋姪。紫泉來，談至晚去。張姬詣介唐夫人問疾，又詣書玉夫人視其小兒女種痘。夜月皎如書，是夕望。

十六日戊辰　晴，午前後微陰。校《三國志》。

得宗加彌能述書，以所著《三江閘私議》見質。三江閘港近年淤沙日廣，閘流且阻，偶一霪雨，山、會便成澤國，議者歸咎於同治丙寅之開宣港。宣港者，在閘港外之東北，以直對北塘内宣港村而名，向有東、西兩沙嘴爲閘之屏蔽，所以捍潮。蓋潮自曹江東來，有兩沙嘴抵之，以殺其勢，則潮至閘港，其力已弱，海沙無由擁入，諺所謂『三灣抵一閘』也。自掘宣港而通之，則潮之入閘港，較入曹江，轉爲徑直，奔騰挾沙，毫無阻閡，江流出閘，不能敵之，日淤而日漲矣。其時王文勤凱泰爲浙臬，主其議，蓋皆不習地勢，而越之紳士效奔走者，多僉人，昧然行之。今冲刷至數百丈矣。遽欲塞之，費何所出乎？

作書致仲弢，還所贈紫豪筆兩枝。作復宗加彌書。珊園姪來。范秀才鵬來。顥齋姪來。是日購得繆刻仿宋本《李太白集》、近人吴式芬刻《寶刻叢編》，諧價八金。夜月出仍皎，四更後雨作。

邸鈔：上諭：前據大理寺卿徐致祥奏湖廣總督辜恩負職，當諭令劉坤一、李瀚章確查具奏。兹據該督等先後查明覆奏，張之洞在兩廣總督任内並無懶見僚屬、用人不公、興居無節、苛罰濫用等情，現在湖北辦理鍊鐵開礦，尚無浪擲經費情事。其餘各條均係傳聞之誤。湖北布政使王之春亦無掊克聚斂實據。張之洞、王之春均著毋庸置議。候補直隸州知州趙鳳昌不恤人言，罔知自愛，著即革職，勒令回籍，以肅官方。張之洞向來辦事尚屬認真，嗣後於應辦事宜，務當督率屬員，力求撙節，妥爲經理，用副委任。

十七日己巳　晨及上午薄晴，午後雨，下午微晴，時有溦雨。廣西泗城守黄觀察仁濟再送羊辛楣所寄葛一端來，犒使二千。陸純伯孝廉樹藩兩次來謁，以其尊人所著《儀顧堂續跋》《群書校補》《穰梨館過眼録》《三續疑年録》《金石學録補》見詒。朱稚春同來辭行。沈獻甫贊賢、俞伯常邦達來辭行，且取回南信件。仲弢來。朱稚春送所繪墨竹團扇一柄，頗有筆法，犒使兩千。

閲《儀顧堂續跋》，共十六卷。存齋收藏之富，近時罕儷，故多讀人所未有之書，其所有者又多舊槧舊鈔，所據既精，故能證人之誤，此其事較易。其前跋十六卷，余數閲之，可取者多，在近時著録家在陳簡莊、朱述之之下，吴兔床、蔣生沐之上，幾足與張月霄相頡頏，而時不及。其考證宋、元人名字，亦不及勞季言之精密，若上追竹汀、澗薲諸公，相去霄埃，固不必言，即以視紀、阮兩文達，亦豈特巨鐘之與寸筳哉！蓋諸公於經史之學，貫綜極博，泛而及於丙、丁兩部，皆以實事左其心得，又暇而及於金石碑版，搜遺補墜，故推闡精密，語有本原，非如黄蕘圃以下，皆恃收藏爲生活者也。乃《存齋續跋自序》謂潘伯寅尚書嘗言其前跋爲七百年未有之作，蓋近於病狂矣，不知所謂七百年前者何人之書也？世人不學，而恣臆大言，往往如是，故爲世道人心之憂。左主事孝勛卒，送奠分四千。

十八日庚午　晨及上午薄晴，午陰，下午密雨入夜。上午詣敦夫、介唐、桂卿談，至邑館答拜宗加彌，又答客數家而歸。比不出門，幾一月矣。張公束來，并持書以詩集乞序。馬壽臣傳燾來，春暘編修之弟也。旭莊邀飲虎坊橋福州館，以雨，作書辭之。夜雨聲達旦。胡給事俊章嫁女，送賀錢六千。

十九日辛未　晨雨，已漸晴，傍晚時有溦雨。作書致陸存齋，柬訂二十一日飲浙館，贈以詩集兩部。作書致張公束，亦柬訂二十一日飲，贈以詩集一部。介唐來。殷葧庭來。有松江人童迴投書，自稱布衣，其言絶狂肆，而文理淺劣不通，蓋無賴妄子也，斥絶之。自謂無書不讀，所著至數十種，而字句甚俚，至稱余爲老史公先生，則古今官制，尚全然不知。自謂久置科名不問，而言今年三十歲，四年前蒙上海莫令拔取童試第一，己丑、辛卯兩次鄉試堂備，其謬陋至此。夜初小雨，作書致僧喜，致王氏妹，致僧壽，并寫太白《寄東魯二稚子》詩與之。夜半後，時有雨聲。

邸鈔：工科掌印給事中張廷燎授雲南分巡迤西道。

二十日壬申　竟日霒陰，雨時作。得公束復。得陸存齋書。閲《穰梨館過眼録》，皆記收藏書畫，以時代爲次，共四十卷。載至國朝四王、吴墨井、惲止，乾隆以後如張南華、華新羅以下皆不列焉。書中備載紙絹尺寸、印記、款識及名人題跋，所儲之富，幾與天府埒。然法書之最古者，冠以梁武帝《異趣帖》、虞永興《汝南公主墓志銘》。《異趣帖》昔年在周荇老處，余數見之；《汝南公主志》余丁卯里居時見之倉橋沈氏書肆，祇索四十金。此兩事實皆贋鼎。畫之最古者，以閻立本《北齊校書圖》爲冠，亦荇老物，昔年曾爲題長歌者，實亦贋物也。蓋書畫愈遠者愈不可信，因此歎收藏之難，而雲烟變滅，轉眴易主，尤可感喟。

唐暉庭來。邑人方鳳苞來辭行，直隸試用知縣。鄉人王鵬九來，河南試用道。比來久絶酬應，屢欲斷客，有生客見過者，往往不答，然亦未能免俗，偶一記之。夜微晴，有星。

邸鈔：上諭：伊犂副都統額爾慶額於咸豐年間帶兵剿賊，轉戰江南、安徽、湖北、陝西、山東、河南、直隸、甘肅、新疆各省，迭著戰功，洊升副都統，旋接辦塔爾巴哈台參贊大臣事務，均能勤慎供職。兹聞溘逝，軫惜殊深。加恩照都統軍營立功後積勞病故例從優賜恤，生平戰功事蹟宣付國史館立傳，准其入城治喪。賞銀五百兩，由新疆藩庫給發。伊子奎剛俟及歲時由該旗帶領引見，用示篤念藎臣至意。詔：伊犂副都統富勒銘額接辦塔爾巴哈台參贊大臣事務。以伊犂錫伯營領隊大臣富亮爲伊犂副都統。□□□□保年賞給副都統銜，爲錫伯營領隊大臣。

二十一日癸酉　晨晴，已後漸陰，午後陰，下午有雷，小雨，旋霽，傍晚風陰，甚凉，晚小雨。戌正一刻八分芒種，五月節。馬壽臣傳燾饋堯脯兩肩，食物兩簍，跳山大吉買地碑拓本、《龍瑞宫記》拓本，犒使四千。上午答拜馬壽臣，即詣全浙館，張公束已至，十七年不相見矣。公束與余同歲生，須亦斑然，而貌加豐，尚持母服也。宗加彌、馬壽臣、朱桂卿、朱稚春、陸存齋、何芷庭先後至。午後設飲於紫藤精舍。是日集皆同鄉，惟朱稚春爲東洞庭山人，而桂卿弟子又官於浙。而半未識面，客亦多不相識，衣冠酬醋，甚覺疲勞。晡後客散。館中新栽花樹，緑蔭已成，裴回少時，凉風催暝，恐雨將至，不敢久留。詣吴子修，詣漱翁喬梓，皆不值，遂歸。得紫泉書，饋吉林參三枝，作書復謝。何芷庭來辭行。夜雲合晦甚，二更有雨。

二十二日甲戌　微晴多陰。午後答客一二家，遂入署，晤訥澂之。晡後答拜胡侍御蕙馨，遂歸。漱翁來。子獻來。

閲《儀顧堂續跋》。其考訂宋人隱僻姓名、里貫、仕履、遺聞、佚事，益爲精密。蓋所見日富，搜耆亦勤，其强識不可及也。其《元槧宋史跋》言上海郁泰峰家散書事，丁雨生中丞日昌至强篡數十種，令材官騎士儋負以趨，爲其孀婦所追，争鬨於門，則真惡道矣。好書本是雅事，而以封疆大吏，自同盜賊，不如不識字之爲愈也。存齋自言與雨生本交摯，以争購古書致隙，而謂《宋史》郁泰峰本以六百金得之，今歸存齋，僅言購以善價。其《范華原烟嵐秋曉卷跋》言本項墨林故物，近日歸海寧知州曾星槎，壽麟。湖南邵陽人，同治癸酉科舉人，近宰山陰甚久，余識之都中。以與存齋一言之戲，不肯食言，遂以歸之，以星槎爲君子人。其《王孤雲金明池龍舟圖卷跋》言本嚴分宜物，籍没後以折俸歸韓存良太史，二語本《清河書畫舫》。道光中萬廉山司馬以重直得之張米庵後人，因此獲罪於琦相。然則《清明上河圖》之獄，何代無之？寡人衣珠，匹夫懷璧，此等尤物，皆宜以雲烟視之，而孜孜畢生，至不惜性命者，真大愚矣。

夜雷電密雨。得僧慧是月五日書。

邸鈔：詔：京師近日雨勢旋作旋止，尚未放晴，正值麥熟之時，恐於收成有礙，允宜虔申祈禱。謹擇於本月二十四日，朕親詣大高殿拈香，以迓時暘。

二十三日乙亥　晨陰，巳後密雨，傍午漸止，下午霽陰，晡時微見日景，晚晴。外舅馬竺香公忌日，供饋肉肴六豆，素肴四豆。剃頭。閲《儀顧堂續跋》。夜偶取近人試律批點數首，以示子姪。

二十四日丙子　晴。江西德曉峰中丞德馨來。新授廣西左江道瑞觀察瑞霖來。新授雲南迤西道張光宇給諫廷燎來。孫慕韓來。翁縣令慶麟來辭行。作書致王幼遐，贈以詩集兩部。作片致蓴庭，贈以詩集一部，又贈沈子敦、婁秉衡各一部，以幼遐、子敦皆嘗以所刻書見詒，秉衡次子儷笙嘗爲余寫詩副本也。作書致嘯梅姪。午後詣陶然亭赴鄉人秦遠帆之飲，坐有敦夫、介唐、子獻、聖懷、梅坡、黼臣等。是日清霽，西山濃翠如滴，葦海萬頃，緑波若翻。晡時歸。作書致顥齋姪肴饌四器。夜小雨數作。三更後起盥漱，四更入内，由東華門沿景山路，至西苑門外刑部朝房，已達曙矣。偕張嘯庵、龐劬庵談。

二十五日丁丑　晴熱。卯刻詣勤政殿引見刑科給事中一缺。辰刻詣天安門，偕洪侍郎鈞掣兵部月選官，午初歸。得僧喜十二日書。王旭莊來。杭人吴觀察承潞來。邑人陶聞遠來。

閲《儀顧堂續跋》。其據蘇天爵《滋谿文集》，引《金世宗實録》及蔡珪所撰《施宜生行狀》，言宜生於正隆四年以翰林侍讀學士使宋，五年遷翰林學士，大定二年致仕，三年卒，年七十三，並無以使宋漏言被烹之事，岳珂《桯史》所記皆妄。存齋謂滋谿之言，信而有徵，元遺山《中州集·施宜生小傳》亦不言其烹死，乃《金史·施宜生傳》不據本國之實録，而采敵國傳聞之妄談，不足爲信史。余謂元修《金史》時，金諸帝實録具存，宜無不見之理，蓋宜生之死，當時本有傳疑，與宇文虚中事正同，未必全據《桯史》也。

邸鈔：掌京畿道御史徐兆豐選浙江温州府知府。詔：直隸霸昌道德克精額開缺，送部引見。刑部郎中湍多布授直隸霸昌道。

二十六日戊寅　晴熱，有風。是日復困劣，不入署。午後多卧，閲《夷堅甲志》，陸氏十萬卷樓刻本也。洪氏敘次簡雅，其中往往可以考證宋事，於人之中外昏姻、官閥、科第，取裨《宋史》尤多，非僅以語怪傳者。作書致介唐，得復。殷蕚庭柬訂二十九日飲，且爲其兄乞詩集一部，即復書予之。

邸鈔：上諭：載遷奏司員修工不實，同官稟控，供詞狡展，請交部嚴訊，並自請議處一摺。工部員外郎倭勇武前經修理踏垛、圍墻、紅椿等工，現據工部郎中奎恒等稟控修理不實等情，經載遷等詳加研鞫，各該員供詞均屬支離狡展。案關修理要工，亟應徹底根究。工部員外郎倭勇武，工部郎中奎恒，員外郎榮續、常清，主事英惠均著先行解任，一併送交刑部嚴行審訊，按律定擬具奏。載遷、卓志元均有失察之咎，著該衙門照例議處。右庶子準良轉補左庶子，户部員外郎崇寬升補右庶子。御史吴光奎升刑科給事中。編修張仲炘升補江南道監察御史。前任貴州思南府知府周開銘循例俸滿，准其卓異加一級。廣西候補道黄仁濟以道員遇缺題奏。開復前廣東高廉道陸心源以道員交李鴻章差遣委用，並仍交軍機處記名，請旨簡放。

二十七日己卯　晴陰相間，下午頗澄爽。吴子修來。宗加彌來。吴聚垣給諫來。下午出門答客，晤子培、子封、高理臣、敦夫，至晚歸。子培以明日移居老墻根爽秋舊寓。陶南常孝廉聞遠饋匋脯二肩，龍井茶四瓶。

夜閲《夷堅乙志》。其卷三『王夫人齋僧』一條，言宗室瓊王仲儡之子士周娶王晉卿都尉孫女，死後二十有二年，當紹興丁丑，士周以復州防禦使奉朝請居臨安，王氏憑婢來喜言瓊王主龍瑞宫，從者數百輩，龍瑞宫在會稽山下，瓊王疑爲其神云。案《嘉泰會稽志》，龍瑞宫在縣東南二十五里，有禹穴及陽明洞天，道家以爲黄帝時嘗建候神館於此，唐神龍元年置懷仙館，開元二年因龍見改今額。宫正居會稽山南，峰嶂遒崒，其東南一峰崛起，上平如砥，號苗龍上昇臺。苗龍者，不知其名，唐初人，善畫龍，得道仙去。大抵龍瑞宫尤宜烟雨中望之，重峰疊巘，圖畫莫及，故邦人舊語云：『晴禹祠，雨龍瑞。』《輿地紀勝·碑目》云：『《龍瑞宫記》，賀知章撰，刻於飛來石上。』《嘉泰志》又云：『《龍瑞宫記》，賀知章撰并正書，刻於宮後葛仙公煉丹井側飛來石上，漫滅僅存，宮内有重刻本。』是南宋時賀祕監原刻已鮮有識者。自道光中吾邑杜氏尋得之，刻其文入《越中金石志》，去歲陶心雲即余所指地遍訪之，仍得之望仙橋南三里飛來石下，亦可稱好事矣。據《宋史・宗室列傳》，仲儡爲濮安懿王之孫、景孝簡王宗漢之子，紹興中襲封嗣濮王。生而不慧，以次得封，入見，榻前慟哭。帝驚問其故。答語狂謬。帝優容之。九年薨，追封瓊王，謚恭惠。乃謂死主龍瑞宮，小説無稽，不足究也。

《志》又有『粉縣主』一條，謂宗室郇康王仲御之女孫、士驪之女，年十四五時，一日雷火震於庭，忽不見，但得雙目睛於砌下。按《宋史》仲御亦安懿王之孫、昌端孝王宗晟之子，史稱其自幼不群，通經史，多識朝廷典故，封嗣濮王，薨年七十一，贈太傅，追封郇王。而《夷堅丁志》又有『張氏獄』一條，言政和初，宗室郇王仲御判宗正事，其第四女嫁楊侍郎之孫，楊早失父，其母張氏數與婦争詈。楊故元祐黨籍中人，門户不得志，婦尤鬱鬱。張嘗曰：『汝以吾爲元祐家，故相凌至此，時節會須改變，吾家豈應終困！』婦以其語告郇王。王次子士驪妻吴氏，王荆公妻族也，每出入宰相蔡京家，遂展轉達於京。京以爲奇貨，即捕張，置開封獄。府尹劾以誹謗乘輿、言語切害罪，至凌遲處斬。行刑之日，郇王矍然，不謂至此，士驪與兩弟入市觀，未幾輒相繼死。此事《宗室傳》《奸臣傳》《刑法志》皆不載，可裨史闕。

以詩集詒翁尚書師及汪柳門侍郎。

二十八日庚辰　晴。亡室忌日，供素饌。作書致旭莊，詢顥齋姪館事，得復。家人詣彰義門外堪潭村觀藥王廟賽會，已近蘆溝橋矣，日夕始歸。宗加彌來。顥齋姪來，共夜飯。介唐饋燭楮。英給事英樸爲子娶婦，送賀錢六千。

二十九日辛巳　晴，熱甚。是日小盡。本生祖考忌日，本明日也，以月小，今日供饋，肉肴六豆，菜肴四豆，餘如常儀。張侍御仲炘新入臺，來拜。譚其文來謁，研孫之子也，以知縣謁選入都。蕚庭設飲於漱翁家，招同子培、子封兄弟，子修、絅堂喬梓，仲弢、叔容昆季午飯。今日本不出，以蕚庭意在余，不得已赴之，晡歸。顥齋姪來，告明日赴保定，與共夜飯後去。旭莊來。作書致高理臣侍御託代領俸米，以理臣查通西倉也。得宗加彌書，以其尊人《躬耻齋詩文集》一部見詒，又以一部屬删定。作書約敦夫、子獻夜飯，得復，以事辭。陸存齋饋四十金爲别，受之，作復謝，犒使八千。謝祖蔭主事爲其叔母開吊，送奠分六千。

五月壬午朔　晴，熱甚，有風。自昨夕痔發，今日憊甚，不能興。弢夫來，以前兩日至都。剃頭。夜熱甚，始易枕簟。

邸鈔：上諭：兵部左侍郎、總管内務府大臣師曾年逾八旬，耳目步履，漸形衰邁，著以原品休致。該侍郎平日當差勤慎，加恩賞食二品俸。編修吴嘉瑞湖南長沙人，己丑。爲雲南正考官，陳伯陶廣東東莞人，壬辰探花。爲副考官。修撰劉福姚廣西臨桂人，壬辰狀元。爲貴州正考官，禮部員外郎陳璧福建閩縣人，丁丑。爲副考官。

初二日癸未　晴。病痔更劇。周生衍祜來，荇老之孫也，以知縣謁選。周生學銘來。戚聖懷來。得弢夫書，饋茯苓一匣，方竹烟管一枝，竹扇一柄，西洋香水兩瓶，犒使四千。周紳之饋羛脯、角黍、鴨卵、茶葉、餅餌等六事，受角黍、卵、茶，還其羛脯等，詒以詩集一部。是日歊熱益甚，下午漸陰，有雷殷然，竟不雨。

初三日甲申　晨晴，巳後晴陰相間。痔劇，竟日卧閲《夷堅》丙志、丁志俱訖。時以藥洗所患。始用蟬蜕香油，繼用冰片、硼砂，調猪膽汁敷之，皆不效，今以貫衆、朴硝、橘皮煎洗之。夜雷電，二更雨，疏密達旦。以肴饌一品鍋及餑餑饋敦夫。

邸鈔：以兵部右侍郎巴克坦布轉補左侍郎，以内閣學士壽蔭爲兵部右侍郎。以都統容貴補總管内務府大臣。

初四日乙酉　晨至上午密雨數作，傍午漸霽，下午晴爽，頗凉。張姬生日，介唐夫人、書玉夫人、鄭雨亭夫人、殷蕚庭姬人、詹黼庭姬人俱饋禮物。壽孝廉慶慈饋魚脡兩枚，笋尖兩匣。介唐來。陳嘯梅學良來。黄仲弢來，叔容來。余壽平來，送節禮八金。汪柳門侍郎來。廣西黄觀察仁濟來。子獻來。周孝廉宗彬來。單孝廉崇恩來。陳資泉夫人及書玉第四女蟾娘、劉條甫子女俱來拜張姬生日。是日痔痛少差，强起坐杏花香雪齋閲書。

邸鈔：上諭：御史端良奏匪徒迎神進香，敗俗釀弊，請飭禁止，並嚴申門禁一摺。據稱永定門外南頂地方廟宇向於五月間迎神進香，男女雜沓，竟有公侯大員、部院職官微服混淆其間，致有馳驟車馬、壓斃幼孩等情，甚至永定門亦遲至亥刻始行掩閉等語。所奏如果屬實，殊屬不成事體。著步軍統領、南城御史嚴飭營城司坊各官一體嚴行禁止，儻敢明知故縱，即行從嚴參辦，並分飭各城門該管營員弁，務當遵照向章按時啓閉，以重門禁。　上諭：總理海軍衙門奏琉璃料件逾限尚未解齊，請旨飭催一摺。現在各處工程應用琉璃瓦料，該窑欠解數目甚多，著工部嚴催該監督飭傳該商，將欠解料件務於六月内一律解齊，以重要工。倘再藉詞延宕，即由該衙門據實奏參。

初五日丙戌　晨至午晴，下午大風雷雨。敦夫來。蕚庭來。桂卿來。旭莊來。華編修學瀾來。

陳蓉曙來。楊壽孫、德孫來。戚升槐來。徐誼臣來。午偕家人坐軒翠舫小飲。是節付同發布鋪、協泰米鋪、天全木廠、吉慶長乾果鋪銀各二十兩，煤鋪銀十八兩八錢，譚書客銀十兩八錢，楊書客銀四兩六錢，松竹齋紙鋪銀五兩八錢，翰文齋書鋪銀二兩，龍雲齋刻字鋪銀二兩七錢，宜勝居酒食銀九兩一錢，廣慎厚乾果銀五兩，聚福齋麵食銀三兩，天慶首飾樓銀十兩。

初六日丁亥　晴。作書致宗加彌。作書致介唐問其夫人疾，得復。

閲《儀顧堂續跋》。其《跋癸辛雜識》，謂公謹著書，多誣善之言，蓋承其曾祖祕附秦檜劾張浚之家法而已，又爲賈似道客，故多仇正人。國朝紀文達生後七百年，而喜拾公謹之唾，以文達素附和珅，故臭味同耳。其言可謂恣肆矣，自來攻擊《四庫提要》者，無此誕妄也。其《同治烏程縣志跋》又謂祕勇於進言，急於請外，其人似非庸流，雖好與道學諸公爲難，亦猶洛、蜀分黨，未可以此定賢奸。又自相矛盾。

初七日戊子　晴。張姬往介唐夫人家問疾。校閲《錢唐遺事》。其紀宋德祐乙亥、丙子事，頗與《宋史》略有異同而加詳。其末記科舉恩榮，亦爲詳備。

邸鈔：右中允張仁黼轉左中允，左贊善李殿林升右中允。

初八日己丑　未初一刻五分夏至，五月中。晴，熱甚。上午答客數家，入署辦事。傍午至西城答客二三家，遂歸。祀曾祖考妣、祖考妣、本生祖考妣、先考妣，肉肴、菜肴各六豆，瓠絲餅兩盤，饅頭一大盤，時果五盤，餘如常儀。又以素饌祀亡室。譚和伯其文來見，言其尊人研孫侍御守韶州兩年餘，宦橐蕭然，以薌濤制府屬同官厚賻，得數千金。然研孫度嶺後，未嘗致予一字也。

初九日庚寅　晴，微陰，鬱熱。痔劇多卧。冰姑生日，偕家人小飲。弢夫來。戚聖懷來辭行。徐乃秋太守來。作書致余晉珊給諫，爲廚人司守謙事也。守謙名小虎，其父兄弟三人，士容爲長，歿無子，惟小虎有弟一人，後母王所出也。小虎幼孤，隨其伯父習廚傳於士大夫家，爲之娶婦。士容死後，諸士大夫令嗣其業者，皆以士容故。王性悍鷙，其弟亡賴也。士容妻老而篤疾，王欲逐之，小虎不肯，遂與其弟謀私鬻居産，而控小虎不孝。西、北兩城皆斥不理，乃控之宛平縣，捕逮小虎去。此事可惡，故以情告晉珊，屬縣申理之。今日痔復劇，夜中忽胸鬲間肺气大上，咳逆并作，蓋又中風寒。

初十日辛卯　晴陰埃⿱皆日，熇蒸鬱熱。病痔兼風温，困甚。作書致桂卿，還所取汪比部參銀四兩。蕭山王庶常履咸來。沈乙齋兵部寶琛來。譚和伯來辭行。是日客俱不能見。又有鄉人賈芳者來。得族妹薌四月廿四日南昌書，爲其婿任則仁求推薦江西道府幕席，以其女所刺繡扇袋、合枕等四事見詒。是日欲送戚聖懷行，不能出，作書致之，贈以詩集一部；又作致閩中傳節子書、致族弟芸舫書，各寄詩集一部，託聖懷附去。晚雷雨大作，烈風震霆，夜一更後止，月出。

十一日壬辰　晴陰鬱熱。病甚。沈乙齋饋氂脯一肩，魚胃一具，杭菸四匣，新茗四瓶。

十二日癸巳　晴陰不定。比日酷熱。仲弢來。

得歸安朱竹石觀察之榛書，饋所刻《李衛公集》一部，與定州王氏所刻不相上下，惟《外集》不去所附《劇談録》《賈氏談録》兩則，《别集・窮愁志》中不去《周秦行紀跋》及所附《周秦行紀》耳。《外集》所附兩則，不特非體，且唐、宋小説中似此可采甚多，亦嫌罣漏。《周秦行紀跋》本在《窮愁志》中，自以不去爲是；惟《周秦行紀》雖本衛公所附，然似不必存，當於跋後注一行云：《行紀》已載入《太平廣記》諸書，兹不録。

譚和伯再來辭行。夜雲合，二更聞空中雷震，四更後雨作，達旦甚雨。

邸鈔：通政司副使顧璜河南祥符人，丙子。爲廣東正考官，編修吴郁生江蘇元和人，丁丑。爲副考官。編修張亨嘉福建侯官人，癸未。爲廣西正考官，檢討勞肇光廣東鶴山人，己丑。爲副考官。內閣學士龍湛霖湖南攸縣人，壬戌。爲福建正考官，編修杜本崇湖南善化人，己丑。爲副考官。編修華金壽直隸天津人，甲戌。爲山東學政。本任學政翰林院侍讀學士秦澍春病故。吏部員外郎葉慶增補湖廣道監察御史。

十三日甲午　黎明大雨，晨後少止，日出，巳雨益甚，滂沱逾三四時，兼以烈風，流潦滿庭，屋盡穿漏，晡少止，見日景，旋復密雨，傍晚稍止，夜二更後復雨，淋浪徹旦。

十四日乙未　晨小雨，旋止，巳後晴熱鬱蒸。作書致介唐問其夫人疾，得復。比日病劣，時校閱《唐語林》。

邸鈔：詔：十六日再親詣大高殿祈晴。

十五日丙申　晴，酷暑溽蒸。子培來。班侯來。剃頭。夜澡身洗足。是夕熱甚，達旦不得瞑。

邸鈔：上諭：御史張仲炘奏本年考試試差，繼燭者竟有十數人之多，遲至戌正三刻始畢，請飭嚴禁等語。向來試場不准繼燭，例禁綦嚴，至各項殿廷考試，尤宜恪守成規。若如該御史所奏，尚復成何事體。嗣後殿廷考試，著監試王大臣等認真稽查，嚴行禁止，以符定制。前貴州思南府知府周開銘授廣東潮州府遺缺知府。

十六日丁酉　晨陰，巳微見日，午小雨，有雷，下午陰，傍晚少霽，時有微雨。上午詣刑部會審盜犯于十兒等五案，出城順路答客一二家而歸。宗加彌來。比日酷暑，始坐軒翠舫，以《錢唐遺事》《桯史》《齊東野語》《癸辛雜識》諸書校《宋史》及畢氏《續通鑑》，皆零星斷續，聊以遣日而已。是夕望。

十七日戊戌　晴暑酷蒸。患痔復劇。楊定旉來。新入臺葉侍御慶增來。張詩卿饋魚腊兩合，魚胃一枚。得姪孝瑩書，言周玉山臬使已爲薦入署廣平令秦煥堯幕。鄉人賈芳饋山茗、龍眼，受其茗四瓶。

十八日己亥　晴陰酷暑。沈乙齋來。徐季和大理來。得顥齋保定書。敦夫來，子獻來，陳梅坡來。

邸鈔：上諭：前兵部右侍郎沈源深由部屬考充軍機章京，僕直多年，迭掌文衡，洊躋卿貳，派赴福建查辦事件，旋簡授福建學政，辦事認真，克盡厥職。嗣因患病，准其開缺。兹聞溘逝，軫惜殊深。加恩照侍郎例賜恤。源深字叔美，會稽人，道光乙未進士，御史鵬之孫。父廷樑，以諸生官直隸知縣，被議革職。源深年十八，成咸豐庚申恩科進士，由吏部郎中歷今官。沈氏世居西郭門外霞頭村，後移居郡城八字橋，自御史寄籍河南開封，實未嘗一日居汴也。源深生長於越，及既貴，自名汴人，不稱越。以候補四品京堂楊儒爲太常寺少卿。

十九日庚子　晴，酷暑。得季士周書，送來銀三百兩，合肥傅相屬鹽務中籌此，爲余續刻詩集也。作書復謝，寄去詩集四部，犒使三金。得季弟婦前月二十八日書及僧喜書，言新婦頗好。得宗加彌書，告二十一日行。張公束來，以新著《百字令》一闋見示。復加彌書，屬其繪三江閘圖一紙，擬附摺入告也。是日病痔瘡，力疾作書，頗甚勞勩。是日買紫金錠手串，銀一兩八錢。比夕月甚佳。

二十日辛丑　晴陰小雨，酷暑。是日咯血數合，憊甚。得漱翁書，并惠撰書僧喜娶婦長聯，作書復謝。作書致旭莊，爲顥齋姪館事。作復羊辛楣梧江書，并寄去河南繭紬一端，江西夏布一匹，京繡段袖一雙，繡帕兩方，詩集兩部，駢文一册，祠目兩册，託廣西候補道黄兆懷仁濟附去。作書致桂卿，借蒸花露錫鍋，得復。張詩卿來。得宗加彌書，并三江閘沙形勢圖一幅，即復，并詒以祠目六册。晚又小雨，入夜數作。

邸鈔：以詹事府詹事宗室會章爲内閣學士，兼禮部侍郎銜。

二十一日壬寅　晴，酷暑不可耐。作書致僧喜。陳蓉曙、韓子喬編修來視疾。漱丈來視疾。介唐來視疾。旭莊來。得子獻書，屬爲其子弟書團扇。即復，留其一扇，告以病甚不能書也，且以朱稚春所贈墨竹扇託其屬薛楚生孝廉沅畫淺緑山水。得介唐書，詒治痔夏枯草甘草節連翹丸一劑，即復謝。（此處塗抹）得加彌書。

二十二日癸卯　晨陰，上午後晴陰埃皚，下午晴，酷暑鬱蒸，傍晚大雨，至夜初更稍止，旋復大雨，滂沱徹旦。是日病甚，不入署。宗加彌來。作書致漱翁，賀叔容典試湖南。作書致加彌，以其兄弟欲請爲滁師國史立傳也，告（此處塗抹）以緩圖之，以余久欲爲鄉先達姚公啓聖、傅公鼐請謚，擬附片請之。滁翁不知余，其學亦未純，然文苑傳中，自無愧色。是日買潮州扇兩柄，其一牙柄，繪十八學士瀛洲圖，銀一兩六錢；其一桃枝竹柄，繪仕女，銀六錢。

邸鈔：編修黄紹第浙江瑞安人，庚寅。爲湖南正考官，秦綬章江蘇嘉定人，癸未。爲副考官。詹事府詹事朱琛江西貴谿人，辛未。爲四川正考官，編修徐仁鑄順天宛平人，己丑。爲副考官。程棫林貴州思南人，己丑。爲甘肅正考官，謝佩賢江西南城人，己丑。爲副考官。

二十三日甲辰　晨密雨，已後稍止，時有小雨，下午漸見日景，傍晚稍霽。得漱翁書，即復。得子獻書，送薛楚生所畫扇面來，頗修絜，即復。

比日校《朝野雜記》及《宋史》《續通鑑》諸書。孝宗諸孫，名皆从手，《雜記》與《宋史》俱同。近有影鈔宋本名皆从木者，不知徽宗諸子名皆从木，孝宗入嗣高宗，當莊文太子之生子挺、恭王即光宗。之生子擴，即寧宗。高宗尚居德壽，其命名豈敢與高宗同行？觀寧宗嫌名避『廓』『郭』『彍』等字，可證其爲『擴』，非从木之『櫎』矣。『櫎』即今『幌』字，與『廓』等音迴殊。

理宗寶慶初湖州潘甫等之變，史彌遠所遣客視濟王疾、逼縊之者，《齊東野語》《錢唐遺事》皆作余天錫者，是也。天錫爲彌遠館客，又同鄉素昵，私承彌遠恉，訪得理宗，即授讀邸中，力助彌遠傾濟王而奪之位，則此日濟王之死，自當出其一手，豈有更遣它人者？《宋史·理宗紀》及《宗室傳》皆作秦天錫，自是『余』『秦』字形相近致誤。彌遠之客亦不聞更有秦天錫者。《宋史》黨彌遠，不入《奸臣傳》，《宋史》理宗以後諸傳多出袁清容手，袁、史同鄉世姻，故多恕辭。《余天錫傳》亦諱其事，致使逆惡不彰。畢氏《續通鑑》乃從《宋史》作秦天錫，其謬甚矣。眉批：錢士升《南宋書》作余天錫。

得余晉珊給諫書，并宛平令致某書，即復。

邸鈔：江蘇蘇州府知府魁元升廣東督糧道。本任道韓文鈞請假修墓。工部郎中彥秀授蘇州府遺缺知府。□□□□□嵇志文授四川雅州府知府。

二十四日乙巳　卯正三刻十三分小暑，六月節。晴陰靉靆，酷暑鬱蒸。剃頭。是日痔小愈。黄叔容來。閲韋述《兩京新記》。日本天瀑所傳殘本，甚多脱誤。夜有雷，小雨。得周玉山按察書，并題余詩集七律兩首，亦頗成章。

二十五日丙午　晴，酷暑不可堪。周衍祜來辭行。嘯梅姪來。夜雲合，有小雨。聞城内西北有大雨。是日始聞新蟬。爲子篯書扇。作書致子獻，得復。

二十六日丁未　晴微陰，酷暑。上午入署閲題本，用印，下午歸。得顥齋姪廿二日保定書。是日買木榻一，付銀五兩九錢。置之軒翠舫。

閲張少南《舊唐書疑義》。其用力頗勤，惜取材太少耳。『姚崇十事』一條，謂據《丹鉛録》所載《舊書》崇傳問答具備，今崇傳無有，與楊升庵所見本異。案：《丹鉛總録》所載俱見《通鑑考異》，云出世傳吴兢所撰《升平源》，今不取。是本不出《舊唐書》，且亦非真出吴兢，升庵妄言之耳。其文較《考異》又有所删改，而又不如原文，此升庵以時人無見《舊唐書》者，故以欺人耳。

邸鈔：右贊善華金壽轉補左贊善，檢討李昭煒升右贊善。

二十七日戊申　上午晴，微陰，酷暑，下午密雨數作。弢夫來。作復顥齋書。

二十八日己酉　晴暑鬱溽，炎威稍減，傍晚大雨雷電，至夜三更後稍止。得弢夫書，即復。付司廚銀二十三兩。

二十九日庚戌初伏小盡　晨及上午陰晴埃𣋠，午後小雨數作，下午復晴，晚陰。孫孝撰自閩來，得其尊人子宜書，并贈燕窩兩匣。夜三更後復雨，浪浪達旦。王編修修植爲其叔母開吊，送奠儀八千。

六月辛亥朔　密雨自晨，至午始稍止，下午少有霽景。弢夫來。是日稍凉，夜可被薄棉，去凉席。

初二日壬子　晴陰相間，晚陰。補寫十日來日記。張姬問介唐夫人疾，饋以冰糖蓮子。夜雜校諸説部。付四、五兩月賃屋十二金。

初三日癸丑　晴。得孫孝撰書。通州西倉送來春俸米七石八斗。夜作詩送黄叔容。

送黄叔容編修紹第**典試湖南**

乍擁瀟湘貫月槎，蓬瀛通籍最光華。威儀臺閣傳江夏，文獻東南屬永嘉。楚澤騷才蘭有馥，瑶池慶榜桂將花。後先父子三持節，海内恩榮得幾家。謂令叔漱蘭侍郎、令兄仲弢侍讀。兄弟之子猶子，故古人叔姪皆稱父子。

初四日甲寅　晨及午晴，下午微陰，有雷。爲叔容繪《沅江秋思圖》團扇，并寫昨詩，作書致之。

得秦芝孫德埏書，并饋冰銀十六兩。得子獻書，告明日徐壽蘅侍郎七十生日，即復。校《齊東野語》。再得子獻書。以西瓜十枚饋書玉夫人。

初五日乙卯　晨及上午晴，午陰有雷，日昳大雨震霆，晡後漸霽，傍晚晴。晨派午門查班。剃頭。午詣徐壽蘅侍郎，拜七十生日，送禮銀四兩。晤叔鴻，小坐。詣孫慕韓，賀其考蔭生得内用。詣邑館答陶南常、沈乙齋、孫孝撰，俱不值。詣桂卿，不值，遂歸。得張公束書，即復。得黄叔容書。閲《宋史隨筆》，略校之。

初六日丙辰　晨及午晴，下午陰溽鬱熱。婁儷笙自武昌就姻還京，其尊人秉衡以白瓷茗碗及託四副、細蒲扇一柄爲贈。沈乙齋來。俞子覲鈞來。陳嘯梅來。儷笙來。子培來。

是日校《齊東野語》訖，并略校《宋史・后妃傳》《宗室傳》《李全傳》，頗有足以參補者。《宋史・李全傳》首尾完密，大半取之《野語》，而時有不同。至《宗室傳》僅四卷，而《世系表》至二十七卷，卷又繁重，幾盈廿册，徒載人名，官位闕如，且多訛錯，自來史書無瘤贅若此者。其傳則敘次錯雜，全無眉目。蓋宋代封國之制，最爲茆釀，有大國、有次國、有小國，而大國之中又有次第，故諸王封國有六七改者。宰相久任者，封亦或改至五六。　其嗣王者如嗣濮王、嗣秀王等，既不以適長子孫世世相襲，而代襲者又各別封國，殁後又别贈王爵，故紛拏淆混。作史者筆力既弱，敘述又無法，往往糅雜牽互，不得其端緒。《史》《漢》舊法，至此蕩然矣。

趙子固孟堅《輟耕録》諸書皆言其入元隱居，有誚責從弟子昂事。惟《野語》稱其卒於宋季，殁後有嚴州之命。公謹與子固素交，又同居湖州，宜得其實。

邸鈔：上諭：熱河都統奎斌由司員歷任監司，洊擢巡撫，居官廉謹，辦事認真。旋補授察哈爾都統，調補熱河都統，辦理地方事宜，盡心撫綏，克勤厥職。前因患病，賞假調理。兹聞溘逝，悼惜殊深。加恩照都統例賜恤。賞銀五百兩，由熱河道庫給發。准其入城治喪。伊子元桐賞給員外郎，用示篤念藎臣至意。

初七日丁巳　晴，微陰，鬱熱。徐壽蘅侍郎來謝。孫生同康來。孫生用譽來。得僧喜五月廿三日書，言偕其新婦暫游九巖婿鄉。又得阿藕廿五日求覓喫飯處書，其窮已甚，而無一能，何以救之？作致許仙坪河督書，并寄以詩集兩部。余不答仙坪書者五年矣。作致薌濤尚書書，亦寄以詩集兩部，不答書者亦兩年矣。作致益吾祭酒書，并詩集一部。作書致漱翁，以許、張兩緘託附寄，以致逸梧書屬叔容附往長沙。是日作字太多，夜復咯血。夜三更後雨漸作，五更大雨達旦。

邸鈔：以前奉天將軍慶裕爲熱河都統。御史林啓授浙江衢州府知府。此亦以截取得之。

初八日戊午　雨，至上午稍止，旋復密雨，晡後稍有霽景。是日小極，雜閲《梁谿漫志》、《愧剡録》、張浮休《郴行録》諸書。作書送黄叔容行。得漱翁書。

夜閲《苦瓜和尚畫語録》。其詞喜爲玄遠，然浮屠文之雄也，於畫理亦實有獨到處。苦瓜名原濟，所謂石濤和尚也，本楚王孫，分封湖湘間者，入國朝爲金陵僧，嘗自稱清湘老人，又稱阿長，又稱殘秃，亦稱秃殘，又稱大滌子，又稱瞎尊者，又稱枝下人。余嘗見其畫册印章，有曰『膏肓子濟』，有曰『前身龍眠濟』，有曰『贊半侯孫』。『贊半』二字不可解。或曰『半』是『屮十』二字，亦不可解。其云畫理在於一畫，當先從此求之，能知一畫之法，則萬法具矣。此真名言也。是録首爲《一畫章》，以下十章皆推廣此義耳。明宗室無侯爵，太祖第六子楚昭王楨後，以『孟季均榮顯英華蘊盛容』十字爲名次。楚傳至華奎而亡，華奎庶子蘊鑨封漢陽郡王，不知所終。昭王庶子永安、通山兩郡王皆傳十世，至容析、容枘而亡。其封湖湘間者，有景陵、岳陽二王，一再傳而絶，武岡王再傳至華增而絶。

初九日己未　晨陰，旋晴，復陰，巳後晴，午後密雨數作，傍晚益緊，淋浪入夜。近日苦雨，無異庚寅。聞永定河堤決口數處，畿輔積水幾不可行矣。

閲《桯史》，又隨筆校之。倦翁記郭倪、郭倬、郭僎事甚詳，而《宋史》略甚，凡盱眙之退、儀真之敗，幾無端緒。倦翁言倬尚能戰，罪輕於李士翼，蓋公言也。其敘倬誅死本末，情事曲折，則韓侂胄尚能守法不私，可以概見，蓋亦於韓有恕辭也。

夜復密雨達旦，寓中床床屋漏。掌京畿道榮侍御（榮陞）丁父憂，送奠儀六千。

邸鈔：户科給事中胡俊章轉工科掌印給事中。

初十日庚申　中伏。晨及上午晴，午後大雨，晡後稍霽。軒翠舫東墻滲漏就圮，命童僕等移書架書案。此地又不可居矣。以西瓜、香瓜、桃、菽等供先，以伏日也。

榮成孫佩蘭同年葆田寄來所刻宋杜諤《春秋會義》二十六卷。諤字獻可，江陽人，自署鄉貢進士，有元祐丁卯季秋自序二首及嘉祐案：二字有誤。嘉祐仁宗元號，壬寅爲嘉祐七年，去哲宗元祐二年丁卯相去二十六年，不應與諤自序先後差互如此。壬寅六月任貫序。其書久佚，乾隆中四庫館臣楊簡齋昌霖從《永樂大典》輯出成書，而《總目》失收。佩蘭從人得鈔本，更爲排比校訂，刻而行之，其用力可謂勤矣。然其書雖名采集衆説，而多舍三傳，尤不信左氏，專以唐之啖、趙、陸爲主，其《序》稱三家説尤精。而多采宋人如陳岳《折衷論》、王沿《箋義》、李堯俞《集議》、陳洙《案隱》、孫覺《經社》之説，大率空言臆測，妄求筆削之指，勇於自信，穿鑿滋生，所謂卮言日出也。諸書雖皆不存，賴此得其梗概。然此等任其亡佚，亦不足深惜耳。

余今日隨手翻之，如哀公八年『宋公入曹，以曹伯陽歸』，謂左氏、公羊但見經書以曹伯陽歸，而以滅言之。若實爲滅，則經當明書之，若晉滅赤狄『以潞子嬰兒歸』矣，蓋此以兵入其國而未滅耳。夫曹之滅，左氏親見之，公羊亦耳目相接，《左傳》敘其亡事本末甚明，此豈可僞造者？又『齊人取讙及闡』『齊人歸讙及闡』，謂當從公羊説。魯始因伐邾，以邾子益來，懼齊加兵，故以邑賂之，既歸邾子，則齊怨釋，故邑得歸。左氏以季姬嬖言之，經無其事，不足據。夫季姬之嬖，經以何法書之乎？此等皆汪容甫所謂宋人愚誣之論，不足辯也。又如隱元年『鄭伯克段于鄢』，引《本旨》曰：段，賊也，賊不可稱弟，故去之以示法。稱鄭伯，則段爲母弟甚明，《公羊》云當國也，斯言甚近，但辭愧明白。無論若無三傳，安知段之爲母弟？至《公羊》所謂當國者，當猶主也，謂主國以討，所謂從國討也。從國討者，一國皆討之，故不稱弟，稱弟是鄭伯專討之矣。莊公縱惡陷弟，處心積慮以殺之，故稱鄭伯以並著其罪，不專從國討之文，此《春秋》之志也。解《公羊》者，以當國爲敵國，亦失其義。《本旨》不知何人之書，乃謂辭愧明白，可笑甚矣。

得濮紫泉書，以張公東文稿兩册屬評閲，并爲樊侍講恭煦轉爲其戚王觀察鵬九乞書絹幅。即復。作致僧喜書，告以禮接内外親疏及詢九巖風俗，爲將來卜居地。作致族弟子常鏊書，爲族人欲分鬻存裕户田事也。存裕户者，先曾祖兄弟十房率資捐田，以備修理祖墳及水旱凶荒辦祭振窮之事。今子孫窮乏不肖者多，將賣而瓜分之，故屬子常糾合衣冠，主持正議，備告以激厲誘掖、善全恩義之道，冀懦者思奮，頑者知威，共保先疇，毋忘祖德。然子常闒弱，恐無能爲也。書凡千餘言，令其遍示族人。子常爲高叔祖中書公之玄孫，以諸生食餼，今貢於庠矣。孫孝撰來。夜密雨達旦。

十一日辛酉　子正一刻九分大暑，六月中。霆霖徹晝夜，墻屋半圮，人人惴恐。麟芝庵協揆師之弟穀庵主事麟肅殁，送奠儀銀二兩，又同年公分錢六千。協揆與肅異母，協揆之太夫人，梅盦尚書鐵保女也。肅所生微，而早死，肅又不肖，日與市井亡賴游，宿娼門鶉，間從飲博，仕宦不振，而太夫人偏愛之，協揆所奉甘旨資皆入其室。生三子，其一英綿，以嗣協揆，其一以嗣豫王本格。英綿以不得爲王嗣，故鬱鬱，屢忤協揆云。夜雨聲徹旦。庖舍圮。

邸鈔：詔：十三日仍親詣大高殿祈晴。掌河南道御史趙時俊授貴州貴陽府遺缺知府。此亦以截取得之。科道截取連放三人矣。

十二日壬戌　晨大雨，上午稍止，下午大雨如傾，入夜有雷電。汪次潭以莊來求見，言昨夕其女已嫁者室圮壓死，陰陽生不肯具殃榜。殃榜者，東南之俗，人死有回煞，自唐、宋以來有之，《太平廣記》已有載之者，南宋以後見説部尤多。北人謂之出殃，陰陽生司之，按其死之日辰及生之年所屬禽，定其期日，實詭妄無理。以一紙書之，何者當忌，何法禳之，名曰殃榜，越俗名曰斗數，火居道士司之。無此者出葬及出城皆有阻，雖仕宦家亦有小需索。因爲告北城余晉珊給諫，屬司坊官料理之。是日室皆穿漏，無立足地。夜雨聲徹旦如注。

邸鈔：内閣學士惲彦彬江蘇陽湖人，辛未。爲江西正考官，編修鄒福保江蘇元和人，丙戌。爲副考官。通政司參議殷如璋江蘇甘泉人，辛未。爲浙江正考官，編修周錫恩湖北羅田人，癸未。爲副考官。吴鴻甲江蘇江陰人，丙戌。爲湖北正考官，彭述湖南清泉人，丙戌。爲副考官。

十三日癸亥　晨密雨，已稍止，下午又雨，瀧瀧入夜。緒百約來。得介唐書。陳嘯梅來。孫慕韓來，新分刑部主事。得弢夫書。比日城内外十室九圮，宣武門今日至晡始啓，水自西山入阜成門穿而出，其高丈餘。永定門兩日不開，聞蘆溝橋冲壞三洞，西關外漂去二百餘家。夜密雨不止，神魂震讋，不知命在何所矣。

十四日甲子　晨漸有霽色，巳晴，旋陰，竟日埃𩞄鬱溽。殷蓴庭來。軒翠舫東窗滲裂，杏花香雪齋楹檻俱朽折欲崩，書籍污損不可料檢。是日撰槐街浙館看山樓聯云：『丹碧出蓬瀛，須知玉宇瓊樓，俯仰無如天上樂；烟霞滿闌檻，何啻珠簾錦舫，東西看盡浙中山。』看山樓者，館中新作歌臺，其後面造樓三間，正對西山也。夜初更又雨，至二更後止。剃頭。

邸鈔：以左春坊左庶子唐景崇爲翰林院侍講學士。

十五日乙丑　晴陰不定，酷暑異常。得傅節子福州書，并寄惠五十金，又寄敦夫及徐季和副都各二十四金，屬爲分送，其婿俞振鸞附至都者。作書致介唐，以燕窩、茘枝問遺其夫人，得復。作書致敦夫送銀。俞孝廉慶恒自奉天來。是日始浴。禮兒生日，賞錢四千，黄葛紗半臂一領。夜始有皎月。

邸鈔：上諭：前因京師入夏以來雨勢過多，朕迭次親詣大高殿虔申祈禱，昨日雖經放晴，而雲陰不散，雨勢仍未休止，朕心實深焦慮。謹擇於本月十七日仍親詣大高殿，並詣宣仁廟拈香。時應宫派貝勒載濂、昭顯廟派貝勒載瀅、凝和廟派貝勒載澍同於是日分詣拈香。上諭：京師近日以來雨勢連綿不止，十二日復大雨滂沱，連宵達旦，誠恐河流驟漲，近畿一帶禾稼受傷，著直隸總督、順天府府尹查明各屬被災之處，妥籌振撫，迅即馳奏。京城内外倒塌房屋處所，如有傷斃人口，並著步軍統領衙門、順天府確切查明，迅速奏聞，以慰廑系。

十六日丙寅　晴，下午微陰，酷暑如昨。傍晚得風，少覺散鬱。先祖側室張太恭人生日，饋素饌。作書致徐季和，爲節子送銀，得復，屬以銀還之。此次余書中頗風其戚孫氏叔姪之貪横，故自見潔身耳。錢念劬恂來。比日評改學海堂課卷，蓋半年病廢，不事此矣。深愧素餐，無以對諸生也。傍晚寫課諸生策題兩道，一問禮祭大名，一問官制中丞相、御史。夜月甚皎，以熱甚，不上窗扃。是日曬書畫器物，賞僕等酒。

十七日丁卯　晨及上午晴，下午陰曖，酷溽益不可堪。作書并課題六紙，寄季士周。作書致漱翁，致子培，致弢夫，得弢夫復。謝縣令汝翼來。閱《癸辛雜識》。晚陰有電，夜初更雨，不久止，月復出。是日望。吕工匠修築軒翠舫東墻，付天全木廠銀二十兩。婁秉衡爲其次子儷笙贅婦還京來請酒，送以禮銀四兩。曬書。

十八日戊辰　晴，酷暑。曬書。得漱翁書。子培來。夜得仲弢書，約後明日飲長椿寺。

邸鈔：上諭：前國子監司業吴樹梅仍在南書房行走。旨：楊壽樞、内閣中書，安徽舉人。何聲灝、户部主事，安徽人，庚寅庶吉士。盧震、刑部主事，江蘇拔貢。凌福彭、户部主事，廣東拔貢。甘大璋、工部主事，四川舉人。王慶平、禮部主事，江蘇人，庚寅進士。張嘉猷、兵部主事，福建人，癸未進士。易貞、禮部主事，河南人，丙戌進士。孫筠經、吏部主事，山西人，庚寅進士。何葆麟、□□□。李象寅、内閣中書，河南舉人。萬和錫、兵部主事，江西德化人，己丑進士。鮑心增、吏部主事，江蘇人，丙戌進士。陳鴻翼、禮部小京官，湖北拔貢。歐陽熙、禮部主事，江西人，己丑進士。曹垣、工部主事，山東拔貢。曹允源、□□□。高樹、兵部主事，四川人，己丑進士。段書雲、刑部主事，江蘇拔貢。劉穀孫、□□□。徐宗溥、刑部主事，浙江仁和人，拔貢。金蓉鏡、工部主事，浙江秀水人，丙戌進士。左紹佐、刑部主事，湖北人，庚辰庶吉士。丁寶銓吏部主事，江蘇山陽人，己丑庶吉士。俱記名以軍機章京補用。先是，軍機處試『練迹校名論』，題出《魏書·蕭寶夤傳》。寶夤爲尚書左僕射，表論黜陟考績之事，有曰：『官人用才，審於所莅，練迹校名，驗於虚實。』乾、嘉間館課曾以爲詩賦題，魏茂林《二十六科同館詩賦題解》中載之。楊壽樞者，通永道楊宗濂之子，繳卷最速，如宿構者。聞皆南皮主之。

十九日己巳　晨大雨，巳後稍霽，午後晴，酷暑如故，傍晚復陰。閱《通雅》。家人祀觀音。得僧喜初六日書。傍晚浴。晚不食，早睡。前日聞永定河決口至九百丈，長興店一帶漂没亡算，東便門外鬧河中金龍四大王化現，前門橋下有黿大小十餘頭，人心皇皇，訛言四起。

二十日庚午　晨陰，巳後日見，酷暑如故，午陰，有風，小凉，傍晚雨作。午後詣旭莊，賀林迪臣授衢州守。詣邑館答兩俞孝廉，詣吴興館答錢念劬，詣吴子修唁，俱不值。詣長春寺赴漱丈之招，花樹清幽，窗几凉爽，坐有弢夫、定旉、鹿門、子培、子封、旭莊、仲弢。飯後復坐轉經殿東室，久談而歸。濮紫泉來。孫生孝撰來。陳資泉自越中還，饋蜜棗兩合，枇杷露、玫瑰露各兩瓶，玫瑰花兩器，受露及棗一合。夜電光四起，雲黑而雨，二更漸止，三更月出。

邸鈔：詔：□□□□穆隆阿賞副都統銜，爲錫伯營領隊大臣。□□□□保年爲京口副都統。

二十一日辛未　晴，炎暑少減。王子獻來。韓子喬來。書浙館看山樓楹帖，交吴季卿禮部。夜有風，頗凉，四更後雨。

邸鈔：以湖南綏靖鎮總兵吴鳳柱爲湖北提督。

二十二日壬申　晨雨，至巳後稍止，下午晴。趙秀升侍御新授貴州知府，來拜。上午出門，道經殷秋樵通參門，投一片賀之。入署辦事。山西道堂舍全圮，水高過公案二尺許，借坐貴州道中，午後歸。壽省三孝廉慶慈來。陳資泉來。敦夫來。介唐來。作書致桂卿問其愛女病，饋以蜜棗鮮果，得復。夜凉，可被薄綿。

邸鈔：工部右侍郎徐會灃山東諸城人，戊辰。爲江南正考官，編修文廷式江西萍鄉人，庚寅。爲副考官。丁惟禔山東日照人，己丑。爲陝西正考官，徐繼孺山東曹縣人，庚寅。爲副考官。徐會灃未考試差。向例考差前十日降旨，京堂不願考差者，吏部於請簡試差本扣除。上諭：步軍統領衙門奏遵查京城内外雨後倒塌房屋、傷斃人口大概情形一摺。所有現經查報之左右翼及中營等處傷斃之十三名口，著該衙門酌給賞恤。此外如有續行查出者，即照此次賞恤一律奏明辦理。

二十三日癸酉　晴，午前凉有秋意，午後稍熱。閱《魏書》列傳，隨筆校之。得霍子方太守端午賀節書。林迪臣來。孫孝撰來。徐叔鴻來。寫單約同邑將出京及新入都者後日飲江蘇館。廏中祀馬神。更造内院東箱毁廚竈。剃頭。付擴誼、同誼兩義園楮鏹錢八千。

邸鈔：上諭：前因京師雨水過多，民居禾稼受傷，當經諭令順天府府尹查明各屬被灾情形，迅速具奏。兹據孫家鼐等奏稱近畿東南一帶被灾較重，迭據順義、寶坻、武清、涿州、霸州、香河、房山等州縣查報，所屬地方山水陡發，各河同時並漲，田廬淹没，傷斃人口，業經分派委員振撫，請撥銀米等語。近畿猝遭水患，小民蕩析離居，殊深憫惻。著照所請，先在六門外添設粥廠，於孫河、定福莊、馬駒橋、黄村、龐各莊、蘆溝橋六處一律添設，加恩賞給京倉米一萬石，即行分領煮放，以資急振。派溥頤、徐承煜、岑春煊、劉恩溥、載蕚、田我霖分往孫河等六處稽查彈壓，妥爲散放。各鎮開廠所需經費銀二千兩，著户部照數撥給。其尚未禀報之東安、永清兩縣即著孫家鼐、孫楫飭令該縣等趕緊詳查，毋稍漠視。

二十四日甲戌　晴，炎熱。張公東來，留之午飯，久談去。福建布政黄君毓恩來，自浙臬升任至都者。陶南常聞遠以將之閩需次通判，來辭行。閱《北史》，以前日偶校《魏書》，需取證也。僧寶自保定書，告貧乏。夜以檢書稍勞，不能成寐。

二十五日乙亥　晴，炎暑復甚。上午詣天安門朝房，偕兵部洪侍郎鈞監掣月選官游擊兩缺，廣西、貴州。都司兩缺，陝西、貴州。皆以三等侍衛、藍翎侍衛得之。午出城，至江蘇館邀鄉人陶南常、俞覲甫、沈乙齋、壽省三、孫孝撰、婁儷笙及族子珊園飲，晡後始散。答拜黄澤臣布政。不值。詣百約談，傍晚歸。浙江趙按察舒翹來，新自温處道升任入都者。鄭鹿門來，今日選廣東和平令。邑子劉祥、劉崇禮、張華燕、龔錫爵來。付廚人賞十千，江蘇館坐錢六千，茶房賞三千，客車飯十二千，催客走使三千。

邸鈔：上諭：李鴻章奏永定河堤工漫口，分别參辦，並自請議處一摺。本年入伏後大雨連綿，永定河水勢盛漲，險工迭出。六月十三日，雨疾風狂，山水暴發，所有南上汛之三、四號、十四五號，北上汛之五號、七號，北中汛之九、十號，北下汛之頭號至五號並接逶迤上之北中汛末號，同時漫溢。該管各員疏於防範，實屬咎無可辭。南上汛霸州州同周蓉第革職，留工效力；署南岸同知、正任北岸通判蔣廷皋革職留任。有差。李鴻章交部議處。該督務當督飭在工員弁，迅籌堵築，不得再有疏虞。所有被淹村莊，即迅速查明，妥籌撫恤，毋令失所。詔：將奉天粟米一萬四千四百餘石，江蘇河運漕米五萬石，江北河運漕米五萬石，撥給順、直各屬災區備振，其隨漕輕齎銀兩並解直隸，作爲津貼振需。

二十六日丙子　申正三刻一分立秋，七月節。晴。作書致漱翁，致弢夫，俱約二十八日飲江蘇館，又寫單約鹿門、定甹、蓴庭、子培、子封、仲弢諸君飲。孫師鄭來。付廣誼園中元楮繦錢四千。

二十七日丁丑　晴，酷熱。爲韓子喬編修書其尊人叔猷封翁六十壽聯，撰句云：『螭陛金蓮，鯉庭玉笋；荆州芝采，樊謝桃香。』爲宗加彌書八言楹聯。爲陳嘯梅書七言楹聯，又别寫淺緋硾箋一聯贈之。爲王翼騫觀察鵬九書方絹幅，即作書致紫泉。作書致嘯梅、資泉。作書致子獻，屬轉寄加彌楹帖，得復。是日奉派詣翰林院、鴻臚寺查太廟時享齋。

二十八日戊寅　晴，酷熱。上午詣慧叔家視，其寓室傾壞，暫居對門李小峴太常瑞遇家。答子喬、弢夫、定甹、鹿門及趙展如按察舒翹。午詣江蘇館，漱翁、蓴庭、弢夫、鹿門、子封、仲弢先後至，晡後歸。是日有客談周編修錫恩之淫恣無行及廣西况某中書之險詖，皆人倫不齒，可髮指也。比年所聞，如廣東粱某主事、湖南陳某編修，皆穢德彰聞，衣冠敗類，皆由政府貪濁、清議不申，人不知名教爲何事。而陳、周相繼主浙江試，亦浙人之重不幸矣。周爲薌濤提學湖北時所取士，聞昔年以編修假歸，强篡其同邑人雷姓兩女。雷有爲諸生者，憤甚訟之，周遂言之薌濤，謂雷姓皆會匪通賊，薌濤遽遣弁率兵往。周爲羅田人，與黄岡毗連，因其從弟諸生某亦亡賴，與雷之族人鬥毆於黄岡境，故移讞黄岡。黄岡令知其事，力持之，得免。後巡撫譚敬甫欲入參疏，薌濤爲緩頰，乃促令入都，周反銜薌濤。今春徐季和之疏劾，濟寧主之，而周實貢媚從臾，疏中所列楚事，皆周所爲也。楚人剽詐，海内所畏，周之險鷙，其鄉人皆惡而畏之，無敢斥言其事者，其人可知矣。周見余甚修敬，以學子自居，然天下之惡一也，魑魅喜人，可與游乎？付廚人賞十千，館坐六千，茶房三千，客車飯十四千，催請走使三千。

二十九日己卯　晴，酷暑不可堪。剃頭。

閲《春秋釋例》中《長曆》。顧氏《大事表》譏其置朔閏皆强合經傳，不知曆法，爲排比更定之，然仍以臆測，其術益紛。姚氏文田又力詆其失，别撰《春秋朔閏表》，而於經傳仍不能通，於是謂左氏不知曆學，姚氏之先江氏永、戴氏震皆有是説。豈知當時不特魯史具存，又有各國寶書二百四十二年之事，雖不知曆者，按年考之，其朔閏豈容有誤？此左氏所謂魯『史失閏』及『司歷過』者，自是實事。後儒生二千餘年後，乃欲周旋周、魯史官之失，而强誣左氏，其亦弗思甚矣。杜氏墨守《左傳》，學有家法，終勝於後來之臆説也。杜用《乾度曆》當時尚書及史官參校古今記注，較《泰始曆》爲勝，《泰始曆》又上勝官曆四十五事。杜又并考古今十曆以驗《春秋》，其用力亦可謂勤矣。

晚浴。是夕熱甚，達旦裸卧。王姬病頭風，爲用荆芥穗石膏飲及麝香僵蠶治之。

邸鈔：以翰林院侍講學士宗室壽耆爲詹事府少詹事。

三十日庚辰　末伏。酷熱如焚。是日不能閲書,戲於潮州扇上作仕女圖以遺光景。族姪書臣秀才笏來、陳巳生秀才汝龍來,皆入都應試者。黄縣令國瑄來,蓋再同之弟也。汪次潭來,言其女厭死後菜市汛都司尚遣吏詐錢,此都中鬼幻,真不可測也。汪既拒其請,欲控之巡城,余謂不如已之。夜酷暑如昨。

秋七月辛巳朔　晨微陰,巳日出,酷暑益甚,傍午,午後大雨數作,晡後稍霽。祀竈。遣人詣先賢祠、靈氾分祠、觀音堂焚香燭。張姬、王姬詣吕仙祠拈香。作書致族姪笏。是日頗覺勞極,閲陶梟香《紅豆館書畫記》。梟香少以詞名吴中,收藏甚富,而學涉淺陋,書畫以外,蓋無所知也。夜雲合,睒電四起,三更後尤晦黑,然竟不雨。

初二日壬午　晨晴,旋澂雨,巳日出,午後大雨,日昳復雨,晡晴,復熱甚,傍晚陰。書臣姪來,留之午飯後去。是日午刻内院東箱居上梁,挂紅放鞭爆,賞匠人等酒。作書致敦夫,得復。是日更苦疲极。夜少凉。雲門之嗣子庶來謁。

初三日癸未　晴,晨有風,微凉,午陰,雨作,日昳大雨如注,晡晴,旋復大雨,歷一時有餘,屋漏墻頹,震雷間發,人人惴恐,傍晚雨稍稍止。查旗處吏來告初五日遞查齋覆奏摺。得宗加彌六月二十日里中書。是日補寫日記。夜初更漸霽,見星。

邸鈔:掌雲南道御史張嘉禄升户科給事中,山西道御史林紹年調京畿道御史,前掌山東道御史楊晨補江南道御史。

初四日甲申　晴,有風自西,頗有爽气,傍晚陰,雨復作。鄭鹿門來。作書致僧寶,并寄以十金。

作書致顥齋姪，催其來赴京兆試。作書致介唐，託轉寄保定書銀，得復。作書致敦夫。作書致書臣姪，俱爲其應試事。晚有密雨，旋止，入夜復雨，徹旦不絕。得爽秋六月十三日蕪湖書，言已於四月下旬到任，五月下旬殤其第三男。手札殷勤，其文甚美。

初五日乙酉　晨晴，巳陰，傍午晴。寫柬約江西德中丞德馨、福建黄布政毓恩、浙江趙按察舒翹初十日先賢祠闔郡京官公宴，備書同鄉京官姓名二十餘人，遍及訾郎豎子。於紅紙中作小楷，不勝其苦，此不蓄寫官之病也。得雲門六月一日渭南書，并寄惠百金。書凡千餘言，言二月十八日到渭南任，去年閏六月十四日舉一子，今年其嗣子庶生一女，情文婉麗，誦之欣然。又寫寄辛卯臘八日見懷七律一首，壬辰臘月見懷七絶四首，詞皆甚美。午詣松筠庵赴王幼遐同年之飲，坐有張公束、繆筱珊諸君，况某中書者亦與坐。飲間余言及周編修事，筱珊談之尤悉，以去年亦客楚中，親見之也。余因戟手痛詆，以爲人倫不齒，不有人誅，必有鬼責，亦取瑟而歌之意，然此輩非口舌所能爲力耳。傍晚歸。黄布政饋十二金爲别。孫生孝撰來。邑子徐仁傑來。今日見江編修標新刻映宋本《魚玄機詩》一册，僅寥寥數葉，中與李郢唱和至八九首，或稱李端公。士夫交游，不可不慎也。剃頭。

邸鈔：上諭：鑲紅旗蒙古都統文秀由武舉於咸豐初年隨征河南、湖北、江南等省，迭著戰功，歷任副都統、右翼總兵，管理神機營等處事務，宣力有年，克盡厥職。前因患病，賞假調理。兹聞溘逝，軫惜殊深。加恩照都統例賜恤。

初六日丙戌　晴陰。岐夫來。作書致介唐，得復。是日午飯後忽覺腹痛不快，卧閲《太平廣記》以自遣。孫生用譽來。顥齋姪自保定來，饋蓮子、笋尖、橘餅、佛手柑片。趙展如廉使饋十六金爲别。是日趙、德、黄三君皆繳柬辭飲。夜腹漸平，小飲以導之。是日晡後陰，有雨意，晚有風，頗凉。

邸鈔：淞湗補鑲紅旗蒙古都統。恩佑芬車管理神機營事務。敬信管理滿洲火器營事務。前四川永寧道李經義授湖南鹽法長寶道。

初七日丁亥　晴，下午微陰。先大夫生日，供饋肉肴六豆，特凫一，果羹一，杏酪一，菜肴四豆，饅頭一大盤，肉包子一盤，炒麵兩盤，餘如常儀，傍晚畢事。以包子、林檎詒嘯梅姪。作小柬約敦夫、介唐，子獻、孝撰及顥齋、書臣兩姪晚間小飲。家人供乞巧筵。得敦夫書，辭飲。介唐來，子獻來，孝撰同兩姪來，夜設飲軒翠舫，至三更後始散。是夕凉，需覆棉。

初八日戊子　晴，晨甚凉，上午漸熱。上午入署辦事，午後歸，頗覺倦瓻，小卧。傍晚詣槐市斜街全浙館同鄉團拜，送分資二金。夜偕漱翁觀同春部演劇，至鷄鳴始歸，兩翁可謂有童心矣。天明就寢。

邸鈔：太僕寺卿長萃鑲藍旗滿洲人，丙子。爲山東正考官，編修柯逢時湖北武昌人，癸未。爲副考官。薛寶辰陝西長安人，己丑。爲山西正考官，高楠四川瀘州人，己丑。爲副考官。王懿榮山東福山人，庚辰。爲河南正考官，李桂林直隸臨榆人，丙子。爲副考官。

初九日己丑　晴，炎熱。竟日多倦，卧閱《遺山集》，間取《金史》及《金文最》校之。得紹郡霍子方太守書。作書致弢夫，詒以詩集三部，其二分致鹿門、定甹。

初十日庚寅　晴，炎熱。是日午又苦腹痛。王廉生同年來。邑子十餘人公柬後明日飲槐街浙館，辭之。兩姪偕陳巳生來見。晚詣敦夫、子獻及王黼臣談。二更歸家飯，有雹西睒，三更雨有雷，四更後止。是日付天全木廠銀十六兩。庚辰同年崇庶子崇寬母喪，送奠分四千。

十一日辛卯　晴，甚凉，午復炎熱，晡後有風，漸凉，晚雨，入夜漸密，時亦見月，二更復密雨，三更雨止月出，凉甚。

比日隨筆校《金史》及《遺山集》。《金史》多本《遺山》及劉京叔之《歸潛志》、趙閑閑之《滏水集》，而文筆甚冗，時多俗語，其可删者甚夥，不知元人修史時出何人之手。施北研、牛空山皆識所芟削語，然尚不勝指也。趙、劉文亦蕪漫，遺山亦不能簡絜，蓋三家皆惟取達意，必盡其辭而後止。《宋史》自孝、光以後，亦苦蕪冗，皆以所取材之本皆繁釀也。

沈叔美侍郎喪還京，其子豫善來訃，送奠分十千。

十二日壬辰　辰初一刻四分處暑，七月中。晴，熱甚。楊定旉來，久談。張姬詣妙光閣，送詹黼庭夫人之柩南歸，詒以燭楮。評改學海堂去年七月諸生課卷訖。是日家人召演禺人戲半日，付以錢十七千。夜月甚佳，露坐久之。

邸鈔：右春坊右庶子徐致靖轉補左春坊左庶子，翰林院侍讀崔國因升右庶子。

十三日癸巳　晴，熱甚。竟日翻閲架上書，閉門謝客。陳嘯梅來，孫孝撰來，均不見。夜月甚佳。

邸鈔：張其光調浙江温州鎮總兵。周振邦調福建澎湖鎮總兵。韓晉昌調江南福山鎮總兵。陳海鵬調湖南綏靖鎮總兵。

十四日甲午　晴，酷熱。剃頭。上午詣邑館答客。詣吴子修、絅齋喬梓，詣徐班侯，俱不值。唁李玉舟丁外艱，則初六日聞訃，次日已行矣。詣黄巖館赴鄭鹿門之飲，坐有潄翁、仲弢喬梓，班侯、弢夫、定旉諸君，晡後歸。以明日中元節，敬懸三代神位圖，傍晚設素饌供曾祖考妣、祖考妣、張節孝、本生祖考妣、先考妣，祔以三亡弟，糕果酒茗如常儀，焚楮繈六挂，楮鋌百餘枚。祀屋之故主。鍾編修鍾廣，字梓勤。來。顥齋姪偕邑子張逢辰來。夜月皎甚。

十五日乙未　晴，熱甚。先君子忌日，供饋，亦用伊蒲饌，加椒鹽燒梟一，取之外廚，晡後畢事。家人詣崇效寺祀亡室殯宮。朱桂卿喪其愛女，以今日出殯三聖庵，姬人等往唁之，至庵，送者已反矣，詒以燭楮。書臣姪來，留共夜飯後去。温州吕孝廉渭英來，新以知縣分發福建。又有章勳來請見，蓋邑人也。夜月皎於晝，比夕卧室皆明，窗不掩帷，以便卧看也，三更後少涼。得王廉生書，即復，以廉生明日行也。

邸鈔：編修吴樹棻補山西道監察御史，内閣侍讀王鵬運補江西道監察御史。

十六日丙申　晴，熱甚，下午日景尤烈。子培太夫人生日，饋糕、桃、燭、麵。書玉夫人生日，詒以糕、桃、鷄、豚、果、麵，并銀二兩，張姬往視之。晡詣全浙館拜沈太夫人生日，晤子承、子培、子封及吏部俞幼蘭、刑部楊虞裳兩員外。傍晚偕子培、王旭莊、劉樾仲登新造看山樓。朱闌據高，餘映猶在，西嶺晚翠，黏樹欲滴。夜偕仲弢、吴佩葱、吴絅齋及樾仲諸君飲，二更後始歸，街巷燈火寂矣。吴侍御樹棻來。孫孝撰來。是夕望，無月，三更雨作，旋止復作，四更後止。

十七日丁酉　晨陰，有小雨，竟日陰鬱微晴。鎮江人陳公恕來，得繆恒庵初四日津門書，并寄惠官窑新造茶碗八枚，夷糕一匣。言有章自津門來，以松花卵一苞、龍眼一匣爲饋，又呈有人題余詩集七古一紙，署姓名曰范當世，不知何人，詞意率傲，而語多不可解，蓋妄人也。此輩往還，皆江湖惡少耳。子培來。是日評改學海堂去年九月諸生課卷訖。作書致言有章，還其龍眼及詩。夜陰。

十八日戊戌　晨及上午晴，熱甚，午後陰，有雷，下午大雨，入晚頓涼。吴絅齋來。姚孝廉詒慶來，餘杭人，乙卯解元，乾高後改名清祺，庚申庶常，改知縣。之子，亦少年有才气者。

閲儲畫山《存研樓二集》。共二十五卷，卷一、卷二有古體詩六十三首，近體詩二百二十八首，前集所無也。其文大半酬應之作，壽序至三十首，時文序至四十首。其卷十七至卷二十書後題跋之文，大率直録它書，或節取本書之文，後綴數語，有竟不知命意所在者，蓋多信手鈔撮，本不欲存，子弟門人彙而刻之，故不及《前集》遠矣。前有錢香樹序，文亦甚拙，疑非出文端之手。

是日圬人修濬後庭水溝。保安寺街無溝，人家庭院水去甚遲，余寓中後院虚其下，以甕數十層疊埋之，以受積水，數年即壅塞，自居此後，凡三浚易矣。夜晴月出，清光如畫，倚窗燃燭，凉可讀書，卧後復敞窗幌觀之。

十九日己亥　晴凉。督工僕移整軒翠舫書架，移書案向南窗，手理群籍，勞攘竟晷。孫生同康以所著駢文兩卷見質，文皆典麗，未易才也。王幼遐新入臺，來拜。是日評改學海堂兩課生童卷訖。閲《香祖筆記》。言燕中明時書肆多在禮部門外，今皆在正陽門外西河沿，餘惟琉璃窑廠間有之。然則康熙中琉璃廠書肆尚少也。夜凉甚，月出仍佳。

二十日庚子　晴。復整比書籍，略歸其類。得張公束書，即復。周生紳之來。顥齋姪來。付天全木廠銀十五兩。

二十一日辛丑　晨陰，旋日出，午前晴，午後多陰。

再閲《存研樓二集》。其文多喜全録古書，或致浮文妨要，然浩博實不可没也。中如《書明歸化城封貢事後》《誦明人詩記》《書明小品後》《宋頌》諸篇，皆有關係，文亦典偉。其學長於地理，又好言經制，如《六宗考》《九河考》《錢法議》《積貯議》《封建》《制用》諸篇，雖不免繁雜，亦可節取。其《書曹公器物》謂天下清宴，惟漢魏季年、唐貞觀中爲極，不可不覈其所繇，而輒附會宋人無稽之語；《書饒右丞介之軼事後》云觀弇州王氏之言，尤可以爲元暨張太尉猶克崇文而初明殊不嗜文之證。皆有特見。

至其《紀耶穌堂》有云：予嘗謂明嘉靖以後人士，實可參七國時諸子者，惟戚繼光、利瑪竇，其次則唐順之、王鳴鶴、此恐有誤。李贄、熊廷弼、袁崇焕、釋幻有，又其次則劉宗周、高攀龍、阮漢聞、彭士望，而顧憲成、馮從吾、蔡懋德、黄道周不與焉，何則？學未充且鮮要用也。則雜出不倫，近於猖狂矣。

得張子中是月朔日揚州書，并惠墨一囊。得許仙坪河帥六月十三日書，手札殷勤，語辭鄭重，天涯老友，念之怦然。書中言聞鄧獻老化去，未知其審。晨星碩果，又弱一个，令人有孤立厭世之意。獻老昔年寄書，周密無間，字畫如故，屢欲復書通問，以庚寅冬所作懷三老友詩篇幅稍長，久未得寫出，又以詩已入《病榻小草》中，以稿付王可莊，乞其書付手民。可莊出守鎮江，事緐多病，至今未聞下筆。去冬曾屬旭莊取還，亦無復信。三友中曉湖去春已逝，今獻老又有此耗，老年風燭，彌爲神傷。獻老消息，明日當詣洪右臣給諫問之。庚午同年高叔泉舍人文欽病故，送奠分八千。是日得堂札兼署京畿道。夜初雨，俄頃止。

二十二日壬寅　晴。上午入署，晤新入臺吴移仙同年。午後散，答客一二家。詣上虞館，晤陳氏兄弟，日昳歸始飯。孫孝撰來。鄭鹿門來辭行。邑子陳生鴻謨來。子培來。得孝撰書，以其尊人子宜家書兩通呈閱，中言閩有獲盜保案開復在即，臺灣唐景崧布政頻以重幣聘之，此亦可喜也。即作復書還之。

二十三日癸卯　晴熱。作復許仙坪書，凡千餘言，交其摺差去。

錢念劬來，以石印《帕米爾圖》并《敘例》一册見詒。帕米爾者，在赫色勒嶺以西，連山攢聚，南北約二度有餘，北至後阿賴嶺，接俄羅斯境，南至因都庫什山，接印度境，爲喀什噶爾、葉爾羌甌脱地，英、俄所久覬者也。圖爲許竹篔閣學所創，皆成於念劬之手。《敘例》後附英人楊哈思班、俄人康穆才甫斯基、英人戈登游記，亦皆念劬所譯潤。

長沙太守趙君環慶來拜。是日下午復不快，晚爲鹿門便面繪山水，苦腹痛而止。剃頭。

二十四日甲辰　晴，熱甚。上午詣江蘇館，邀余壽平、孫師鄭、鄭鹿門、陳嘯梅、錢念劬、敦夫、子獻及雲門之嗣子仲明午飲，至晡始散，答客三四家而歸。夜閲《居易録》。是日仲弟生日，爲之供饋。饋陳嘯梅蜜棗、杏脯、八件餅。

二十五日乙巳　晴，微陰，鬱熱尤甚。爲鹿門作秋山小景，題兩絶句於上，又爲書其一面。顥齋、書臣兩姪來。作書致廣東額玉如廉使額勒精額，亦爲鹿門也，書中屬其訪問鄧鐵香妻孥消息。晚詣介唐，詣敦夫、子獻，談至夜一更後歸。介唐來。作書致弢夫，致鹿門，饋以食物兩匣。

爲鄭鹿門同年士掄**畫山水便面即送其出宰和平二首**

粤山奇秀甲南天，况向循州近九連。想見一帆仙吏到，彈琴蒼翠落舟前。

正是深秋富白雲，丹楓葉落峽中聞。山光忽展人家見，野老扶笻迓令君。

邸鈔：左都御史懷塔布充崇文門正監督，兵部左侍郎巴克坦布充副監督。左庶子準良升翰林院侍講學士。

二十六日丙午　晨微陰，上午晴陰相間，傍午後晴，酷熱，晡後陰。上午入署，詣山西道用印，晤訥瀓之及貴州、廣東兩道同官，詣京畿道上事。下午出城，至黄巖館送鹿門行，并晤弢夫。晡初歸，感暍不快。張公東來辭行。天津黄生耀庚、胡生溶來。閲《居易録》。夜初更後雨作，二更後雷電大雨，徹旦始止。刑科張給事元普次男娶婦，送賀錢八千。

二十七日丁未　晨霃陰，有風，上午微見日景，午晴，旋復陰，晡後晴陰相間。戌初一刻九分白露，八月節。是日驟涼，可衣綿。作致心雲書，作書致弢夫，託鹿門附至廣東。得弢夫復。作書致季弟婦，致僧喜。

閲林氏手集《活人録》，共十四卷。國初長溪林開燧日生據《石鏡録》增損成之，本名《會篇》，乾隆初其子祖成慶惟官黄巖鎮總兵時刊行之。前有開燧自序及祖成序，序末祖成系銜曰『賜同武進士出身由藍翎侍衛特授乾清門一等侍衛進士侍衛班領指教管領三旗漢侍衛鑾儀衛漢侍衛兼光禄寺正卿太醫院副使加副將銜管京城内外九門中營巡捕事誥封資政大夫特簡兼理勇健營署北直隸天津等處地方總兵官升授湖南鎮筸鎮兼轄辰沅永綏五筸等處地方總兵官特調浙江黄巖鎮兼轄紹台等處地方總兵官加都督僉事誥封榮禄大夫』，其所敘既絶奇，而官制亦多與今異。據其序言，康熙乙未捷南宮，武進士由兵部主之，不得謂之南宮。南宮者，唐、宋禮部之稱也。武夫不學，不足怪。選侍衛，得侍今上於藩邸，聖主龍飛，以一等侍衛總統勇健營務，更得備位卿貳，兼掌太醫院事，保合聖躬，承乏醫院，十有二年。是祖成在雍正朝以醫得幸者矣。其書自中風至遺滑，凡分六十二門，先爲問答，論受病之原，次論脉理，次載方散，頗詳簡有法。開燧自序謂『證各一門，門各爲治，隨證加減，瞭如指掌』，蓋不虚也。

付天全木廠銀二十兩。

二十八日戊申　晴。上午入署，詣京畿道，午後歸。得張公束書，言初四日行。周生緝之來。

閲彭忠肅龜年《止堂集》。武英殿聚珍本，十八卷，其中奏疏最佳，議論深通，而往復調暢。如《論假優遷以逐臺諫疏》題本作《論優遷臺諫沮抑忠直之弊疏》，殊近不辭，今易之。謂南渡以來，臺諫忠鯁大率不逮祖宗盛際，因舉劉安世、孫忭、傅堯俞、司馬光等四人行事，以次爲比例；《進内治聖鑒疏》舉吕大防言本朝家法勝於前代者五事；《乞議知院胡晉臣恤典罷曝書會讌疏》歷舉太宗、真宗、仁宗優重大臣喪禮七事，其言皆娓娓動聽；《乞罷版行時文疏》，知時文之刻起於南宋；《繳進宣取續資治通鑑長編疏》言李燾此書有兩本，一本知瀘州日投進，頗有未備，一本知遂寧府日别行删修投進，最爲詳密，藏祕書監。此亦學者所當知也。

是日下午頗不快。

二十九日己酉小盡　晴熱。鍾子勤編修鍾廣來。爲張公束作《寒松閣集序》。公束詞勝於詩，詩勝於文，雖邊幅窘狹，而吐屬清雋，如得入翰林，亦一時之秀也。序中略言浙西詩文家派異於浙東之故。不存稿。得徐花農正月廿六日粤東河源舟次書，并寄銀四十兩。河源爲惠州屬縣，此書逾半年始到，不可解也。得吴聚垣給諫書，即復。夜作致族妹薌書、致族姪英書，俱託公束附致南昌，并寄妹繡袖、繡帊及詩集一部，駢文一册，祠目三册，以詒其長郎。聞公束言此兒頗能讀書，亦能爲詩文，可喜也。作致公束書。封題既畢，已三鼓矣，頗覺勞勩。江西兩書皆以親族相干，不得已而應之。族子旅泊已久，從不通問，近忽兩次求爲覓館，故答以兩紙，不過寥寥數十言。從妹頻煩寄書，乞爲其婿道地，殷勤致物，備極情文，且其子頗有才，而不求應舉，亦可謂有志者，故答書至千餘字，告以近日人情事勢，中外一轍，非余所能爲，且獎誘其子，亦欲勉之成器，故不覺其詞之繁耳。

八月庚戌朔　晴熱。孫生師鄭來，以其高祖子瀟吉士《天真閣集》見詒，凡詩文五十四卷，詞在古文之前，又附其配席佩蘭《長真閣集》三卷。得公束復。唐暉庭來。

初二日辛亥　晴，熱甚。上午入署，詣京畿道，坐談而已，午後歸。湯伯述來。張公束來。孟生繼坡來。作書致三姪、二姪，致孫子述問傅節子之婿俞生消息。得介唐書。作書致桂卿，慰其喪女。

邸鈔：詔：刑部尚書貴恒加恩再賞假一月，毋庸開缺。詔：襲一等威毅伯曾廣漢加恩以四五品京堂候補。

初三日壬子　晴熱。上午詣楊梅竹斜街客店答拜湯伯述，並晤翁叔平師，久談而歸。下午詣桂卿診脉，言甚虚而濇，須服人參養榮丸。今日翁尚書師勸服羊肉肩，桂卿又言每日以洗面餘水洗痔最效。晡後詣漱翁、仲弢、子培、子封，俱不值，又答汪次潭而歸。王芾卿來。沈乙齋來。兩姪來。夜作書，饋以入闈食物。俞鳴齋縣令振鸞來。

初四日癸丑　晨陰，巳後微晴，午後晴。上午入署，過漏舍已交巳矣，遂不往。詣敦夫、子獻談。詣唐暉庭，拜其母夫人壽，晤漢軍王員外汝濟、臨桂張修撰建勛，皆匑匑謙謹人也，午後歸。得敦夫書，即復。作書致兩姪。翁尚書師來。陸鳳石祭酒來。作書致介唐。比日時苦腹痛，不能久坐，多卧閱雜書。得周仲和德濬書，雪甌之次子也，以諸生在保定習律法。

初五日甲寅　晴。唐暉庭來。孫孝撰來。俞鳴齋來。仲弢來。作書致桂卿取方，得復。閱歐陽文公《圭齋集》十六卷本，道光中其族裔重刻本，稍有所增輯，頗較舊刻本爲善。前有李祖陶序，江西人之以古文名者，甚拙劣。其言圭齋之詩篇篇有味，又稱其序記小文勝於碑志大篇，皆不出村學究時文批尾之識。

初六日乙卯　晴。黎明午門聽宣，派内簾監試。昨一無準備，今日買物辨嚴，匆擾之甚。作致季士周書，寄去課卷一箱，并題一紙。作書致兩姪，令其回避。爲鍾梓勤作致閩督譚文卿尚書書。梓勤將由武昌送妹嫁尤谿縣令之子，欲詣福州謁督府，而無階進，兩次詣余，求爲道地。余與譚臣，僅識面耳，以梓勤年少循謹，好學有文，不得已而應之。今日不暇作牘，故寫夾單一紙，爲述其意，作書致子獻，屬爲補作通候之辭。弢夫來。兩姪來。嘯梅姪來。作書致僧喜。午後束裝入闈，晤監臨良夢臣詹事良弼、孫駕航府尹楫，提調李小川府丞鴻逵。小坐至公堂，旋入内簾，居於會經堂，在聚奎堂之後，廣庭數畝，有海棠兩樹，大已數圍，旁有榆桑數株。兩監試居堂之東西房，其旁及兩廡十八房舍也。滿監試兵掌科桂月浦給諫桂年，同考張肖庵、吴絅齋俱來晤談。主考翁尚書師、孫萊山尚書毓汶、陳癸生侍郎學棻，同年裕壽田侍郎裕德來拜。晡後偕桂給諫及房考官肖庵、絅齋、謝南川同年雋杭、黄吉裳學士卓元、陸伯葵編修寶忠、管士修同年廷獻、吴穎芝同年蔭培、陳潤甫同禮、丁伯厚仁長、戴少懷鴻慈、劉静皆世安、王勝之同愈、劉葆(真)〔良〕樹屏、張巽之孝謙、高葵北覲昌、許穎初澤新、朱艾卿益藩同詣聚奎堂答拜，又與諸同考各投刺往還。詣肖庵房小坐。謝南川來。陳潤甫來。戌初封閉内龍門。

邸鈔：命户部尚書翁同龢江蘇常熟人，丙辰。爲順天鄉試正考官，刑部尚書孫毓汶、山東濟寧人，丙辰。户部右侍郎陳學棻、湖北人，壬戌。刑部右侍郎裕德滿洲人，丙子。爲副考官。

初七日丙辰　晴，微陰，頗熱。晨詣内龍門監進供給，詣翁尚書師，略談。寫回避條，内簾共回避者三十餘人。出一紙至家，取茶壺、茶碗、車墊等物。謝南川病甚，求出闈，下午爲行文至公堂，送之出。傍晚再坐内龍門監進明後兩日雙供給，晤外監試王幼遐、榮□□諸君。家人送甜水六桶來。晚小雨，即止。是日翁、孫兩主考同掣分房籤，肖庵第一房，絅齋第十房，南川第三房，此房卷須分給十七房閱之。

邸鈔：記名道岑春榮授河南河北兵備道。本任道明保丁憂。

初八日丁巳　晴。黎明啓内龍門接欽命四書詩題。晤暉庭，亦爲外監試也。出一紙至家，取雨傘。自辰刻偕諸主考坐聚奎堂監刻頭場題。首題『故君子必慎其獨也曾子曰十目所視十手所指其嚴乎』，次題『子曰爲政以德兩章』，三題『伯一位子男同一位』，詩題『秋鷹整翮當雲霄得才字』。同考張肖庵給諫等六人分寫六紙，刷印一萬二千七百張，至夜二更方畢。是日翁尚書師設午餐，孫尚書設晚餐，又各設點心兩次，以向例封閉聚奎堂後門監試及寫題諸君廚舍俱隔在後也。子正二刻方啓内龍門，以題紙交至公堂，晤監臨諸君，知士子入場者萬二千一百七十八人。丑刻始歸寢，疲乏之甚。家人送所取茶壺等物，并送燕窩及蟹來。

邸鈔：詔：鎮國將軍載瀛之第一子命名溥伒。

初九日戊午　昧爽密雨，有雷，晨雨漸稀，有風，辰後止，巳後漸霽，竟日澹晴。是日疲劣多卧，肖庵、絅齋所居與余連，時時過談。吴穎芝來。

初十日己未　晴，微陰。早坐龍門，監進供給。翁尚書師饋燕窩一匣，鮮木桃一盤，作書復謝。剃頭。出兩紙至家，一取香片、茶葉、於朮、銅刀，一取酒壺、洋蠟、點心等物。夜半後疾動。爲穎芝書小幅。

十一日庚申　晴。晨詣聚奎堂封門監刻二場題目。《易經》『井居其所而遷』，《書經》『曰霽』，《詩經》『寬兮綽兮猗重較兮』，《春秋》『杞子來盟吴子使札來聘』，《禮記》『遽數之不能終其物悉數之乃留更僕未可終也』。同考管編修等六人分寫題紙，孫尚書設午餐，翁尚書設晚餐。夜初畢事，傳點將啓内龍門外簾，白查號未畢，乃還坐聚奎堂待之，二更始啓門，交外簾。是日知士子入場者萬二千六十二人。得僧喜七月二十三日書，言九巖去湖塘僅十里，山水頗佳。是日閲邸鈔，見正藍旗漢軍副都統容山病故。此人辛卯鄉闈爲左翼彈壓，與共事十餘日，年僅四十餘，狀貌豐頎，公事亦頗明白。爲肖庵書小幅。

十二日辛酉　晨晴，上午微陰，有風，下午大雨，雷，晚止。閲陳蘭甫澧《東塾集》文六卷。卷一、卷二多説經之文，其《戈戟圖説》以鄭注『戈，今句子戟』『戟，今三鋒戟』爲非；《喪服説》謂上治下治皆至三而止，故高祖玄孫無服；《説長白山》謂在漢玄菟郡境爲西蓋馬、上殷台二縣地。皆近臆説，不及其《讀書記》之密粹。其《科場議》《推廣拔貢議》亦近偏駁。夜晴，頗凉，有月甚佳。積水滿庭，老樹映之，有洲渚蕭瑟之思。

邸鈔：上諭：李瀚章奏耆紳重遇鹿鳴，懇恩與宴一摺。三品銜前浙江候補知府朱德澄，年逾八秩，鄉舉重逢，洵屬藝林盛事。加恩賞給二品銜，准其重赴鹿鳴筵宴，以惠耆年。

十三日壬戌　晴暖，下午微陰，傍晚雨。坐聚奎堂監主考、同考官閲卷，至晚徹堂。故事，辰初上堂，酉正退，皆監試主之；同考每一薦四卷，漢監試書之簿，然後命吏印『某房閲薦』長戳於卷面，分送四主考，黏『正』『大』『光』『明』四字於卷腦以別之。是日會經堂命梓人刻三場策題。第一道問《周官·考工記》疑義，第二道問方輿邊郡古今沿革，第三道問漢魏子書遺文佚簡，以上同考吴絅齋、劉葆良所擬。第四道問《水經》及《注》異文別説，第五道問歷代尊崇母后禮文。余派委員傅、劉二人往來巡查，時亦躬督之。夜有微雨，梓人等達旦刷印不輟工。孫府尹饋節物，生鳬一，羊肩一，鯉魚一，蟹一苞。

十四日癸亥　寅正二刻三分秋分，八月中。晴。晨坐聚奎堂監諸官閲卷。比日暇時雜閲《北史》。此順天府所儲書籍，以備鄉會試主考取閲，其中殿版經史有絶佳者，而零落不完，亦多蠹損，蓋每考一次，必有遺失也。夜初更後，題紙印刷一萬二千三百紙訖，啓内龍門交外簾。是日知入場士子萬有十餘人。順天府治中送月餅時果。家人送羹、蟹、蒲桃、白梨及邸鈔來，并顥齋姪十二日書，言以次日還保定，書臣姪以二十日後返里門矣。是夕月明如晝。

十五日甲子　晴，晡後微陰。聚奎堂監閲卷，見第五房薦卷有中皿濟四十三、夾察九兩卷皆甚佳，又見首題文有引《大戴禮·曾子立身》篇作主者，有引《禮器》『慎獨』語作主者，皆極有心思。夜初微陰，月色澹然，二更後雲气澄霽，清輝如晝。無酒無肴，裴回庭中，少頃而睡，得詩二首。

癸巳中秋瑣院會經堂看月寄僧喜

滿院槐陰晝漏殘，遥憐故里正團欒。清貧無業傳家易，老病餘年誓墓難。庭際桂華應念我，鄰墻竹影待憑闌。余家外庭有老桂一樹，年時作花甚盛。又西鄰倪氏有竹園，昔年僧喜母欲買之爲余歸老地。蠡城西畔濠梁月，何日開簾得共看。

癸巳中秋夜瑣院懷雲門秦中時宰渭城

渭水千年繞漢宫，遥天秋色滿關中。縣齋琴暇娱眉黛，山閣簾開颭燭紅。廿載詞臣金闕夢，全家仙令玉簫風。應知璧月團圞宴，還倚高樓憶病翁。

十六日乙丑　晴。晨啓内龍門監進試卷及供給食物。終日坐聚奎堂閲杜詩。出一紙至家，取魚翅、魚胃、蝦蟹、笋鷄、豕膏、酒醬等物。闈中日進一鷄，余戒殺，故畜之，而取已殺者於外，且徵及蝦蟹。口腹累人，不免矛盾，何日得投老山寺，采松花作餅，汲澗水烹茶，供養烟雲，用絶刀俎耶！　夜月甚佳，得詩一首。

次日聚奎堂夜坐再寄雲門

彩筆紅氍列廣筵，一堂風月聚群仙。久無梁陸關通榜，絶少歐梅唱和篇。安得涪翁雙井茗，來烹華女上池泉。放衙想見凝香際，玉雪交輝畫燭前。

邸鈔：惠榮授甘肅寧夏府知府。惠榮，滿洲人，丁丑進士，以江蘇同知保舉知府引見。

十七日丙寅　晴暖，下午微陰，有雷，忽雨雹交作，一時許止，傍晚有風，甚凉。先妣忌日。四更起偕翁尚書師坐聚奎堂對門監刻考試宗室。欽命題目，文題『俎豆之事』，詩題『數紙尚可博白鵝得經字』。黎明刷印二百紙畢，至公堂傳鼓報外間點名訖，遂啓内龍門，彈壓謨貝子等已到，知宗室入試者五十三人。以題紙交外簾，反室少睡，辰刻仍坐聚奎堂監閱試卷，并閱少陵、香山詩，時時睡去。翁尚書師饋素菜月餅、龍井茗，作書復謝。夜西風勁甚，頓寒。入試者三更始畢，交進試卷，余已卧，桂月浦給諫獨監啓閉門。是日得詩一首。是日望在寅刻，正五更月落時也。

瑣院直先妣忌日感賦

棘院深沉鎖畫廊，重泉相隔路茫茫。驚風永夕無安樹，傷羽何時返故鄉。久悔白頭營薄禄，祇羸清淚落朝裳。是日以試宗室子弟，五更偕主司朝服送題紙交外簾。藜羹菽飯難親饋，燈火殘更夢影堂。

十八日丁卯　晴。終日坐堂上監閲試卷，時時讀香山詩自遣。是日見主司所蓄鷄放散庭間，有聚而卧者，有上樹者，有病而曝日者，有相鬥者，皆刀匕之餘，須臾自活，以待烹膳者，感物命之不長，傷人生之多欲，爲賦詩一首。是日有風，甚寒，虚堂敞扉，長筵列坐，惟時時以薑茗、菸絲消息之。老病之身，亦所謂以性命相博者矣。

詠闈中鷄

公膳日雙鷄，闈中主司、監臨每日雙鷄，監試以下一鷄。腷膊偕盤飧。生小乍離母，不鳴不飛翻。刀匕未暇及，散牧依庭垣。三五各爲隊，飲啄秋樹根。仰嗉無所食，忍餓晞朝暾。有時上堂階，見人亦馴蹲。汝非堂中物，欲談誰與言。即此須臾活，已出庖廚恩。對之竊歎息，人物本同倫。人亦何功德，待物供咀吞。素餐恣齒牙，湯火飛精魂。佛氏言戒殺，此理經訓存。世人狃所習，性命非復論。我獨縱所之，嬉游如家園。潤泔飽殘粒，勿復思鄉村。落葉漸可藉，穩卧勿争喧。撤棘籠之歸，各各還里門。明知畜難久，聊與數晨昏。

十九日戊辰　秋社日。晴。終日坐聚奎堂監閲試卷，時閲香山、放翁兩家詩。昨日監臨孫府尹及監試四人出闈外簾，留者監臨良詹事，提調李府丞，監試唐暉庭給諫、王鏡逸同年、訥澂之、和蔭齋三侍御，山西道四人，三人在闈矣。昨晚余監啓門時，小川、暉庭告余第五道策題有訛字，余取題紙閲之，始知『姜嫄生稷』誤作『生契』，以語翁、孫兩尚書，乃議自上疏檢舉。今日晡後復監啓門，以告外簾，蓋恐外人有言也。此次五道策題頗極矜慎，第五道中有『唐文宗大和年語』，『大』誤作『太』，刻板時余以告常熟師刊正之。不謂乃有此人人共知之誤，所謂失之眉睫也。晚見常熟師所擬檢舉疏稿，云『姜嫄生稷』，『稷』字誤刻作『契』，余謂十六日進呈題筒亦作『生契』，此紙劉静皆探花所書，極工整。當云誤書，不當云誤刻，并告萊山尚書更正之。比夕頗寒，今日出一紙至家，取厚綿被。是日外簾進頭場卷訖，續進二場卷。

邸鈔：刑部郎中沈家本授直隸天津府知府。子敦辛卯京察不記名，此以截取得之。

二十日己巳　晴和。竟日坐聚奎堂監閲試卷，時閲放翁詩。放翁詩終覺邊幅稍窄，其才情不及香山，而格律精整過之。家中送棉被、棉襖、棉韈及牛乳卵卷來。外簾知會奉旨宗室取中五名。

邸鈔：翰林院侍讀清鋭升詹事府左庶子，編修鍾德祥補江南道御史。

二十一日庚午　微陰間晴，晡後小雨，旋止。剃頭。坐堂上監閲卷。上午啓門，主司呈進宗室中卷五本，兼遞檢舉自請議處摺。

閲《舊唐書》高宗、武后兩朝列傳。以劉仁軌之賢，而有因私憾陷李敬玄一事，深爲可惜，亦猶褚文忠之陷劉湒、陸宣公之陷竇參，皆君子之一眚。然湒雖賢，害其身尚無害於國，參本小人，殺之尤無害，若劉之陷李，則喪師辱國矣。惟敬玄爲人，亦無足取，而仁軌當武后臨朝之始，獨能仗義執言，以吕后、産、禄爲戒，危身奉上，可謂純忠。后能優詔褒揚，加晉官爵，既没之後，哀榮備至，而未及一年，子即被殺，妻孥籍没，蓋始納之而終銜之也。以許敬宗、李義府之奸惡，而皆得保首領，有賢子孫，以劉審禮、易從父子之孝友，而一没吐蕃，一陷酷吏，此則天道之不可知者矣。其陷于公異事不足深信。

是日得詩二首。夜風，感寒不快。

聚奎堂讀香山放翁兩家詩有感而作各一首

我讀香山詩，其志在用世。少年拜諫官，亦頗厲鋒氣。仕宦稍齟齬，乃爲吏隱計。時局相推移，悠然身外事。一謫得廬山，遂結方外契。從兹窺佛乘，緣飾入文字。歷守蘇杭州，遍游東南寺。晚居履道坊，富有泉石思。嵩洛龍門間，舉舫縱所至。樂妓粲如花，琴尊繞珠翠。南省八坐尊，東宫三師貴。不累靖恭親，亦免永寧忌。自來詩人福，君已一身備。宜其抒清言，陶然得真意。被服皆風流，吐納必鮮媚。非等彭澤叟，山澤樂枯瘁。痛哉甘露禍，千古爲流涕。青山獨往語，閑居發深喟。固非幸人灾，未免矜予智。贊皇第一流，偏才悉使器。群從羅之門，豈獨君是棄。詩篋屏不觀，亦由非所嗜。杜悰二李逢吉、宗閔。黨，造言妄訾毁。終身嗛平泉，未能泯同異。斯人蓋天全，非真忘去名位。春隨樊子歸，柳入天星次。風情老猶耽，仙佛誰位置。

我讀放翁詩，遭際良可悲。始出厄老秦，晚節累韓漸。韓平原柄國時，臨安小兒唱韓漸漸，乃韓屍之讖。此本《晉書·賈充傳》韓壽子、賈謐事，後人傅合之。平生報國志，未嘗忘鼓鼙。石湖既夙契，新安亦深期。蜀闒乏薦牘，閩學無與辭。一爲南省郎，已見彈章隨。幸生南宋世，優游偏安時。朝廷待士厚，馴可躋華資。投老得祠禄，歸耕南山陲。左丞五畝宅，烟水環茅茨。藏書三萬卷，藥徑開東籬。龜堂携筇出，蓑笠尋漁師。鏡湖三百頃，扁舟縱所之。家鄉名勝地，悉入先生詩。稽山土欲化，中原幣猶馳。家祭告復仇，臨殁聲酸嘶。嘗言先莊簡，撫膺扼窮奇。述其客座語，正色傳鬚眉。至今千峰亭，魂魄應戀兹。我生先生鄉，夙慕山澤儀。魯墟東西村，農圃連釣磯。每至秋風起，菱歌滿清漪。紅樹夾畫橋，山翠相參差。村村打稻聲，月下尤可思。胡爲落塵土，卅載金門羈。牽率入瑣院，朝衣韁野麋。黯淡官燭光，一編聊自怡。夜夜巖壑夢，應有先生知。

二十二日辛未　晴，風甚寒。晨啓内龍門，接批回檢舉摺，依議，遂行文至公堂知照吏、禮兩部。午刻至公堂揭曉宗室卷，取中續昌、寶銘、和頤、松鐸、舒榮。是日各房薦頭場卷畢。第十七房朱編修益藩薦八十八人，爲最多，餘不過六七十人，第二房陳編修同禮僅五十二人。晚遂徹堂。小病不快，出一紙至家取藥物，并作致敦夫、介唐書，爲顥齋姪託薦沈子敦幕席。夜有風。

邸鈔：前刑部左侍郎清安卒。詔照侍郎例賜恤。此二十四日事，誤先記兩日。

二十三日壬申　晴。昨家人送一㿻及蜀中乾芥菜來，今日命廚人治之，并略設肴饌，邀桂月浦給諫、肖庵、絅齋共午飯，三君皆與余連舍居也。劉葆良檢討適來談，並邀之小室團聚，亦天涯朋友之樂。是日房考有薦二場卷者，亦有補薦頭場者，翁、孫兩主考屬語各房，俟二場閲畢通薦，因屬肖庵及陸伯葵、劉静皆遍告諸同考。翁尚書師饋蘆菔餅一盤。晡後監啓内龍門，家人送時果藥物至，以碧柰一盤呈常熟師。

二十四日癸酉　晴，風。陸伯葵、劉静皆來談。管士修來談。夜風益甚，落葉蕭然，掩帷讀書，寒燈苦茗，山林清寂，不過如斯。闈中無貓，而余見有貍斑者，人云是狐所化，然鳴亦作貓聲，所未詳也。都中人言舉場有四族分居，一狐，一蛇，一黄鼠狼，一蝟。三更風止，是夕復寒。

二十五日甲戌　晴和。是日各房二場卷大半齊薦，又有補薦頭場者，爲之條別記簿，督吏分送主司，紛紜竟晷。傍晚啓門，監進三場卷。絅齋來夜談甚久。

邸鈔：兵部左侍郎洪鈞卒。上諭：洪鈞才猷練達，學問優長，由進士授職修撰，迭掌文衡，洊升内閣學士，派充出使大臣，辦理一切，悉臻妥協。簡授兵部侍郎，差滿回京，命在總理各國事務衙門行走，均能盡心職守。前因感患暑濕之證，賞假調理，方期即日就痊，長承恩眷。兹聞溘逝，軫惜殊深。加恩照侍郎例賜恤，伊子工部學習郎中洪洛俟服闋後以本部郎中遇缺即補，以示篤念藎臣至意。

二十六日乙亥　晴。是日十七房薦二場卷畢。王勝之來。吴穎芝來。劉葆良來，陸伯葵來，俱爲補薦事也。伯葵贈所刻《沅湘攬秀集》一部，凡五册，其督學湖南時校士作也，頗有佳篇，經解雜作尤勝。蓋衡湘間固多佳士。夜從桂月浦借袁子才《新齊諧》閲之。自道光甲辰見此書，今五十年矣，爾時酷嗜《聊齋志異》，以此書爲淺直，不知稗官小説自有記載之體，非必鋪華摛艷，以曲折婉委爲工。此老筆舌快利，見理明透，固可傳也。其好言穢褻，是其本色。

二十七日丙子　晴。是日至聖先師生日，京城例禁屠，故不進供給。吴穎芝來，又補薦六卷，又有許澤新者，亦補薦四卷，因告各房，自此日後不復補薦。下午偕肖庵詣伯葵談。夜詣管士修談。

邸鈔：郡王銜貝勒奕絅卒。詔：奕絅歷任内大臣、正黄旗蒙古都統、宗人府右宗正，克盡厥職。前因患病，賞假調理。兹聞溘逝，軫惜殊深。著賞給陀羅經被，派貝勒温都蘇帶領侍衛十員即日往奠。賞銀五百兩，由廣儲司給發。　御史龐壐授甘肅蘭州府遺缺知府。

二十八日丁丑　晨陰，上午微霽，午後晴。是日不快。詣吴穎芝談。爲伯葵書小幅。午啓門，進三場卷畢。家人送來食物及淡墨山水帳額。再出一紙至家，取大筆、紙墨、日記本及酒菜等，又託敦夫、介唐代爲擇日料檢鄉祠祭神事。得敦夫書，言余家以昨今兩日移徙内外房。

二十九日戊寅　巳正二刻寒露，九月節。晴。是日各房薦三場卷，又有補薦頭二場者。第十房有北皿濟四十九一卷，首場文甚佳，二場尤沉博絶麗，三場不能一一盡對，而第一道言《考工記》甚詳，於鄭注極有體會，二、三道於子、史之學亦有心得，第五道抬寫有錯誤處。又第五房有夾察九一卷，首場文甚静細，有先輩風力，欲以爲房首，皆來質於余。余久困場屋，平生此事，魂夢猶驚，以諸君之賢，頗爲經營之。庭中東畔海棠一樹，大數十圍，百餘年物矣，上爲野蔓所纏，枯枝敗葉，蒙茸可惡，傍晚督隸役除去之，得詩一首。夜詣常熟師談。肖庵、絅齋、葆良來，談至夜半去。葆良饋煎餅，甚佳。夜雨，得常熟師書，復其一。二更後雨作，有風。

試院堂東海棠一樹百餘年物矣有野棘蔓其上命隸人去之

廣庭雙海棠，婆娑百年樹。其東尤蔚然，大可數圍度。我來已秋風，葱蒨媚鮮昫。想見花開時，光艷照庭宇。幾經哲人賞，絶無後房妒。何年生野蔓，葳蕤强相附。刺類天棘髦，柔異宛童寓。敗葉罥冠纓，枯枿繞跗注。譬之西子面，帶蝮蒙蝟鵂。沐露神自懾，饋雨怨誰訴。一朝命獠隸，悉去非所據。倩影臨風前，綽約光四顧。平生志除惡，斧柯吝相遇。偶爾爲主人，何必計常遽。侵尋七十翁，逆旅隨旦暮。賃宅三十載，花竹日所務。人我既兩忘，久暫復遑慮。明年三月時，猩紅坼嬌妊。我再銜命來，傾城慰夙慕。紅妝伴白頭，又得四旬住。否則留詒人，娟娟滿風露。持觴或相賞，何啻我游譽。寄語紫衣輩，院中多狐。殷勤爲培護。作詩聊記之，瑣院添掌故。

邸鈔：以内閣學士王文錦爲兵部左侍郎。以克勤郡王晉祺爲宗人府右宗正，以貝勒載漪爲宗人府左宗人。睿親王魁斌補正黄旗蒙古都統。翰林院侍講李培元轉補侍讀，司經局洗馬王錫蕃轉侍講。

三十日己卯　晨風雨瀟然，巳後雨止，午後微晴多陰，竟日有風。張巽之編修來。馬編修步元來。高編修覲昌、許編修澤新介肖庵來。是日各房補薦俱截止。十一房有中皿都十八一卷，三場皆佳，五經書藝曰霽文，自入題後皆爲繇辭，體頗古雅，爲作書致裕壽田侍郎薦之。又六房有南皿何一卷，文亦佳，對策頗詳贍，爲致之孫尚書。又有滿洲兩民卷，昨日至公堂來文言禮部咨稱改入官卷，其卷在十四、十八兩房，已黜落矣，今日必欲補薦之，則可笑也。得常熟師書，即復。得孫尚書書，爲補印薦戳也，即復。家人送來舊棉馬褂及筆墨紙扇食物等。是夕各房薦三場卷畢。

荀學齋日記後戊集之上

光緒十九年九月初一日至光緒二十年正月初一日(1893年10月10日—1894年2月6日)

光緒十有九年癸巳九月庚辰朔　晴,有風。絅齋、葆良來談。翁、孫兩尚書送來擬進前十名卷,交各房加圈。第一卷貝飽九十四,在十一房張編修孝謙房。

整理者按:此下至本月『十一日庚寅』以上文字,廣陵書社版《越縵堂日記》不載,摘補自陳左高《歷代日記叢談》,上海畫報出版社二〇〇四年五月版。

傍晚坐内龍門監進食物,晤李小川府丞、唐暉庭給諫、王鏡逸侍郎。詣翁尚書師談。夜作書致翁尚書。是日陳編修同禮欲補薦中皿一卷,余隨手翻閲之,首場首藝有『旁觀之窺伺』一句,三場第一問有『考工記總目注』一語,告以不必薦矣。近日時文之弊,大率不求文從字順,上者務詭異,下者務聲調,至二三場,則捆載書籍,牛腰巨篋,牽挽以入,十五爲朋,鈔襲成之。此人蓋對第一道問《考工記》,臨時翻取,見前有序,故以爲總目耳。

初二日辛巳　晴和。炯齋、葆良來談。葆良房首爲第七名滿貢一,其三藝皆止三百字,首藝一講祇四句,起云『誠無爲,幾善惡』,以三字爲句,而實不可解,蓋學先輩而荒率不能成章者,翁、孫兩尚書皆極賞之。葆良房中有夾察九一卷,甚佳,欲以爲房首,屬余再言之主司。翁尚書亦以爲然,而以滿卷無佳者,十名之中,必得一魁選,此卷有數語尚中肯,孫尚書、裕侍郎皆歎爲高古,翁遂重移,竟置第七。葆良意甚不欲，屬余從翁尚書取其發刻者，爲之改削。余不得已，作書致尚書，晡後詣聚奎堂，以各房所繳十卷交翁、孫兩公，又面言之。兩公意皆怒，常熟拂然有辭，余與相往復，至歷兩時許，常熟乃易辭曰：『此卷本不佳，本房必不願以爲房首，請易去可也。』余一笑而出。此事何與監試者？先生乃不憚煩乎！夜葆良、炯齋復來，談至二更後去。

邸鈔：刑部尚書貴恒三次假滿，請開缺。許之。

初三日壬午　晴和。

竟日閱袁子才《新齊諧》，其中頗有名理，所載果報事，亦足資勸戒，且間有關掌故者。惟好談穢褻，至僞撰《控鶴監秘記》，託名張垍撰，蓋以無行相慕，自爲供狀。其尤可惡者，『邱生』一則，以譏同時之江艮庭、余蕭客，遂荒唐演説，誣詆康成，以目不見注疏之人，羅列無稽之語，污蔑經訓，狎侮聖言，竟爲無忌憚之小人。其條名『麒麟喊冤』。『某進士』一條，詆同時彭二林之學佛。『雙花廟』一條，至以孫伯符、周公瑾相愛爲比，則當墮泥犁獄矣。其引證古書，多訛謬牽掇，如謂石婦出《太玄經》，大頭鬼名靈符出《朱子文集》。中序『神仙不解考據』一條，謂唐人田穎撰《張希古墓志》中有云左衛馬邑郡尚德府折衝都尉語，但《唐書・地理志》馬邑郡所屬無尚德府，不知唐府兵皆有府名，非府縣之府，唐時只有州郡，無知府也。惟河南以東京，太原以北京，成都興元以臨幸，故升州郡爲府。

昨炯齋言葉鞠裳編修昌熾撰《藏書絶句》七百首，羅列古今藏書家甚備，有從故書佚説、蛛絲馬跡中搜羅出之者，自爲之注甚詳。又山西人楊肖嵋明經志培之父，某刺史，著《山右金石志》數十卷，甚賅博。楊書已刻，葉書僅有寫本。肖嵋亦博學，炯齋嘗撰《補晉書藝文志》，爲補訂十餘條，皆精確。近日後生英俊如曾孟樸孝廉撰《補續漢書藝文志》，朱古微編修祖謀撰《南北朝會要》，聞皆已成書；至陸存齋言其子樹藩撰補正王厚齋《漢書藝文志考證》，則人皆不信之矣。

夜四更時，不寐，得詩一首。

九月初三夜瑣院紀夢凄然有作

露似珍珠月如弓，用香山句。前塵猶在夢痕中。明妝髣髴平生見，幻境依稀涕淚同。嬉戲髫年情宛似，滄桑玉骨久成空。傷心睡覺燈殘後，落葉虛廊碎佩風。

初四日癸未　晴暖如春。是日陳、裕兩侍郎發下各房中卷。陳侍郎不重後場，有房官已批抹出疵而仍取中者。第十房第五道策中，問元時靈隱寺建太后祝聖碑，明代慈仁寺爲太后祝釐所建，而誤以靈隱太后、慈仁太后，荒唐甚矣。第十二房、第十五房，有徑扯去房批，以爲經策疵累不必摘出者。

下午偶閱放翁詩，有《菊枕》兩絶句云：『采得黄花作枕囊，曲屏深幌閉幽香。喚回四十三年夢，燈暗無人説斷腸。』『少日曾題菊枕詩，蠹編殘稿鎖蛛絲。人間萬事消磨盡，只有清香似舊時。』爲之黯然。若余昨夕之詩，則喚回五十三年夢矣。『此身行作稽山土，猶吊遺蹤一泫然』，亦如爲我道也，惟情事迴別耳。

炯齋來夜談，至三更後始去。

初五日甲申　晴暖。伯葵、炯齋來，言撥房事，第七房一卷撥入伯葵房，第九。第一房肖庵給諫一卷撥入炯齋房，第十房。爲飭吏互易之。是日翁、孫兩尚書發下各房中卷。下午啓内龍門，主司進呈前十本卷。哺後再啓門，進供給食物。晤小川、暉庭，言浙江科場事，以送關節，牽連同鄉周介孚舍人，爲之駭然。出一紙告家人十一晚具車馬來接。

夜閲邸鈔。上諭：昨據御史褚成博奏，浙江正考官殷如璋行抵蘇州，忽有人投遞書函，中有考生五人姓名，並銀票一萬兩，囑與關節取中，經殷如璋將其人扣留，交蘇州府看管，轉解浙江，請飭究辦，當經諭令崧駿嚴切根究。本日據崧駿奏，據臬司趙舒翹禀稱，准江蘇臬司移咨此案，並將投遞書函之家丁陶阿順交浙省訊。據陶阿順供稱，係周福清令伊投信。查周福清係丁憂内閣中書，請飭革職歸案審訊等語。案關科場舞弊，亟應徹底根究。丁憂内閣中書周福清著即革職，查拏到案，嚴行審辦，務得確情，按律定擬具奏。詔：山東巡撫截留本年新漕六萬石，備賑沿河章丘等縣被水村民。

初六日乙酉　晴，下午微陰。五更舊疾復動。辰刻内中發回進呈前十卷，月浦給諫往監啓門。家人送來食物，並僧喜八月二十日家書。晡後坐内龍門，監進食物。詣裕壽田同年略談。服藥。葆良、伯葵、士修俱來夜談。是日得詩三首。夜三更時雨。

寄僧喜

入闈三十日，兩得汝來書。秋暮多鴻雁，江清足鯉魚。柏紅排日密，菱紫入霜疏。最念登程際，家家打稻初。

闈中呈翁尚書師

七主文衡燭斗躔，三持玉節麗金天。師自乙酉戊子至今科三主順天試。斡旋元氣雲霄上，講論華光帝座前。每見燕居惟念國，可知草澤不遺賢。兩行畫燭朱衣影，回首焦琴十四年。庚辰會試，師欲置予首選，以景、許兩公意不同，遂乙其名。

闈中賦贈孫萊山尚書毓汶

夢回三十年前事，我試都門公校文。雅有武陵知杜牧，終然賈餗黜劉蕡。同治甲子，余試京兆，卷在今協揆徐公房，薦之瑞相國，公時亦爲分校，助之力争，竟不得。一堂燈火今相共，末路雲泥勢久分。國事正艱人白首，同期晚節厲松篔。今時汲黯人知重，當日歐陽派已分。見性恒河原不改，難將朽拉並霜篔。

附和作：

回頭甲子已一世，沆瀣因緣在此文。袍鵠新篇來夏屋，雲龍舊夢感秋蕡。

邸鈔：以工部尚書松溎爲刑部尚書；以都察院左都御史懷塔布爲工部尚書；以吏部左侍郎敬信爲左都御史；兵部右侍郎壽蔭調吏部左侍郎；工部左侍郎克們泰調兵部右侍郎；理藩院左侍郎鳳鳴調工部左侍郎；工部右侍郎志顔調理藩院左侍郎；□□□英年署理工部右侍郎，兼管錢法堂事務。貝勒那彦圖、載漪俱補授御前大臣。上諭：禮部奏遵議在籍耆紳重遇鹿鳴，請量予恩施一摺。浙江在籍前翰林院侍讀學士孫鏘鳴，年逾七秩，鄉舉重逢，洵屬藝林盛事，加恩賞給三品卿銜，准其重赴鹿鳴筵宴，以惠耆年。

初七日丙戌　晨小雨，巳後止，上午陰，下午晴。張巽之、王勝之兩編修來，言撥房事。以貝字兩卷對策有近雷同者，而首二場皆佳，故移之別房，可兩全也，遂以十一房與四房互易之。伯葵及戴編修鴻慈來，以戴有一卷，二、三場皆有疵，爲裕侍郎取中，欲易之，不得，乃竟黜之，更取中伯葵房一卷，爲伯葵復撥出一卷與戴，十五房。此等皆近交易，非科場故事，然無關弊竇，故皆從之。詣翁尚書師談，爲第八房有一卷已刻入闈墨，其首藝用《大戴禮》『鄙夫鄙婦私會墻陰』語，恐外人駭怪，欲改去之，尚書言將此刻抽出可也。數日前，八房亦有一南皿卷，以辟老子爲主，破題次句曰『辟老氏也』，其文頗佳，然非時文所宜，翁尚書亦已令寫清本將刻矣，余言而止之。下午倦甚，小卧。晡坐内龍門，監放供給，其物多不可食者，肉敗鷄薨。余素不食肉、不殺生，故間一二日則出一紙取之家。夜偕肖庵、葆良坐坰齋房，談至二更後歸。爲供給官順天管糧通判王繼武書楹帖，取放翁語『蒲桃錦覆桐孫古，鸜武螺斟玉瀣香』。

初八日丁亥　晨雨，巳刻漸密，有風，至午止，午後日出，旋復雨有雷，晡後晴，風。闈中工吏多以紙乞書，又爲寫楹帖兩聯，一云：『碧瓷重酹傾蕉葉；玉楮雙鉤拓韭花。』此昔年自撰聯語也。一云：『黄庭新注紅鵝帖；絳雪初飛緑蟻杯。』二語是幼時見鄉先生杜尺莊徵君爲先本生大父書客座楹帖，不知何人詩也。昨所書『蒲桃』一聯，亦本生大父書室外廊楹帖語，吾鄉陳明經其介篆書，以粉紅瓷嵌之，至今五十餘年，舊宅久化劫灰，思之如夢寐也。得常熟師和前日詩。爲常熟師題籜石老人畫蘭，即作書致之，得復。是日聚奎堂發出順天府所儲書籍。夜風，寒。穎芝、葆良來夜談。

闈中爲常熟師題錢籜石侍郎墨蘭三首 款題『甲午重陽，寫於豫章奎宿堂，時天氣晴朗，桂花盛開，明晨將發榜也。秀水錢載，時年六十有七』。

萬松居士本奎宿，高揖西山十二仙。詩畫能兼山水福，乾隆甲午太平年。

瑣闈含墨畫幽蘭，仙桂千株仰面看。別有涪翁瓣香在，韓歐陽後主詩壇。師詩法力追昌黎、山谷，爲一時斯文宗主，世比之歐陽公云。

五見龍門玉尺來，春芳秋秀遍翘材。西垣三度移東壁，從此芝蘭滿室開。師題句云：『墻粉尚新釘眼在，不須重試玉鵶叉。』自注：余三歲入闈，皆住聚奎堂西，此畫已三懸壁，此戊子九月事也。自去歲壬辰爲會試正考官、今年爲鄉試正考官，皆居堂東，故用張燕公詩『東壁』『西垣』語，爲他日言貢舉者添故事焉。

附原作：

翼軫前頭指使星，秀州太傅舊曾經。乾隆庚午，錢文端再主江西試，寄籜石詩，有『悔不重游廬阜邊』之句。

廿年重續金哥夢，錢文敏主試江右，人夢今年金哥來。金哥者，金戈也。老桂高梧覆巢廳。風簾三度燕還家，篋裏常携淡墨花。墻粉尚新釘眼在，不須頻試玉鴉叉。余三次入闈，皆住聚奎堂之西屋，此畫亦三懸壁矣。

附常熟師和前日詩：

夜堂虛綴五星躔，又到西風放榜天。病馬光陰䕺豆裏，歸鴻消息菊花前。余家同避者，度以南歸。好詩觸撥如尋夢，君詩憶十五年前事。苦語商量爲薦賢。分校諸君語，惟監試達之。漫道試官添蠟燭，眼昏無奈是衰年。

夜半後大風狂甚，床屋震撼。自昨夕吏舍有被竊者，今日移文外簾，鈴柝不絶，至四更風益甚，則寂然矣。達旦轉輾，頗有戒心。是日剃頭。

初九日戊子　晴，大風，甚寒，晡後稍止。是日重九，風横日冷，尊俎蕭然。傍晚家人送㒵蟹來，付廚人治之。是日各房磨勘試卷訖，主司發交副榜卷。爲絅齋紈扇上作《石梁飛瀑圖》，並書之。是科取副榜四十九名，謄録一百四十名。

初十日己丑　晴寒。主司寫草榜訖，交各房傳觀之。各房上堂，寫中卷名次。主司來賀。各房來賀。委員候補巡檢傅秉鈞、候補縣丞劉濟勳，在内簾當差，例當獎勵。今日爲移文外簾，傅秉鈞當差勤奮，出力可嘉，應首先酌委一次，拔署一次；劉濟勳當差謹慎，亦無貽誤，應酌委二次。偕桂月浦答賀主司及各房。午後啓内龍門，放進廚夫、棚匠及供應發榜什物。爲書吏書寫楹貼及扇。傍晚放出棚匠，桂給諫往監之。主司以所定草榜屬審閱，並傳觀各房。夜烹一㒵，邀桂月浦同飯。以薦卷簿校對草榜。三十日所補薦兩卷，中皿都已中二百八十名爲鎖榜，南皿河已中三十名矣。得常熟師書，以所題王弢夫《秋燈課詩圖》四絶見示，即復。

附詩：

秋堂曾見悲庵畫，鎖院來同越縵游。二十三年一彈指，人間萬事總悠悠。

海風夜號欲拔樹，窗紙亂飛葉不如。忽憶台州王孝子，深山何處著蒿廬。

前日捧書娛老親，今朝展畫涕沾巾。一爲項脊軒中語，千載孝烏圖裏人。

酒冷香殘感不禁，遺珠何路可搜尋。秋燈黯淡孤兒淚，夜雨淒涼薦士心。癸巳重九，榜將發矣。

越縵先生爲韜甫水部徵詩，草草題此奉正。翁同龢。

夜三更，和衣假寐。四更起，盥漱小食。

十一日庚寅　晴和。五更出坐聚奎堂，燈火粲然矣。啓内龍門，延監臨良詹事、孫府尹、提調李府丞、外監試唐給諫、訥侍御入。留外監試和、王兩君守至公堂。仍封前後門，拆彌封，填榜。主考南面；監試在主考之西，亦南面；滿内外監試二人坐東楹，漢内外監試、提調坐西楹，皆北面。堂中故事，以南北相對爲居中之位，皆設帷案，東西兩旁分坐十八房，各九案，今年左祇八案。不設帷。東房之後，北隅爲外收掌官案；西房之後，爲内收掌官案。外收掌主對紅號，内收掌主寫試録。主考、監試中間横設五桌，爲寫榜之案，旁列兩桌，爲拆彌封之案，皆書吏分職之。先從第六名起，既拆封，吏以朱墨卷呈主考、監臨、監試、提調驗訖，付本房核對朱墨卷，寫名條，然後一吏持條，環堂唱名，聲引而長。唱畢，始書榜。凡朱墨卷面姓名，主考分書之。房官所書之條，監臨以朱筆點之。日中、日晡各設點心一巡，晚設酒饌果席，皆官給也。是年祇十七魁，建德周生學熙以南官中第十八。浙江中者八人，沈慶平山陰監生，孟潤奎會稽附貢生，皆不知其人。餘杭吴正聲、炳聲兄弟同登，皆禮部吴郎中景祺子。

天津書院生徒陶喆甡等中者十八人。夜飯後始填五魁，然燭數百枝。南元爲孫師鄭同康，出黄學士卓元房，濟寧所中也。解元馬鎮桐，冀州新河縣廪生。一更後填副榜，人疲燭燼矣。其末爲四川遂寧監生韓廷傑，收掌官錯對紅號，誤拆彌封，遂以爲四川德陽恩貢生方以直，既本房核對墨卷不符，始更正焉。三更對榜畢，監臨鈐印，每名俱以朱筆點之，始送榜出，并進呈試録，以中卷交禮部。與主司各官揖別，先後出闈，間亦有留俟明晨者。余歸家已將曙矣。是日聞陳冠生修撰冕以八月中歿於京，尚未服闋也。修撰，山陰人，寓歷城而籍宛平，未嘗至越地也。今春始回祖籍修墓，遍行山中，感暍，北還輪船中遂發瘧，抵京病轉劇，遂不起，年僅三十五，士類頗惜之。

十二日辛卯　晴和。是日揭榜。得許仙坪八月廿五日書，并寄其悼亡姬梁淑人《彤煒集》一册，所刻武岡鄧彌之輔綸《白香亭詩》三册。得張蘅濤八月間武昌書。仲弢來。弢夫來。定甹來。陳梅坡來。韓子喬來。介唐來。子獻來。百約來。余壽平來。沈子敦來。以闈中所籠鶏分詒介唐、書玉、蓴庭諸家。夜王姬侍。沈子承今日嫁女，送銀四兩，張姬往賀，見子培、子封夫人。

十三日壬辰　晴和。劉葆良來。王旭莊來。班侯來。陶生喆甡來。周生學銘來。吴聚垣來。百約來。自前月之杪家人以内中修屋已訖移居之，書籍几案皆易其處，今日略一料檢，觸處迷忘，恍惚如夢寐矣。漱丈來。敦夫來。子培來。孫孝撰來。

邸鈔：命禮部左侍郎長麟爲滿洲繙譯正考官，左副都御史奕年爲副考官。

十四日癸巳　未初初刻十三分霜降，九月中。晴，下午有風，稍寒。陳蓉曙來。沈乙齋來。蓴庭來。劉條甫來。珊園、嘯梅兩姪來。孫孝撰來。子封來。作致壽平書，詒以闈墨。作家書付僧喜，告以天寒歲暮，不必北行，寄去闈墨兩部，闈中詩稿五篇，并題紙官單等；又作書致笏姪，以已南歸，勉其奉親讀書。夜有風，月甚皎。

邸鈔：記名道吴承潞授江蘇蘇松糧道。本任道景星丁母憂。詔：順天直隸，灾區甚廣，再於江蘇、江北應解河運漕米内各撥米五萬石。現在該省尚未采買兑運，即著劉坤一、奎俊將前項漕折銀兩迅速核明，提解直隸應用。其隨漕輕齎銀兩及剥價運費、經剥耗食米石並著一併核解。此次灾情過重，爲日方長，仍恐不敷應用，再撥江蘇［江蘇］海運漕米八萬石，俟明春運抵天津，就近截留，所有隨漕輕齎等項及由津運通耗米運費，亦照案一併解交賑局應用。

十五日甲午　晴，有風，不寒。發家書，限以十二天到，給京錢四千。上午詣敦夫、子獻，俱不值，順道答拜客數家。詣弢夫，不值，以翁尚書師所題圖册付其家人。詣漱丈家赴午飲，坐有旭莊、葆良、弢夫、絅齋及閩人趙聰甫諸君，晡時散。入視慧叔家，以漱翁所賃山西王令宅割半而居，今夏王令殁，其家復割半以賃慧叔家也。傍晚歸。陸伯葵來。戴少懷鴻慈來。楊壽孫兄弟來。昨夕見邸鈔，廣西撫張聯桂奏報請補泗城府知府羊復禮病故，爲之驚愕。辛楣三月間由黄兆懷觀察附書來，言將権税梧江。余於五月間復書，仍託黄君附去，嗣聞其奏補泗城府。泗城爲桂管極邊、苗疆烟瘴地，白晝往往昏不見日，高秋木落，夜中始有月影，户口數百，闃無人蹤，蛇虺所居，南人至者多死，仕宦以爲羅刹惡地。辛楣中年多病，甫離鎮安，自慶生還，不謂未到梧州，遽授此郡。原奏言令先赴署任，蓋有迫之使往者，憂憤抑鬱，遂以不起，可痛也！其來書極言所遇之困、外吏之難爲，侘傺自傷，若有甚不堪者。去年新得一女，至有『曙後一星，慰情勝無』之語，余心訝爲不祥，而今竟已矣，悲哉！葛逸仙邀夜飲會元堂，辭之。是日聞浙江十二日榜發，解元王夢魁，會稽人；第六名杜子彬，山陰人；第七莊士齊，會稽人。紹府學四人，山陰七人，會稽六人，諸暨、上虞各二人，蕭山三人，新昌一人，紹興共得二十五人。何竟山之子壽章獲雋，餘皆不知何人也。山會未聞有莊姓；又中一山陰人戎姓者，唐文宗所謂詩人僻姓，指戎昱也，千餘年後吾越有此稀姓，尤可異矣。官生鄞縣陸修瑞，漁笙之子也。是科首題『孔子曰見善如不及』一章，次題『故君子尊德性而道問學』，三題『春秋無義戰彼善於此則有之矣』，詩題『畫燭秋尋寺外山』。

哭羊褆盦二首

忽報灘江怪鵬來，廿年交契促泉臺。平生精爽猶期夢，遠道音書孰手開。一曙星終成語讖，雙條脱已殉釘灰。俱見四月間寄詩中。蒼梧淚點知何限，苴杖無人更可哀。

每歎斯才老瘴鄉，橫山寨畔幾回翔。甫離鬼窟酬杯珓，又入蛇山履劍鋩。君初署守鎮安，今補泗城郡，於宋時皆屬邕州。橫山寨爲苗猺烟瘴險遠極邊地，泗城水土尤惡。君方自鎮安還，即補泗城。『酬杯珓』用狄武襄征儂氏還師事。五馬飾終成底用，一棺戢影太倉黄。何戡已死琴尊斷，楚些無人酹桂漿。

十六日乙未　晴和。陸純皎孝廉來，以其尊人存齋觀察新刻《宋詩紀事補遺》見詒。此存齋所輯，仍分一百卷，體例皆如厲氏之舊，增多三千餘家，得詩八千餘首，可謂富矣。前有凡例十二則，言搜采之事甚勤。然厲氏以詩存人，以人隸事，事皆典則，詩亦新警。此則意在務博，事多雜碎，詩鮮可觀矣。所輯諸人小傳，往往詳略不倫，後人取其博覽可也。作書致旭莊，以可莊已赴蘇州任，宗加彌新有書來求爲道地，留蘇差委也，得復。濮紫泉來。孫慕韓來。孫師鄭來。錢念劬來。吴佩蔥來。王畹生來。鮑增譽來，定甫之子，自津門來者，饋毊脯、蝦米，反其脯。鍾壽康來。許編修澤新來。劉編修世安來。丁編修仁長來。是日咳嗽，小極。是夕望，月佳甚。

邸鈔：御史王廒授甘肅凉州府知府。

十七日丙申　晴。余壽平來。陶喆甡來。張編修孝謙來。馬編修步元來。朱編修益藩來。汪柳門侍郎來。方主事克猷新分刑部，來拜。爲葆良書其尊人達夫封翁、母董宜人六十周甲壽聯，撰句云：『鴻録編摩，梓橋經術；鯉盤游戲，伉儷神仙。』又爲人書楹帖二。傍晚詣敦夫、子獻談，夜歸。明日亡室馬淑人七十生日矣，夜懸遺影，令家人供茗、麵。書玉夫人饋蓮子湯及楮繦蠟燭。

邸鈔：編修瑞洵升詹事府右中允。户部員外郎曹榕升陝西道御史。

十八日丁酉　晴。以素饌十二豆，麵牲五事，時果五盤，糖果五盤，饅頭一大盤，綆麵一大盤祀内子，加炒麵、點心，焚楮箱、錫金薄、鋌錁等。書玉夫人挈其子女來，介唐夫人饋燭楮。剃頭。張肖庵給諫來。高編修覲昌來。吴編修蔭培來。孫師鄭來。趙聰甫炯來。謝贊臣來。沈豫立來。章縣令寶琛來。黄兆懷仁濟送還五月間所託寄羊辛楣書件。黄君以將改省江蘇，尚未出都也。對之泫然，再賦四十字。

黄兵備來還五月間託寄褆盦書幣泫然賦此

寂寞魚緘返，相看似夢中。九原無路達，萬事付書空。桂管傳啼鴂，燕臺有斷鴻。尚期靈爽在，歸旐見詩筒。時將以信物付其家人。

邸鈔：詔：翰林院修撰曹鴻勛仍在上書房行走。

十九日戊戌　晴暖如春。陳編修同禮來。唐暉庭來。下午答客十餘家，晤旭莊、紫泉、百約、介唐。夜赴吴潁芝同年之飲，坐有葆良、絅齋、王勝之、朱艾卿，談至二更歸，月色清甚。昨日上已御珍珠毛褂、白鼠袖袍。今日車中，殊覺過燠。

二十日己亥　晴，有風，仍和。翁尚書師來。王勝之來。王幼遐來。孫師鄭來。孝撰來。比日時時料檢書籍，今年以避暍避雨，凡數移所居矣，顛倒錯雜，今日始理董，略有端緒。

二十一日庚子　晨霧濕如雨，上午微雨，下午漸密，入夜有聲。作書致敦夫，以聞周介夫已被獲，是月二日由紹興逮赴省垣對簿矣。自作之孽，夫將誰懟！然念桑梓之誼，且十餘年來同官京師，一旦塗地至此，朋友急難，不能已也。作書致濮紫泉，還所借浙江榜録。

閲彭忠肅《止堂集》。其争光宗過宫諸疏固已極切直，至寧宗初《論車駕移御南内》一疏有云：太上皇帝指光宗。臨御六年，不得罪於諸臣、諸軍、百姓，而天下之心一旦涣然離者，陛下抑嘗思其所以然乎？尤人所難言。

邸鈔：上諭：譚鍾麟奏提督因病出缺，請旨優恤一摺。福建陸路提督孫開華由武童投效鮑超軍營，轉戰湖北、江西、安徽、河南等省，冲鋒陷陣，身受多傷。進剿廣東嘉應州，削平粤逆，戰功卓著。同治五年補福建漳州鎮總兵，兩次渡臺剿撫番社，辦理海防，幫辦臺灣軍務，尤著勳勞。旋簡授福建陸路提督，整頓營伍，綏靖地方，諸臻妥協。兹聞溘逝，軫惜殊深。孫開華著照提督軍營病故例從優議恤，加恩予謚，原籍及立功省分准其建立專祠，並將戰功事蹟宣付國史館立傳，以彰勞勩。

二十二日辛丑　晴，午前後間陰，仍和。陳桂生侍郎來。黄吉裳學士來。曹侍御榕新入臺，來拜。王景逸同年新授凉州太守，來拜。絅齋來。得敦夫書并介唐書。余初約與兩君致書浙臬趙君及越守霍君，以介夫之事果真，自有國法，乞飭獄吏少假借之，勿致狼藉，且護持其家屬。兩君以與趙無素分，其人法吏，天資近刻，又聞介夫連引副考官及前兩科副考官，不便爲言也。

邸鈔：以前浙江提督黄少春爲福建陸路提督。

二十三日壬寅　晴，有風，間陰，微寒。李若農師來。新授衢州守林迪臣侍御來。安曉峰同年維峻來，以將入臺也。裕壽田同年來。劉生條甫來，言將以知縣試用廣東。作書致敦夫，并近作詩五首，得復。古人中年以後傷於哀樂，若余則一生不知有樂事，惟傷於哀耳。近數年來，遇親故之喪，雖如子縝、子九、曉湖，皆無輓詩，以不忍言也。遠地老友，或傳凶耗，至不欲審之，身世慘澹，至此極矣！以緹盦與敦夫、介唐皆交好，故今日以詩示兩君，言哀已深，亮有同喟。同年祥侍郎麟、何工部乃瑩、同官載侍御存皆嫁女，俱送禮錢六千。鍾侍御華丁母憂，送奠分四千。

邸鈔：上諭：御史聯阪奏科場舞弊，倖中多名，請飭究辦一摺。著派麟書、徐桐調取本科順天鄉試中式舉人周學熙、湯寶霖、蔡學淵、陳步鑾、黃樹聲、萬航録科卷與中式墨卷，核對文理筆迹是否相符，據實覆奏。此次覆試，著禮部即將周學熙等六名先行扣除，另行奏請定期覆試。周學熙，直隸按察使周馥子；湯寶霖，山東按察使湯聘珍子。兩人皆以南官卷中式。（湯湖南人。）周實能文，聞湯亦通文理。今年此闈，槍替甚多，至有外城公然設局，且初七日先傳題目者。兩生皆家富有勢力，其父又皆起軍功，故人多疑之，其舞弊與否，不可得知。然此次南官六十餘卷，而獲雋兩人乃皆出寒人，驟起都中，搢紳爲之奪氣。蔡、陳、黃皆廣東潮州之海陽人，蔡、陳皆户部主事，黃候選郎中。粵東人試北闈者，外槍、内槍行之已久，不以爲怪，三人實皆以舞弊得之，陳較蔡、黃略識字，而身家不清。萬航，湖北漢陽人，花翎三品銜候選知府，亦不識一字者。

二十四日癸卯　晴。弢夫來。敦夫來，介唐來，談至晚，留共小飲，夜飯後去。閲林氏《活人録》。即《會篇》。其諸病各門，條分縷析，先言病源，次言脉候，後載諸方加減之法，簡明直截，最便於用。

二十五日甲辰　晴。午後入城，答拜張肖庵、汪柳門、敬左都，詣翁尚書師，談至晚上燈矣，疾驅出城而歸。孫萊山尚書來。桂月浦來。鄉人章縣令寶琛再來求見。

二十六日乙巳　晴，午前有風。剃頭。上午答客十餘家，詣安徽館赴翁、孫兩尚書，陳、裕兩侍郎之招，今日主考請監試同考各官也。演劇頗佳，肴饌亦腆。傍晚先散，詣弢夫談，至夜歸。華生世奎來，天津新中式者。

閱《池北偶談》。其談故最可觀，余二十歲時閱之甚喜，有摘鈔本，然衹及談藝耳。今四十餘年矣，重翻之，似多未曾見者。人不可以無年，此亦其一也。余少時甚鈍，又多惑於俗學，人無良師友，耳目錮蔽，所見書籍，大率時文講章，不特棄古鼎而寶康瓠、舍人參而求桔梗也。

二十七日丙午　晴。陶生喆甡來。金生漢章來。閱《池北偶談》。

邸鈔：上諭：麟書、徐桐奏遵查試卷文理筆迹，據實覆奏一摺。所有文理不符之蔡學淵、筆迹不符之黄樹聲、文理筆迹均不符之萬航，均著斥革舉。文理筆迹相符之周學熙、湯寶霖、陳步鑾三名，著禮部傳齊奏請定期另行覆試。上諭：給事中洪良品奏永定河連年潰决，請及時修治一摺。著海軍衙門、户部、工部會同妥議具奏。

二十八日丁未　晴和。上午答客七八家，晤王幼遐侍御。詣李若農師，不值。詣江蘇館赴劉葆良之飲，酒一行即出。詣徐壽蘅師瀓園賞菊，坐有余晉珊、吴聚垣、徐叔鴻三給諫，戴青來同年、宋編修育仁。菊花甚盛，有丹峰夕照、白華緑蕚兩種最佳。是日暄如春中，夕陽照窗，光艷溢坐。晚歸。華生世奎來。葆良來。夜洗足，王姬侍。

二十九日戊申小盡　午正三刻八分立冬，十月節。晨陰，上午微見日，午後有風，晴陰相間，晡風漸寒，晴，晚風益勁。昨聞同官訥瀓之侍御於二十五日暴疾卒，今日欲往吊之，以風甚，僕人又病，不果。瀓之長者，年甫六十，身弱多病，無兄弟子女，衹一老妻，煢煢相依，其房族衰零，無可繼者。此次新以外監試出闈，聞其前一日尚出拜客，次日痰涌喘急，遽殁，可哀也。陳生恩榮來。作書致孫生孝撰，贈以詩集兩部及《熙朝宰輔録》《皇朝謚法考》各一部，昨日所索之幼遐者，以子宜來書乞之也。夜赴敦夫、子獻之飲，坐有介唐、陳梅坡、王黼臣，二更後歸，風甚寒。

冬十月己酉朔　晴，風甚寒。陶生喆甡來。高生凌雯來。孫孝撰來。得僧喜九月十九日書。閲王良常《淳化祕閣法帖考正》。良常於此事研究頗深，亦以兼取米、黄、劉、姜、顧、徐六家之長，故辨析益密，所謂後人易爲功也。其寫刻甚精，而亦時有誤字。

初二日庚戌　晨陰，上午晴，有風，下午復陰。祖妣倪太恭人忌日，供饋素肴七豆，果羹一，菊花魚羹一，特皃一，江瑶柱羹一，爲先祖設此三味也，餘如常儀。崇效寺僧饋素饌一筵，并以供先。是日同考諸君柬請樂宴安徽館，第一房張肖庵給諫主其事。作書以家忌辭之，并以詩集一部詒陸伯葵編修。孝撰來。得霍子方太守書。得江西方佑民布政書。夜閲《池北偶談》。

邸鈔：雲貴總督王文韶奏請因病開缺。詔再賞假兩月，毋庸開缺。

初三日辛亥　晴，下午微陰。絅齋來，以令祖仲雲尚書《黔語》一册見詒，并柬訂初六日飲浙館。《黔語》共二卷，咸豐甲寅尚書官黔撫時所述，凡七十六條，雜記山川風土，雖文筆雄麗不及田山薑《黔書》，而雅馴謹嚴，辨析流俗傳訛，皆證據確鑿。如飛山廟之祀楊老令婆，據《靖州志》爲五代初之太原人楊再思，嘗據五谿之飛山，於貴陽無涉。黑神廟之祀南霽雲，據《雲谿友議》爲黔中觀察使南中丞卓，大更風俗，是正聲音。唐時黔府轄州十五，羈縻州五十一，故稱卓爲轄公，死而祀之，因稱轄神。後人或訛『南中丞』爲『忠臣』，因以霽雲當之，『黑神』則『轄神』轉音之訛。及辨康繼英之誤，建文遺迹、諸葛臺等之不足信，皆非田書所及。『馬寶袍劍』一條，附録僞洪化二年吴世璠封馬寶豫國公僞敕及馬寶讓封表，亦足以資異聞。

午後詣下斜街三晉西館赴翁尚書師招飲。館爲去年祁文恪率資新修，題曰雲山別墅，後有高樓，峭坡直上。樓爲舫形，四面虛窗，可見西北諸山。坐有李若農侍郎師、繆筱珊、劉静皆、葆良、絅齋，肴饌甚精。日暮始散。夜邀敦夫、弢夫、子獻、孝撰、黼臣及殷、鮑兩郎飲宜勝居新開南館，庭院深靚，未嘗至也，二更後歸。是日答拜絅齋、姚□□舍人、趙聰甫縣令，晤漱丈、仲弢喬梓。周生學熙來。得孫師鄭書。夜三更後有風。

邸鈔：廣西候補道黄仁濟授廣西分巡右江道。本任道崔國榜告假修墓。

初四日壬子　晴寒。作書致師鄭。作書致僧喜。午後詣馮夢花吊其喪耦，送奠儀十六千。下午入城答拜裕壽田侍郎、劉静皆、陳蓉曙、陶仲明、孫萊山尚書、王鏡逸太守，晚歸。何潤夫同年來。子培來。是日王姬房中所畜貓名雙花者，最壯健，善捕鼠，生六年矣，忽病死，可惜也。此獅貓種，身白而尾黑，額左右有兩黑髦，如眉形，故名雙花。余出闈時，已病不食，日蹲卧書案旁，飲碧玉池中水，若將去而戀主者。病既殆，一夕聞承塵上有鼠行，猶躍上破數重紙攫之出而齧殺之，可謂死盡其職者矣。王姬爲製一木匣，裹之以絮，埋之竹東南墻下。作《後瘞貓詩》。

後瘞貓詩

昔年瘞貓前庭隅，今年瘞貓東圃餘。蓄貓日衆歲月斃，環堵前後皆貓居。此貓俊健獨無匹，獅形垂毿白於雪，額上雙弓加黑章，群鼠夜行不敢迹。畜之六年忽病萎，不食一飲傾硯池。垂頭日卧書案側，似知將去不忍辭。蹲伏數日常側耳，一夕矯首躍然起，直上承塵騰空行，口銜死璞擲之几。攫搏猶見颯爽姿，國士報恩不忘死。食人之禄必除患，横目誰能盡如此。山姬愛汝痛汝亡，聚柴爲汝充黄腸，敝絮爲衾土爲槨，殉以三鯊一臠羊。竹下斸泥一尺竟，蕭蕭數竿素旐影。東有短墻魂可逾，西爲食廚鯹亦近。小堆旌汝鼠尾山，明年報我貓頭笋。

邸鈔：編修安維峻補福建道監察御史。

初五日癸丑　晴。上午入城，詣西四牌樓石碑胡同吊澂之侍御，送奠銀二兩，見其戚族一二人，言房族中無可繼者，明日即出葬西直門外祖塋旁，事遂已矣。爲之泫然。聞其夫人亦早卒，守靈床者，白髮蕭然一老妾耳，傷哉！　詣錦石坊答拜桂月浦給諫。午後詣碾兒胡同在松樹胡同之東，兵部窪中街之前。劉氏朵園，近年直隸人劉郎中某所新築也。園僅畝許，頗有樹石亭榭之勝。是日陳桂生、裕壽田兩侍郎設飲於此，坐客翁尚書師、桂月浦皆不到，惟余與孫尚書、良詹事耳。遍游庭院及主人書樓，樓以大鏡嵌門屏間，虚明窈深，可鑒絲髮。暮歸。詣孫孝撰送行，不值。孝撰來，贈以四金。

邸鈔：詔：四川布政使龔照瑗爲出使英、法、義、比等國大臣，以前山東布政使王毓藻爲四川布政使。

初六日甲寅　晴。祖妣余太恭人忌日，供饋肉肴六豆，素肴四豆，餘如常儀。下午答客數家，詣浙館紫藤精舍赴絅齋之飲，坐有陸伯葵、劉静皆、高葵北、劉葆良、吴穎芝、朱艾卿諸君，晚歸。作書致翁尚書師問疾。得師鄭書。高生凌雯來。

伯葵以其曾伯祖子若孝廉《藴真居詩集》六卷爲贈。子若名學欽，太倉州人，嘉慶庚申恩科舉人，未會試而病目，數年遽卒，年止四十五。嘗及錢竹汀之門，今集首有竹汀題詞，殁後可廬爲之作傳。其詩頗有清氣，而才力薄弱，多近率易，七古尤淺蹇，惟元宫詞二十首，自爲之注，頗雋雅可傳。其注多引元《掖庭記》。

初七日乙卯　晴，有風，甚寒。自出闈後，園中木葉半落，薜荔初紅，蓼花已老，惟雁來紅艷靚如舊。十餘日來西風遞寒，卉葉盡萎，雁來紅數株尚嫣然敗卉中，今日過之，則枯瘁欲絶矣。高生凌雯來，字叔彤，其兄庚辰庶常，余同年也。孝撰來辭行。得敦夫書，饋家鄉脯及冬笋，即復謝。

邸鈔：以翰林院侍講學士唐景崇爲内閣學士，兼禮部侍郎銜。

初八日丙辰　晴。午後入署，尚借坐貴州道聽事中，江南道亦借坐於此。前日工部來文，山西、江西、江南三道並修，昨已破土興工矣。晤臺長敬左都、壽副都，同官和蔭齋、吴梣香，江南同官松頤園、劉幼丹，提塘官七人來參謁。良夢臣詹事良弼來。和蔭齋來。同邑孟孝廉潤奎來見，用受業三套帖送贄敬四金，新中順天試一百四十名者。夜作致傅節子書并詩二首，致孫子宜書并詩一首，三更後作書致孝撰，屬其附去。

老友傅節子太守以禮去年攝守福州今夏遠承饋問賦謝却寄二首

二千石領八閩春，暫綰魚符未救貧。尚有清風生轢釜，相憐白首作勞薪。傳家著作鶡觚子，君嘗輯《傅子》，較武英殿本及諸家纂本爲多。故里滄桑越絶民。君嘗與余同校刻《保越録》。四十五年交舊在，自道光己酉與君同應省試，時余尚爲國子生，君亦以會稽籍納監入試。親朋遍數更無人。

花延年室富琳琅，清俸銷餘入秘藏平。勝國事苞全鮚碕，一家文勝趙清常。君輯明季野史稗説至數百種，多人間秘笈，所纂述福、唐、桂、魯四王遺事極爲晐博。全謝山集名《鮚埼亭》，本從《漢志》作『埼』，小顔音鉅依反。字書有『碕』無『埼』，『埼』有平、上二音。花延年室，節子藏金石處也。君一子，亦喜收藏，爲譜録，諸女及姬人皆通文史，工篆刻。乘除凫鶴論修短，起滅雲烟付淼茫。困學書樓塵劫盡，無人傳硯更神傷。余二十餘歲時修困學樓爲藏書之所，經亂燬盡。故友孫子九乙丑歲題姚氏山房詩，有云『困學書樓已作塵』，即指此也。

寄懷孫生子宜

一官五斗投蠻陬，忽困南箕泣楚囚。那有晏嬰輸左服，衹憐嫣皓訴髡頭。謂令子孝撰秀才以君監德化鹽被議下獄事，兩走京師，乞諸貴援。清門零落無餘地，宦海浮湛不繫舟。甚矣吾衰君亦老，尚期勉力事千秋。

邸鈔：詔：户部左侍郎崇禮、倉場侍郎許應騤均加恩在紫禁城内騎馬。左中允張仁黼升司經局洗馬。

初九日丁巳　晴。得徐仲凡九月廿二日里中書。孟孝廉再來謁。子培夫人來。作書致弢夫，得復。爲人書楹帖兩聯。得弢夫書，爲轉借得台州館修理銀百兩，以比來乏絶也。

初十日戊午　晴。孟孝廉復來謁，始見之。吾邑孟家峰人，字□□，年二十四，生長江西。其父子卿慶雲官玉山令十餘年矣，有循良聲。安曉峰同年新入臺，來拜。龐次封太守璽來。夜風寒甚。是日慈禧皇太后萬壽節，午門免行慶賀禮，故署中無知會。近年東朝及上萬壽節，皆於西苑豐樂園演戲七日，廷臣入坐者自御前大臣、軍機大臣外，惟毓慶宫師傅翁、孫兩公，南書房徐左都，其餘兩書房及閣部大臣皆不得與也。

十一日己未　晴，晨風甚寒，傍午後稍止。

閲《感舊集》，共十六卷，凡三百三十三人，詩二千五百七十二首。朱竹垞所序祇前八卷本，終於漁洋之兄西樵考功，時在康熙十三年，見漁洋自序。漁洋尚爲禮部郎也。其後八卷起於宋荔裳，終於李湯孫。國宋，興化人，詩止一首。乾隆初盧雅雨從黄崑圃得其稿本，官長蘆運使時與淄川張榆村元等爲補輯各人小傳，揚州馬秋玉爲刊行之，時在乾隆十七年，故首列錢蒙叟，姓名不諱，而屈翁山祇題釋今種矣。

仲弢來。桂卿來。比夕月頗皎，而寒甚，偶至小圃，竹樹蕭蕭，如深山中矣。得五絶一首。是日付天全木廠銀二十兩，福慶堂辦鄉祠秋賽饌席錢一百三十三千七百。

偶成

蕭蕭林竹影，月出似山中。誰寫寒籬下，吴裝倚此翁。

光緒二十年（一八九四）

光緒二十年太歲在閼逢敦牂春正月元日己卯　晨日出曈曨，上午後微陰。余年六十六歲。五更起，祀歲神，放爆鞭，食湯圓。黎明入内，由東長安門詣太和殿朝賀監儀。出答賀汪柳門少空、徐小雲少宰兩君，皆寓東華門外左右也。詣翁尚書師，聞有恩命賞雙眼花翎及紫韁，蓋今日内外大臣皆推恩行賞也。出城詣先賢祠行禮，順道賀客十餘家。午初歸，叩拜先像及竈神，供湯圓。介唐來拜先像。是日來賀者六十三人。下午偕家人擲采選圖，至夜一更後罷。二更後風起，頗寒。

甲午元日柬敦夫介唐約繪越中三老圖

玉堂聯步曳鳴珂，我亦鑪薰侍夕坡。敢比宋賢重六厄，王仲言《揮麈録》言「本朝名公多厄於六十六」，吕正惠、吕文穆、韓忠獻、歐陽文忠、王荆公、蘇翰林皆然。余今年亦六十六矣。恰符鄉老得三多。敦夫六十一，介唐五十九，越中朝官惟三人年最長。官慚牛馬應稱走，歲喜龍蛇劫已過。它日鏡湖圖故事，白頭三相一漁簑。

甲午元日既以詩詒敦夫介唐復柬子獻

潞公甲子喜同符，君生於丙午。隨雁行間齒稍殊。欲例耆英數温國，亦援嵩洛補兼耆。各標桐木諸韓望，余所居保安寺街門有古桹，大十餘圍，都人稱椿樹李家。君族人居越中廣寧橋，號柹樹下王家，今徙居之。待續芝山四皓圖。君尊人嘗於山中得芝一本，遂生君，故小字芝仙。文采瀛洲方映發，釣竿容我拂珊瑚。

附録

上圖稿本所見『二十日辛丑』日記一則

二十日辛丑　陰。周氏三昆來，同進城至藥皇廟觀劇。即出詣艾臣昆季，遂拉之同詣子九家，蓮士亦來。余與叔子同心社課擬李長吉《美人梳頭歌》，二鼓始成。偕叔季及蓮士同出西郭，諸君別去。

閲《南史・王僧孺傳》云：侍郎全元起欲注《素問》，訪以砭石。僧孺答曰：『古人當以石爲針，必不用鐵。《説文》有此砭字，許慎云：「以石刺病也。」《東山經》：「高氏之山多針石。」《山海經》本文作『高氏之山，其下多箴石』。按《説文》：『箴，綴衣箴也。』鍼所以縫也。箴以竹爲之，鍼以金爲之。箴、鍼古多通用，針乃後出俗字。郭璞云：「可以爲砭針。」《春秋》：「美疢不如惡石。」服子慎注云：「石，砭石也。」季世無復佳石，故以鐵代之爾。』云云。案：《素問・異法方宜論》篇謂東方之域，其治宜砭石，故砭石者亦出東方。又謂南方其治宜微鍼，故九鍼者亦出南方。則以砭鍼各就方之所宜而言。似古人治病亦以金石並用，王氏此論，尚未的也。

其文《梁書》所無，《南史》不知據何書增入。李氏《南史》，多依各書本文，不及其《北史》之自出手眼。然爲僧孺此傳，删去始安王表薦文，及辭南康王𢕟一首、致何烱書一首，皆浮文無要。增入者，自論砭石外，又述撰譜事議論一大段，極有關於文獻掌故。又附傳會稽虞義等七人，皆齊竟陵王西邸中文學士。竟陵王刻燭爲詩及打銅鉢事，即見於此，亦非草草。至敘僧孺被逮免官事，《梁書》則言其因裁抑南康王典籤湯道愍，被其謗訟。而《南史》則云『初，帝問僧孺妾媵之數，對曰：「臣室無傾視。」及在南徐州，友人以妾寓之，行還，妾遂懷孕。爲王典籤湯道愍所糾』云云。其事美惡懸殊，《梁書》不言所謗訟者何事，蓋姚察不免有迴護處耳。

《説文》也字，訓云：『𠃟，女陰也。象形。』顧氏《日知録》譏其無理。趙宧光長箋以虚字用也字爲不雅，遂據秦碑改作殹。方氏《通雅》云：也本即今匜字，器名，借作語助字，後人遂更製匜以別于也，《説文》誤解。按：虚字皆爲假借，方氏所云固不謬於六書之旨。而《説文》匸部自有匜字，云從匸，也聲。近段氏注云从也，亦取其流。也，此形聲中包會意，方氏何由而知古匜字衹作也乎。蓋《説文》此訓雖似可駭，然古義傳授，必有其本。況制字之始，于人之形體最詳，固無庸疑也。

元代重儒記

世傳元有八倡九儒十丐之謡，又謂以曲取士，設十有二科。其説皆無稽，本不足辨。而國朝某氏謂元制樂工授雲韶大夫，階四品，而南人科第入官無過五品者，此八倡九儒之説所因。豈知元制三品以上官始得謚，二品始得封郡公，三品始得封郡侯。當日江浙文人之得封謚者，指不勝屈。且元制翰林學士承旨官一品，而南人若趙孟頫、歐陽玄、張翥等，皆爲之，是亦不考之言也。

予嘗見元小説有云，當年取士有填詞科，主司定題目，并限曲名及韵，其賓白則伶人爲之。乃竊意當日風氣，特愛尚樂府雜劇，或偶設此科定甲乙，以授梨園子弟，使編次之爲進奉，初非以此課士授官，而時之風流自賞之士及浮浪子弟，遂群喜習之。後人見其傳者至五百四十九種之多，致特爲功令所致，不知此特好事者以待下才狎客，取艷一時，當亦非朝廷命官鄭重其事也，此所謂俳優畜之，固儒也，而鄰乎倡、近于丐矣。夫豈横經鼓篋之秀髦哉？

庚申客京師，長夏無事，因取《元史》及諸傳記所載尊儒重士之事，條疏之，爲《元代重儒記》，後之君子可以觀焉。

太祖十六年辛巳，耶律楚材進庚午元曆。常以楚材邃天人之學，顧謂窩闊台曰：『此人，天賜我家。』《元史·太祖本紀》。

太宗五年癸巳，詔求孔子後，以五十一世孫元措襲封衍聖公。又敕修孔子廟。《太宗本紀》。

新建國子學於燕京，御製宣諭三通，并賜宣聖玉斝，令提舉學事者司之。宋濂《潛溪集》。

八年丙申，從耶律楚材言，立編修所于燕京，經籍所於平陽，編集經史。召儒士梁陟充長官，王萬慶、趙著副之，使直釋九經，進講東宮。且令大臣子孫，執經聽講。《太宗紀》。

九年丁酉秋八月，命劉中、楊奂試取各路諸儒生。被俘爲奴者亦就試，其主匿弗遣者死。分經義、詞賦、論爲三科，凡得士四千三十人，復其家。《太宗紀》。

十年戊戌，從行省楊惟中請，建太極書院及周敦頤祠於燕京，以程顥、程頤、張載、楊時、游酢、朱熹六子配。《太宗紀》。

以衍聖公孔元措言收録金太常故臣及禮册、樂器。王圻《續文獻通考》。

世祖中統二年辛酉四月，命十路宣撫官舉茂才異等可從政者，列名上聞。本紀。六月，諭各路宣聖廟有司歲時設祭，諸儒月朔釋奠，諸官員使臣軍馬，毋得宿殿及聚飲、理訟其中，書院亦如例，違者加罪。本紀。七月，立翰林國史院，以史天澤、耶律鑄爲監修官，採訪遺事。本紀。詔許衡即其家教懷孟生徒，制曰：『咨爾許衡，天資雅厚，經學精專，諸凡講論之間，深得聖賢之奥。受罰者恐陳君所短，爲盜者畏王烈之知。所在嚮風，真堪正俗。可令於懷孟等處選揀子弟俊秀者，舉歸教育，取作範模。再令董子帷前有傳授之弟子，重使王通門下皆經濟之名臣。毋喪斯文，以弼予治。』《河南藝文志》。九月，徵儒人楊庸爲教授，教孔、顔、孟三氏子孫，王鏞爲太常少卿，教習大樂。本紀。立諸路提舉學校官，以王萬慶、敬鉉等三十人充之。本紀。

雷文穆公膺，渾源州人，幼篤志於學，與太宗丁酉年科選，年甫弱冠，遂以文學稱。史天澤鎮真定，辟掌書記。累官浙西道按察使，封馮翊郡公。

翰林學士承旨王鶚請除拜學士院官以隆重人材，帝納其言，始分立翰林國史院爲二。鶚薦李冶、李昶、王磐、徐世隆、高鳴爲學士，楊恕、孟攀鱗爲待制，王惲、雷膺爲修撰，周砥、胡祗遹、孟祺、閻復、劉元爲應奉。凡前金遺老及當時鴻儒，搜抉殆盡。又訪選博學洽聞之士，提舉各路學校，嚴加訓導，以備他日之用。始立十道提舉學校官。見《元史》王鶚本傳及《續名臣言行録》。

陶宗儀《輟耕録》云：內翰王文康公國初自保定應聘。既達北庭，值秋丁，公奏行釋奠禮。世祖説，即命舉其事。故爲祝文，行三獻禮。禮畢，進胙於上。上既飲福，熟其胙，命左右均霑所賜。自是春秋二仲，歲以爲常。蓋上之所以尊師重道者，實公有以啓之也。

又云：國朝儒者，自戊戌選試後，所在不務存恤，往往混爲編氓。至於奉一札十行之書，崇學校，獎秀藝，正户籍，免徭役，皆翰林學士高公智耀奏陳之力也。公，河西人，今學校往往有祀之者。

三年二月，定朝班玉堂清署爲焕璧班。《解酲語》。

至元元年甲子二月，選儒士編修國史、譯經書，起館舍，給俸贍之。本紀。

五年戊辰十月，初設起居注，以翰林官兼充。本紀。

八年辛未三月，設蒙古國子學，選蒙古、漢人官員子孫及俊秀者充生徒。本紀。

十年癸酉正月，立秘書監掌歷代圖籍。本紀。九月，以王恂主國學，增置生員。本紀。

十三年丙子六月，以孔子五十三世孫曲阜縣尹孔治兼權主祀事。本紀。是年二月，始滅宋。

十五年十二月，加封宋河南伯程顥豫國公，伊陽伯程頤洛國公。本紀。

十九年，刊行蒙古畏吾字所譯《通鑑》。本紀。九月，定歲貢額，上路總管府三年兩貢，儒、吏各一人；下路總管府二年一貢，儒、吏遞進，儒必通吏事，吏必知經史。以次補六部令史、院臺令史、中書省掾史。

陶宗儀《輟耕録》：國朝凡省臺院吏曰掾史，獨江南行臺作令史者，蓋至元十四年初立行臺日，御史大夫秩三品故也。後雖升一品，而因循不爲申明改正云。

徵處士劉因爲右贊善。本紀。

裕宗文惠明孝皇帝名真金，世祖嫡子。少從姚樞受《孝經》。中統三年，封燕王，日夜講求聖道。十年，立爲皇太子。每與諸王近臣習射之暇，輒講論經史，若《資治通鑑》《貞觀政要》，片言允愜，未嘗不灑然改容。時侍經幄者如王恂、白棟，皆朝夕不出東宫，而待制李謙、太常宋衜尤咨訪無間。王惲進《承華事略》二十篇，太子覽之。至邢峙止齊太子食邪蒿，顧侍臣曰：『菜名邪蒿，食之能遽邪人耶？』詹事丞張九思進曰：『古人設戒防微，義固當爾。』太子善之。二十年辟劉因於保定，拜右贊善大夫，以吏部郎中夾谷之奇爲左贊善大夫。時已立國子學，白棟、宋衜、李謙皆以東宫僚屬，相繼典教事。至是，命劉因專領而以衜等仍備咨訪。嘗曰：『吾聞金章宗時，有司論太學生廩費太多，章宗謂養出一范文正公，所償顧豈少哉。其言甚善。』中庶子伯必以其子阿八赤求見，諭令入國學。逾年又見，問所讀何書，其子以蒙古書對，太子曰：『我命汝學漢文耳，其亟入胄監。』遣使辟宋侍郎倪堅于開元，既至，訪以古今成敗得失，賜酒，日昃乃罷。生平好賢若渴。宋衜目眚，賜鈔千五百緡。王磐請老，官其壻於東平，以終養。孔洙自江南入覲，則責張九思以學聖人之道，何不知有聖人之後。其崇儒重道本天性如此，薨謚明孝太子，成宗嗣位，追加尊謚。本傳。

顯宗光聖仁孝皇帝，名甘麻剌，裕宗長子。至元中，世祖命鎮北邊，每暇，則命儒臣進講《通鑑》。後封晉王。世祖崩，讓位於成宗，薨謚獻武，泰定帝立，追加尊謚。本傳。

二十一年八月，詔議貢舉。本紀。從丞相和禮霍孫言。《續通鑑》。翰林學士承旨王鶚請行選舉法，帝命省臣與學士議立程式。本傳。

二十二年十二月，分立集賢院，掌提調學校，徵求隱逸，召集賢良。本紀。

二十三年二月，召曲埠教授陳儼、京兆蕭𣂏、蜀人虞應龍修《地理志》，儼、𣂏不至。本紀。三月遣直學士程文海博采江南人才。本紀。帝素聞趙孟藡、葉李名，臨行，密諭必致此二人來。鉅夫又薦趙孟頫、余恁、萬一鶚、張伯淳、胡夢魁、宋晞顔、孔洙、曾冲子、凌時中、包鑄等二十餘人，帝皆擢置臺憲及文學之職。程鉅夫本傳。鉅夫本名文海，後避武宗諱，以字行。

二十四年閏月，定國子監祭酒一員，司業二員，擇素有德望者居之。建國子學，設博士二員，助教四員，生員百二十人，蒙古、漢人各半。本紀。設各省儒學提舉二員，統諸路、府、州、縣學。本紀。

二十五年十月，免儒户雜徭，學田所入羨餘，收貯集賢院，以給才士。本紀。

二十七年正月，敕從臣子弟入國子學。立興文署，掌經籍板及江南學田。本紀。

二十八年十一月，徵太子贊善劉因，不起。本紀。

二十九年四月，詔江南學田歲入聽其自掌，春秋釋奠外，以廩師生之無告者。貢士莊田仍令核數入官。本紀。

成宗元貞元年乙未，詔舉中外儒吏兼通者，每道歲貢二人，省臺立法考試，中程者用之，所貢不公，罪舉者。本紀。

大德二年戊戌正月，以翰林王惲、閻復、王構、趙與票、王之綱、楊文郁、王德淵，集賢王顒、宋渤、盧摯、耶律有尚、李泰、郝采、楊麟，皆耆德舊臣，清貧守職，特賜鈔二千一百餘錠。本紀。

六年六月，建文宣廟于京師，時國學寓於他所，右丞相哈剌哈孫奏建之。本紀。

七年十月，給大都文宣王廟灑掃户五。本紀。

八年正月，詔廣國子生二百員，送宿衛大臣子孫充之。本紀。四月，分教國子生於上都。本紀。

袁桷謂國朝國學定制，深有典樂，教胄子之古意。《歷代名臣奏議》。

九年正月，定考試教官法：初充學録、教諭，試詞賦二韵、小賦二韵、經義論、《論孟》義，明經解題各一道；學正升教授，試詞賦全賦一道、經義各從所業大義一道、明經解題二道。《元典章》。二月，令御史臺、翰林、集賢院、六部五品以上，各舉廉能識治體者三人，行省、行臺、宣慰、廉訪司各舉五人。本紀。詔求山林間有德行文學、識治道者。《通考》。八月，增曲阜陵廟灑掃户。本紀。

十年正月，營國子學于文宣王廟西。本紀。八月，文宣王廟成，行釋奠禮，用太牢，登歌樂，製法服三襲。命翰林院定樂名、樂章。本紀。命江浙行省製造宣聖廟樂器。《通考》。

十一年五月，武宗即位詔免儒户差役。本紀。七月加封孔子謚號制曰：先孔子而聖者，非孔子無以明；後孔子而聖者，非孔子無以法；所謂儀範百王，師表萬世者也。朕纂承丕緒，敬仰休風，循往古之良規，舉追封之盛典，加號大成至聖文宣王。遣使闕里，祀以太牢。於戲！父子之親，君臣之義，永惟聖教之尊；天地之大，日月之明，奚罄名言之妙。尚資神化，祚我皇元。本紀及《元典章》。八月，中書右丞孛羅以國字譯《孝經》進，帝曰：『此孔子之微言，自王公達庶民，皆當由是而行。其命中書省刻版摹印，諸王以下皆賜。』本紀。

武宗至大三年庚戌正月，徵李孟入見，謂宰臣曰：『此皇祖妣命爲朕賓師者。』特授平章政事。本紀。四月，增國子生爲三百員。二年十一月擇衛士子弟充國子學生。本紀。

仁宗爲太子時，雅重儒學，遣使旁貸經籍，裝潢成，識以玉刻印章。有進《大學衍義》者，命詹事王約等節而譯之，帝曰：『治天下，此一書足矣。』命與《圖象孝經》《列女傳》並刊行，賜臣下。本紀。

武宗至大四年正月，帝即位，二月定諸職子孫承蔭，試一經一史，能通大義者免當儤直，不通者發還習學，蒙古、色目人願試者聽，仍於應得品級量進一階。《元典章》。命李孟領國子監，諭曰：『學校人才所自出，卿宜數詣國學課試諸生，勉其德業。』本紀。四月敕：國子監師儒之職，果才而賢，勿限資格，雖布衣亦用。本紀。閏月，命祭酒劉(慶)〔賡〕詣曲阜，以太牢祀孔子。本紀。增國子學陪堂生二十人，通一經者，以次補伴讀。本紀。復立國子學試貢法，蒙古人授官六品，色目人正七品，漢人從七品。試蒙古生之法從寬，色目生稍加密，漢人生則全用科場之制。《續通考》。

仁宗皇慶元年壬子正月，進翰林國史院秩從一品，帝曰：『翰林、集賢儒臣，朕自選用，省臣毋得擬奏。人言御史臺任重，朕謂國史院尤重；御史臺是一時公論，國史院實萬世公論。當選中外方正博洽之士居之。』上年五月定翰林國史院官，翰林承旨五員，學士、侍讀、侍講、直學士各二員。本紀。二月，徙大都路學周宣王石鼓于國子監。

二年六月，命許思敬綱領國子學，以監察御史檢察監學官，考其殿最。本紀。建崇文閣于國子監。以宋儒周敦頤、程顥、程頤、張載、邵雍、司馬光、朱熹、張栻、吕祖謙及許衡從祀孔子廟廷。本紀。十一月甲辰，始行科舉，詔曰：惟我祖宗以神武定天下，世祖皇帝設官分職，徵用儒雅，崇學校爲育才之地，議科舉爲取士之方，規模宏遠矣。朕以渺躬，獲承丕緒，繼志述事，祖訓是式。若稽三代以來，取士各有條目，要其本末，舉人宜以德行爲首，試藝則以經術爲先，詞章次之。浮華過實，朕所不取。爰命中書，參酌古今，定其條制。期以皇慶三年八月，天下郡縣，興其賢者能者，充貢有司，次年二月會試京師，中選者朕將親策焉。本紀。《元典章》云：蒙古、色目人與漢人、南人各命題，蒙古、色目人願試漢、南人科目，中選者加一等注授。鄉試肄所在行省者十一，曰河南、陝西、遼陽、四川、甘肅、雲南、嶺北、征東、江浙、江西、湖廣。其隸宣慰司者二，曰河東、山東。而直隸省部分者四，曰真定、東平、大都、〈上都〉。

按：元自世祖以丙子歲平宋混一天下，至此年癸丑，凡三十八年，始詔行科舉。而其前取士，皆於國子生歲貢及辟召薦舉，頗得古法。其由吏進用之法，尤符漢制。夫令史者，天下治本所係，吏不澄則國不治。魏晉以來歧官吏爲二，唐設科目以吏仕者爲流外，弊遂不可勝言。元初，士吏爲一，自詔行科舉後次年，遂定例，吏人轉官以從七品爲止，而選吏之格復壞，儒士不屑就之。蓋科舉雖爲美政，而實有害於治道。嗚呼，其弊蓋古今不能易矣。予爲此論，循見習聞者當無不以爲偏譎，而抑知實有鑒於世變者深也。仁宗此詔，不能不以爲美談，而制舉流弊馴違本意。善乎。國朝顧氏炎武之論科舉曰：『今世科舉之得失，猶探籌者，較其短長而取之，行之數百年，則士亦有探籌之中者。』其言可謂深切著明矣。後之籌利敗、通常變者，當有取於予言。元行科舉雖始于延祐元年甲寅，而前此七十七年爲太宗九年丁酉，亦嘗開科試士矣。謹識。

泰定帝元年，詔改吏員出身者秩許止從四品。四年十月，以傅巖起爲吏部尚書，御史韓鏞言尚書三品秩，巖起由吏累官四品，於法不得升，遂止。

延祐元年甲寅，即皇慶三年正月改元者。正月，敕各省平章事專意訪求遺逸，苟得其人，先以名聞，而後致之。本紀。先是，上年七月，江浙省臣以新安儒士程復心所著《四書集注章圖纂釋》來上，詔擢用之。辭不出。《天方通鑑》。帝以《資治通鑑》載前代興亡治亂，命集賢院擇其切要者譯寫以進。本紀。

按：胡震亨《讀書雜録》言秀水屠用明藏元代皇慶三年《鄉試録》一帙，所載考試程式與《元志》無異。但是年正月既改元，《鄉試録》不當尚稱皇慶三年也。

二年乙卯二月己卯朔，會試進士，以中選舉人分二榜，揭於省門之左右。定例鄉試舉人取三百名，會試取二百名，總計鄉試所取數，會試三分内取一。以二月一日、三日、五日爲試期。三月乙卯，廷試進士，蒙古、色目人爲右榜，漢人、南人爲左榜，賜護都沓兒、張起岩等五十六人及第、出身有差。自是每三歲一試。夏四月辛巳，賜下第舉人年七十以上者從七品流官，六十以上者爲府、州教授，餘並山長、學正，曰後勿爲例。本紀。《通考》云用趙孟頫、元明善議貢試之法，凡蒙古由科舉出身者授從六品，色目、漢人遞降一級。歲貢八人，上四人充部令史，下四人爲各路教授。

鄉會試塗乙注五十字以上者不考。《選舉志》。

元《選舉志》云：考試程式：蒙古、色目人，第一場經問五條，《大學》《論語》《孟子》《中庸》内設問，用朱氏《集注》。第二場時務策一道，漢人、南人，第一場明經經疑二問，《大學》《論語》《孟子》《中庸》内出題，並用朱氏《集注》，復以己意結之；經義一道，各治一經，《詩》以朱氏爲主，《尚書》以蔡氏爲主，《周易》以程、朱氏爲主，三經兼用古注疏，《春秋》用三傳及胡氏傳，《禮記》用古注疏，不拘格律。第二場古賦詔誥章表内科一道，古賦詔誥用古體，章表四六，參用古體。第三場策一道，經史時務内出題。鄉試，八月二十日、二十三日、二十六日；會試，二月初一日、初三日、初五日；御試，三月初七日。

按：自是三載一試，至後至元元年乙亥凡二十年，開七科。順帝以從平章事徹里帖木兒言罷科舉，參政許有壬力争之，丞相伯顔亦然其言。而議已定，不可中輟，嗣停兩科。至六年庚辰十二月，詔復科舉取士制。國子監積分生員，三年一次，依科舉例入會試，中者取一十八名。次年辛巳，改元至正。又明年壬午，廷試進士如舊。嗣又繼開八科。至至正二十八年戊申而元亡。史稱徹里帖木兒嘗爲江浙平章，會科諸驛請考官，供張甚盛，心頗不平。故其後入中書，力議罷之。先是，泰定二年，中書參政阿榮精數學，逆推人禍福多奇中。會策士於廷，與虞集同會直廬，慨然謂集曰：『更一科後科舉當輟，輟兩科而復，復則人才彬彬大出矣。』集曰：『得士之多，幸如公言。今文治方興，未必有中輟理。』曰：『數當然耳。』又歎曰：『榮不復見，君猶及見。』云。後果如言。按：泰定二年乙丑無科，當是元年甲子。虞集時以秘書少監充禮部考試官。然此後尚有泰定四年丁卯、文宗至順元年庚午、至順四年癸酉，即順帝元統元年。凡三科，始輟。史所載亦不合也。又考阿榮與趙世安並拜參知政事在文宗天曆二年己巳八月，次年爲至順元年庚午科，虞集方爲奎章閣學士，阿榮云云，當在此時。

是科漢人左榜狀元張起岩，字夢臣，濟南人。由察舉爲福山教諭，登第，除同知登州事，特旨改集賢修撰。爲御史有風力，官至翰林學士承旨，卒謚文穆。先是，至元乙酉三月乙亥，太史奏文昌星明，文運將興。時世祖行幸上都，明日丙子，皇孫降生於儒州，即仁宗也。是夜，起岩亦生。母邱氏見有蛇長數丈入塌下，忽不見，遂驚而誕。論者謂非偶然。按其時若黄溍、歐陽玄、馬祖常、楊載皆是科進士。

時秘書少監張養浩知貢舉，諸進士詣謁，不納，曰：『諸君但思報國，奚勞謝爲！』本傳。

宋本知貢舉，取進士滿百人；充讀卷官，增第一甲爲三人。本傳。本爲英宗至治元年進士第一人。

八月，增國子生百員，歲貢伴讀四員。立積分法，月試上等者爲一分，中等準半分，積至八分者充高等，歲終試貢。本紀。

三年六月，封孟軻父爲邾國公，母爲邾國宣獻夫人。本紀。詔春秋釋奠先聖以顔、思、曾、孟配，加

封顔子兖國復聖公，曾子，郕國宗聖公，子思，沂國述聖公，孟子，鄒國亞聖公。《續通考》

錢氏大昕曰：元初釋奠先聖，以顔、孟配享，蓋用宋、金舊制。至延祐三年，始增曾子、子思配享，則依宋咸淳三年新制也。《元史·祭祀志》所載儀注止有詣兖國公、鄒國公神位前，不及郕、沂二公，此延祐以前之制。

四年四月，翰林學士劉賡進新譯《大學衍義》，帝曰：『是書議論甚嘉。』令頒賜儒臣。帝通達儒術，並悟釋典，嘗曰：『明心見性，佛教爲深；修身治國，儒道爲切。』又曰：『儒者可尚，以能維持三綱五常之道也。』本紀。

按：帝在東宫時，命王約節譯《大學衍義》，此乃全譯之也。

五年十一月，詔唐陸淳著《春秋纂例》《辨疑》《微旨》三書，有益後學，令江西行省鋟梓，以廣其傳。本紀。

六年二月丁亥朔，日食，改釋奠於中丁。本紀。釋奠用大成樂，令各路府選習古樂師，教肄生徒，不得仍用俳優歌曲。《元典章》。

十二月，追封宋儒周敦頤爲道国公。本紀。封蘧瑗爲内黄侯，從祀孔子。本紀。以虞集爲翰林待制，帝謂左右曰：『凡在儒臣悉皆優用矣，惟虞伯生未顯擢耳。』本紀。

七年三月，英宗即位，以科舉之外恐有遺賢，詔曰：『比歲設立科舉，以取人材，尚慮高尚之士，晦跡丘園，無從可致。其有才德超邁，深明治道者，所在官司具姓名，俟廉訪司覆察奏聞，以備録用。』

英宗至治元年辛酉二月，遣近臣即趙孟頫家俾書《孝經》。本紀。

二年正月，敕有司存恤孔氏子孫。本紀。六月，得鄱陽馬端臨所著《文獻通考》，命刊行。本紀。十一月，從御史李端言，命臣下所奏事目及上之言動，悉書起居注，付史館。本紀。

按：虞集時方爲太常博士、集賢修撰，而仁宗稱其字。嘗見元永貞所撰《東平王安童世家》，其卷首一頁載延祐四年九月初四日拜住司徒、闊闊解平章將元永貞所撰《東平王世家》三卷進上。奉聖旨：『交元復初作，趙子昂寫了刊行者。』是于元明善、趙孟頫皆字而不名也。仁宗之優禮儒臣可謂至矣。

《孟攀鱗傳》世祖與論王鶚、許衡優劣，對曰：『百一文華之士，可置翰苑；仲平明經傳道，是爲後學矜式。』是且對君稱臣字矣。又《張養浩傳》英宗欲以元夕張燈爲鰲山，養浩爲治書侍御史，諫甚切至。帝初大怒，既而喜曰：『非張希孟不敢言。』亦稱其字也。文宗怒謂趙世安曰：『一虞伯生汝輩不能容耶。』知元代稱臣多以字矣。仁宗時陳顥爲集賢大學士，每群臣入奏，帝望見顥至，喜曰：『陳仲明在列，所奏必善事矣。』王約爲詹事丞，仁宗諭群臣曰：『事未經王彥博議者，勿啓。』時則帝尚在東宮也。

三年正月，徵趙居信爲翰林學士承旨，吴澄爲翰林直學士。本紀。三月，徵逸士瞻思至，見于龍虎臺，帝厚遇之，以養親辭歸。本紀。四月，命張珪、王士熙勉勵國子監學。本紀。九月，泰定帝即位。十一月，遣官詣曲阜，以太牢祀孔子。本紀。

泰定元年甲子二月初，初開經筵，命張珪、王結、吴澄、鄧文原充講官，以《帝範》《資治通鑑》《大學衍義》《貞觀政要》等書進講。本紀。

二年五月，置諫議書院于昌平，祀唐進士劉蕡。本紀。順帝至正十八年，復封爲文節昌平侯。四年七月，建横渠書院于郿縣，祀宋儒張載。本紀。

文宗天曆二年己巳正月，贈緱山處士杜瑛爲翰林學士，謚文獻。本紀。二月，遣翰林侍講學士曹元用祀孔子於闕里。本紀。立奎章閣學士院于興聖殿西，命儒臣進講經史，設群玉署，藝文監隸之。本紀。六月，賜岐陽書院額，祀周文憲王，仍設學官，春秋釋奠。本紀。九月，建顏子廟于曲阜所居陋巷。本紀。敕翰林、奎章閣輯本朝典故，準唐、宋《會要》，名《經世大典》。本紀。

至順元年庚午〈閏〉七月，加封孔子父齊國公叔梁紇爲啓聖王，母魯國太夫人顏氏爲啓聖王夫人。本紀。

制曰：闕里有家，系出神明之胄；尼山請禱，天啓聖人之生。朕聿觀人文，敦求往哲。惟孔氏之有作，集群聖之大成。原道統則堯授舜，傳之周文王；論世家則契至湯，下逮正考父。其明德也遠矣，故生之者出焉。有開必先，克昌厥後。如太極之生天地，如鉅海之有本源。雲仍既襲於上公之封，考妣宜視夫素王之爵。於戲！君子之道，考而不謬，建而不悖，於以敦典而敘倫；宗廟之禮，愛其所親，敬其所尊，正以報本而崇德。尚篤其慶，以相斯文。《元文類》，謝端撰。

十月，飭衍聖公崇奉孔子廟事。本紀。賜伯夷、叔齊廟額曰聖清，歲春秋祀以少牢。本紀。十二月，以董仲舒從祀孔廟。本紀。定國子生積分及等者，省、臺、集賢院、奎章閣官同考試，中式者依等第授官，不中者復入學肄業。本紀。

二年正月，敕建孔子廟于後衛。本紀。六月，特徵河南儒士吴炳爲藝文監典籍。本紀。七月，從藝文少監歐陽玄言，改給衍聖公銀印。本紀。立閔子書院於濟南。本紀。八月，御製《上都孔子廟碑》。本紀。

三年正月，加封孔子妻鄆國夫人并官氏爲大成至聖文宣王夫人。本紀。

制曰：我國家惇典禮以彌文，本閨門以成教。迺瞻素王之廟，尚虚元媲之封。有其舉之，斯爲盛矣。大成至聖文宣王妻并官氏，來嬪聖室，垂裕世家。籩豆出房，因流風於殷禮；瑟琴在御，存燕樂於魯堂。功言邈若於遺聞，儀範儼乎其合德。作爾褘衣之象，稱其命鼎之銘。噫！秩秩彝倫，吾欲廣《關雎》《鵲巢》之化；皇皇文治，天其興《河圖》鳳鳥之祥。可特封大成至聖文宣王夫人。《元文類》，虞集撰。

錢唐梁玉繩曰：《家語》『娶於宋之并官氏』，自《韓敕禮器碑》及《通志·氏族略四》皆作并官。錢宫詹大昕據元至順詔石刻，亦證爲并官。而《廣韵》官字注引晉白褒《魯先賢傳》訛爲亓官，《左傳》疏引《家語》《十六國春秋·索綏傳》《宋史·禮志》《元史·文宗紀》並作亓官，亦誤。

錢大昕《養新録》曰：孔子娶并官氏，今人以爲『亓官』，其誤蓋自明始。按漢《韓敕造禮器碑》云：『并官聖妃，在安樂里。』宋祥符中，封鄆國夫人，制詞亦作并官氏。此二碑皆在曲阜孔廟。予嘗至句容廟學，見元至順元年加封號制石刻亦作并官。自明人刊《家語》誤『并』爲『亓』，沿訛者三百餘年，良可怪也。又曰：予嘗據漢、宋、元諸石刻，證聖妃當爲并官氏，今檢宋槧孔傳《東家雜記》及孔元措《孔氏祖庭廣記》，并官氏屢見，無有作『亓』字者。

又按：《宋史》鄆國夫人作鄆國。

二月，詔修曲阜宣聖廟。本紀。四月，命奎章閣譯《貞觀政要》，鋟板印賜百官。本紀。五月，追封顔子父顔無繇爲杞國公，謚文裕。母齊姜氏爲杞國夫人，謚端獻。妻宋戴氏爲兖國夫人，謚貞素。是年八月文宗崩。十月寧宗即位，文后臨朝。命江浙造宣聖廟銅祭器

四年癸酉，即順帝元統元年，以十月改元。是歲，廷試進士，增及百人。左右榜同同、李齊等三人皆賜進

士及第。科舉取士，莫盛於斯。邵遠平《元史類編》。

按：文宗以前一年崩，寧宗立逾月又殂，未及改元。至是年六月，順帝始即位，十月改元元統。故此科或稱至順四年或稱元統元年。劉基《青田集》載至順癸酉會試，《春秋》義以『荆人來聘』『楚屈完來盟于師』『楚人使宜申來獻捷』『楚子使椒來聘』四節合爲一題云云。而《元史》載是年進士多係以元統元年。錢大昕曰：『元時廷試例以三月七日，獨元統元年春順帝尚未即位。嘗得是年《進士録》讀之，知廷試在九月三日，可補史文之闕。』然則是科《進士録》固刻元統元年矣。其年右榜第二人唐兀忠宣公余闕，後殉陳友諒安慶之難；左榜第一人李齊後殉張士誠高郵之難；左榜第三人成遵爲賢執政，忤二皇后，被誣死。餘若聶炳以荆門州，明安達以潛江縣，丑閭亦作丑驢。以安陸府，俱死徐壽輝之難。塔不台爲襄陽路達魯花赤，以餉軍至汝、亳，被劉福通所執，不屈死。月魯不花以浙西道廉訪使拒張士誠，不肯與共事。旋改山南道，浮海遇倭寇，不屈死。張〔禎〕〔楨〕以臺諫爲名臣。又左榜第二人李祁及宇文公諒等皆以文學傳。其得人固爲盛也。祁初官翰林應奉，母老就養江南，改同知婺源州。以母憂歸隱永新山中，抱節而殁，東陽其五世從孫也。李祁茶陵人，李東陽《西涯集》以當時鄉人皆稱祁爲李狀元，遂推祁爲第一人，而不知宋時一甲三人皆稱狀元，元猶沿其習耳。

順帝元統二年甲戌四月，録許衡後，以其孫從宗爲異珍庫提點。本紀。

至元元年（甲戌）〔乙亥〕五月，遣使祭曲阜孔子廟。本紀。

三年丁丑正月，謚唐杜甫曰文貞。本紀。

六年庚辰十一月，以孔克堅襲封衍聖公。本紀。改奎章閣爲宣文閣，藝文監爲崇文監。本紀。帝作宣文閣於大明殿西北，萬幾之暇，御閣閲經史，以左右儒臣爲經筵官，日侍講讀。汪克寬《環谷集》。

至正二年壬午十月，遣官致祭孔子于曲阜。本紀。国子祭酒李好文語上宜躬祀孔子，上敬納之，中書請以重臣代，丞相代祀始此。王逢《梧溪集》。

三年癸未三月，敕修宋、遼、金三史，以丞相脱脱爲都總裁。本紀。定終場下第舉人充學正、山長；國學生會試不中者，與終場舉人同。本紀。六月，命經筵官一月三進講。本紀。帝優禮講官，既賜酒饌，又以高年疲於步趨，命皆得乘舟太液池經西苑歸。陳旅《安雅堂集》。徵清江處士杜本，不至。文宗即位，以金織文幣徵之，不起。進所釋《書·無逸》篇，文宗納焉。至是徵拜翰林待制，至杭州，稱疾不行。

六年丙戌四月，命左右二司、六部吏屬於午後講習經史。本紀。

七年丁亥三月，試國子監，會食弟子員，選補路、府及各衛學正。本紀。七月，召隱士完者圖、執禮哈琅爲翰林待制，張樞、董立爲修撰，李孝光爲著作郎，樞不至。本紀。

八年戊子四月，帝視國子學，升衍聖公秩從二品，定弟子員出身及奔喪、省親等制。本紀。

九年乙丑七月，命皇子愛猷識理達臘即昭宗。即學漢文，以李好文爲諭德，歸暘爲贊善，張冲爲文學。十月，命皇子入端本堂肄業，與師傅分東西向坐授書，其僚屬以次列坐。本紀。

皇太子就学，召歸暘爲贊善，暘言：『師傅當與皇太子相向授書，其屬亦以次列坐，止虚中座，以待至尊臨幸，否則，則師道不立矣。』時群臣言人人殊，卒從暘言。《歸暘傳》。

按：《許衡傳》世祖以姚樞爲太子太師，竇默爲太子太傅，衡爲太子太保，將入謝，衡謂樞等曰：『禮，師傅與太子位東西鄉，師傅坐，太子乃坐。公等度能復此乎？不，則師道自我廢也。』乃相與力辭。令順帝竟行此制，亦爲難矣。

陶宗儀《輟耕録》云：皇太子方在端本堂讀書。近侍之常以飛放從者，輒臂鷹至廊廡間，喧呼馳逐，以惑亂之，將勾引出游爲樂。太子受業畢，徐令左右戒之曰：『此讀書之地，先生長者在前，汝輩安敢褻狎如此，急引去，毋召責也。』衆皆驚懼而退。乃貢師泰授文閣下所目見者。

《李好文傳》：好文取經史要義，及先儒論説，有關治體者，加以所見，倣《大學衍義》例，爲書十一卷，名《端本堂經訓要義》，帝命授太子習焉。

十一年辛卯三月，徵建寧處士彭炳爲端本堂説書，不至。本紀。

十五年乙未十月，以衍聖公孔克堅同知太常禮儀院事，其子希學襲封衍聖公。本紀。

十六年丙申二月，遣集賢直學士楊俊民致祭曲阜孔子廟。本紀。

十九年己亥五月，以八月鄉試河南舉人及避兵儒士，不拘籍貫，依河南省元額，就陝州置貢院應試。本紀。

二十六年丙午正月，增燕南、河南、山東、陝西、河東舉人會試者額，進士及第以下遞升官一階。本紀。

嘉慶山陰縣志校記〔一〕

目録　首卷　第一頁

校正：此志在近時已爲佳志，但其取孟子土地、人民、政事語，劈分三類，既非著書之體，而職官何與於人民？寺觀、冢墓豈得謂非土地？書籍、碑刻、藝文又於政事何涉？支離配合，如腐生作時文，强立柱意，是大謬也。

土地志

獨石軒　卷七　古跡

尚書當作侍郎。

人民志

鄉賢一　卷十三

案：賀道力傳當附其兄道養，説見其後術傳卷中。（按：術傳賀道養校當時漏録。）孫述睿下當增王叔文，吴程下當增徐鉉、鍇。南唐。慈銘案：二徐爲山陰人，明見陸游《南唐書》。以其父爲南唐司馬，卒官，遂家廣陵。欽定《全唐文》於二徐下皆系以越州山陰人。《宋史》於鉉下系以揚州，其疏謬多若此。又案：鉉雖入宋受官，而鍇實卒於南唐，贈謚曰文。鉉之官位事蹟，亦顯著於

〔一〕此文底稿題作『乾隆山陰縣志校記』，依文中内容，實爲《嘉慶山陰縣志》校記，係整理付刊時蔡元培誤題所致。

李氏之世，是當系之南唐，爲限斷之法。

孫愉　卷十三　鄉賢

末句後歷尚書左右僕射下，當有加特進卒。《世説新語》注引《續晉陽秋》。

陸軫　卷十三　鄉賢

此可附見其孫佃傳。

陸佃　卷十三　鄉賢

字農師下當有祖父軫官至吏部郎中，直昭文館，知越州，又知睦州，致仕，佃二十三字。

徐允讓　卷十三　鄉賢

徐允讓，《保越録》作徐本道。末附注引《萬曆府志》：允讓，項里人。案：此亦見《保越録》。

王儼　卷十四　鄉賢

案：此等（廖廖）〔寥寥〕無事蹟，且無他書可證者，以舊志既有，不敢竟删，則當以類附入，或别爲一傳總敘之。

薛德明　卷十四　鄉賢

宋尚書昂九世孫七字當删去。案：薛昂即所稱薛乞兒者，其人不足道，且本非越人，其官爲參知政事，亦非尚書。

蔡庸　卷十四　鄉賢

此等但存其名足矣。

陳性善　卷十四　鄉賢

徙其家於邊下當有弘光中贈禮部尚書謚忠節十一字。

金濂　卷十四　鄉賢

案：金濂，永樂十六年進士，景泰時由刑部尚書調户部，加太子少保，卒追封沭陽伯，謚榮襄。《明史》有傳。然濂爲南直隸山陽人，今之江蘇淮安府山陽縣也，故封沭陽伯，未有言其爲紹興山陰人者。此蓋修《府志》時，有不學之人，偶閲《甘肅通志》，忽見金濂傳有山陽人三字，誤以陽爲陰，遂妄採入志傳，而人亦無覺之者，《縣志》承而用之，可笑如是。

丁能　卷十四　鄉賢

此等亦當總爲一傳。

高閏　卷十四　鄉賢

時都御史李秉子瑗坐贓竟按如法數語。案：李襄敏賢者，何以有此。

錢輪　卷十四　鄉賢

授潼川州牧，當作：授潼川知州。

陳倫　卷十四　鄉賢

以母老，憚歷險遠，當作：母老憚遠行。

張景明　卷十四　鄉賢

終明之世，以庶僚贈大學士者，景明一人而已。

吴蕣　卷十四　鄉賢

嘗以事劾天官卿，當作：嘗以事劾吏部尚書某。竟中傷之，當作：竟被中傷。

何詔　卷十四　鄉賢

工部尚書上當有南京二字。

費愚　卷十四　鄉賢

廷評當作大理評事。

朱節　卷十四　鄉賢

案：節爲陽明弟子，《明史》附《錢德洪傳》。

蔡宗兖　卷十四　鄉賢

案：蔡宗兖，《明史》作葉宗兖，正德十二年進士，亦王文成弟子，附《錢德洪傳》。

潘壯　卷十四　鄉賢

楊邃庵當作楊一清，王陽明當作王守仁，蕭子雝當作蕭鳴鳳。皆當書名。

金椿　卷十四　鄉賢

轉永州通判句，轉當作謫。

金膺暘　卷十四　鄉賢

父椿下當有見前傳三字。瓊州知府四字當删去。

金聯芳　卷十四　鄉賢

此當於蘭傳中见其名而已。蒞工醫，雅慕恬澹。荃敦厚性成。皆非體。

漏坦之　卷十四　鄉賢

此當於思任傳末附及之，曰縣人漏坦之，字仲容，思任之弟也。嗜學，善屬文，以布衣終。

陳烇　卷十四　鄉賢

邑廩生當作諸生。遂不食饑四字當删去。

張汝霖　卷十四　鄉賢

案：張岱《三不朽圖贊》云字雨若，蓋有兩字也。案：汝懋，名麗，附逆閹案，此傳當削之。

王思任　卷十四　鄉賢

工部主事下當有歷擢員外郎，中出爲江西僉事十二字。

李鋭　卷十四　鄉賢

此當於元豐傳中見其名位而已。昭信校尉。是何官？歸僅置田數十畝。以都司歸而置田數十畝，何足記。邵武書廚。何以爲邵武書廚？封昭勇將軍。此亦必無之事。

陸夢祖　卷十四　鄉賢

時有楊少宰養病金山。少宰之稱亦非禮，且何以不著其名？南京兆非體。當作應天府尹。

胡楫　卷十四　鄉賢

金吾非體。當作錦衣。

張汝撰　卷十四　鄉賢

舉子下當有喻思恂三字。遍丐貸萬里，當作：自言貸質萬里。需罔不給上當有所字。捷南宫入翰苑矣，當作：成進士入翰林矣。蜀士下喻思恂三字當删去。

錢象坤　卷十四　鄉賢

末中書舍人下當作：象坤孫鳳覽，字子瑞，崇禎末以官生入仕，至刑部主事。鼎革後，讞崇禎太子獄，獨上疏證其非僞。與故明晉王及大學士謝陞争甚力，下獄被誅。南都聞詔，贈太僕卿，謚忠毅。《明季南略》。

姜效乾　卷十四　鄉賢

案：姜鏡，餘姚人，官禮部郎中。廣陵倅，蓋揚州通判也。此非志體，蓋沿其家傳之文，不知改正耳。此志往往多有，不能遍舉。遷某藩相，蓋即王府長史也，不得云相。此尤不通。末句：孫之琦，壬戌進士。案：壬戌在明爲天啓二年，在國朝爲康熙二十一年，選舉表俱無之琦名。考《前明進士碑録》，姜鏡爲萬曆十一年癸未進士，之琦爲鏡曾孫，不得於天啓壬戌即能登第。志乘之不足信，大抵如是。

王揚德　卷十四　鄉賢

總鎮二字。非體。

陸夢龍　卷十四　鄉賢

顔色如生下當有詔贈太僕寺卿，謚忠烈九字。案：夢龍戰没，事聞莊烈帝，詔贈太僕寺卿，謚忠烈。見徐秉義《忠烈紀實》及《越殉義傳》。今《明史》但云贈太僕卿。

王業浩　卷十四　鄉賢

字士完下當有尚書華之裔五字。案：此兩事皆不可信。業浩素與東林左，當魏閹時，雖不與孩兒、義孫之列，而初以調停移宫之疏，與賈繼春同落職，至天啓四年十二月，以給事中陳熙昌薦，與許弘綱、唐世濟等十二人俱准次第推用。五年四月，以給事中蘇兆先薦，准復原官。十二月疏劾太僕少卿馬孟禎、給事中方有度、副使韓萬象等。六年二月，擢掌河南道御史。時擬王心一爲正，竟用業浩，以其參曹于汴、易應昌也。崇禎元年正月，逆黨御史楊維垣上疏力詆鄒黨、趙黨、孫黨、熊黨，而以徐大化、王業浩、魏應嘉爲正人，以上皆見李清《三垣筆記》、吴應箕《兩朝剥復録》、文秉《烈皇小識》及《明史》等書。則業浩之爲人可知矣。其名雖不入逆案，而文秉《先撥志始》列之逆案漏網中，謂其同劉徽、袁鯨朋謀推轂崔呈秀之枚卜。又參馬孟禎、韓萬象、方有度，以致皆被削奪，則此志所云妄也。至其削籍之故，則《先撥志始》言之甚詳，謂業浩與孫杰、吴淳夫、霍維華、盧承舒等合謀推崔呈秀入相，欲攻去吏部尚書王紹徽，于是袁鯨、劉徽各疏劾紹徽。紹徽廉知其狀，遂於辨疏中發鯨等陰謀。衆懼忠賢知之，寢其事。業浩閉門不出。呈秀疑其翻向，以它事斥逐爲民。《剥復録》中亦載業浩合謀事。

劉永基　卷十四　鄉賢

及得他氏詮解句當删去。不解。益有所悟，益當作遂。母王下淑人二字當删去。補贛縣，當作：起知贛縣。案：此謚忠毅三字，疑誤。永基以監司卒官，安得有謚？

吴大斌　卷十四　鄉賢

孔帥當作孔有德。

劉竟中　卷十四　鄉賢

戊午至天下士十九字當删去。案：施鳳來，閹黨之宰相也。此何足述！

王應遴　卷十四　鄉賢

甲申殉節。案：此四字可疑。李鐸《紹興府志》僅言其卒於京邸，即死亦當在刑拷之列，非殉節者。

丁乾學　卷十四　鄉賢

時魏忠賢竊柄下一段，當作：乾學以天啓四年典江西試。發策，引汪直、劉瑾語，刺忠賢。忠賢大怒，矯旨降三級調外。復矯稱駕帖，差緹騎逮訊。指揮僉事高守謙等聚毆之。乾學創甚，遂卒。崇禎初，案：乾學未聞有上疏事。蓋即由試策事附會之。今據《明史》及《紀事本末》諸書改。案：乾學被緹騎猝入其家亂毆致死，未嘗逮訊，亦未嘗贈謚。且其官止檢討，安得贈禮部尚書？此皆妄造，不足信。案：乾學弘光時贈侍讀學士，《明史》及諸野史皆同。惟李清《南渡録》云：甲申十二月丙子，再贈侍讀學士丁乾學禮部右侍郎，仍命與謚，蔭一子。然謚竟寢。據此，則當時未有謚也。文忠之謚，明世亦不輕授。

姜應奎　吴文龍　卷十四　鄉賢

此等皆當總立一傳。寧紹台至三院十字當删去。表其廬上當有督撫二字。

唐欽　卷十四　鄉賢

此等皆於書籍門見其字可矣。

章大吉　卷十四　鄉賢

此等著作可笑，書籍門存其目，已爲不必，况立傳耶！

蔣宏濟　卷十四　鄉賢

慷慨任俠，當作：素以任俠名。知縣徐貞明知其賢下當有後以尚實卿督治直隸水田十一字。子一玖上卒之日三字當删去。下方髫至學醫八字當删去。

包梗　卷十四　鄉賢

此可删。臨江府經歷上當有官字。

周懋穀　卷十四　鄉賢

此當附其子鴻謨傳。

何騰蛟　卷十四　鄉賢

案：文烈，《明史》及諸野史多作忠烈，惟《永曆實録》作文忠，《瞿忠宣集》作文節。官其子文瑞僉都御史下當有領父兵，擢兵部侍郎。大兵克桂林，與瞿式耜等同死二十字。案：領父兵云云，據王夫之《永曆實録》增。賜專謚忠誠句，賜字下當有騰蛟二字。

朱兆柏　卷十四　鄉賢

資參酌焉句，酌當作決。

張明昌　卷十四　鄉賢

屢試不售四字當删去。

祁豸佳　卷十四　鄉賢

案：此當立熊佳傳，而附豸佳傳。

余增雍　卷十四　鄉賢

案：此當附後余增遠傳。

何國輔　卷十四　鄉賢

舉天啓丁卯鄉試句，鄉試上奪武字。與劉蕺山主證人社八字當删去。此必附會，或在受業之列耳。

胡良臣　卷十四　鄉賢

此當附見其子懋宣傳。懋宣傳在下卷。《廣四十八孝》，書名甚可笑，何足記耶！

包希聖　卷十四　鄉賢

此當删。歷任鴻臚寺通政司。何官耶？明制：官王府長史者，遷轉悉停，故終身不徙官，惟袁宗皋、張景明以興府長史，世宗入立，宗皋驟擢至大學士；景明入京，旋卒，亦贈大學士。此外無聞者。景帝以郕王立故，長史儀銘等多顯用。是志所云，必由其家傳附會。而云俱有聲，云不避權貴，何所見耶？

劉壇　卷十四　鄉賢

此宜并其父謙等，同爲一傳。

姜天樞　卷十四　鄉賢

字紫環下當有禮部尚書逢元子七字。

胡士諤　卷十四　鄉賢

旋里日三字當删去。尚作跛態，不解。當作：尚病跛焉。

錢以敬　卷十四　鄉賢

授雲南府通判上當有選字。署新興州篆句，篆字當删去。當道倚重，當作：有司倚重。事載宫諭余煌記中，當作：諭德余煌記其事。

朱光熙　卷十四　鄉賢

嗚咽廢飲食，當作：絶食。

黄鼎元　卷十四　鄉賢

特陞湖廣掌印都指揮使司句，指揮使三字當删去。加都督府銜句，府下有奪字。都督府何官？須補載。

周崇禮　卷十四　鄉賢

奉孀母至孝句，孀字當删去。但云事母，則必孀矣。

李廷孚　卷十四　鄉賢

判官當作州判。

張汝嘉　卷十四　鄉賢

熹宗朝，歲薦壬戌廷試第一。當作：熹宗時，以歲貢生廷試第一。

茹鳴盛　卷十四　鄉賢

北直隸當作順天。已而寇至死之，當作：寇至城陷死之。

陳潛夫　卷十四　鄉賢

全祖望《鮚埼亭外集》謂陳公錢塘産，非越人也。今其後人尚居杭。

魯元錫　卷十四　鄉賢

删抹。意氣激昂四字當删去。賊尋釋下奪之字。中翰當作中書舍人。

唐九經　卷十四　鄉賢

此亦可疑。明制：各省督學，以部郎科道外授布按兩司官者爲之，非推知所得與，亦非御史所得薦。且督學八閩，亦不辭。擢淮州府推官監藩鎮事，當作：改淮安府推官監事。

劉穆　卷十四　鄉賢

募兵五百民句，民當作人。開府晉爵。不辭。此蓋加右都督耳，其封何爵，俟考。幼隨穆任江南水師營參將，當作：幼隨穆在江南水師營。及父穆，父字當删去。

王貽杰　卷十四　鄉賢

授江西都使司同知句，使字衍。

王紹美　卷十四　鄉賢

不爲表暴四字當删去。

吴從義　卷十四　鄉賢

以諸生劾魏忠賢下當有遂有聲三字。

徐世儒　卷十四　鄉賢

此等皆一無事實，何足載。多行善事。此等皆浮辭。官西蜀。何官耶？力興文教四字旁抹。

倪文道　卷十四　鄉賢

化州同知上當有官字。

單一貫　卷十四　鄉賢

大飢上當有歲字。倪鴻寶當作倪元璐。

劉匡之　卷十四　鄉賢

聖學當作縣學。

賞奇璧　卷十四　鄉賢

庚辰歲廷試五字當删去。下有十五年特開徵解科奇璧十字。案：崇禎開徵解科，在十五年壬午，非庚辰。特賜進士出身句，特字當删去。

姚遠　卷十四　鄉賢

家不甚富，性好施。當作：家粗給而好施。有飢户某家秦温，當作：有富人某者，家中落。遠密有饋遺，當作：遠密饋遺之。末句人益多其有隱德云，當作：人兩賢之。

沈懋庸　卷十四　鄉賢

補諸生下讀書至章句之末十三字當删去。

張景華　卷十四　鄉賢

此當附見其子陛傳。陛傳在下卷。

朱炯　卷十四　鄉賢

此等皆當類聚爲一傳。

倪復　卷十四　鄉賢

事孀母極孝句，孀字當删去。

馬維整　卷十四　鄉賢

貢監當作貢生。

錢元宰　卷十四　鄉賢

授蘄州倅，當作：授蘄州州判。值桂惠瑞三藩就封句，桂誤作檜，藩當作王，封當作國。下三藩亦當作三王。

劉三達　卷十四　鄉賢

此亦當删。其《希陶集》收入書籍門，附見姓名而已。落落自喜。此等皆浮辭。

姚逵　卷十四　鄉賢

此等皆當删。必不得已，則以類入附傳而已。

沈景修　卷十四　鄉賢

此當見之書籍門。

何嗣義　卷十四　鄉賢

此與前之姚逵、姚祖振父子及後之陸一桂、俞毓等，皆當以類附傳之。性不樂豪華，當作：性恬静。

何治仁　卷十四　鄉賢

上虞誤作古虞。

葉茂蘭　卷十四　鄉賢

此當删。入成均。俗稱。登賢書。俗稱。陶養二字旁抹。

陸一桂　卷十四　鄉賢

此亦當入附傳。

俞毓　卷十四　鄉賢

此當見之書籍門。

傳列斗　姚允覲　卷十四　鄉賢

此類皆當見之書籍門。

劉昌　卷十四　鄉賢

此及下王鑾、柯國梗、蕭煼、諸彦僑、何嘉琳、孫泓、唐大熣、屠景俊、陳士俊、姚宏、吴朝俊、施光顯、陸偉等，皆當於一傳中總括之。

袁自立　卷十四　鄉賢

父賈參皮島，當作：其父販參於皮島。死於鋒鏑，當作：死焉。逆舍主，當作：逆旅主人。心疑至之乃七字當删去。下嚙指，血逐骨，加滴，見血滲焉，當作：嚙指，血滴骨，見血滲焉。始便附舟句，便當作得。

柯國梗　卷十四　鄉賢

嘗穢上奪爲字。鼻衄如注四字當删去。

蕭煼　卷十四　鄉賢

未辨安危。不通。

諸彦僑　卷十四　鄉賢

京邸上慷慨至年在九字删去。當作：彦僑常侍父。下不克至抵父所十字當删去。此何足述。

唐大熣　卷十四　鄉賢

德藩典儀上當有官字。因母積病未瘳，當作：因母久病。

史宗垣　卷十四　鄉賢

司馬當作同知。

姚宏　卷十四　鄉賢

此類當立一傳類敘之。

王朝爣　卷十四　鄉賢

年十四至諸書十字當删去。此亦足紀耶？下作以太學生考。衡藩相，當作：衡府長史。

張耀芳　卷十四　鄉賢

欠庫銀，欠當作負。撫軍上當有巡字。

周有鳳　卷十四　鄉賢

《評左韵言》，書名已屬可笑，本不宜收。即欲見之，載入書籍可矣。

李安世　卷十四　鄉賢

安世下當有字泰若三字。案：是科進士，吾越有兩李安世：一山陰人，一餘姚人。案：《乾隆府志·選舉志》：癸未進士李安世，山陰人。尚寶司卿。《鄉賢傳》：李磐，字用甫，餘姚人，萬曆庚辰進士，官湖廣承天府推官、陝西鎮原縣知縣。子安世，字泰若，先以舉人爲泗州學正，癸未舉進士，即歸。布衣疏食。然則此志云云，乃餘姚之李安世也。全謝山《鲒埼亭外集·跋崇禎十六年進士録》有云：會稽余增遠、山陰金延韶、餘姚李安世，皆固守殘山剩水之節，以終其身。是此志收入者誤也。但進士題名録，是科確有一山陰之李安世，而其人無考。《府志》稱官尚寶司卿，亦可疑。壐卿爲京堂清秩。癸未次年即明亡，國朝順治初即裁此官。安世或仕魯監國時所授，而諸野史中絶不載及。當考。

余增遠　卷十四　鄉賢

年六十五卒下當有鄉人私謚孝節先生八字。案：忠節公煌籍會稽。

王自超　卷十四　鄉賢

案：予安爲工部尚書恭簡公舜鼎之子。恭簡，會稽人。案：柳潭已污僞命，且所傳僅時文耳，不必立傳。

俞璧　卷十四　鄉賢

授黟縣句，授當作知。

何育仁　卷十四　鄉賢

育仁可附前何宏仁傳。

王先通　卷十四　鄉賢

案：先通當弘光時在附祀武臣之列。《明史》及諸野史皆謂其被賊拷死，而南京諸勳戚爲之朦混請恤，則此所稱殉節之烈，必妄也。業泰亦無言其死節者。

朱壽宜　卷十四　鄉賢

案：壽宜可附上朱少師燮元傳。

劉光世　卷十四　鄉賢

耻言勢利四字當删去。于穎時爲分守道，非知府。

張楞　卷十四　鄉賢

鄭遵謙　卷十四　鄉賢

此宜與下張梯并爲一傳。

案：遵謙時封義興伯，入海後晉爲侯。

姜廷梧　卷十四　鄉賢

案：一洪，餘姚人，萬曆丙辰進士，崇禎時官至太僕卿，唐王時擢户部尚書。野史言其奉唐王命赴贛，至木榔庵投江死。而《明史》不載。

張尚　卷十五　鄉賢

父廷璧下教授至從之八字當删去。

姜希轍　卷十五　鄉賢

世居郡城下當有明禮部尚書逢元孫八字。由廪貢生教授新昌縣學，遷國子博士。案：新昌學無教授，國朝亦未有以廪貢生爲國子監博士者，蓋由新昌訓導遷國子監典簿耳。

潘朝選　卷十五　鄉賢

所至悉著謹慎，當作：所至有清慎稱。恢復當作與平。各著偉績四字旁抹。

張星　卷十五　鄉賢

順治上當有國朝二字。任滁和道下當有甚有聲三字。交章合薦，當作交薦之。聲望赫然四字當删去。

張陛　卷十五　鄉賢

邑廪生三字當删去。下有父景華貢生病篤時，謂其妻董曰：吾世家子，足衣食，而不永年，先令澤將衰矣。汝勖吾子，力爲善。董誌其言，斂葬貧者，修圮路，焚貸券，贖難民，悉力行之。陛少補諸生六十三字。鬻産得米千餘石。前卷其父景華傳言得米五百石。抵廣東，當作：補官廣東。視四會縣事，視當作署。

陳理　卷十五　鄉賢

理宜附其子允恭傳。孔兵之亂，當作：孔有德亂。救釋被掠婦女，救當作理。

吴拱宸　卷十五　鄉賢

刪抹。

胡明憲　卷十五　鄉賢

此可附入下胡昇猷傳。相繼逝世，當作：相繼卒。視嫂如母句，視當作事。末順治丁亥進士。六字可去。

朱鼎新　卷十五　鄉賢

授秘書院，何官？國初亦無。經濟王左藩，又是何官？

金朝聘　卷十五　鄉賢

儼若神明四字當刪去。不通。

王士驥　卷十五　鄉賢

當事下當作：有請託者，立飛章糾參置之法。

胡兆龍　卷十五　鄉賢

擢兵馬使句，使當作司。明及國朝，皆有兵馬司正副指揮。拱樞，蓋擢兵馬司副指揮也。若兵馬使，則維闖賊有之。案：蔣良騏《東華録》載順治十五年二月，刑部左侍郎杜立德劾内院學士吴兆龍罔上行私。甲午中一弟兆麟，今科中一弟兆鳳，都中有『一龍當道，麟鳳齊諧』之謡。旋吏部察議，言杜立德參款不實，應免立德官，遇赦免。是年十二月，以授督撫饋遺，革學士胡兆龍尚書銜並所加之級，仍留任。考國初止設秘書、宏文、國史三院，有大學士及學士，侍讀、侍講學士等官。至是年七月，始去内三院，改爲殿閣大學士，設立翰林院。兆龍蓋以内院學士加尚書銜者。今志乘或言兆龍爲吏部侍郎，或言爲吏部尚書，皆非也。此志未明晰。

范仍　卷十五　鄉賢

誡守勿派窮民，當作：誥郡守勿派窮民。謫選當作後選。

祝紹烶　卷十五　鄉賢

刪抹。

胡昇猷　卷十五　鄉賢

字允大下當有父明憲，字澄宇，有孝行，兄弟不析爨者數世。及兩兄相繼卒，事嫂如母，撫從子如子。年八十七卒。妻李氏父爲錦衣衛官，以非辜論死。李伏闕訟冤，得免。昇猷六十字。

王之鼎　卷十五　鄉賢

不屈以殉，當作：不屈死。任山東陵縣句，任當作知。遷徐州牧，當作：遷知徐州。徐州此時尚未爲府，故沿俗稱牧。然非紀載體。

王重光　卷十五　鄉賢

順(子)〔治〕戊子初，倅浙東鹽運。當作：順治戊子，官浙東鹽運通判。末兵部尚書下當有兄子璘，字夏卿，有志行，因其母疏食，終身未嘗近酒肉焉二十二字。

胡鶴翥　卷十五　鄉賢

投誠下當有賊字。遂嚴束，當作：遂奉約束。

周國奎　卷十五　鄉賢

張承恩上當有總鎮二字。下補鎮江至總兵八字當删去。與固山譚泰誤作與譚泰固山。用國奎爲前部句，奪爲字。制府當作總督。提升廷平副將，奪升字。案：此時總督當是李率泰。

李宗　卷十五　鄉賢

李宗名字見《復社姓名録》。字伯因下當有懋方子三字。明末諸生，當作：明時爲諸生。時逆閹，當作：魏忠賢。爲彈文下以抒至侍御七字當删去。亟取稿删潤之句，亟字當删去。未遂不果仕下，當增平字秩南云云。

馮肇　卷十五　鄉賢

此等何足傳？自來郡縣蕪雜濫登，相沿爲例。此志稍爲矜慎，然亦瞻徇多略。删抹之以見體裁。

韓大能　卷十五　鄉賢

此等皆宜依類立一傳連次之。

傅臚　卷十五　鄉賢

特命來京下當有引見二字。

王慶章　卷十五　鄉賢

進士下授少參三字删去。當作：歷官至布政使參議。稱布政使參議爲少參，此沿明代俗稱也。不宜入之紀載文字。

童欽承　卷十五　鄉賢

遂平上當有寇禍二字。下歷任二字，當作：入官。

柴雲耀　卷十五　鄉賢

删抹。

吴興祚　卷十五　鄉賢

字伯成下漢軍正紅旗人句删去。當作：父執中，見前傳。案：此漢軍正紅旗人六字，宜移於前吴執中傳，而此處只宜云：父執中，見前傳。

徐緘　卷十五　鄉賢

祁彪佳上中丞二字當删去。彪佳死至相得十二字當删去。不接。末句嘗著讀書説有歲星堂集，嘗字當删去。有當作及。

趙廣生　卷十五　鄉賢

《趙廣生集》六卷，宜存之書籍門，而下注其字及爲忠介弟子。此史法也。

胡心尹　卷十五　鄉賢

胡心尹及下馮肇楠、章尚絅、宋時化、濮奎、聞在上、盛守寧等，皆稱歷官有賢聲，而無一事可紀，宜於陳濟美傳下類敘其姓名及官位而已。

秦長春　卷十五　鄉賢

朱用礪　卷十五　鄉賢

子宗游下康熙至如其官十八字當删去。

此宜附之前明朱少師傳下，或見之於選舉表末，不必立傳。

唐賡堯　卷十五　鄉賢

字載歌下當有父允思，見前傳賡堯成九字。

馮宗浣　卷十五　鄉賢

刪抹。

李平　卷十五　鄉賢

既無一事，附之其父宗傳可矣，不必特立。

傅爾申　卷十五　鄉賢

家在魯墟東西村，當作：爾申家在魯墟，墟有東西村。有鄰舍孀婦戴氏，當作：其鄰有孀婦戴氏者。哭甚哀上當有一日二字。

張國勳　卷十五　鄉賢

因樂清衝要，授以城守。當作：因授都司，守樂清。

金曰璉　卷十五　鄉賢

刪抹。於本府縣，當作：於府縣官。上守城八議於朱守憲，當作：又上守城八議於知府朱某。

秦廣漢　姜明作　卷十五　鄉賢

刪抹。

朱用調　祁曜徵　何嘉瑋　趙美新　卷十五　鄉賢

此等皆宜於書籍門内見其名字而已。

徐沁　卷十五　鄉賢

此可附張岱傳。

周大受　盛時驥　陳毅倫　金璐

删抹。猶聚徒講學句，猶字當删去。盛傳貢科二字旁抹。

祝紹熾　卷十五　鄉賢

删抹。

吕興道　卷十五　鄉賢

無倦容當作如一日。經魁當作舉人。

沈季昇　卷十五　鄉賢

惜季昇早卒句，惜字當删去。不通。

何光紳　卷十五　鄉賢

有輕裘緩帶風，當作：有儒將風。

許大信　卷十五　鄉賢

删抹。

濮萬邦　卷十五　鄉賢

删抹。

盛守寧　卷十五　鄉賢

凡有好施之稱，而無顯蹟可紀，及凡置義田、設義塾，而無他表見者，總爲一傳連綴之。

李元豐　沈襗　卷十五　鄉賢

删抹。最好排解四字旁抹。沈傳昆季二字旁抹。

吴雲翔　卷十五　鄉賢

巡司當作巡檢。不甘從逆四字當删去。末妻金氏至亦卒九字當删去。

胡一治　卷十五　鄉賢

案：通判加正一品，恐亦事所必無。

薛維泗　卷十五　鄉賢

删抹。争與結納四字旁抹。聲名大起四字旁抹。

余立政　卷十五　鄉賢

删抹。

屠一鴻　卷十五　鄉賢

删抹。子仕禄。不成句。都閫二字旁抹。

孟繼美　卷十五　鄉賢

即由國家得官，何以云興化府幕？蓋經歷、照磨等官也。明人依俗稱此等官爲幕職耳。國朝則曰首領官矣。

嚴爾介　卷十五　鄉賢

删抹。

章天寵　卷十五　鄉賢

委都司銜，當作：誌功授都司銜。

王化秀　余允麒　曹九成　卷十五　鄉賢

刪抹。

陸天祐　卷十五　鄉賢

刪抹。

陳大綬　卷十五　鄉賢

刪抹。未諸美舉三字旁抹。

王士璘　卷十五　鄉賢

士璘可附重光傳中。

朱之垣　張培　卷十五　鄉賢

刪抹。秋曹從事者，蓋刑部書吏也。

吴三壽　王應魁　卷十五　鄉賢

刪抹。

王光美　鍾萬傑　鍾鎬　沈選　卷十五　鄉賢

刪抹。

姚啓聖　卷十五　鄉賢

自幼力學句，自字當删去。

姚祖振　卷十五　鄉賢

删抹。末經魁二字加抹。

謝昌明　錢廷枚　卷十五　鄉賢

删抹。

楊德浩　卷十五　鄉賢

凡刲股稱孝子，理宜於一傳中連敘之。哀毁如成人五字旁抹。

胡懋新　卷十五　鄉賢

此當立胡懋宣傳，而以懋新附之。當作：胡懋宣，字純懋，光禄卿文静之曾孫也。父良臣，字冀明。九歲通五經。從周汝登、陶望齡遊，著有《四書詩經直義》諸書。懋宣成康熙丁未進士。未卒于京師下，當作：兄懋新，亦通經。原文：胡懋新，字敬懋，博通經學，著有《説漁》《澄心堂初刻》諸書。此等書名，皆不雅，不必載。

周文英　卷十五　鄉賢

父國奎下從張承恩至副將十五字删去，當作：見前傳。

徐晉　卷十五　鄉賢

删抹。

姚儀　卷十五　鄉賢

末事載《閩頌彙編》并《全祖望傳》十一字。此宜附注。

王大道　卷十五　鄉賢

王慶元當附下林鼎新傳。端方仁厚四字旁抹。

林鼎新　卷十五　鄉賢

末句下當有：時有王慶元者，挺身至賊所，諭以禍福，賊遂降。事聞，授守備二十三字。

潘錫金　余允鵾　沈寅范　薛昌　卷十五　鄉賢

删抹。余傳國朝無錦衣衛官。此豈明人耶？

曹琦　卷十五　鄉賢

食餼，當作：爲諸生。悉還所付，當作：琦悉還所付焉。末句無絲毫染指當删去。

戴泰征　卷十五　鄉賢

删抹。

張文選　卷十五　鄉賢

奉檄假西安府銜句，西安二字當删去。贈陝西慶陽府經歷句，陝西慶陽四字當删去。案：假府銜者有矣，未有假西安府銜者。贈府經歷者有矣，未有贈慶陽府經歷者。蓋皆不可信。今以其意，去其西安等字而已。

楊賓　卷十五　鄉賢

案：春華，姜宸英爲作墓誌，見《湛園集》及《西溟文鈔》。

諸來章　卷十五　鄉賢

删抹。

聞士琦　卷十五　鄉賢

赤城與至下赤城十七字當删去。

秦宗游　卷十五　鄉賢

父長春下知輝縣有惠政六字删去，當作見前傳。

楊之范　金步瀛　卷十五　鄉賢

删抹。

俞鳳章　卷十五　鄉賢

改補山東下奪運判二字。復以誤作以復。

張慧才　卷十五　鄉賢

删抹。

向璿　卷十五　鄉賢

向璿，國史儒林有傳，亦見江藩《宋學淵源録》。字荆山下以前朝至江所十字删去，當作：其先世在明以軍功世襲三江衛千户。璿五歲。

田軒來　卷十五　鄉賢

順天鄉試上奪爲字。

陳廷綸　卷十五　鄉賢

庠生當作諸生。

黄逵　卷十五　鄉賢

此等亦只宜入附傳。蘇學當作蘇州府。

諸朗　傳日　卷十五　鄉賢

諸朗、傳日等皆宜於書籍門中附見之。

李光昭　卷十五　鄉賢

李光昭亦宜附見書籍志。

朱洪謐　卷十五　鄉賢

聖宮當作工所。

盛文美　卷十五　鄉賢

删抹。

楊恢元　王鼎　卷十五　鄉賢

删抹。

周鑲　卷十五　鄉賢

廷至晉命課諸子，當作：延之課諸子。就商，當作：與論。獄繫累累下，當作：鑲視其力貧乏及牽連者，言於巡撫，悉請（谿）〔豁〕免。

金以成　卷十五　鄉賢

以成亦僅宜附見書籍志。

胡國楷　卷十五　鄉賢

大宗伯當作尚書。奏歸下當有刑部兩字。

傅汝翼　卷十五　鄉賢

此亦宜附之童鈺等傳。

陳簫　朱霖　鍾之樞　卷十五　鄉賢

陳簫、朱霖、鍾之樞等，皆宜於總傳類敘之。

周開捷　卷十五　鄉賢

字凱三下當作：祖國奎，伯父文英，皆見前傳。父文傑開捷，從文英至蜀，討番有功。文傑嘗

宰上父字當刪去。

夏兆豐　卷十五　鄉賢

兆豐亦只宜附見書籍門。

趙獻猷　卷十五　鄉賢

周一日上母字衍。

高啓燮　卷十五　鄉賢

不近内，近當作入。

潘用槐　潘景義　卷十五　鄉賢

二潘皆宜入總傳。

吴一默　卷十五　鄉賢

流民横行村落，〈當〉作：流民結黨擾村落。立散其徒，當作：立解散之。

施繩武　卷十五　鄉賢

四老下奪人字。

韓彦　卷十五　鄉賢

瘋疾當作風疾。

何百鈞　卷十五　鄉賢

當得廣文，當作：以積貲當得訓導。

何嘉翊　卷十五　鄉賢

嘉翊亦宜見之書籍門，或總立一傳，凡有著作而生平稍可考者，皆類敘之。

朱乾學　卷十五　鄉賢

此宜附入總傳。

王元愷　劉正誼　劉鳴玉　沈冰壺　王冠雲　卷十五　鄉賢

自王元愷至王冠雲，皆宜於童鈺傳附敘之。

金士芳　卷十五　鄉賢

此宜附注書籍下。

孫大廈　卷十五　鄉賢

此亦宜於書籍門存其所著書目而附其略。

朱霞　王瀛　吴起鳳　王武彬　卷十五　鄉賢

四人皆宜見書籍門。

史義遵　卷十五　鄉賢

倡捐焉下嘗他出至遂免三十九字當删去。此不足紀。義遵與妻沈，奪妻字。

王濬　卷十五　鄉賢

所知曰下昔靈均至采石十九字當删去。

王煜　卷十五　鄉賢

次孿生焯，當作弟焯。字甸雯下當有同乳生三字。煜占南陽籍句，占誤作古。

田福茂　鍾夢熊　陳學敬　朱雷　徐燮均　徐衔　卷十五　鄉賢

自田福茂至徐衔，皆宜附敘一傳中。徐衔傳母年八十逝句，逝當作卒。

吴鳳翥　卷十五　鄉賢

案：《茹敦和集》中有鳳翥傳，載其著述甚多，宜採入。

余廷峨　卷十五　鄉賢

宜附見書籍門。

馮啓宗　史謙　卷十五　鄉賢

二人宜見下陳聖傳傳末。任臺灣府彰化縣鹿子港巡檢句，任當作爲。奉旨賞給，當作：詔給史傳同。

孫毓敏　卷十五　鄉賢

此宜附入總傳。

鄉賢四　卷十六

夫志爲官牘，非私書也。文有定體，非小説也。事必斷制，非類林也。賢乃鴻稱，非諛具也。然而知者希矣。此數語頗簡，當可見作者之出於不得已。目録中陳允恭、孫詔曾、傅王露、周大樞、吴壽昌諸人，皆加圈識。下傳同。

謝中行　卷十六　鄉賢

此下人物更蕪穢雜厠，删不勝删。大率以村學究爲博學，以賣菜傭爲盛德，以銅臭雜流爲名宦，以長平之殤爲殉節而已。

陳允恭　卷十六　鄉賢

任編修時主試江右，當作：官編修時典江西試。所保舉官，當作：所舉薦者。廣東鹽運使副使上，使字衍。

孫紹曾　卷十六　鄉賢

以建儲奏，當作：以奏建儲。

傅王霅　卷十六　鄉賢

傅王霅宜附其弟王露傳。

傅王露　卷十六　鄉賢

字晴溪下當有號玉笥三字。資明敏，當作：幼警敏。竟無恙下平居二字當删去。與昆弟，當作：與兄。王雯上當有弟字。案：王露家居後，嘗薦舉博學鴻詞科，被格。後高宗南巡，王露迎駕，以年逾八十，加官中允。

王霂　卷十六　鄉賢

霂誤作霖。

吴爚　卷十六　鄉賢

宜附其子璜傳。

周大樞　卷十六　鄉賢

末句下當有弟大榜，字虎木，優貢生，亦有名，嘗入兩湖總督幕十九字。并當删去下周大榜傳首至賓嘗三十二字，與下即席成晴川閣至《有半半稿文集》合爲一傳。

鄉賢校正　卷十六　末頁

是志出歙縣朱蒼崖比部之手，較有條理，列傳亦多所裁節，較乾隆季年《紹興府志》似爲過之。但其中失考濫收，俱多不免。固由邑人牽掣，不能無所瞻徇。而蒼崖史學本疏，於古文義法，未能深解，惟諸傳不區列儒林、文苑、忠節、孝義等目，自爲有識耳。暇日偶取筆訂正之，或塗乙之。亂後家中無一書，亦無可借，略就見聞所及，以誌一二，將來修志者或有所取也。列傳不分門類固善，而事之宜類敘，人之宜附見者，須總立一傳以括之，方免凌雜斷爛之病。此志往往有片語數字，亦自爲一傳，散綴若賬簿者，蓋未知總括之法。同治六年丁卯正月李慈銘附記。

政事志

田賦　卷二十三　末第十六頁

覆以刮竹句，刮竹，據《鹽法志》《紹興府志》，當作剖竹。

唐秦望山法華寺碑重刻本　卷二十七　碑刻

顧炎武《金石文字記》卷六載諸碑别體字秦望山法華寺碑，烔誡作炯誡，則烔字當依原碑作炯。

靈濟廟碑　卷二十八　藝文

湯公先於康熙四十一年壬午賜封號曰靈濟，至雍正三年，始封寧江伯。乃云爵公神以侯雲持。文之不覈，往往如此。

寓山園記　卷二十八　藝文

永興者，蕭山也。蕭山以錢清鎮與山陰接界，自錢清至梅墅尚四十里，乃云自永興達梅墅幾三十餘里，已謬矣。又云爲越郡從入道，蕭山獨非屬越郡乎？此皆是癡人説夢。明人文字，不辨方隅，不識今古，往往如是。梅墅亦未爲越郡從入道。揖讓羅立。四字亦不妥。卜築。二字不通。蓋所稱寓山也。句又不通。性情於山水。五字亦不通。計維梯榮。不成句。暫乞歸假。俱不成句。或謂香山緑野，皆功成毫及。香山何功之成？緑野何毫之及？勳功表著。四字旁抹。謝太傅已茂見於前事矣。茂字不通。東山以太傅名，峴山以羊杜著。峴山似無杜姓事，且云東山以太傅著，太傅但屬謝姓乎？羊姓者不亦似有太傅乎？

青藤書屋賦　卷二十〔先〕〔八〕　藝文

徐文長本無足深取。青藤書屋略誌其蹟可矣。此賦既甚拙劣，其題其文，皆不足存。削之爲得。前既載董無休《青籐書屋記》，亦足以傳文長矣，乃又載此惡賦，何耶？有藤翼翼至蕃植十二字旁抹。人殊僞聖四字旁抹。亭睹二字旁抹。散花雨之飄零句，旁抹。荷標濂水至京兆走馬於章臺二十五字。難得如此典博。諳循至附焉十二字旁抹。辟易二字旁抹。奚必海上之珠句旁抹。

藝文下　卷二十八

凡志乘詩詞，必取其關係山川、地理、人物、古蹟者載之。否則古今共傳之作，或其人其集俱不經見，而詩甚工，且足驗風物者，間登一二，以存其人。此志通例也。

采葴篇　卷二十八　藝文

删抹。

莊八兒

此詩甚拙，不足以傳，當爲别撰一詩。自經至昧長理十五字旁抹。荀女江郎二語，案《世説》所載江虨事，乃諸葛恢女，若《後漢書·列女傳》所載荀爽女采，握刀拒嫁，則終以死殉云。此二語亦誤。

鍾介伯秀才招游禹陵南鎮泛舟溯若耶溪樵風涇而返疊用坡公岐亭韵二首　卷二十八　藝文

清容詩本梁倉山惡派，概乏高奇，尤病粗獷。此二詩既無關風土，又非佳篇，删之爲當。屢沛句旁抹。胄績二字旁抹。邈矣句旁抹。莞然句旁抹。

冬青行　明李東陽　卷二十八　藝文

删抹。欽宗梓宫何時南返？明代人不讀書，往往如此。

葴南篇爲時君　卷二十八　藝文

删抹。時君句上加乙。接得突。扉臨户敞浮光華。七字亦拙甚。

飛來山登應天塔遂謁朱文懿公祠

遺疏猶能比尸諫句，比誤作此。

興教寺　卷二十八　藝文

佛壇誤作佛檀。

蕺山看梅　卷二十八　藝文

删抹。

柯亭懷古　卷二十八　藝文

删抹。雲夢竹三字旁抹。舊瑄句旁抹。

清涼寺　卷二十八　藝文

删抹。金銀開世界。旁抹。棟宇自齊棟。難爲他調得轉。

宿天衣寺　卷二十八　藝文

删抹。域中句旁抹。洗襟煩三字旁抹。

紅橋　卷二十八　藝文

删抹。多士句及下跋扈二句皆旁抹。

陸郎渡　卷二十八　藝文

此題當别作一詩存之。名高句旁抹。民謳句旁抹。

三月訪沈雲崖　卷二十八　藝文

删抹。

大塢尖　卷二十八　藝文

删抹。諸山俯視憑,憑字旁抹。

快閣　卷二十八　藝文

删抹。耶溪水到除,除字旁抹。道上句旁抹。

六陵懷古　卷二十八　藝文

刪抹。

寓園　卷二十八　藝文

刪抹。

榴花書屋　卷二十八　藝文

刪抹。迴清塵三字旁抹。丹闕重三字旁抹。彩毫新三字旁抹。

晚過鏡圃至沈南塘龍漖山房夜話

刪抹。

梅子真丹井　卷二十八　藝文

刪抹。未他年句旁抹。

山陰潘烈女　卷二十八　藝文

第二首刪。詩亦甚拙，姑存一首可矣。豈必舫三字旁抹。

游蘭亭　卷　卷二十八　藝文

刪抹。

禹陵二十四韵　卷二十八　藝文

刪抹。石鈕下加乙。身自句旁抹。微臣句旁抹。

羅井懷古詩并序　卷二十八　藝文

刪抹。吁可悲也已五字旁抹。與弟虬三字旁抹。唐懿宗至不第十三字旁抹。一派俱是癡人説夢。此亦可謂不知有羅江東者矣。仙於至仙去十字旁抹。

梅山　卷二十八　藝文

删抹。

榴花書屋　卷二十八　藝文

删抹。

四十初度同弇山先生游柯山　卷二十八　藝文

删抹。

吼山雲石　卷二十八　藝文

删抹。吼來句旁抹。

漁父詞　卷二十八　藝文

此非爲山陰作，何以入之？

續鷓鴣天詞并序　卷二十八　藝文

删。

山陰縣志校記終。

附録

胡懋新　卷十五　鄉賢

案：《澄心堂初刻》當作《證心堂集》。敝族有刻本。李先生蓋疑爲四書文耳。胡道南附注。

傳仲辰　卷十六　鄉賢

先心儒公以累試不第，寄籍順天，改名維屏。歷官浙江王家嵗場鹽大使、山東蒲臺批驗所大使。志中均漏載。六世孫以禮誌。

王子餘前輩既以所編就李蒓客先生所校《紹興府志》，屬爲校訛，復出手抄先生所校《山陰縣志》，畀余編寫，將合刻迹。有清考據之學鼎盛，黎州崑山兼及載紀體例。後之作者，於斯義屢有璸益。先生倔起晚清，矢以聊慮，無間揣摩。其於漢宋詞章諸學，靡不討繹其源，而自言於史學爲少通。蓋其方寸所蓄，不啻歉言之矣。兹兩志經先生芟削繁蕪，折中战敪，俾繼而作者得以遵循，知所甄别，其用意蓋至勤至善也。

子餘前輩十年前曾有《越中三不朽》之刻。今復踵此二書，其於吾邦文獻，亦庶幾無不足徵之歎。其苦心孤詣，亦與先生同契云。是編編次體例，大要不悖府志，惟塗乙處有注者，自當以注爲重，不必誌其塗乙；無注者不宜闕而不書，謹以旁抹二字系之，期無失其本旨。其删去各條，皆冠以删抹二字。民國十九年六月俞奇曾記於栖鷗村舍。

（盧敦基　整理）

乾隆紹興府志校記

會稽李慈銘撰

地理志

渡王山　卷一　府境全圖

案：《新昌志》：渡王山在新昌縣東北，四明山相近。餘姚、上虞兩境皆無渡王山之名。此圖誤。

戴于山　卷一　山陰縣境圖

當作戴於山。

大峰山　卷一　山陰縣境圖

當作駝峰山。

陡門閘　卷一　山陰縣境圖

陡當作斗。

横山　卷一　餘姚縣境圖

案：《嘉泰志》及本志山水門，横山俱作黄山，與白山相對爲名也。横山湖亦作黄山湖。此卷他縣圖多作横山湖，皆誤。

寶湖山　卷一　餘姚縣境圖
案:《嘉泰志》及本志皆無寶湖山。《萬曆志》有吴山,在縣東北六十里,其陰有山洞。《嘉泰志》云:吴山洞在縣東面滄海。

東山　卷一　餘姚縣境圖
即客星山。

治山　卷一　餘姚縣境圖
案:《嘉泰志》及本志皆無治山,有冶山。惟《嘉泰志》云在縣東北二里,本志云五里,皆與此方位不合。

烟子湖　上麻湖　卷一　餘姚縣境圖
案:《嘉泰志》:鱧子湖在縣東北三十五里,周八里,有土門。上林湖在縣東北六十里,周五十八頃有奇,有石閘。本志同。皆無烟子、上麻等名,是字誤也。

德惠坊　卷一　舊越城圖
惠誤作蕙。

廟明寺　卷一　舊越城圖
廟當作妙。

桐木坊　卷一　舊越城圖
案:李校本係墨繪,作彬木坊,彬木疑當作杉木。《寶慶續志》坊巷門及本志卷七坊里,俱有桐木坊,恐亦是杉之訛。又案:宋元坊里亦俱無横木坊之名,恐横木、彬木是槿木、桐木之訛。二坊名，宋、元皆有之。

吴山　卷四　山

吴山洞下當有面字。

查浦　卷六　川

案：查浦即查瀆，《水經注》作柤塘。

柯水　卷六　川

案：《水經注》之柯水，即《漢書·地理志》上虞之柯水，今之曹娥江也。柯橋下柯水，出於柯山，乃小谿耳。

查瀆　卷六　川

王朗攻會稽。案：此見《孫静傳》，當云孫策攻王朗於會稽。

平水　卷六　川

案：由諸暨出平水，安得有五百里？若由平水出曹娥埭，則不過五十里耳。且水道經通，無由鑿山。平水在越州東南四十餘里。下當有東字。

嫡耳潭　卷六　川

案：董永事見《搜神記》。

建置志

府城内　卷七　坊里

西北隅領坊十四承恩下注草帽，當作草貌。

選舉志

韓銑　卷三十　薦辟

案：韓銑當作韓説，見《後漢書·方術傳》，並無韓銑其人。

恩賜　卷三十　薦辟

案：凡以年例恩賜者，當附於各科之末，注明恩賜字，不得附之徵辟。

進士　卷三十一

案：此志所注某人孫子兄弟，甚爲挂漏。當細考各書及家譜硃卷等，廣爲補注。其官爵亦多誤，宜改正。悉伯記。

吴少邽　卷三十一　進士

案：唐無光禄勳，且門下侍郎是宰相，昭宗時並無吴少邽其人。

錢易　卷三十一　進士

案：錢易爲第二人，見《寶慶續志》。《宋史》及《東都事略》皆云中進士甲科。

陸佃　卷三十一　進士

案：宋紹興府學進士題名碑，陸佃爲第三人。

李唐卿　卷三十一　進士

案：此已見隆興元年，不待訪問。榜與宋石刻合。此重出，誤。

陸唐老　卷三十一　進士

案：陸唐老有《集注資治通鑑詳節》宋刊本，標題陸狀元，又稱稽會稽人，皆與此不合。

魏騏　卷三十一　進士

案：《西河集》，騏由庶吉士改刑部主事。

周楨　卷三十一　進士

禎誤作楨。

沈東　卷三十一　進士

東當作束。

陳绛　卷三十一　進士

绛當作絳。

羅萬化　卷三十一　進士

案：羅公歷官禮部尚書，掌詹事府，萬曆二十年十二月實授禮部尚書，二十二年九月致仕。此志所注，皆仍《萬曆志》。其時羅公尚官侍郎耳。侍郎當作尚書。

鄒學柱　卷三十一　進士

案：鄒公歷官湖廣、河南、山東、山西布政使，見倪文貞所作行狀。參政縣志四字應删。

沈應文　卷三十一　進士

案：沈公以萬曆三十三年署刑部尚書，三十六年實授，三十八年致仕。見《明史·七卿表》。參政縣志四字應删。

倪涷　卷三十一　進士

員外下當有知府二字。

徐大化　卷三十一　進士

案：徐以兵部尚書入閹黨逆案第三等充軍。

吕尹昌　卷三十一　進士

允昌誤作尹昌。

朱燮元　卷三十一　進士

太師當作少師。

張汝霖　卷三十一　進士

案：汝霖爲元忭子。

王思任　卷三十一　進士

案：王思任爲魯王禮部侍郎。

喻安信　卷三十一　進士

安性誤作安信，亦閹黨，未入逆案。

蔣一驄　卷三十一　進士

案：一驄亦閹黨者，挂名崇禎己巳察典，不入逆案。

來宗道　卷三十一　進士

案：宗道閹黨，入逆案第四等，坐徒三年，納贖爲民。

董懋中　卷三十一　進士

案：懋中閹黨，入逆案第五等，照不謹例閑住。

張汝懋　卷三十一　進士

案：汝懋閹黨，入逆案第四等，坐徒三年，納贖爲民。

李懋芳　卷三十一　進士

案：懋芳爲山東巡撫。

孫杰　卷三十一　進士

案：孫杰閹黨，入逆案第四等，坐徒三年，納贖爲民。

陳爾翼　卷三十一　進士

案：爾翼閹黨，入逆案第四等，坐徒，納贖爲民。

盧承欽　卷三十一　進士

案：承欽閹黨，入逆案第四等，坐徒，納贖爲民。

余煌　卷三十一　進士

案：余煌爲魯王兵部尚書。

章正宸　卷三十一　進士

案：正宸爲魯王吏部侍郎。

熊汝霖　卷三十一　進士

案：汝霖爲魯王東閣大學士。

嚴起恒　卷三十一　進士

案：起恒爲桂王東閣大學士。

何宏仁　卷三十一　進士

案：宏仁爲魯王御史。

孫嘉績　卷三十一　進士

案：嘉績爲魯王東閣大學士。

祁熊佳　卷三十一　進士

案：熊佳爲福王給事中。

李安世　卷三十一　進士

案：碑録山陰李安世，在二甲七十五名。餘姚李安世，在三甲八十名。考舉人科分中無山陰李安世名。

徐復儀　卷三十一　進士

唐王翰林院編修。

胡兆龍　卷三十一　進士

案：胡公以國史院學士加禮部尚書銜，署吏、户二部侍郎，非刑部尚書。

袁懋功　卷三十一　進士

案：順治十八年搢紳録：巡撫雲南兵部右侍郎兼右副都御史袁懋功，字九敘，順天香河籍，浙江餘姚人，丙戌進士。都運使當作都御史。

胡昇猷　卷三十一　進士

當作刑部尚書、副都御史，非知縣。

章雲鷺　卷三十一　進士

案：順治十八年搢紳録：國子監祭酒章雲鷺，字紫儀，順天宛平籍，浙江山陰人，丁亥。

順治九年壬辰科鄒忠倚榜　卷三十一　進士

案：順治十八年搢紳録：廣東分守領參政金鉉，字亦庵，順天宛平籍，山陰人，壬辰。是此公必當補入。

唐賡堯　卷三十一　進士

山東提學下當有按察副使四字。

姚啓聖　卷三十一　進士

案：會稽之籍，鑲紅旗漢軍者，惟太子少保福建總督姚公啓聖，字熙止，更無第二人。而姚公以康熙二年中漢軍榜舉人第一，遂知廣東香山縣，至總督、尚書，未嘗中進士。《國史名臣傳》《八旗通志》及全祖望《姚公神道碑》、袁枚《姚公傳》所載皆同，即此志選舉志舉人中及鄉賢傳亦載之。此處之誤必由姚氏後人僞造妄報，而秉筆者遂誤列入，亦不檢甚矣。

邵吴遠　卷三十一　進士

案：邵吴遠後改名遠平，官至光禄少卿，己未舉博學鴻儒科，改侍講，晉學士。然自其高祖經邦，已爲仁和人矣。或祖籍本餘姚，亦不必載也。

朱阜　卷三十一　進士

學院當作學政。

康熙十五年丙辰科彭定求榜原注胡忠正　卷三十一　進士

案：碑録三甲五十八名胡忠正，順天宛平人。

陳至言　卷三十一　進士

學院當作學政。

康熙五十一年壬辰科王世琛榜原注邵向榮　卷三十一　進士

案：洪亮吉撰《邵學士晉涵家傳》言晉涵祖向榮，康熙壬辰會試中式，由内閣中書改知縣，復改鎮海教諭。王昶撰墓志，阮文達元撰墓表，俱從之。乃碑録既無其名，而此志儒林傳但言其舉康熙四十四年鄉試，晚官鎮海教諭，並無成進士、官中書之事。下卷舉人康熙四十四年乙酉科邵向榮下亦止教諭二字。然考《四庫全書存目》載邵向榮《冬餘經説》十二卷，稱向榮爲康熙壬辰會試中式舉人，是已中會試而未殿試，故碑録無名，其或因磨勘，或以他事，不可考矣。洪傳止云會試中式，不稱進士，固不誤也。

李登瀛　卷三十一　進士

慈銘謹案：先六世祖諱登瀛，字俊升，號天山，學行政績甚著。當日修此志時，先高叔祖中書公、先曾伯祖銅梁公、先曾王父孝廉公，緣公遺令，不許爲碑志傳狀，故未申請立傳，實此志之缺事也。但公實爲河間滄洲籍，而碑録作河間府河間縣人，未詳其故。

傅玉露　卷三十一　進士

探花編修下當有加中允銜四字。

金以成　卷三十一　進士

案：金以成爲二甲一名。

史積琦　卷三十一　進士

當云庶吉士掌河南道御史。

乾隆七年壬戌科金甡榜　卷三十一　進士

慈銘謹案：是科有山陰人徐浩居、夏履橋，乾隆庚寅年官山西冀寧道，嘗於家置義莊。休寧戴東原氏代作《山陰義莊序》，見《東原集》卷十一，言其父禮部公由進士歷官内外。浩成，乾隆壬戌進士。成父志置義田、義學云。浩字飛山，見《戴氏年譜》。

童鳳山　卷三十一　進士

少詹事下當有吏部侍郎四字。

吴璜　卷三十一　進士

殉難下當地時有贈道銜三字。

王增　卷三十一　進士

榜眼下應增：編修，改河南遂平縣知縣，升懷慶府通判。

邵晉涵　卷三十一　進士

侍講下有學士二字。

史積容　卷三十一　進士

知府下當有廣西布政使五字。

平恕　卷三十一　進士

案：平恕，二甲一名，少詹事下當有户部侍郎四字。

李堯棟　卷三十一　進士
知府下當有雲南、江蘇、湖南巡撫八字。

陳大文　卷三十一　進士
布政使下當有兩廣、直隸、兩江總督、兵部尚書十二字。

邵自昌　卷三十一　進士
案：自昌爲左都御史。

柴模　卷三十一　進士
庶吉士下當有内閣中書，直軍機處八字。

王宗琰　卷三十一　進士
案：宗琰改宗炎。

曹之升　卷三十一　進士
蕭山人下當有知縣二字。

翁元圻　卷三十一　進士
案：元圻爲布政使、太常卿，非知府。

茹棻　卷三十一　進士
山西學政下當有兵部尚書四字。

邵瑛　卷三十一　進士
榜眼下當有編修，改内閣中書七字。

史致光　卷三十一　進士

狀元下當有雲貴總督、左都御史八字。

茅豫　卷三十一　進士

主事下當有御史、知府四字。

楊夢符　卷三十一　進士

主事下當有刑部郎中四字。

姚杰　卷三十一　進士

會稽人下當有知縣二字。

顔德慶　卷三十一　進士

山陰人下當有侍郎二字。

舉人　卷三十二

案：此志所注某某孫子兄弟等，較進士稍詳，然漏略者尚十之五六，宜一一補之。慈銘附記。

魏騏　卷三十二　舉人

案《毛西河集》，騏爲希哲長子驥之兄。

孫鋋　卷三十二　舉人

解元下當有陞之子三字。

祁承㸁　卷三十二　舉人

當有清之孫三字。

袁懋功　卷三十三　舉人
案：順治十八年搢紳録：兵科右給事中袁懋德，字六完，順天香河籍，餘姚人，乙酉舉人。是二袁兄弟同科。當補。

王仲　卷三十三　舉人
案：王仲，字子駿，順治十七年庚子以刑部員外郎爲山西副考官。

李平　卷三十三　舉人
當有懋芳孫三字。

胡兆麟　卷三十　舉人
當有兆龍弟三字。

胡兆鳳　卷三十三　舉人
當有兆龍弟三字。

姚啓聖　卷三十三　舉人
案：姚公中漢軍榜第一，非順天解元。

商和　卷三十三　舉人
當有周祚孫三字。

毛宗遠　卷三十三　舉人
當有奇齡子三字。

商洵美　卷三十三　舉人

朱世衍　卷三十三　舉人

當有周祚孫三字。

商元柏　卷三十三　舉人

當有燮元曾孫四字。

蔣文儀　卷三十三　舉人

當有洵美子三字。

商盤　卷三十三　舉人

當有懋杞子三字。

姚述祖　卷三十三　舉人

當有元柏子三字。

胡宗發　卷三十三　舉人

當有啓聖孫三字。

案：胡公官河南光山知縣。

乾隆三年戊午科　卷三十二　舉人

案：是科有徐浩，山陰人。

乾隆十七年壬申科　卷三十三　舉人

案：是科有山陰人柴瀚，順天中式，官河南西華縣、湖南桂東縣知縣。又胡國林，廣東中式，雍正乙卯舉人，宗發胞姪，甲戌會試明通榜。

乾隆十八年癸酉科　卷三十三　舉人

案：是科有會稽人李敦和，順天中式，本姓茹。

姚繼祖　卷三十三　舉人

當有啓聖孫三字。

邵晉涵　卷三十三　舉人

當有向榮孫三字。

李筠　卷三十三　舉人

案：李公爲四川銅梁縣知縣。

馬廷銈　卷三十三　舉人

案：馬公爲陝西留壩廳同知。

陳大文　卷三十三　舉人

河南下當有杞縣二字。

茹棻　卷三十三　舉人

當有敦和子三字。

邵瑛　卷三十三　舉人

當有陞階子三字。

祠祀志

遺德廟唐人碑記　卷三十六　壇廟

慈銘謹案：此記碑文在上虞五夫市，乃宋慶曆四年贈太子少保李晏如所撰，紹定六年，其五世孫朝請郎通判温州軍州事李知先所書。晏如字齊卿，生於宋太宗雍熙四年，卒於仁宗皇祐六年。以曾孫莊簡公光貴贈太子少保。知先爲莊簡公之孫，故於少保爲五世孫。少保至慈銘，凡三十一世。云少保宋人，而志誤以爲唐人，又不載姓名，蓋失之不考。

人物志

新昌王盤炷寧獻王子　卷四十一　封爵

案：寧獻王子所封，當是江西之新昌。

孫豹　卷四十　鄉賢

案：此見《後漢書·南蠻傳》，其敘幸豹事在武帝末時，所稱會稽，未必即爲越人。

賀純　卷四十四　鄉賢

山陰人下當有『其先沛人慶普受後蒼《禮》，世所謂慶氏學者也。純以避安帝父清河王諱，改爲賀氏』一段。後徵拜議郎下，當有遷侍中三字。

虞汜　卷四十四　鄉賢

案：此志以翻入儒林，亦非翻之志節，不得以儒林概之。若汜自當偕其弟忠、聳、昺等同附翻傳後。今聳、昺附傳汜，獨先見於此，忠又列忠節，皆非也。

賀循　卷四十四　鄉賢

案：其先慶普十四字及避安帝父諱改賀氏事，當先見於前賀純傳，此不過全襲《晉書·賀循傳》文，故并純及齊郘事復牽連書之。其實志書非諸史鈔節本也。悉伯記。其先慶普至父郘中書令一段删去，另加吴中書令邵之子邵八字。末注《晉書》作《晉記》，誤。案：此事即出《晉書》賀循本傳。蓋萬曆删去之。今轉據《嘉泰志》補入，而不知本於《晉書》。粗疏極矣。

虞潭　卷四十四　鄉賢

父忠死節下當有於吴見忠節傳六字。

孔愉　卷四十四　鄉賢

曾祖潛避地下當有會稽因三字。爲王導所銜下當作：轉護軍將軍加散騎常侍復徙領軍將軍加金紫光禄大夫領國子祭酒，出爲鎮軍將軍。年七十五卒下當有贈車騎將軍開府儀同三司十一字。

孔坦　卷四十四　鄉賢

字君平下當有愉之從子也五字。朝廷疑下當有典客令三字。萬默下當有偏助吴人四字。

丁潭　卷四十四　鄉賢

父彌梁州刺史下當有潭舉孝廉除郎中七字。潭上書求行終喪下當有詔使除服心喪三年八字。

謝玄　謝石　王徽之　王獻之　王鎮之　王悦之　卷四十四　鄉賢

案：謝玄、謝石、王徽之、王獻之、王鎮之、王悦之等，雖居會稽，究非越産，必不得已，衹宜列之寓賢。吾郡土著人物，已極份份，何假此爲重耶？　炁伯識。

謝方明　王思遠　卷四十四　鄉賢

案：謝方明、王思遠亦不得徑系以上虞人。

鄉賢　卷四十四

案：此宜增南唐徐鉉、徐鍇兄弟。據陸游《南唐書》稱，二徐，山陰人，父爲揚州司馬，乃家廣陵。今欽定徐鉉小傳從之。其文可即據陸書二徐傳、馬書徐鍇傳、《宋史》徐鉉傳，兼采《南唐近事》《釣磯立談》《五國故事》《江南録》《通鑑》《十國春秋》諸書徐鉉傳中，并當辨其泄後主悔殺潘佑、李平之誣。炁伯識。又案：唐之王叔文，山陰人，以韓愈《順宗實録》極詆之，舊、新《唐書》、《通鑑》遂皆沿其説，目爲小人，自來志乘，皆諱而不收。嘉慶初，徐元梅《山陰縣志》始列之術藝，亦非也。叔文志興唐室，所用八司馬皆一時人望，宋儒范文正公已有定論。國朝乾隆中修《通鑑輯覽》，純皇帝御批特采之，而諸儒如田氏雯、王氏士禎、馮氏景、陳氏祖范、全氏祖望，皆力白其冤，全氏、王氏辨之尤至。是當采取史文及柳宗元《禮部侍郎王公先太夫人墓志》爲補立一傳，而取御批、范文正語及全氏、王氏語系於後。

杜衍　卷四十五　鄉賢

衍爲宰相賈昌朝下當有所字。皇祐元年特進太子太保，進誤作還。

姚勔　卷四十五　鄉賢

案：《續資治通鑑長編》元祐二年七月丁巳，通直郎姚勔落致仕爲宗正寺丞。勔，山陰人，嘗爲龍游縣令。母老思歸，請侍養居。二年，遂致仕。於是復起，不知誰所薦。十一月壬申，太常博士孔平仲、秘書監丞姚勔，兩易其任。

李光　卷四十五　鄉賢

慈銘謹按：先莊簡公之曾祖晏如，字齊卿，有文學隱德。嘗撰《上虞遺德廟記》，見錢玫《上虞金石志》、杜春生《越中金石志》。父高，字伯鎮，亦有高名，與楊時爲友。卒後，楊爲撰墓誌，其詳見《莊簡公集》，其名亦見《宋史》。皆當補入。檜死，始以南郊赦恩復官。案：《宋史》言復左朝奉大夫，行至蘄州卒。《宋史》作至江州卒。案：《宋史·藝文志》載李光《易説》十卷，又《前後集》三十卷。今《四庫》著録有《讀易詳説》十卷，《詩文集》十八卷。

李孟博　卷四十五　鄉賢

夢至一處一段，案：張淏《雲谷雜記》亦載此事。《寶慶續志》即出淏手，故所記皆同。然究涉語怪，非志體也。

李孟博　孟堅　孟珍　卷四十五　鄉賢

慈銘謹案：孟博、孟堅、孟珍，皆宜附莊簡傳。

李孟傳　卷四十五　鄉賢

慈銘案：孟傳，《宋史》亦别爲傳。末注引《會稽續志》，案：《宋史》尚有《左氏説》十卷。

王佐　卷四十六　鄉賢

卒贈銀青光禄大夫下當有謚文莊三字。

陸游　卷四十六　鄉賢

山陰人下當有佃之孫三字。晚年再出至見譏清議十九字當删去。此節昔人辨之者已多，《宋史》所載議論，率蕪泛，不足據，節之可也。

鄉賢四　卷四十七

凡作志，於古事，遠而無徵，自不得不依據正史，以示謹嚴。若吾越，自宋寶慶，迄明萬曆間人物,《萬曆志》所敘,詳覈有法,最爲可信。蓋張、孫二公,皆耳目相接,又取材簡慎,絶無濫妄之失。後之修志者,但博考他書,有確宜增訂者,依類敘入,或加附注,此定法也。乃此志往往不用舊志,遇《明史》所載者直謄録之,豈知《明史》包羅海内人物,自有不得不從略者,况所據前朝實録,未必盡確,其書又修於國朝,經歷康熙至乾隆六七十年,稿本屢易,修改不一,中亦不能無誤。即如孫鑨傳中言弟鑛自有傳,而《明史》並無《孫鑛傳》。蓋王鴻緒《明史稿》中本爲立傳,而張廷玉等删之,鑨傳中語,尚是鴻緒舊本耳。舉此一端,可知其概。且《明史》一書,風行海内,人所盡讀,何煩志書重爲複述。如必取資於此,則凡史文所無者,皆不應爲立傳耶?當時秉筆諸公,無識無學,而猶以此自炫其博,良可哂矣。慈銘附記。

顧觀　卷四十七　鄉賢

蕭山人下自字衍。年才二十有四,才字衍,下當有無子二字。魏文靖驥,文靖二字當删去。惜其無嗣四字當删去。

陳思道　卷四十七　鄉賢

洪武中至有陳思道等數人廿二字當删去。此是《紹興府志》,非《明史》鈔節本也,何故必用《明史》中語?試問志乘中豈有此體耶?可笑之甚!字執中句當在山陰人三字上,下當作洪武十八年進士,以字當删去。

錢仁傑　卷四十七　鄉賢

寡言下自可二字衍。

胡季本　卷四十七　鄉賢

當作由太學生授建昌府經歷，起家二字當删去。

吴中 卷四十七 鄉賢

先是東川僰人，僰當作僰。

蔣貴 卷四十七 鄉賢

案：張岱《於越三不朽圖》亦載之。蓋貴之祖籍於越無可疑，然例不得入紹興志，故《萬曆志》、俞志皆缺之，是也。《三不朽圖》作諸暨，此據家譜作餘姚，亦互異。

金濂 卷四十七 鄉賢

案：金濂乃淮安山陽人，明載《明史》，此蓋因《甘肅通志》誤山陽爲山陰而誤，亦不檢甚矣！此志動引《明史》，金濂姓名非甚僻，何以忘之甚，亦失於眉睫耶！

謝遷 卷四十七 鄉賢

廸仕至廣東布政使下當有字以中三字。弘治未當作弘治十八年。

韓邦問 卷四十七 鄉賢

成化中登進士下當作爲大理寺評事。久之以副都御史巡撫江西，爲弘治十一年六月事。時中官駐饒燒供御磁器句，當作：時中官駐饒州燒造供御磁器。後以刑部尚書致仕句，當作：後以新昌諸縣盗起，爲給事中吴思忠所劾，遂致仕，以林俊代。十七年四月復起，巡撫河南。時傳内旨，河南取樂工，邦問力請停止。歷官南京刑部尚書，復致仕。按雷禮《皇明大政紀》載邦問於弘治中撫江西，被劾致仕，以林俊代之。旋復起，爲河南巡撫。此失載，故據補。卒于家句當删去。邦問雅性坦直句，雅字衍。其居雖逼居城市至卒謚壯僖，當作：雖居城市，出入甚稀，士大夫有以國故民隱相請質者，輒應答忘倦。草蘆疏食，不求安飽。年九十二。案：草蘆等十二字，據凌氏《萬姓統譜》增入。卒，謚莊僖。

王鑑之　卷四十七　鄉賢

入爲大理丞，進都御史，終刑部尚書，當作：入爲大理寺丞，進左少卿。江西荆王府有宫人私逃，布、按等官執留之，疏劾王中冓事，詔鑑之往鞫。鑑之疏言荆王以用法嚴故，宫人畏而逸，當坐王以嚴刑罪。而布、按擅留宫人，且誣王，當論如律。上是其言。遷右僉都御史。巡視偏頭關，至則增要害，撫軍士，備禦有方，虜不敢犯。劾太監總兵羅玉等巧取軍士財物，邊境肅然。以右副都御史撫治鄖陽，力除貪酷害政之吏，吏有畏罪者，陰屬其所厚近臣疏言撫治之官本暫設，請令鑑之還京。鄖陽士民謁選在京者聞之，合疏列上鑑之政蹟，言不可一日無此官。孝宗從其請。正德初，爲刑部右侍郎。時河南徽王世子與民争莊田，累奏不决。詔鑑之往勘。剖斷明允，上下貼然。三年二月擢刑部尚書。案：據《皇明大政紀》增補。末注引《萬曆志》張元忭云一段，案王世貞《史乘考誤》云《武宗實録》以副總裁專任者，董文簡也。董公最名忮毒，於鄉里如王鑑之輩，巧詆不遺餘力。此張志所云秉筆者，即指董文簡玘。

徐士涓　卷四十七　鄉賢

案：此當列韓宜可、葉砥之間，何以在此？

嚴時泰　卷四十七　鄉賢

裔出子陵後句當删去，遥遥華胄可不必説。

王華　卷四十八　鄉賢

案：華之罷，猶以劉瑾感文成故也。《明史》諸書皆同此。坐事罷三字當改作旋勒致仕。

張以宏　卷四十八　鄉賢

無賢愚皆謂長者句，當作：無賢愚皆稱爲長者。案：元冲字叔謙，爲王文成弟子。劉忠介《蕺山集》中有《張浮峰先生墓志銘》。

俞振才　卷四十八　鄉賢

宋學士景濂當作學士宋景濂。臬司署有淫祠，署字奪。

董豫　卷四十八　鄉賢

此可與其弟復并爲一傳。其先宋修撰至遂世爲十九字當删去。初授刑部主事，上當有豫字。時少保張治年，當作：時少保大學士張治年。是子他日不在吾姪玘之下，時文簡已及第爲翰林矣二句，當作：是子他日不在吾猶子之下，謂復子玘也。時玘已及第，爲翰林矣。歷官福建僉事上當有豫字。會稽董氏譜爲其手定云句，當删去。

董復　卷四十八　鄉賢

董字及會稽人三字當删去。末故其子玘一段，當作：其子玘貴，特恩存問。玘産於黔，人以爲治黔之報云。

胡文静　卷四十八　鄉賢

案：胡文静當在董玘之下，劉棟之上。

董玘　卷四十八　鄉賢

案董玘當作後牧相之下。會稽人三字當删去。隨父任雲南，當作：隨父復官雲南。于黔國下奪公字。群奉爲中峰先生，當作稱爲中峰先生。以父玘日講勤勞句，當作：以父玘日講勞。適同邑沈束下獄，適字衍。力爲營解得下，奪免後二字。楊慎贈詩當删去。字久可三字當删去。末扶柩歸葬一段，當作：扶樞歸葬，以諸生食餼，當貢國學，讓其友人，皆義之。祖慶子懋史，自有傳。懋策見儒林傳。懋中癸丑進士，歷官尚寶卿。案《選舉志》及懋史等傳，皆言爲玘之曾孫。如此傳所敘，則似爲玄孫矣。案：懋中附魏忠賢，入逆案第五等，照考察不謹例閑住。文秉《先撥志始》載懋中勘語云：察處借題辨復，改升京堂。《明史·范復粹傳》：崇禎元年，復粹言袁崇焕功在全遼，而尚寶卿董懋中詆爲逆黨所庇，持論狂謬。懋中遂落職。

祁司員　卷四十八　鄉賢

以貢歷重慶教授，當作：以歲貢官重慶教授。拜御史當作擢御史。末當注云：孫清自有傳。

陳鎬　卷四十八　鄉賢

進士下當有由禮部主事歷官湖廣布政使十二字。鎬以布政使偕副使句，以布政使四字當删去。

陶諧　卷四十八　鄉賢

案：大臨於《明史》可附傳，於府志當立專傳，以志與史有間也。此志務鈔《明史》，故遇史無傳者，雖事蹟寥寥，亦必一一分之。若以董復、董豫等例，則大順亦當别傳也。大臨傳當參取《萬曆志》爲之。

何詔　卷四十八　鄉賢

案：《明世宗實録》何鼇傳，稱鼇清正諒直，有古大臣風。蓋鼇長刑部，當分宜父子竊政時，於楊繼盛、楊爵、李默、李天寵、張經等之獄，雖不能力争，亦未有迎合鍛鍊之事。故楊忠愍自撰年譜中，但歸咎於刑部侍郎王學益，以其爲世蕃姻家，而未嘗罪鼇也。國朝《紹興府志》皆不爲鼇立傳，固足見清議之嚴。然如《萬曆志》附之詔傳，未爲不可，故徐元梅《山陰縣志》從之。

張景明　卷四十八　鄉賢

弘治中進士下當作：選爲興府左長史。揭諸宫門，宫誤作官。以輔導功，功當作勞。將大用之句，之字衍。會病卒下當有特詔二字。其子元藩、元恕下有而右長史袁宗皋遂入閣，時咸爲景明惜之十七字。當武宗駕留宣大，當作：武宗幸宣大。

陶懌　卷四十　鄉賢

案：懌爲弘治三年進士，諧爲弘治丙辰進士，且諧爲懌之後子，則懌傳自當在諧傳前。會稽人下當有諧之叔父四字。不爲勢撓上，然字衍。戚里中，中字衍。

劉棟　卷四十八　鄉賢

劉棟下當作：字元隆，山陰人，孝子，謹之五世孫。選庶吉士下有授編修三字。嘉靖時下當作：爲講官，與修《武宗實録》，進左中允。時議追崇興獻。又切責時宰下當作：廷杖六十，下詔獄，月餘復職。大學士張孚敬，棟鄉舉同年也，雅相善，以議禮驟秉用，棟絶之。孚敬恚，遂出爲湖廣參政，歷河南左右布政、南太僕、太常寺卿、兵部侍郎，爲嚴嵩所忌，嗾言者攻之，遂拂衣歸。尋復起，佐南京兵部，前後凡六年，終不遷，再致仕去。棟有清節，自河南入覲，遺朝貴，止青布二端。嘗攝南吏部，主京察，考功郎薛應旂佐之，所斥皆權要親黨，一時稱服。其卒，家無餘貲。天啓初，其從曾孫宗周爲請謚，竟不報。慈銘案：劉忠介公《蕺山集》中有《先臣忠清著節懇乞特敕議謚疏》中所載頗詳，可采補。

陳克宅　卷四十八　鄉賢

字即卿下當有餘姚人三字。正德九年成進士，成字衍。

周祚　卷四十八　鄉賢

正德辛巳成進士，成字衍。末峻拒之下一段，當作：遂中寒，病瘻，告歸。病愈，不復出，惟肆力於古。所爲詩文，沉鬱激奮，讀者悲其志焉。祚兄禎，弘治壬戌進士，官檢討。礽，正德戊辰進士，官刑部郎中。弟䆁，嘉靖壬午順天鄉試第一，丙戌進士，官至操江都御史。四人皆同母，又孿生，郡中榜曰：同胞四進士，一乳雙奇英。鄉里榮之。祚兄禎以下，據凌迪知《氏族博考》補。

孫陞　卷四十八　鄉賢

字志高下都御史三字，當删去。

吕光詢　卷四十八　鄉賢

議撫光詢下奪與字。副使張天復當作及天復。建學校下功烈甚偉句當删。以南工部致仕，一時效勞諸大夫相繼罷去。當作：以南工部尚書致仕，一時佐吏相繼罷去。

翁溥　卷四十八　鄉賢

翁溥下當有字德宏三字。知太湖下奪縣字。尋起，歷臬藩，進都御史，當作：尋起，歷河南按察使，湖廣布政使，進都御史。

陳陞　卷四十八　鄉賢

亦一時之盛句，當删去。

葉經　卷四十八　鄉賢

字叔明下當有上虞人三字。

陳紹　卷四十八　鄉賢

尤以貞淑聞於鄉句，尤字衍。

來天球　卷四十八　鄉賢

末應注云：孫經濟，自有傳。

邵陛　卷四十八　鄉賢

所至有聲下當作：按吴時，疏寛積逋無算。莅江北，創議築四堤，濬海口，以捍水患。及巡江西，江西素苦機抒之賦，並爲疏請裁減。而監臨鄉試事，所録文甲於時，歷擢湖廣巡撫。末上多嘉納下一段，當作：掌河南道時，大學士張居正歸葬父，廷臣争上疏，請促還都。陛言於臺曰：奈何爲不義屈扼。同官疏不使上。居正聞之，恚甚，顧無以難。然陛未嘗語人，人亦罕知之。有《兩臺奏議》若干卷。原文迂拙無比，記事之法尤拙。

祁清　卷四十八　鄉賢

山陰人下當有司員之孫四字。末應注云：曾孫彪佳，見忠節傳。

陶承學　卷四十八　鄉賢

字泗橋，當作字子述。案：泗橋，《萬曆野獲編》作四橋，乃别號，非字也。别號者，流俗所尚，概不得入史傳。惟儒林諸公或稱某某先生，如考亭先生、象山先生之類者則可。歷南京禮部尚書下當作：神宗大昏時，張居正方奪情在閣，竟以吉服充册禮使。承學力争。居正怒，風御史劾之，即致仕歸。贈太子少保下當作：天啓初補謚恭惠。末應注云：子望齡、奭齡，見《儒林傳》。

張天復　卷四十八　鄉賢

調雲南副使下當作：署按察使，黔國公沐氏不法。竟不許下當作：適撫、按皆易人，因構天復，請劾之，遂罷歸。未幾被逮，赴雲南對簿，父老詣院辯其冤，事得解。修《山陰縣志》下當作：數年，子元忭授修撰。

潘晟　卷四十八　鄉賢

案：《明史·七卿表》，晟以隆慶四年十一月任禮部尚書，六年三月致仕，萬曆六年三月再任禮部尚書，八年十一月加太子太保，十二月致仕。《宰輔表》：萬曆十年六月命爲武英殿大學士兼禮部尚書，未任罷。是晟嘗兩爲正卿。其入閣也，以張居正薦，即家召拜。而居正卒，晟因疏辭，遂允致仕，半道而歸，則固未嘗一日居閣。且起之於家，非由南京冢宰入，况南冢宰是閑秩。晟之居此官，尚在初任禮尚之先。此志所云，一行之中，種種謬誤，且冢宰亦非明官紀載之體，固當稱吏部尚書也。侍東宫日講下當作：歷南京吏部尚書，隆慶中召爲禮部尚書。兩載，致仕去。萬曆初，復召長禮部。滿考，加太子太保。旋又致仕。大學士張居正，其門生也。萬曆十年六月，居正疾篤，疏薦晟入閣，乃召爲禮部尚書兼武英殿大學士。而居正卒，晟疏辭，行至半道，遂允之歸。晟之爲禮部也，時宗禄不敷，晟條上宗藩事例，輕重適均。世宗晚年好羽流。非所以襄國是，尋致仕歸，二句當删去。三十餘載句，載當作年。末歲祲行賑下，當作：全活甚衆。又以私田百畝贍學中諸生，邑人德之。

孫鑨　卷四十九　鄉賢

字文中下當作：陞長子也。嘉靖三十五年進士。末子如法一段删去。如法既别有傳在後，此不應複述。蓋修志者務鈔《明史》，不知體裁之故。

姜子羔　卷四十九　鄉賢

父應期下當作：學于王守仁。子羔幼侍講席。

吴兑　卷四十九　鄉賢

末孫孟明下一段當删去。案孟明後自有傳，此當删去。然孟明衹當附傳。

陳有年　卷四十九　鄉賢

字登之下當作：克宅之子，舉嘉靖四十一年進士。

駱問禮　卷四十九　鄉賢

駱問禮下當有字子本三字。末注引俞志，問禮字纘亭。案：纘亭乃别號，非字也。

羅萬化　卷四十九　鄉賢

典應天鄉試後，當作：復分校會試，張居正柄國，欲締以私好，峻拒之。居正家人尤七，極權傾一時，士大夫争趨之，嘗建三清殿。及江陵卒，當作：及居正卒。無嫡立長下當作：疏數上，會閣臣闕，廷推及萬化。或云中官不可以無賄。隨累疏乞歸句，隨字衍。

朱賡　卷四十九　鄉賢

父公節下當作：見前傳。泰州知州四字當删去。

來經濟　卷四十九　鄉賢

蕭山人下當有天球孫三字。

孫鑛　卷四十九　鄉賢

陞第四子也上禮部尚書四字，當删去。

范可奇　卷四十九　鄉賢

末紹序下刑垣，當作：刑科給事中。

李檠　卷四十九　鄉賢

成進士下當作：受湖廣承天府推官鎮守。中官驕横，郡守以下皆卑奉之。治獄多平反下，當作：以忤巡按，引疾歸。謫山西盂縣尉下，當作：鹽運使聞檠名。後果相繼冠賢書，賢書當作鄉舉。檠白學使，當作：檠白提學。已遷下，當作：知陝西鎮原縣，韓王府有積逋數千，追呼擾民。檠爲請悉蠲之。檠又通風角占候之術。巡撫閲兵，狂風折大纛。未幾下果有二字當删去。交遊皆引避下當作：安世與尊素，鄉舉同年友也，時計偕入都。秉鐸泗州，當作：爲泗州學正。釋褐下當作：即歸，布衣蔬食終其身，子孫多以文學知名於世。案：全祖望《鮚埼亭集》稱餘姚李安世，固守殘山剩水之節，以終其身。

劉毅　卷四十九　鄉賢

字健甫下當作：一字乾陽，山陰人。負才，善古文辭。會試第六人下當作：除刑部主事，典試廣東，調兵部郎，督學山東。居無何下當作：會謁巡按，小失禮於毅。毅怏怏曰。臺使者，皆當作巡按。前後在官下當作：率彊直自遂，不近名矯節。末仲兄蚤世一段，當作：事嫂甚敬，撫其孤尤摯。多藏書。人有以古事質者，輒曰此某集某卷，無訛也。與族弟宗周置義田，葺家廟，以利族人。鄉黨稱之。所著有《寶綸遺稿》八卷。

姜鏡　卷四十九　鄉賢

餘姚人三字當删去。案：鏡争建儲事，張岱《有明於越三不朽圖贊》亦載之，但《明史》諸書稱當時請建東宫諸人，無及鏡者。此大可疑。

孫如法　卷四十九　鄉賢

餘姚人三字當删去。凡言某之子，某之孫，而其人已見前傳者，不必復系以何縣人。

何繼高　卷四十九　鄉賢

字泰寧下當有詔之孫三字。

孫繼有　卷四十九　鄉賢

《明史》從略，多不舉其字及所出身。此志非《明史》鈔本，何以一字不敢增補而煩注耶？

朱燮元　卷四十九　鄉賢

慈銘案：此傳當據《劉蕺山集》中《少師恒岳朱公墓志》及公曾孫世衛所輯《朱少師事實》參訂。世衛有附辨《明史》數事，尤詳覈，當采。山陰人下當有：曾祖篪與兄篚同舉嘉靖五年。《事實》作正德庚辰。篚官副使，篪官御史，巡按湖廣。燮元萬曆二十年進士，除大理評事，遷左寺正，恤刑山西，擢蘇州知府。楊明輝往撫下當有：時魏忠賢横甚，四方奏事，纖悉歸功忠賢，燮元疏獨不及。忠賢怒，遂停敘功賞三十字。果如所議下當有五年四月一品，三年考滿，加少傅，加太子太傅，七年十月二十二字。世蔭錦衣指揮使下當有八年五月四字。年七十三下當有賜祭祀九壇，遣中書舍人朱奉錚營葬事十五字。案：全祖望《鮚埼亭集外編》言沈侍郎《延嘉集》載朱公謚議曰襄毅。倪職方《無功集》作忠定。蓋沈所擬乃初謚，而後改定之。慈銘案：張岱《三不朽圖贊》作忠定，而朱公後人所刻《督蜀疏草》則仍稱襄毅。《事實》則但云後遂有謚。公襄毅及忠定者，亦未明晰，當再考。福王立於南京，給事中李清爲請謚，不報。魯王監國紹興，贈謚襄毅，改忠定。子兆寧，諸生，襲錦衣指揮使，先卒。壽宜，諸生，襲錦衣掌南鎮撫司僉書。國變後，有高節。兆憲，諸生，襲錦衣指揮僉事。

孫如游　卷四十九　鄉賢

餘姚人下當有燧之曾孫祖墀尚寶卿如游十一字。乙未進士下當作：累陞禮部左侍郎，署部事。神宗崩，鄭貴妃與光宗選侍相接，爲請於光宗立爲后，選侍亦爲之請封皇太后。帝諭廷臣，以神宗遺旨，尊貴妃爲太后。閣臣方從哲會禮部議，如游具疏言，古有以配而后者，敵體之經。體先皇心，皇當作帝。豈心之所安乎下當作：時諸大臣皆集東閣，如游出疏袖中，諸大臣皆愕眙。末疏上下一段，當作：議遂寢。及光宗寢疾，如游先請册立東宮。已報，可。至是帝言皇長子弱，稍緩期，而屢詔封李選侍爲皇貴妃。未及行，而帝疾甚。如游時已任尚書，偕諸大臣應召。至御榻前，選侍欲遂正后位，屢促皇長子言之。帝傳諭禮部速具儀。如游佯應曰：貴妃儀注，臣當亟具以進。帝默然。選侍聞之，怒。帝尋崩，册妃事亦中止。熹宗立，以原官兼東閣大學士。天啓元年閏二月，累疏乞歸，加太子太保，晉文淵閣大學士，致仕。卒贈少保，謚文恭。案：此傳獨用舊志，而敘次疏略，又多劣語，不如《明史》之詳盡。末數語，案《明史·宰輔表》及本傳所載皆同。此據俞志，誤。

張汝霖　卷四十九　鄉賢

案：元忭在《儒林傳》，當以汝霖附之，而汝懋當削去，以存清議。篤學嗜古下當作：初舉於鄉，爲李廷機所得士，遂著時名。陞兵部郎下當作：爲山東副典試，以詿誤去。末弟汝懋一段當删去。案：汝懋附魏閹，入逆案第四等，依交結近侍律坐徒三年，納贖爲民。汝懋附閹，嘗劾御史房可壯、游士任，知府楊嘉祚，遂俱令撫、按提問，以邵輔忠傳忠賢意，懸京堂缺以餌之，故汝懋應募，其疏有一代之興等語。又誣劾樊尚景，而官仍止寺丞。是真文恭之不肖子，所當亟削其名者也。

喻安性　卷四十九　鄉賢

案：吴應箕《兩朝剥復録》載天啓五年四月以王之臣爲薊遼總督，時陪推者爲喻安性。世遂指安性爲附閹。《明史·孫承宗傳》但言安性代張鳳翼爲遼東巡撫，天啓五年十月罷，遂廢巡撫不設。《馬世龍傳》言天啓四年偕巡撫喻安性及袁崇焕東巡廣寧。

徐如翰　卷四十九　鄉賢

檀燕當作伯鷹。如翰所居，有檀燕山，因自號檀燕，著有《檀燕山人集》，多逾等身。案：汝翰以山西參政劾大學士方從哲，在萬曆四十七年，見《明史》從哲傳。此作副使，蓋誤。《兩朝剥復録》載：天啓五年十一月，徐如翰與大理寺丞張潑俱剥奪，以梁夢環參之也，即志言削職事。

鄒維璉　卷四十九　鄉賢

案：鄒爲江西之新昌人，非浙江之新昌人，故其由兵部調吏部，以趙南星不咨其同鄉，御史傅檅、章允儒等怒劾之，引吴羽文例，言江西不當有二人在（史）〔吏〕部。維璉憤上疏，自陳乞放歸。此《明史》本傳載之甚明。《浙江通志》既誤采之，此志復沿其誤，亦不檢甚矣！

王三才　卷四十九　鄉賢

晉南京府君當作晉應天府尹。

羅元賓　卷四十九　鄉賢

字尚之下當作：萬化之孫，八歲侍親疾，無倦容。天啓壬戌成進士，授太常博士。時依附魏璫者諷元賓，元賓笑却之。崇禎初，擢御史，首疏請破從前門户積習。旋劾附閹大學士施鳳來、張瑞圖二人，遂罷歸。又劾大學士李國榗，曲庇張體乾、田爾耕等，國榗亦致仕去。出按福建。巨盜鍾斌勢甚熾，督撫怯，主撫。元賓力主剿，密檄鄭芝龍兄弟出平林，邀之外洋。斌赴海死。永平寨黄峰隘失事，元賓星馳堵擊，賊宵遁。以所入鍰築頹墻，儲器藥，汀城遂堅。所至絶逢迎，簡供給，薦舉皆公。視河東鹺政，以溢額二萬助軍需，一時餓者賴以存活。協理考選，咨訪皆實。尋爲操江御史，時流寇紛擾，元賓署兵采石，以堵上游，嚴賞罰，肅文武，禁民詞，擒江盜，疆隅稍安，乃乞骸歸。往來村落間，見者不知爲貴人。卒之日，遠近皆悼惜之。所著有《天樂吟奏議》諸稿。案：《明史·閹黨傳》，大學士黄立極乞休去，施鳳來爲首輔，御史羅元賓復疏糾鳳來及張瑞圖二人，俱告歸。《剥復録》載崇禎元年五月，大學士李國榗馳驛歸里，御史羅元賓糾其曲庇張體乾、田爾耕、許顯純，又糾其通内縱逆、行私賣國也。此兩事皆當補入。

吕新周　卷四十九　鄉賢

遷莒州下當有知州二字。

來斯行　卷四十九　鄉賢

著《獄志》四十卷下當作：代王子鼎渭與鼎沙争立，時神宗以建儲故疑群臣，禮曹莫敢言。斯行疏稱貴賤有等，鼎沙已有父命，不宜開廢立之端。朝論韙之。壬子典試廣西，丁母憂。服闋，補工部。以忤要津，罣祭典，出爲永平推官，駐天津，督遼餉。海運有勞，擢兵部主事。著《膠萊河議》，又陳行師機要，請屯兵海外月坨諸島。擢監軍僉事。會山東白蓮教爲亂，天津巡撫檄斯行提兵五千往援。道經景州，州有賊黨數千人，斯行使子燕禧先驅，破之，隨克鄒縣、滕縣，擒賊首徐鴻儒，獻闕下，山東平。斯行不言功，乃擢參議，仍備兵津門。久之，貴州安氏叛。擢斯行平越道，更録前功，進秩按察使。時水西諸苗争附安氏，貴陽大震，而諸苗長惟田河秧最强。斯行察營弁中有素習阿秧者，授以計，令僞奔降。不五日，函其首以還。由是諸苗鎮懾，而安酋卒就擒。斯行旋乞病歸。崇禎初，起補鬱林兵巡道，尋移福建。次年，晉右布政使。一年，復移疾歸家，築梧柳園，論文講道，觴詠自適。數年卒。子彭禧、燕禧、吕禧。案：《劉蕺山集》中有《馬湖來公墓志銘》，所敘甚詳，宜據補。

來燕禧　卷四十九　鄉賢

首當删去來字及斯行仲子四字，與來斯行合爲一傳。遷貴州營遊擊下當作：世襲外衛鎮撫，殊怏怏，旋隨父至貴陽，從平田阿秧。未幾，從父歸。吕禧上其季弟三字當删去。

姜逢元　四十九　鄉賢

餘姚人上當有山陰籍三字。當於班行中歎服之服，當作美。何疑下當作：世揚稱服。魏忠賢擅政，命史官纂《三朝要典》，痛斥孫慎行、楊漣、王之寀等爲奸邪，逢元爲副總裁，每閣筆而歎。忠賢聞之，曰：吾固知其爲黨人也。末上默然下一段，當作：是日有詔，皆未減。刑部尚書胡應台歎曰：仁人之言，其利溥哉。擢吏部左侍郎。屢推閣臣，不用。九年七月，拜禮部尚書。次年十二月，以事罷歸。加太子太傅。

李懋芳　卷四十九　鄉賢

遷廷尉句，案：御史豈得遽遷廷尉？或當爲大理寺丞也。當再考其官秩，補之。廷尉之稱亦非。前後植黨下當作：害將及國，當國者忌之，出之南畿刷卷。會流寇告警下當作：命以僉都御史，巡撫山東。

王業浩　卷四十九　鄉賢

餘姚人上當有山陰籍三字，下當有尚書華之後此據《三垣筆記》，以王氏世次考之，當爲玄孫之子。五字。加兵部侍郎下當作：世襲錦衣千户，再加尚書。間往上當有俱字。案：業浩雖不入逆案，然以《三朝要典》《兩朝從信録》及李清《三垣筆記》、吴應箕《剥復録》、文秉《先撥志始》諸書觀之，則其附閹之迹，實不可泯也。業浩當天啓初賈繼春争移宫時上疏，請息玄黄之争，意在調停三案，而其語多右繼春等，時議謂其同黨，遂落職歸。四年十二月，給事中陳熙昌疏薦業浩及許宏綱、唐世濟、吕純如、曾道唯等十二人，詔令次第推用。五年四月，又以給事中蘇兆先薦，詔復原官。十二月，疏劾太僕少卿馬孟禎、給事中方有度、副使韓萬象三人，皆東林爲閹黨所惡者，詔俱削奪，旋復劾曹于汴、易應昌。六年二月，擢掌河南道御史，時原議王心一，心一忤璫，故用業浩。與盧承欽、李燦然、陳朝輔、劉徽、袁鯨及孫杰、吴淳夫、霍維華等謀推轂崔呈秀入閣，遂令朝輔、淳夫、承欽疏攻馮銓去位。又恐王紹徽長吏部，不肯推呈秀，于是徽、鯨各疏糾紹徽，復令龔萃肅疏請枚卜兼用外廷。紹徽廉知之，遂於辨疏中發其謀。衆懼忠賢心變，事遂已。鯨抗疏自明。業浩閉門不出。呈秀疑其反覆也，以他事斥爲民。崇禎元年正月，御史揚維垣謀護璫局，上疏力詆鄒元標、趙南星、孫慎行、熊廷弼爲黨，而薦徐大化、魏應嘉及業浩爲正人。然則業浩之生平可知矣。故文秉以爲逆案漏網，當補入贊導，從重議罪者也。此志所謂上疏忤忠賢及獨持呈秀入相議，皆不可信，而其致削奪者，其故甚明。特參考群書，以存清議，非敢疵黠鄉賢耳。至業浩之起用於崇禎時，自以先被璫斥逐之故，然逆璫中如徐大化、曹欽程、石三畏之凶狡無賴，魏廣微、馮銓之寵倖，王紹徽、喬應甲之很戾，亦皆先被斥逐，故三畏於崇禎初亦嘗起用，而旋黜。業浩獨得顯用，以名終。何其倖哉！慈銘附記。

孫如洵　卷四十九　鄉賢

餘姚人下清簡二字當删去。

徐人龍　卷四十九　鄉賢

字耳猶下當有一字亮生四字。偵海上高麗船焚之下當作：慎絶外釁，忤楊嗣昌，奪俸，遂乞歸。廷推兵部右侍郎，疏歸，不允。甲申北行，道晉户部尚書，管侍郎事。甫抵淮，聞京師寇變，遂歸。福王立於南京，仍爲兵部侍郎，數忤馬士英，士英嗾御史何綸糾其年耄失儀，勒致仕。魯王監國於紹興，起工部尚書。唐王立於閩，召爲兵部尚書兼武英殿大學士，力辭。以壽卒於家。

吴孟明　卷四十九　鄉賢

山陰人下當有兑之孫三字。末句年八十卒。案：此下當附子邦輔云云。

倪元珙　卷四十九　鄉賢

上虞人下當有元璐從父兄也六字。案：元珙爲文貞季父汾之子。末特著爲令下一段，當作：後遷行人司副，治益邸喪。事竣，歸里，遂病。遷光禄寺丞，命下，卒。遠近悼之。案：《倪文貞公集·光禄寺寺丞先兄三蘭府君行狀》言病歿前十日，遷光禄寺丞之命下，今故稱爲光禄云。考明制，光禄寺丞，從六品；御史，正七品；行人司副，正八品。

章正宸　卷四十九　鄉賢

語在日宣句。案：《明史》有《李日宣傳》，故此傳可略，而曰語在彼傳。日宣爲江西吉水人，此志未當有傳，何得鈔襲？改大理丞下當作：正宸請假歸。南京破，杭州降，正宸家居，起兵迎魯王監國，擢吏部侍郎，管部事。《明史》於福、唐、桂、魯諸王所授官，亦直書不諱。而於此傳，但云署舊官，蓋誤。事敗，棄家爲僧。

潘同春　卷四十九　鄉賢

父課之勤下當作：而母惜之，夜令早寢。庚午舉於鄉下當作：爲黄道周所識拔士，丁丑成進士，出馬世奇門。民獲全活下當作：報最歸州人工部郎。

姚應嘉　卷四十九　鄉賢

字鏡初下當有會稽人，祖父希唐，見孝行傳十一字。

朱光熙　卷四十九　鄉賢

文公後裔四字當删去。非體。

章國武　卷四十九　鄉賢

案：此傳皆出附會，必不足信，不特其事全無影響，明當甲申以前，武臣加都督者已鮮，加少保者直無一二，國武何官，而得加之？且所指勤王者何時耶？

孫以衡　卷四十九　鄉賢

鑨孫也上清簡公三字當删去。崇禎三年下當作：以廕授廉州通判。

國朝　卷五十　鄉賢

謹案：國朝，史館大臣傳中皆不載其字，此似宜更定他日當有奏請補入者，府縣志中何得援以爲例？ 慈銘記。

胡兆龍 卷五十 鄉賢

晉大宗伯，當作：加禮部尚書。案：蔣良騏《東華録》載順治十五年十二月，以受督撫饋遺華學士胡兆龍尚書銜，是兆龍特以内院學士加禮尚銜，非真爲尚書也。末當注云：子介祉，字存仁，官至湖北僉事，著《茨村詠史新樂府》二卷，皆述明季事，行於世。

吴執忠 卷五十 鄉賢

山陰人上當有漢軍正紅旗籍六字。下當作：少從遊遼東。

陳可畏 卷五十 鄉賢

壬辰進士下當作：爲廣信府推官。可畏蒞郡句，蒞郡二字當删去。上親試臺垣句，臺垣當作科道。

馬晉允 卷五十 鄉賢

授編修下當作：歷國子監司業，署祭酒事。經玉門關下當作：所爲詩有《出塞》《入塞》二集。

沈引范 卷五十 鄉賢

母姜宗伯逢元女句，宗伯二字當删去。稍長下輒字衍。又善音律句，當在以詩文雄於越句下。

徐准 卷五十

案：温睿臨《南疆佚史》、全祖望《鮚埼亭集外編·朱大典傳》皆言大典嘗殺招撫使，蓋即准也。毛奇齡言准死於衢，蓋不可信。

周文英　卷五十　鄉賢

開緒下當作：官江西分宜縣知縣。弟子開捷，官提督。慈銘謹案：先高祖妣爲分宜公之女，予家舊藏有總戎公征閩時寶刀。

姚啓聖　卷五十　鄉賢

案：袁傳所敘事，多不覈實，當取全謝山所撰《姚公神道第二碑》。又案：彭允升《二林居文集》中有《與袁子才書》，辨姚傳中事，其言施琅非由姚公保薦，及澎湖之功當歸琅，姚公但駐廈門調兵食，亦非。彭蓋先入李安溪等説耳。悉伯記。

吴興祚　卷五十　鄉賢

漢軍正紅旗人句，當删去。下有字伯成，執忠子六字。案：秦松齡撰《吴公行狀》，言以奏請設鑪鼓鑄一疏，遽被劾降調，至京召見，命以副都統用。噶爾丹叛，命鎮大同右衛。三十四年，以都統希公所題草價不敷，復降三級。是歲隨駕北征。三十年奉命戍邊。三十七年戊寅二月卒於潼城，年六十七。

王穀韋　卷五十　鄉賢

庚戌登進士，登字衍。下當作：授内閣中書，歷遷户部主事、員外郎中。時湖北夏包子作亂，伏誅，上諭諸脅從從寬，而按察多擬重辟進，穀韋悉改之。又擬諸戍者，其妻女入旗下。湖廣猺蠻土司下當作：狀言近洞官山産臭泥可代煤，請令群蠻開採。時部吏入蠻賄，爲轉請甚力。穀韋取泥熟視之。故和土下當作：詭爲之耳，白於尚書，不許。尚書歎其能。秩滿出爲淮安知府。或以兩淮多隱匿涸田入告，上命吏部尚書熊賜履抵郡察之。冡宰是其言，當作：尚書是其言。末當有穀韋旋致仕歸句以上，補兄穀振至家法稱於越中云云一段。

呂爚 卷五十 鄉賢

臬司果以老病死矣。臬司，當作按察使。

陶作楫 卷五十 鄉賢

竟得釋下當作：由國子監傳士遷禮部主客司主事，旋調儀制司。

陳廷綸 卷五十 鄉賢

山陰人下當作：寄籍廣西。

姚陶 卷五十 鄉賢

會稽人下當有啓聖次子四字。

周開捷 卷五十 鄉賢

奏請迎養下當作：時文傑宰電白縣，乃予告，特賜知府銜，加一品服。開捷後以事發北路軍營效力。

梁國治 卷五十 鄉賢

會稽人下當作：文標子，始以內閣中書值軍機。

何煟 卷五十 鄉賢

何煟下當作：字謙之，湖南靖州籍，山陰人。明尚書詔之後。高祖育仁，見《忠節傳》。祖鼎，以舉人官嘉興府知府。父經文，以諸生官貴州黎平府知府，有政聲。煟於雍正十三年。案：經文字友三，號無墨，歷知貴州安順、石阡、黎平三府。陳兆嵛《紫竹山房集》中有《何無墨先生墓碑》，其治叛苗事甚著。開安順新路，通滇南道，功尤可紀。兆嵛別有《安順新路記》一篇，詳其事。當據此兩文爲補立傳。㤅伯記。

宦蹟　卷五十一

凡府縣志人物，自宜以鄉賢傳括之。分立儒林、文苑、忠義、孝行等名目，已爲多事。吾郡《萬曆志》又出宦蹟一門，支離尤甚。但彼志以有官位而無迹者列之，此類雖名目不經，猶爲有説。此志則所載明以後人，其事蹟往往反多於鄉賢。此所區別，實爲未聞。㤅伯附記。

徐羨之　卷五十一　宦蹟

此踵《萬曆志》之誤。徐乃東海郯人，非剡人。且其事迹見於《宋史》及《南史》者甚卓卓，非隱僻者。明代人讀書鹵莽，固爲可笑，此志動輒援據正史，以見其謹嚴，何以襲此大繆而不知耶？㤅伯記。

朱士明　卷五十一　宦蹟

此雖見《剡録》，亦不可信。蕭梁之世封侯者甚鮮，士明何功得之？何以不見於史？且儒林博士，何以便除吏部尚書？

蔡國齡　卷五十一　宦蹟

會稽人下當作：宋孝子定之後。

姚述祖　卷五十一　宦蹟

會稽人下當有陶之子三字。

理學　卷五十二

慈銘謹案：宋史始分理學、儒林爲二，此元人之陋也，欽定《明史》已正之。此志猶沿《萬曆志》之陋，已爲疏失。至《明史》雖有《儒林傳》，而王文成、劉忠介、黄忠端諸公，仍列大傳，以事蹟多者，不得以一節概之，猶班、范不以董仲舒、鄭康成入《儒林》，歐、宋不以韓退之、柳子厚入《文苑》，固史法如此。予嘗論府縣志與國史異，且與省志異。凡鄉賢傳，不當分立儒林、文苑、隱逸、忠義、孝行等名目。以一郡一邑之中，人物有限，一一區分，轉覺減色，勢必濫雜充數，分配不匀。惟列女、方伎、釋老三類，則非鄉賢，不得不别爲一門。其他如孝行、義行之無事實者，當備舉其姓名，而以一傳總括之。其以儒學、文藝名而無所表見者，如有著述，則載之藝文志，而如《新唐書》例，於書目下注其姓名字里附見。其略無著述者，則亦别爲一傳類次之，或附之他傳，或見於序論，此亦古來史法也。有志此事，當有取於予言。

王守仁　卷五十二　理學

父華下當有見鄉賢傳四字。

王畿　卷五十二　理學

並不就下當作：廷對歸，從守仁講學。守仁征思田，留畿、德洪主書院。守仁卒於南安，畿斬縗往奔喪。

張元忭　卷五十二　理學

山陰人下當有父天復，見鄉賢傳七字。元忭素羸弱句，元（汴）〔忭〕二字當删去。慷慨泣下，當作：天復官雲南副使歸，議者追理武定失事狀。無流入禪寂之下當有學者稱陽和先生七字。

子汝霖下當作：亦見鄉賢傳。汝霖、汝懋皆已見鄉賢傳矣，此亦不宜複見。但元（汴）〔忭〕自當移入鄉賢傳，而以汝霖附之。

周汝登　卷五十二　理學

謫兩淮鹽運判官下一段，當作：遷順天府通判，歷南京兵部、吏部郎，出爲廣東僉事，遷雲南參政，歷尚寶卿、太僕少卿、光禄卿，皆在南京。汝登少聞王畿之學，後受業於南城羅汝芳，建立宗旨，以性爲無善無惡，蓋本王氏無善無惡心之體，而誤會其説。嘗會講於南都，與許孚遠相難，有九諦九解，其學合儒釋而會通之。輯《聖學宗傳》，行於世，學者從之幾千人。汝登歷官，有政績。後以避閹禍，致仕歸。遂不出。卒年八十三。學者稱海門先生。案：此傳當取《學案》及俞志參核，不必盡用《明史》。

案：周汝登，《明史》言其官止尚寶卿。黄梨洲《明儒學案》同張陶庵《三不朽圖贊》則謂其官至工部侍郎。俞志作尚書。吴次尾《剥復録》又載天啓五年二月，原任南京光禄寺卿周汝登致仕。時以崔呈秀條陳，令京堂自陳請旨去留也。是汝登以忤閹致仕。而尚寶卿五品，光禄卿三品，則已足證史誤矣。《明史》蓋即本之黄氏《學案》，而《學案》所載諸儒官位行事，多略弗詳。疑於汝登官尚寶卿後失載其官耳。但何以得晉侍郎，又起爲尚書？俟再考。

陶望齡　卷五十二　理學

父承學下南京禮部尚書句删去，當作：見鄉賢傳。歷官國子祭酒下當作：望齡爲李廷機門生，雅有清望。時朝局攻廷機者，并及望齡，謂其師生相引，營入政府。望齡遂力辭不出。未幾，卒。望齡私淑王守仁，篤信其説，而所學頗近禪識者，以爲王學之累。然事母孝，兄弟友愛，甚至自守介然，立朝風節尤竣。沈一貫以妖書事傾侍郎郭正域，持之急。末當有：人服其切直。天啓初，與其父承學同得補謚。望齡謚文簡。學者稱石簣先生。

陶奭齡　卷五十二　理學

會稽人三字當刪去。授吴寧學博句，學博當作教諭。左轄陸問禮，當作：左布政陸問禮。晉濟寧寺，當作：晉濟寧知州。講學陽明祠上當有聚徒二字。石簣祠下奪名字。《今是堂集》下當有學者稱石梁先生七字。

劉宗周　卷五十二　理學

乾隆四十一年，宗周賜專謚忠介句，宗周二字衍。

儒林　卷五十三

案：此志所收儒林、文苑，自明以下，尤爲猥雜，當痛芟併之。悉伯記。

澹臺敬伯　顧奉　卷五十三　儒林

案：此采之《後漢書·儒林·薛漢傳》。然漢死於明帝永平中，時會稽尚未析置。吴郡敬伯，實吴人也。今吴郡南尚有澹臺湖。顧奉亦是吴人。皆當削去。其宜補入者，王充《論衡·按書》篇稱會稽吴君高之《越紐録》，周長生之《洞曆》，劉子政、揚子雄不能過也。周長生，名樹，見《北堂書鈔》引謝承《後漢書》。王充卒於和帝永元中，時吴郡亦未置，而以吴著《越紐録》、周見謝承書推之，則二人必爲越産。且充爲上虞人，其書所稱會稽孟章等皆是越人，則亦足以證吴、周矣。悉伯附記。

陳塏五十三　儒林

案：陳塏當與葉經等上虞四諫並列鄉賢，何以入之儒林耶？

周震　卷五十三　儒林

嘗投牒吏部下當有當選矣三字。

董懋策　卷五十三　儒林

會稽人下當作：玘之曾孫。精易理，館於蕺山之陽。成均大司成，當作：國子監祭酒。末合評李賀詩下當作：行於世。學者稱爲日鑄先生。

章穎　卷五十三　儒林

會稽人下當作：家貧，攻苦，肆力於經術。爲邑宰，當作：官知縣。

丁進　卷五十三　儒林

僭衣命服入朝句，僭字衍。

管宗聖　卷五十三　儒林

字允中下當作：餘姚人，諸生。時明季多故，宗聖謂遭世末流，人心不正，弊在學術不端，當亟明王氏良知之學。與同志沈國模。號用崖三字當删去。

沈國模　卷五十三　儒林

餘姚下奪人字。見《傳習録》下當作：而好之，入嵊見周汝登。遂請陶劉下奪兩字。

姜效乾　卷五十三　儒林

幼相倚長四字當删去。司城當作祭酒。廣陵倅當作揚州通判。不動聲色四字當删去。遭羅織下當作：擬贓數萬，且嫁禍效乾。少免下奪而字。督追汪贓下當作：詬詈效乾，微示以媚璫意。事雪下當作：遷王府長史。

劉竟中　卷五十三　儒林

金陵當作南京。戊午至天下士十九字當删去。

史孝咸　卷五十三　儒林

餘姚下奪人字。思以至尤爲廿一字當删去。下作：篤好王氏之學。劉宗周忤璫。陳繼儒下當作：一見歎服。嘗致書曰。

史孝復　卷五十三　儒林

餘姚人三字删去，當作孝咸弟。怡怡如也下當作：尚書孫鑛與爲忘年交。左都御史劉宗周嘗以人望延之，爲塾師。孝復商榷理奥，有《質疑問答》一書。其所篤信者，致知之學。

董用時　卷五十三　儒林

子期生至進士十七字當删去。末當注云：子期生，自有傳。

酈洙　卷五十三　儒林

字白巖下當作：諸暨人，諸生。末句道學下有奪字。

吕曾楙　卷五十三　儒林

字少鵬下當作：新昌人。諸生。博學强記，工詩。劉宗周與爲忘年交。直逼楚騷下，當作：晉魏不足多也。遊歷南北，所至輒訪賢士，搜逸書，下至星曆、卜筮、陰符、陣法，皆研思，不少輟。

來集之　卷五十三　儒林

庚辰進士下當作：爲安慶推官。皖遭張獻忠蹂躪。

王紹美　卷五十三　儒林

如此人，安得謂之儒林？不爲表暴句當删去。

林稊　卷五十三　儒林

才識宏博句當删去。文正二字當删去。

陶履卓　卷五十三　儒林

末河東當作柳宗元。

王業洵　卷五十三　儒林

無子下當作：欲以業洵爲後，業洵以非應嗣，不可。爲諸生，有名於時。劉宗周講學蕺山。談因果者蜂起下，當作：宗周遏之，不聽。每臨講席而歎。業洵乃推擇一時才士，得數十人，同受業其門，務絀二氏之學，其風始衰。案：此事未可信。時又有推言玄悟混入致知者，業洵曰：此亂吾宗旨也。

葉茂蘭　卷五十三　儒林

字緑亭三字當删去。字以表德。凡亭軒齋圃等稱，皆流俗所謂别號，不應義法，皆不得書。與弟茂桂下當作：皆以諸生貢國學，茂桂登鄉舉，任登州推官。末句享字當删去。

何國輔　卷五十三　儒林

丁卯鄉試下當作：嘗預證人社。給諫當作給事中。姜埰下獄數語，亦未可信。

王朝㸁　卷五十三　儒林

此安得謂之儒林？通五經及《綱目》，便足稱名儒耶？成均當作國學。藩相當作府長史。

朱長庚　陸一桂　倪夢商　卷五十三　儒林

案：此等人本皆不足紀，必不得已，以類入附傳可耳。

馬權奇　卷五十三　儒林

負奇氣下當作：受《易》於董懋策，事母極孝。

王朝式　卷五十三　儒林

年三十八下當作：又有餘姚邵元長，亦國模弟子，力扶正學。長民至號召十三字當删去。

案：俞長民詳見下韓孔當傳，此不應複出。末句歸當作稱。

董期生　卷五十三　儒林

所敘次皆顛倒不通。字伯生下當作：用時之子，十九失父。强學工文，士林推重。康熙癸酉舉於鄉。官雷州推官，遷山西汾州府同知，擢江南淮安府知府。期生居官，有惠政，而肆力古學，自經史中所載星紀、輿圖、氏姓、世系、兵農、沿革、禮樂、曆數、鳥獸、草木，下及醫卜、壬奇、書畫、琴弈，靡不貫穿。自諸生至仕宦。所著下當作：有《易末義》《四書毛詩遵註録書》《春秋經傳》《禮記箋注》《史傳聞録》《漢魏晉唐宋文疏解》《昌谷詩正謬》《汲古綆》等書及《詠風軒詩文集》三十卷。此等蓋皆不足信。其在雷州，有《理雷條議》《南人月教》。在淮安，有《治河議》。淮人爲建生祠。

後改戒山書院。

胡良臣　卷五十三　儒林

薦列當作試中。講學及成均二詞删去。

劉汋　卷五十三　儒林

劉宗周子也句，劉字衍。

黄宗羲　卷五十三　儒林

案：此傳當采用全謝山《鮚埼亭集》中《梨洲先生神道碑》。

來鴻雯　卷五十三　儒林

案：此傳全是空言，一無實徵，最爲可厭。以義法論，當從删削。

徐廷玠　卷五十三　儒林

承清白至先志九字當删去。配當作娶。

秦長春　卷五十三　儒林

一以至發背死十字當删去。民雖感激句，雖字衍。末康熙至其官十七字當删去。

唐允思　卷五十三　儒林

父圭至允思八字當删去。

胡心尹　卷五十三　儒林

此安得謂之儒林。

金昌尹　卷五十三　儒林

乙酉下當作：順天舉人。切切於功利下當作：與大學士高陽李霨。後司鐸開化、海寧間，當作：後爲開化、海寧學官。子矜當作諸生。

章錦祚　卷五十三　儒林

雖當作至。

蘇元璞　卷五十三　儒林

餘姚下奪人字。

毛奇齡　卷五十三　儒林

蕭山下當有人始以三字。貫其枝葉，當作：著書至一百二十四種，多卓然成一家言。天性樂易。

劉茂林　卷五十三　儒林

闡明絶學下當作：與妻父黄宗義、睢陽湯斌，復興證人社。

韓孔當　卷五十三　儒林

餘姚下奪人字。布衣也句當删去。亦自足用也下當作：卒年七十三。孔當没，而同縣俞長民繼主講席。長民字吾之，諸生，國模弟子也。

徐咸清　卷五十三　儒林

高陽工小學，當作：爵工小學。

秦宗游　卷五十三　儒林

山陰人下當作：長春子從孫奇逢遊。晉侍講卒下當作：宗遊未第，時閩浙總督李之芳方討耿逆，延與之謀。宗游洞悉賊勢，反覆敷陳，策其必敗，後皆如其言。

向璿　卷五十三　儒林

前朝當作明。哀毁逾禮下當作：聞王氏後人有闡長知之學者，即糾同人爲輔仁會，沉酣其説者六七年。後得薛瑄、高攀龍遺書。氣宇知平句當删去。

邵廷采　卷五十三　儒林

餘姚下奪人字。

馬駉　卷五十三　儒林

萬公以敦彭公元瑋，公字均衍。

徐宏仁　卷五十三　儒林

孟太史騤當作編修孟騤。　餼於庠下當作：以行義爲衆所推，學使者王蘭生。　歲貢下奪生字。

文苑　卷五十四

案：是卷自明季以後，猥濫尤甚，當極意删改，以類併附。悉伯記。

朱育　卷五十四　文苑

案：育字嗣卿，見《舊唐書·經籍志》。

謝靈運　謝惠連　王韶之　謝超宗　謝幾卿　卷五十四　文苑

案：謝靈運、謝惠連、王韶之、謝超宗、謝幾卿，皆當入流寓。

孔圭　卷五十四　文苑

案：當從《南齊書》作稚圭。　案：稚圭當在孔廣之下。　案：《南史》作孔圭，去稚字者，以避唐高宗嫌名。

孔寧子　卷五十四　文苑

案：孔寧子當列卿賢，不當列入文苑。　何常之有下當作：是時徐羨之等弑少帝，以擁立功，專執朝政。　寧子惡之，與王華日夜構之。　末當有次年羨之等誅六字。

賀德仁　卷五十四　文苑

時比漢荀氏下當作：陳鄱陽王伯山爲會稽太守，改所居甘滂里爲高陽里云。此據《舊唐書》改正。

陸翺　卷五十四　文苑

末後仕至下一段，當作：吏部郎中，知越州，歸老稽山。宋庠、杜衍皆賦詩送之。孫佃別有傳。

唐默　卷五十四　文苑

陸農師列爲上客句，當刪去。爲臨川法曹下當作：參軍陸佃嘗稱其詩曰。

華鎮　卷五十四　文苑

鎮好學博古，鎮字當删去。名人宗師，宗師二字當删去。至於五季下當作：及宋皆序而詠歌之。争金人尊號下當作：忤當路。及都城失守，二帝北狩，初平憂憤而卒。

俞亨宗　卷五十四　文苑

以文章爲事下當作：嘗爲詞科業，三洪公讀之。

陸淞　卷五十四　文苑

佃之孫下當作：放翁從兄弟也，嘗知辰州。

楊維翰　卷五十四　文苑

三蘇字帖，帖字衍。監辨當作監書。

鄭賀　卷五十四　文苑

歸宗當作返儒服。

張世昌　錢恒　卷五十四　文苑

諸暨人下當作：元時爲本州訓導。洪武初，又爲本縣教諭。爲詩善比事，以故多爲排律詩至詩益工下當作：搜求舊作，焚之。同縣人錢恒，字九成，淹貫經史。治忽二字當删去。

岑安卿　馬貫　韋珪　李一中　卷五十四　文苑

寄託至思焉十二字當删去。下當作：岑氏兄弟多以科名顯者，安卿獨淪落不偶。頗覺天地窄下，當作：其坎壈可想。著有《栲栳山人集》。時郡人馬貫，字本道，早歲辟府從事。詩聲尤著下當作：又山陰人韋珪，字德圭，早年以詩鳴其鄉，有《梅花百詠》。李一中，字彦初，好讀書。

魏仲遠　卷五十四　文苑

當作魏壽延，字仲遠。高明、起章、公玉、竹齋、仲嘉、處敬、白雲、本初、元秉、九思、存敬、無逸、仁初、宗正、時中、用章、惟章諸字號，皆當删去。仲遠名壽延句當删去。

王俊華　卷五十四　文苑

案：王俊華，寧海人。

史琳　卷五十四　文苑

案：史琳當列鄉賢，不當列入文苑。無所避下當作：出爲陜西參議。值鞏昌番賊爲梗。以寔甘凉，寔當作實。轉江西下當作：左參議，豪民怙勢。境内以寧陞下當有左布政使舊例，王府歲禄，民自往輸，至加倍蓰不已。琳疏請令民解納布政司，由司轉輸王府。詔從之，擢四十字。案：以下俱據雷禮《皇明大政紀》增入。民困重役下，奪而字。時爲三患，爲當作稱。民賴以甦下當有又疏劾官戚假供奉名奪真定、大名等處居民果園。詔遣官覆視，罷還之。工部議增真定、保定等府惜薪役，又屢疏得止四十六字。上十六字下當有兼僉都御史五字。陳五事下當有弘治十三年六月七字。敵入榆林下當有以琳提督軍務六字。下當作：假便宜率偏師，先赴宣大，飭勵邊將。斬獲過當下當作：次年，敵犯河套。兵部尚書馬文升舉保國公朱暉及琳往禦，遂協謀搗巢。案：《大政紀》作偕尚書徐貫等上弭災六事，曰止織造、恤邊民、停傳奉、惜供應、節財用、戒無益。毀其廬帳而還下當作：十一月還朝，面陳邊務。西北多警下當作：命與暉治兵京營。十八年六月，敵犯宣府、大同。邊將失利。於是琳出宣府，暉出大同，合勢邀擊，數引去，斬獲百餘級，以捷聞。左都御史下當有再贈太子太保六字。

謝丕　卷五十四　文苑

案：此已見謝遷傳中矣。

倪宗正　卷五十四　文苑

案：文忠之謚，未可信，他書亦皆不見。

朱南雍　卷五十四　文苑

朱南雍下當有字子肅，號越峥六字。

孫鋌　卷五十四　文苑

案：此已見陞傳，且一無著述，何以得入文苑耶？

金蘭　卷五十四　文苑

紕請謁下當作：擢順天府丞，致仕，歸。久之，卒。

祁豸佳　卷五十四　文苑

周懋穀　卷五十四　文苑

案：豸佳入文苑，宜也。熊佳爲給事中，時風采甚著。李瑶《南疆繹史》中有傳，當改入鄉賢。

王自超　卷五十四　文苑

山陰人下當有洪謨子三字。

張文成　卷五十四　文苑

山陰人下司空二字當删去。案：自超與棨，皆已污僞職。南都定讞，入之從逆六等之末。

李平　卷五十四　文苑

博學好古下壬子二字當删去。人物一志下當作：皆其草創，而同學董欽德。和煦下若字當删去。

馮應求　卷五十四　文苑

案：平爲明山東巡撫懋芳之孫，但一無著述，何以得列文苑？

祁班孫　卷五十四　文苑

諸暨下當有人字。自號蒼源逸士句當删去。

祁曜徵　卷五十四　文苑

案：全祖望《鮚埼亭集》中有《祁六公子墓碣銘》，言其志節甚備。是不得以文苑概之。當采取碣銘，改入鄉賢。惟銘不載其有子曜徵，當據祁給事熊佳所撰《忠敏公行實》及《祁氏家譜》補入。又公子歸葬日，其寧古塔所置妾之柩，適同日至，越人以爲異。當據商盤《越風小傳》補入。

字既朗下當作：班孫子，諸生，著有《卧士詩稿》。慈銘謹按：卧士先生，一字赤田，爲予五世祖妣之父，宜附入弈喜先生傳。

史汪玢　卷五十四　文苑

號彭蘼三字當删去。凡别號皆不宜載入。康熙癸巳下當作：舉於鄉，官臨海教諭。性孝友，篤學力行，與桐城方苞、金壇王步青等游往，復砥礪，至老不倦。有文集行世。子積琦，字德章，有至性，於人無忤。號潤齋三字當删去。舉人下奪官字。慈銘謹案：潤齋先生娶予五世祖横川府君女，生子上善，乾隆戊申解元。

傅王露　卷五十四　文苑

假歸下當有雍正中浙江總督李衛開浚西湖。成，請王露撰《西湖志》，遂成四十八卷，徵引極博。乾隆初，舉博學鴻辭，不赴四十二字。

章大來　卷五十四　文苑

會稽下奪人字。歲貢生下當有：爲毛奇齡高第弟子。奇齡所著《四書賸言》《四書改錯》等，多載大來之説。與郡人李登瀛、余懋杞第結詩巢二十子文酒之會四十七字。

魯曾煜　卷五十四　文苑

六十餘下奪乞字。

周徐彩　卷五十四　文苑

族之孤孀當作族之嫠。毛太史奇齡、朱太史彝尊，太史二字均當删去。

金毓湘　卷五十四　文苑

鑑曲當作鏡湖。弟懋南上當有懋杞二字。懋棅上當有懋楠弟三字。蘇文忠至得之廿一字當删去。此何足紀。文核等集下當作：弟彪，字龍池，性高簡。善書。暮年猶日握管，臨池不輟。

王秉和　卷五十四　文苑

衡永道下當作：改陝西洮岷道。

章標　卷五十四　文苑

會稽人下當作：幼不善舉子業，搜取古書，讀之徹晝夜不倦。父善畫，標幼即能之。從父遊粵東，贅於陳。標弗顧下當作：涕泣曰：父柩不歸，懷婚姻乎！栽蔬其中下當作：時復涕泗，不能自已。家有祖父已老，母又病，日以繪事易藥餌。或勸之遊，曰寧守貧以侍親。養難薄，意快也。生平篤慕下當作：倪瓚之爲人，亦以是忤俗。與人約必踐。

傅學沆　卷五十四　文苑

案：學沆著述，世不經見。吾越知之者，近時番禺凌揚藻著《蠡勺編》，引莫庵之説甚多，皆考證經史者。

商盤　卷五十四　文苑

案：盤爲周祚玄孫，本會稽人。其祖父始居嵊。當作：字寶意，明吏部尚書周祚之玄孫。祖洵美，舉人，官嘉興教諭。父元柏，舉人，官諸城知縣。盤年十九。而髫齡三字當删去。成均二字當删去。乞外任下當作：前所未有也。當出知廣西新寧州，上以其親老，特改授鎮江府同知。

又案：蔣心餘本不知文，故所敘多不合法。王述庵《春融堂集》中有《商君墓志》，較詳覈，可據補。

何嘉珝　卷五十　文苑

案：何嘉珝與先殿纂公諱登瀛及商和、劉正誼等二十人結詩巢，相唱和，乃康熙朝事。此志先商盤、王秉和等而後嘉玥，先任應烈、胡天游等而後劉正誼，序次皆不合。李慈銘附記。

鄔希文　卷五十四　文苑

餘姚下奪人字。

諸重光　卷五十四

稍長至受業焉十二字當删去。傅文忠下當有公傅恒三字。丁母憂下當作：貧不能葬。時郡人梁文定公國治撫湖北，往就之謀，得疾，卒。吐詞清拔下當作：又善楷法，傲睨一世，即名士鮮當意者，而好汲引後進。

毛師灝　卷五十四　文苑

壬申下當作：會試中式，應朝考，以懷挾除名。大學士忠勇公傅恒延爲子師。

王元愷　卷五十四　文苑

山陰人（天）〔三〕字當删去。困場屋幾四字當删去。得一言下當作：即解教授邑中，從遊日衆。同庠下奪生字。史論上奪有字。晚營壙植梅五字當删去。

劉正誼　卷五十四　文苑

山陰人下當有諸生二字。多隱德下當有與縣人李登瀛、余懋杞、章大來等二十一人，重建楊維楨詩巢於湖桑埭，日相唱和。以詩授三子，咸有家法。著有《宛委山人集》四十八字。此見陶元藻《篁村集》、商盤《越風小傳》及先殿纂公《天山詩集》。炁伯附記。

范曰俊　卷五十四　文苑

性孝友下當作：其祖父客於楚，病甚。曰俊時未冠，馳赴漢陽侍疾。早世當作早卒。乾隆下當作：初始挈眷歸。

虞忠　卷五十五　忠節

忠子潭，作譚誤。末字思奥一段删去，當作：見鄉賢傳。案：潭已見鄉賢傳，此全襲《三國志》注文，故複出耳。

嵇紹　卷五十五　忠節

案：嵇紹究不得謂之越人，或附見於康傳可耳。

謝琰　謝邈　卷五十五　忠節

案：謝琰、謝邈皆非越人。

張嵊　卷五十五　忠節

案：張嵊自是吴人，何容强列。末注《剡録》何足據？

陳性善　卷五十五　忠節

案：此志所載，知陳性善、毛吉、沈束、沈鍊、黄尊素、陸夢龍、倪元璐、施邦曜、祁彪佳、周鳳翔、余煌、陳潛夫、熊汝霖、何騰蛟、嚴起恒等，《明史》皆列大傳，不入忠義，以諸公行事卓著，不僅一節之奇也。謝澤、郁采、丁乾學、鄭道謙、高勣等，則俱見於附傳。惟以孫燧入忠義傳，亦爲可議。忠義固非止以一死見者，不得與張焜芳、顔日愉等比也。此志以性善及謝澤等入忠節，猶可。若二沈、黄、倪、施、祁、熊、何諸公，皆一代偉人，而概以一節，遂使鄉賢傳中黯然無色矣。後之修志者，所當亟爲更正也。

沈鍊　卷五十五　忠節

吏部尚書夏邦謨下奪叱字。沈鍊也下當有邦謨怒曰：何小吏而言若是！鍊曰十三字。嵩父子大喜下，當作：許論時長兵部。末當有：襄字叔成，初下獄時，搏土爲鼓，祝曰：鼓鳴，吾冤當白。因晨擊之，一日忽鳴，而嚴氏敗。襄伏闕訟冤，得雪。襄官至姚安府知府。襄土鼓事，據汪有典《史外》增。

謝志望　卷五十五　忠節

當作大學士遷玄孫。

倪元璐　卷五十六　忠節

案：倪涷字霖仲，歷官有聲，詳見《文貞公集》中《先考中議大夫雨田府君行述》。沈德符《野獲編》亦極稱其爲南兵部郎時處置快船一事，而以未得大用爲惜。此當采節行述，爲補立一傳者。慈銘附記。體仁益怒下當有元璐先娶吏部尚書陳有年女，以不得於姑，被出。元璐更娶王氏，而瞻陳終其身。體仁詗知之三十六字。

祁彪佳　卷五十六　忠節

慈銘謹案：忠惠之父承㸁，字爾光。萬曆三十二年進士。由部曹歷官江西右參政、分守寧太道。嘗以邊才薦於朝所，至有惠政，祀名宦者五。著有《牧津》四十四卷。喜聚書，多至數十萬卷，校勘精慎。著《談生堂藏書約》一卷，備言讀書、聚書、購書、鑒書之法。世以爲名言。其所鈔書，多世所未見。嘗手寫《日録》八册。藏書之富，冠於東南。此亦當別立一傳者。《明史》於忠惠傳，僅以祖父世清白吏一語括之，並不著其名，亦其疏處。山陰人下當作：布政使清之曾孫。父承㸁，由進士官江西參政，有清節文學。彪佳生而英特。

鄭遵謙　卷五十七　忠節

此傳當悉據俞志及李瑶《南疆繹史·鄭遵謙傳》補入。

鄭之尹　卷五十七　忠節

此當移在前遵謙傳之上，或即附遵謙傳中。

何育仁　卷五十七　忠節

山陰人下當有尚書詔五世孫六字。末當云：曾孫熠，見鄉賢傳。育仁弟宏仁自有傳。

何宏仁　卷五十七十二　忠節

山陰人下當有育仁弟三字。

吴邦璿　卷五十七　忠節

案：《鮚埼亭集》附見朱大典事狀中誤作兑孫。少自負下當作：學兵法，娶傅氏婦。陶、劉二將同死下當作：傅氏聞之。

孫嘉績　卷五十七　忠節

五世孫下當有大學士如游之孫七字。熊汝霖入郡下當作：城遣使迎魯王於台州，遂監國於紹興，會兵江上。晉右僉都御史，再加兵部尚書兼東閣大學士。比師潰，嘉績携印綬圖籍，由江溯海，入滃洲，疽發背卒。時丙戌六月二十四日也，年四十四。明年，贈太保，謚忠襄，官其子延齡爲右僉都御史，巡撫閩南，晉兵部侍郎、户部尚書。嘉績初葬滃洲。越二十八年，孫訥渡海扶柩，返葬燭湖。案：嘉績實以病卒於海上，此從毛奇齡等所紀，誤也。全謝山《鮚埼亭集外編·孫忠襄公神道碑銘》言之甚詳，當據以補正。

王翃　卷五十七　忠節

案：《鮚埼亭集外編》有《明故兵部右侍郎兼都察院右僉都御史王公墓碑》，所載甚詳，當據碑文及《越殉義録》增補。

章欽臣　卷五十七　忠節

當作章憲，字欽臣，會稽人。魯王監國，從孫嘉績軍駐江上，積官至都督同知，領火攻營。丙戌師潰，被縛，見總兵吴學禮，不屈。據全謝山《金夫人廟碑》及李瑶《南疆佚史》增補。

顧翱　卷五十八　孝行

案：此會稽是吴人。凡兩漢會稽之顧皆吴産。此云家近太湖，則非越人明矣。

陳業　卷五十八　孝行

案：此與下卷六十二隱逸之陳是一人也。此事《初學記》人事部亦引之。末注《會稽先賢録》當作《會稽先賢傳》。

孟英　卷六十　義行

當作孟英，字公房。見《太平御覽》引《會稽典録》。上虞人，爲郡决曹掾。郡太守撾殺非辜。事發，當覆考。引罪自服，遂代太守死。子章復爲郡公曹，從討賊。兵敗，爲賊所射，以身代太守死。虞翻稱英三世死義。案：王充《論衡·齊世》篇云：會稽孟章父英爲郡决曹掾，郡將撾殺非辜，事至覆考，英引罪自予，卒代將死。章後復爲郡功曹，從役攻賊，兵卒北敗，爲賊所射，以身代將，卒死不去云云。此志所據《會稽典録》，蓋采之《三國志·虞翻傳》注。其事不備，當據《論衡》補入。恣伯附記。

吴孜　卷六十　義行

王十朋當作王龜齡。

顏彦成　卷六十　義行

中書舍人當作中書侍郎。

沈堯孚　卷六十　義行

案：沈應文，明隆(應)〔慶〕二年進士，其任刑部尚書，在萬曆三十六年，見《明史·七卿表》。則其祖豈得爲宋人？既知府省志之誤，何以仍附宋末耶？

毛倫　卷六十　義行

丹青當作繪事。同研當作學友。居巢當作居室。

丁美　卷六十　義行

案：凡厚於兄弟者，皆不得謂之義行。此等或仿《新唐書》立孝友一門。併上孝行志中人，區爲一類，亦可。悉伯附記。

徐恩　卷六十　義行

吾于虎何讎句當删去。邑大夫當作縣人副使。

張景華　卷六十　義行

唐明經當作山陰人，貢生。

魏國選　卷六十　義行

號萬至寠甚九字當删去。如己出下當作：先是國選家甚貧，出游京師，所聘妻之父母欲毁盟，女不肯奪志，鬱鬱而卒。國選誓不再娶。及得官，終身不近婦人。遂以弟子爲嗣。

姜天樞　卷六十　義行

餘姚人下當有逢元子三字。其法自天樞始，當作：得報可。侍御當作御史。争館驛故下當作：誣劾之，詔下之理。值旱灾，恤獄，閹臣同法司鞫訊事，無一實。迨三十年當作凡三十年。末如其官下一段，當作：倪元璐殉節後，未得葬。天樞有善地，在聖義洞，即舉以贈焉。

史奕楠　卷六十　義行

號新儒三字當删去。傳例無略字而言號者。新儒二字亦不似字，所謂不合義法，不當書者也。崇禎癸未，當作崇禎末。陳子龍下當作：高第弟子。歲乙酉，從史可法於揚州。可法於弈楠，從祖行也。適四鎮構争，且乏餉，旦夕即有變。可法患之，因令弈楠往説馬士英，竟得所請而還。可法喜曰：此真吾家千里駒也。特疏薦於朝。弈楠見時事已不可爲，又念母，即辭歸。途次嘉興，而南京已不守矣。魯王時，科臣交薦，以兵部郎監軍用。復不就。及王師定浙東，衢州知府雷某知弈楠名，延爲上客。

老哥　卷六十　義行

當作俞氏老僕者，失其姓名，俞氏以老哥呼之，遂稱老哥。俞氏營居室，老哥率妻孥爲工匠。執爨三年，不少懈。匠各得醉飽，咸殫其力，以是室成獨堅。崇禎末，白頭賊起，所過焚劫。無所獲下當作：怒以烈炬，縛廳柱而去，時老哥已中賊矛。

周方蘇　卷六十一　義行

偶因事外出，當作：偶以事他出。汗徹於頂及下奪歸字。遇兄弟，遇字衍。族姪黄門當作族子。黄門當作洪謨。

胡明顯　卷六十一　義行

八十七而卒下，當作：妻李氏父官錦衣，罹不測。

張陛　卷六十一　義行

欲屠城下，當作：陛於烈日下長跪竟日，乞身往撫之，得請，而群盗悉平。戊子，母病，告歸。康熙甲寅，耿精忠叛，隨征入閩。陳龍等下當作：功增秩。時地方初定。陳請當事，請誤作情。末子錆下一段，當作：亦以隨征功授知縣，敘功加秩，遺産悉授諸弟。奉閩督姚啓聖委修三江閘、西江塘，皆有勞。輿論稱之。

倪會鼎　卷六十一　義行

此公豈可以義行概之！茹三樵《竹香齋古文》中亦有《元功先生傳》，可參取。字子新下當作：元璐之子。幼侍父於京邸。十四歲時嘗出游，偶憩樹下。中貴數人，見其髫而儒雅。時纔十四齡耳句當删去。下當作：黄道周謫官，道出越，養疴於倪氏衣雲閣。患難間下當作：從受性命經濟之學。嘗慨然曰：巨寇方縱横。吾黨憂也下當作：元璐殉國難。行旅斷絶，鶉結奔喪。逐士寇下當作：以應卒，扶柩歸里。秦檜之奸下而字衍。唐王立閩中，當作：唐王立於閩。卒不拜下當作：且上書於王，謂今者謹以一成一旅之資，申畫郊圻，無食無兵，揭竿斬木之衆，率皆市井白徒，其視宋之祥興，相去幾何？存亡之幾。守越封耳下當作：書報聞。而王命道周引兵趨婺源。亦幸矣下當作：何敢復希榮位，力辭之。元璐之喪歸也，家貧不能營葬。世祖章皇帝賜謚褒恤，錫墓田以供蒸嘗。日侍晨夕，日作而，誤。按畝輸課下當作：分段鳩工，復命子運建董其役。

保障屹然下當作：迄今賴之。道周之死於江寧也，會鼎方以病寓徽，慟哭，持弟子服，往爲含殮，寄其櫬於僧寺。坑治之屬下當作：悉敘其源流得失，歷二十載，至年八十而書成。

陶峒　卷六十一　義行

侍御當作御史。

吴乘權　卷六十一　義行

談鋒所直句當删去。《綱目》九十二卷，即今所傳《綱鑑易知録》，村蒙書耳。其《史記論文》一書似較勝。

王煜　卷六十一　義行

字錦雯下當作：弟煒，字越雯。與炯，字旬雯。孿生。

陳學敬　卷六十一　義行

州倅當作州判。

陶元憲　卷六十一　義行

末注當作孫男思淵撰墓志。

陳業　卷六十二　隱逸

案：此即孝行之陳業，引見《三國志·虞翻傳》注。又《水經注·漸水》篇載桓儼貽畫事，亦當采入。

許璋　卷六十二　隱逸

陳先生獻章當作陳獻章。歸途至省記矣四十三字當删去。下當作：王守仁初以病居陽明洞。共參道妙下當作：其後自江西歸。璋没後下當作：守仁題其墓，知縣楊芳爲立石。文成亦當作守仁。又謂至半縣陳四十八字當删去。占卜二字當删去。

陳祖齡　卷六十二　隱逸

恭惠當作承學。

吕玉涵　卷六十二　隱逸

新昌下奪人字。

余增遠　卷六十二　隱逸

案：凡入隱逸者，皆未仕而樂山林之人。若余增遠之國亡棄官，志節卓絶，豈得以隱逸概之？此亦未知史例故也。

余元文　卷六十二　隱逸

案：此人何足紀？又何以謂之隱逸？

吕和鈞　卷六十二　隱逸

新昌下奪人字。嘗集諸家詮注。此何書耶？

劉三達　卷六十二　隱逸

避嚚字，當作嚚。

陳洪綬　卷六十二　隱逸

方伯當作布政使。棄去上輒字衍。世争購之下當作：華亭陳繼儒嘗曰。章侯爲蕺山弟子。此事必當補入。全謝山亦言之。

余增雍　卷六十二　隱逸

此當附增遠傳，亦不得謂之隱逸也。

方干　卷六十三　寓賢

缺唇字，當作脣。

于立　卷六十三　寓賢

放浪江湖間下當有自號會稽外史六字。

慧皎　卷六十九　仙釋

案：鈔本《高僧傳》有自序，後題云：梁末承聖二年癸酉，避侯景難，至湓城。甲戌歲二月捨化，春秋五十有八，葬于廬山禪閣寺墓。龍光寺釋僧果記。

智永　卷六十九　仙釋

案：《嘉泰志》作兄子孝賓。

道芬　卷六十九　仙釋

案：此出《名畫記》。所舉六人皆唐人。

智果　卷六十九　仙釋

會稽人下當作：師智永，居永興寺。案：《嘉泰志》作永欣寺。工草書，銘石甚爲瘦健。煬帝甚善之，嘗謂永師云。

辨才　卷六十九　仙釋

當作辨才，俗姓袁氏，梁司空昂之玄孫。此十一字據《嘉泰志》增。智永弟子。

道芬　卷六十九　仙釋

案：張彦遠《歷朝名畫記》云：僧道芬，會稽人，畫山水，格高。

五代　卷六十九　仙釋

鑒真後當補列行瑫律師，後周顯德時大善寺僧，撰《大藏經音疏》五百餘卷，江浙左右僧坊皆盛行之。案：慧琳《大藏經音義》，卷首有日本獅谷僧槃譚紀事，引《宋高僧傳》卷廿五後周會稽郡大善寺行瑫律師，瑫川人，號西巒。嘗慨唐太原處士郭迻《音義疏略》、慧琳《音義》不傳，遂述《大藏經音疏》五百餘卷。今行於江浙左右僧坊。又宋沙門處觀大藏音有柳豫序，亦云昔瑫法師嘗著音釋，附於函末。

海慧　卷六十九　仙釋

李文靖當云李沆。

法華　卷雲十九　仙釋

朗法師，法誤作從。留下奪詩字。

陳閎　卷七十　方技

案：《太平御覽》卷七百五十一工藝部引《唐畫斷》作宋宏。《嘉泰會稽志》作陳閎。其他文皆同。惟閻立本，《御覽》作閻令，《嘉泰志》作國朝閻令公。蓋《御覽》有脱字，《嘉泰志》全本之《唐畫斷》也。《新唐書·藝文志》有朱景元《唐畫斷》三卷。會昌時人，與張懷瓘《畫斷》異，在懷瓘之後。今《四庫》著録作《唐朝名畫録》。

孫位　卷七十　方技

無有敵者下當有：至後蜀孟昶時，蜀人匡山處士十二字。其先至兹寺偶二十九字當删去。

案：此出《野人閑話》，《太平廣記》卷二百十四引之，是蜀人所記，故稱歐陽爲渤海，及景焕其先亦專書畫云云。與越無涉。對之下當作：翰林學士歐陽炯復作歌行一篇，草書，僧夢龜書之於壁。末注或有下闕字爲異人二字，間下爲生字。地脉深深。深深當作沉沉。

古蹟志

青籐書屋　卷七十一　宅

末附董暘記玄關，誤作串關。

瑞雲樓　卷七十一　樓

末附錢德洪記，公夫人鄭妊，妊誤作姓。

王右軍書樓　卷七十一　樓

傅會誤作傳會。

鎮東閣　卷七十一　閣

末附章大來記爲會稽國下當增曰：爲東揚州。宋及梁、陳。爲揚州宋孝武大明中事。下當作：爲吴州總管府，爲越州總管府，爲越州都督府，爲浙東道。案：吴越建國時，先稱東府，後稱東都，又稱會稽府。

陵墓志

明史部尚書謚清簡孫鑨墓　卷七十三　山陰

案：清簡梅山之墓在本覺寺側，其塋兆及石人、石虎、華表俱已立，而以寺僧争其地，卒虚其穴，故葬於鑄浦山。

孫如法墓　卷七十三　山陰

當作明刑部主事贈光禄少卿孫如法墓。

朱燮元墓　卷七十三　山陰

當作明少師川湖雲貴廣五省總督朱燮元墓。

諸大綬墓　卷七十三　山陰

當作明吏部侍郎贈禮部尚書謚文懿諸大綬墓。

祁彪佳墓　卷七十三　山陰

當作明蘇松巡撫謚忠惠祁彪佳墓。

禹穴　卷七十三　會稽

末附楊慎《丹鉛録》。案升庵議論，多杜撰，不足據。此條以争禹穴在蜀，爲其鄉里榮，遂至武斷經文，尤謬妄可笑，不應采入。烝伯附記。

宋贈開府儀同三司謚忠肅陳過庭墓　卷七十三　會稽

案：已見山陰。

宋贈少師謚文肅沈紳墓　卷七十三　會稽

山陰杜孝廉春生云：紳謚文肅，雖見萬曆府縣志，然志既不爲立傳，核其官職，僅爲少卿，亦不應得謚。越中沈氏皆祖文肅，恐屬家譜傳聞之訛。

明武英殿大學士贈太保謚文貞錢象坤墓　卷七十三　會稽

案：文貞父墓在小隱山下。文貞父名九疇，諸生。母傅氏。墓前有碑刻。文貞自檢討至少保。封誥爲倪文貞、余忠節、姜尚書逢原三公所書。

陶承學墓　卷七十三　會稽

禮部尚書誤作吏部尚書。

陸夢龍墓　卷七十三　會稽

固原道上，當有陝西參政四字。

劉宗周墓　卷七十三　會稽

當作明左都御史謚忠介劉宗周〈墓〉。

王思任墓　卷七十三　會稽

當作明禮部侍郎王思任墓。

王毓蓍墓　卷七十三　會稽

當作明正義先生王毓蓍墓。

太子少傅東閣大學士謚文定梁國治墓　卷七十三　會稽

即南池，其墓道碑在步頭。

王三才墓　卷七十四　蕭山

當作明應天府尹贈侍郎王三才墓。

何孝子墓　卷七十四　蕭山

當作明何孝子兢墓。

明來道宗墓　卷七十四　蕭山

當删去。

翁溥墓　卷七十四　諸暨

當作明南京刑部尚書翁溥墓。

李光墓　卷七十四　諸暨

當作宋少保參知政事資政殿學士謚壯簡李光墓。

黄珣墓　卷七十四　餘姚

當作明南京吏部尚書謚文僖黄珣墓。

史琳墓　卷七十四　餘姚

當作明右都御史贈太子太保史琳墓。

謝丕墓　卷七十四　餘姚

當作明侍郎贈尚書謝丕墓。

陳雍墓　卷七十四　餘姚

當作明南京工部尚書陳雍墓。

魏有本墓　卷七十四　餘姚

當作明右都御史贈尚書魏有本墓。

錢德洪墓　卷七十四　餘姚

當作明刑部郎中錢德洪墓。

孫陞墓　卷七十四　餘姚

當作明南京禮部尚書諡文恪孫陞墓。

陳陞墓　卷七十四　餘姚

當作明侍郎贈尚書諡文僖陳陞墓。

翁大立墓　卷七十四　餘姚

當作明南京兵部尚書翁大立墓。

孫堪墓　卷七十四　餘姚

當作明都督僉事孫堪墓。

孫鑛墓　卷七十四　餘姚

當作明南京兵部尚書孫鑛墓。

沈應文墓　卷七十四　餘姚

當作明南京刑部尚書諡莊敏沈應文墓。

黄尊素墓　卷七十四　餘姚

當作御史贈太僕卿諡忠端黄尊素墓。

何鑑墓　卷七十四　新昌

當作明太子太保兵部尚書何鑑墓。

吕光洵墓　卷七十四　新昌

當作明南京工部尚書吕光洵墓。

莊敏　卷七十四　補遺

陶大臨　卷七十四　補遺

當作明兵部侍郎贈尚書謚莊敏，陶諧葬上虞花浦。

陶幼學　陶崇道　卷七十四　補遺

當作明禮部侍郎贈禮部尚書。

司字俱衍。

明刑郎中錢德洪墓　卷七十四　補遺

徐存齋當作徐階。吕南渠當作吕本。案：此已見前。

陵墓補遺　卷七十四

末當增明大理寺少卿商爲正墓，在木客山羊小湖。爲正，字□□，號燕陽，吏部尚書周祚之祖父。陶文簡之婦翁墓前有商公祠，文簡書額。明少詹事贈禮部侍郎司馬恂墓，在項里龍山。

金石志

晉太康瓦券　卷七十五

對共破莂，共誤作兵。

唐賀知章二告　卷七十六

《寶刻叢編》引《復齋碑録》云：政和辛卯摹勒上石。

唐龍瑞宫記　卷七十六

案：杜氏《越中金石志》稱爲《龍瑞宫界至記》，其文尚全。

唐香嚴寺碑　卷七十六

署誤作著。

唐大理少卿康公夫人河間郡君許氏墓志　卷七十六

案：此即前一碑也。六，五字誤耳。

唐元儼律師戒壇碑　卷七十六

儼誤作嚴。

唐越州開元寺律和尚塔碑　卷七十六

諱曇下奪一字。

唐會稽山南鎮永興公祠堂碑　卷七十六

當作貞元元年《寶刻類編》作貞元九年。四月試左衛兵曹參軍羊士諤撰，試太子正字韓杼材書。皆據《寶刻叢編》。

唐復禹衮冕并修廟記　卷七十六

禹下奪廟字。

唐禹穴碑　卷七十六

案：《集古録目》載太和三年右補闕陸洿題名篆書，在茅山，自稱麋鹿臣。

唐五大夫市新橋記　卷七十六

周授，《寶刻叢編》作周援。

唐賜李褒改大中禹跡寺敕　卷七十六

《寶刻叢編》引《復齋碑録》，大中年刻。

唐琅琊王子踞墓志　卷七十六

琚誤作踞。《寶刻叢編》引作十一月二十日。

唐魏絪府君墓志　卷七十六

絪誤作緗。

唐董府君墓志　卷七十六

當作魯郡祝知微撰。

唐立王右軍祠堂碑　卷七十六

《寶刻類編》亦云范的書。

唐雲門寺畫華嚴經變相讚　卷七十六

《寶刻叢編》引《復齋碑録》作馬鴻翥篆。

藝文志

山居賦　卷七十九

鎃摫誤作鈲摫。愧班生之夙悟句注，班嗣誤作班固。往渚還汀，往誤作枉。西谿南谷句注，谷漳水下，甽誤作畝。水出下奪始字。月隱山而成陰句注，孤山之南，之誤作水。敞南户以對遠嶺句注，江上遠嶺，上誤作山。捎玄，誤作互捎。事在缺一字。而思通，缺處是微字。苦以朮成，朮誤作木。甘以擣熟句注，擣治癰核，癰誤作擁。怨浮齡之如借，借讀階。長寄心於雲霓，霓讀蜺。末注半路下澗字，《宋書》各本俱作闊。今案當作間，以下竹字衍，半路間以渠澗，其文甚明。下傾柯盤石，傾誤作顧。又下在缺林之中，缺處《宋書》作巖。又下缺巖半嶺，缺處《宋書》作去。

廣會稽風俗賦　卷七十九

篤行則建業赴千里之期句注，吴卓恕，吴誤作晉。詩巢二十姓之人句注，案：少金太守以成一人。

乾隆紹興府志校記終。

（盧敦基　整理）

桃花聖解盦樂府

桃花聖解盦樂府外集

庚申初秋，閑居京師，風雨積晦，賓客不來。當門草長，没砌苔跡，日與東甌主人分據敗榻，琅琅讀書聲，與窗外老樹數十株自爲秋籟相答和。時江浙日警至，家書杳然，念輒心悸，因讀稍倦，則分題作樂府雜劇，以延寸晷之景。素不識曲，依譜填之。按於宫商，亦往往有合。所作多得於茶餘燭燼時。會上海事又急，夷舶入據津門，都人士相率避去，而兩人益讀且作不已。每一篇成，互相歎賞，絶不以時事參懷，惟老僕質衣糴米一啓關而已。知我罪我，其在斯乎？會稽莼老自記。

桃花聖解盦樂府第一種

會稽越縵堂李慈銘蓴客稿本　蕭山鍾駿文校刊

舟　覯

（小旦病容淡妝，雜撑船上）岸花汀絮欲何依，自悔巫雲别岫飛。玉骨瘦來無一把，見人靦腆著羅衣。奴家施氏弄珠，武林人也。幼擅芳姿，長稱慧性，清門愛質，林下風流。自隨父親作賈浙東，遂居鑑曲。奴家上頭時節，曾有會稽兹生，少同里闬，久著才名，赴選長安，聘爲副室，奴家父母已有成言。叵耐鄰人仇壬妄構事端，因而中止。仇壬遂爲作伐，嫁與黄姓牙郎。不到一年，貲財蕩盡，將奴賣入教坊，陷身樂籍。父母因返武林省墓，又遭寇難，不知存亡。忽忽三年，將愁度日。（淚介）幸得假母愛憐，以奴感傷致病，送往暨陽，就醫暫避。昨聞有新觀察使將次到任，官司唤奴承值，只得星夜力疾前來。唉！薄命可憐，失身至此！一路水光山色，盡是傷心寫照也！

【繡帶兒】消魂路，恁走不盡，迢迢水驛孤。雲鬟鎮日慵梳。恨屏山，多事描摹，恁長顰，猶畫眉嫵。無語枉東風，賺我雙淚珠，怕難贖這憔悴玉容無主。看點點飛荷墜絮，只願得似伊行快隨春去。（下）

（丑尖翅紗帽黑衣上）

【西江月】日日官場體面，朝朝王事賢勞。船夫馬卒怎開交，問我區區頭腦。報國鐵包紗帽，急公泥没靴腰。免教屁股橛天高，算是下官上考。

在下仇壬，當初原是個秀才，保舉做了一個學官。上司説俺文理不通，實降三級，恰好補了本地山陰縣蓬萊驛驛丞。一則喜得衣錦還鄉，二則驛前驛後地方，到好作些威福，不比那教官冷淡。（笑介）只道文章誤我，誰知富貴逼人。今日新觀察到任，起馬牌早已過去。闔城文武官員，俱往西興江口迎接。在下只爲地方緊要，不敢擅離。（雜扮二役暗上）（丑）驛卒那裏？（雜）有。（丑）觀察大人將到，你們隨我到驛門外伺候則個。（雜應介）（丑至臺角坐下）（雜立後隨意諢介）

（小旦坐船上）

【宜春令】（小旦）人烟密，竹樹疏。甚心情，戀著舟行畫圖。前面雉堞層層，已是越州迎恩門了。高城何處，砌斜陽，不隔愁來路。呀，這是蓬萊驛，爲何這般喧鬧。你看他，簇牙門，臨水旌旗；擁頭踏，迎風笳鼓。躊躇，富貴英雄，是何官府？

（雜泊船介）（丑喝介）哇！老爺在此迎接觀察大人。誰家眷屬，敢來這裏停船？驛卒，替我打開去。（二役應，作趕打。小旦、雜慌避下）（丑）阿唷唷！等了半日，肚腸餓斷，到等得一隻團臍蟹來。（雜）老爺，磕頭蟲還等不及，何不先把這蟹來充飢？（丑）放肆！（内鳴鑼介）（丑）觀察大人到了，快上前迎接去。（同雜慌走諢下）（内吹打）（場上設船帳，雜四人號衣撑船，二人黄馬褂扮旗牌，雜八人或六人門槍門旗，二人盔甲執大刀扮親將，末扮中軍，生紗帽金蟬翅貂尾大紅莽袍上）（生）

【前腔】材官擁，傳吏趨，荷君恩，出守雲山故廬。驪歌前度，便歸來，作個蓬萊主。舊書生，繡豸銀魚新節帥，汀鷗沙鷺歡呼。竹馬兒童，釣游盟侶。

卅載湖山落拓身，故鄉持節主恩新。市魁鄰女俱無恙，盡化甘棠蔭下人。下官兹純父，會稽人也。望系隴西，宗藩浙右。生王謝衣冠之族，擅馬班著作之才。獨步江東，空群冀北。自應秀才之舉，首登制策之科，遂以率府參軍，入兼翰林學士。優蒙聖眷，一歲七遷。今由鳳閣舍人，超拜文昌左丞、檢校御史大夫、浙東觀察使、持節越州刺史。以蘭省之上卿，兼柏臺之獨坐，出爲連帥，鎮撫江東，露冕八州，總干千里。尤喜莅兹民社，還我家山。司馬題橋，竟得諸侯負弩；買臣懷印，不須邱吏引衣。你看一路風光，已入山陰道上。魚鳥識使君之面，烟霞知太守之心。晴日迎帆，和風引旆。正是：寄語故園千樹柳，安排青眼看歸人。（末）禀大人，已到蓬萊驛了。（生）吩咐停船。（末應，吩咐介）（衆）嘎！（鳴鑼停船介）（雜四人紅旗引外、净、副末、副净各帥盔紅袍挂劍上）（外）月渚新開郡，（净）霞城舊領封。（副末）山懷靈運跡，（副净）樓跂隱侯風。（外）俺明州刺史李綽。（净）俺台州刺史韋安業。（副末）俺温州刺史蕭淹。（副净）俺婺州刺史鄭元素。（相見介）我們一同進見。（雜禀介）各部刺史迎接大人。（末）請少待。（末轉禀介）（生）説我出迎。（末）列位大人有請。（内吹打，外等四人上船。生迎見介）（外等各執手板聲諾介）請大人台坐，容刺史等庭參。（生）豈敢。（各遜坐，讓生正坐，外等分兩旁坐介）（生）有勞各位大人遠迓，深抱不安。（衆）刺史等幸隸旌麾，渴瞻台範。今日得拜馬首，深慰下忱。（生）僕以菲材，叨持使節。諸求見教，俾得仰答明時。（衆）大人中臺重望，鄉國名賢，刺史等得效馳驅，稍寬罪戾。改日領訓，就此告辭。（生）候送。（外等各打三恭，上岸拱別介）（外等下）（小外、老旦、小生、正旦紗帽緑袍手版上）（小外）俺越州刺史韓滔。（老旦）俺越州别駕周亞。（小生）俺越州司馬柳嗣徽。（正旦）俺山陰縣令皇甫侑。（小外）某等闔州僚屬，前已接過大人。今此再來求見。（相見介）請了，就此通禀。（雜禀介）越州郡僚及山陰等七縣縣令求見大人。（各遞手本介）（末照前禀介）（生）請明日公署相見。（末出還手本介）（小外等下）（雜四人戎裝雉尾挂刀上，向末唱諾介）兵馬守捉使劉赫之、吐突輝，牙將薛雄、程萬傑，求見大人。（末禀介）（生）明日節衙傳見。（末出傳介）（雜四人下）（生）中軍，宅眷何時可到？（末）禀大人，宅眷輜重，係緩程進發，須明日纔到。（生）就此傳令文武各官，各歸職守。牙役三軍，各歸隊伍。俟明日太夫人、夫人到來，一同擺隊入城。今日且就此權泊一宵者。(末)領鈞旨。(吩咐介)(内闕應介)(丑上跪伏介)(雜旗牌)咦，你這官兒爲何不去？(丑)小官蓬萊驛驛丞，今日足足跪了一日，此時纔得挨近前來。相煩通報，求見大人。(旗牌)哇！大人吩咐，合城文武百官，概不接見。量你這個驛丞，多大官兒，偏要見大人。快快走開去。橛著屁股，老爺不耐煩看這臢東西。(作趕丑諢下)(生)各官已散，天色未遲，這裏是俺故居，不免私行上岸，一看近來風景。中軍！(末)有！(生)俺待上岸，察看風俗一番。你可看守這船，小心彈壓。(末應介)(内吹打，生換巾服上岸介)(生下)(末吩咐掩門。衆下)(小旦、雜搖船上)(雜)好了，這裏是媚仙橋，離官亭已遠，好泊船了。(作櫳船泊介)(雜下)(小旦)這一場煩惱，从那裏説起。

【降黃龍】驚虞，似這等、漂泊江湖，浪打風欺，鴛鴦無主。咳，這媚仙橋，離我舊家不遠。你看門巷依然，玉顔難返。(淚介)只那角紅樓缺處，一搭垂楊，還讓鶯住。便是這橋畔呵，模糊河橋烟樹，是年年鈿車，踏青歸路。到今日呵，(取琵琶介)只這抱琵琶，西鄰東巷，姊妹知無。

我想使君已到，明日恐有筵宴。只這彈唱未工，冰絃久澀，不免閑理一回罷。(作彈琵琶介)(生緩行上)

【醉太平】(生)歸歟，桑麻衡宇，有題詩僧舍，賒酒黃壚。前面是媚仙橋了。畫船烟渡，是誰理檀槽錦柱。(作見旦，各驚顧介)(旦放琵琶起介)(生背)這女子好生面善。(小旦)這郎君是何處見過？(合)生疏，驀逢著，那人可是對門居。(各回盼介)秋水盈盈，看承人處。(各作疑狀介)祇春風識面，記不起，陌頭楊柳、山下蘼蕪。(重回顧介)(丑帶雜二人冲上)(生掩面急下)

（丑）哇！你這女子，會彈琵琶，像是個官妓。到了此地，也不來參見我老爺。（作細看小旦介）呀！原來就是施弄珠。（背介）且住。我想這位兹大人在家時節，爲這施弄珠，同我有些過不去。正怕他提起此事來，没有擺佈。今日却好撞見這人，真是官運亨通，天賜其便。就把他獻將上去，彌縫彌縫，也見得我巴結。（轉向小旦介）我許久不見你了，此刻新觀察大人駐節馬頭，快上岸來，隨我去承值。走走走！（同雜擁小旦下）（雜槍旗從人，末中軍上）（生上）（作下船。內吹打，生换冠帶坐介）（丑上）（小旦隨上）（丑向船跪介）（旗牌）咦，你這黑東西，又來做什麽？莫非你爲後門没有買賣，帶得家眷來了麽？（丑）央求老哥，替我禀一聲，在下驛丞仇壬，與大人曾有一面的。爲此特特帶領教坊施弄珠一名，來伺候大人。（作袖中遞銀與雜介）這點意思，孝敬老哥。（雜收銀轉禀中軍，末禀生介）禀大人，有這裏驛丞仇壬，説是認得大人，定要求見，並帶教坊施弄珠在此伺候。（生）我纔打聽得此地驛丞，甚不安静，原來就是仇壬。且慢處治他。只是施弄珠爲何做了官妓？方纔舟中所見，莫非就是他？（向末介）中軍，你去吩咐仇驛丞，且在岸上候著。唤那施弄珠下船見我。（末應，出傳介）（丑起，向小旦介）姑娘須要小心。（丑下）（旦作登舟望見生介）

【浣溪沙】（小旦）看他雀屏深，鸞旗護，帳中居。蟬冕貂褕，只這兩行官燭，照繙書。誰家年少專城婿，簇簇朱衣夾岸扶。近前羞斂羅裾。（跪介）大人在上，部妓施弄珠叩頭。（生）

【前腔】看他額黄稀，眉青鎖，粉痕疏，唇褪猩朱。只憶著填橋鴔鵲待黄姑。分明是卷衣蝴蝶東家女，却做了薦枕鴛鴦北里姝。待問他幾時還我明珠。

左右迴避。（末衆應下）（生）你這女子那裏人氏？因何落在教坊？（小旦）大人容訴：

【滴溜子】居鑑曲，守他西施門户。俟城隅，錯認黄昌夫婿。當初曾有里中兹秀才，聘爲箆室，因仇驛丞突起風波，將身嫁與黄氏。只爲這紅絲牽誤，到後日呵，珠暈道上倡，金换閨中婦。恁十里平康，强顔歌舞。

（生）原來如此。你如今還想著兹秀才麽？（小旦）秀才一去三年，杳無信息。賤妓飄零至此，未知今生可能相見。（生笑介）你且起來，認下官一認。（旦起見生，作驚背介）這分明是兹秀才。方纔媚仙橋上，好像見他，爲何又在此地？（生）可還認得？（旦泣介）還求大人憐憫。（生）珠娘，自乖良約，常念芳姿。不料一别三年，卿已者般流落。（起唱介）

【鮑老催】春來春去，桃花决絶重門路，楊花牽惹偏舟渡。一紙書，萬里程，三年誤。紅梔遲結同心侣，紅蘼重訴相思苦。誰做這東風主？

（小旦）賤妓宿願不堅，致斯玷辱。自憐弱質，生死無依。今日幸見使君，死可不恨。請得畢命君前，以償宿志。（淚介）

【前腔】傷心難訴，藍橋驀阻長安霧，秦樓怕見長干路，朝淚枯，夕淚盈，何時住？看愁紅的的江花雨，慘青疊疊江亭樹，只望得君憐取。

（生）珠娘且耐愁煩，我自有區處。（轉坐介）中軍那裏？（末應，同雜儀從上）（生）傳仇驛丞進見。（末出傳介）（丑慌上，登舟膝行進庭參介）（丑伏介）（生）仇君别來無恙。（丑叩頭介）託大人洪福。（生）本帥聞得你在這裏，甚著能名。今有一事相煩，當可辦得？（丑）大人吩咐，狗官水火不辭。（生）本帥亦無別事，就是這教坊施弄珠，本是良家女子。你可出銀三千，爲他脱籍。限你三日，繳差見我。這裏驛丞，本帥另有劄授，你可專辦此事，始終勞你成全他罷。（丑叩頭答應，起身上岸介）只爲奉承得快，免教發作得遲。罷罷罷！只得把這兩年宦橐，全數勾消，保護這顆腦袋了。正是：從前作過事，煩惱一齊來。（下）（生）珠娘，你可暫時回去，俟我進署，禀過太夫人，五日爲期，必來相迓。

【琥珀貓兒墜】從此郵亭，待畫桃葉渡江圖。你且鶯燕重新伴柳姑，樓頭暫貯假羅敷。歡娱指候門，莫把牡丹期誤。

（小旦）多謝大人。（生）中軍，送這女子上那來時船去。（末應，作提燈送旦過船，雜撑船上接旦下）（生）

【尾聲】姻緣合，把情天補，有多少士女焚香祝，下車，俺待要種十萬鴛鴦在鏡湖。

掩門。（内吹打生下）（末衆擁下）

余嘗見唐小説，載支觀察、施弄珠事。當其單車上道，所眷被奪，冷落之况，爲之感唏。及持節錦歸，邂逅津館，遽捐萬金，竟脱其籍携去，不覺慨然於前後榮悴之殊，爲之忽笑忽涕。惟稱支已離家十餘年，年已老大，又銜驛吏仇壬構郄之憾，竟致其死，皆於情事有未能愜。故稍爲變易，以就觀者。其中載僚屬名氏甚詳，而按之史傳，殊無可考。浙東廉使亦無其名。又稱支嘗官鳳閣舍人，其爲觀察時，官文昌左丞。按：唐改中書省爲鳳閣，尚書省爲文昌省，皆在高宗龍朔時，旋即改故。而觀察使之名，在玄宗開元末，由黜陟使改置。然唐人傳記，多喜爲鳳閣、文昌之稱。蓋一代稱謂固如此也。唐自憲宗諱純，凡淳、醇等字皆避，則支事當在永貞以前。余既感其事，又喜所載皆吾鄉人事，爰爲譜之樂府，以傳無窮。事之有無，不足深究耳。越縵自跋。

原傳支君之遇施弄珠，在蘇州驛舍，而仇壬以潤州司户參軍攝丹徒尉，支因屬浙西觀察使，謫之爲杭州武林驛吏，未行，杖殺之。予因移之越地，所以爲傳奇也。改支爲兹，則竟例其人於子虚烏有矣。又記。

人生瑣屑恩怨之故，有道者視之，誠不滿其一哂。而功名之士，方其勛藏太室，佐正揆席，聲施極于海朔，自視若無足異，而獨於窮時一顧盼之恩，一睚眦之隙，輒流連鄭重，斤斤焉不能一刻忘。嗚呼！此其故可感矣！長安西風，槐市積葉，秋氣肅枕，安居易悲。蓴客因讀唐小説《支生傳》，忽忽有觸，夜起燃炬，通宵而成，次夕脱稿垂示。僕不能言文之所以工，顧讀之而使吾心之悲喜愉怨一若受節于子文，而吾不能自主。吾不審蓴客讀《支生傳》時與吾讀蓴客此文時其所謂忽忽有觸者果同焉否也，又不審千古後之讀此文者與吾心又果同焉否也。嗚呼，不重可感哉！七月下旬漚老譽書。

桃花聖解盦樂府第二種

會稽越縵堂李慈銘蓴客稿本　蕭山鍾駿文校刊

秋夢

（生巾服上）病骨西風怯倚闌，梧桐葉上月鉤殘。客中剩有思親淚，無事緣卿一再彈。用舊句。小生莫嶠，江南人也。自客京師，已逾一載。洎聞寇警，久絶家書。游子難歸，十二時思親腸斷；故園何在，三千里作客神傷。才高有窮鳥之悲，金盡作枯魚之泣。目下秋風又起，病體未瘳，遥念粟里親朋，瀼溪弟妹，是誰驅迫，致此分離。至於鄉里私情，早已我儂薄倖。懺沈約分桃之癖，戒韓翃折柳之盟。凡涉風流，概從斷絶。只因丱歲，偶遇嬰娘，智慧姻緣，癡騃游戲。錦箋有句，曾蒙才子之呼；玉鏡無臺，空憶老奴之謔。情天兜率，佛根自有三生；色界楞嚴，慧影竟難再現。不免淚珠洗面，心字燒香。（淚介）當此凄凉天氣，行坐無聊，你看落照沉山，夕烟上樹，風簾露簟，滿院秋聲。這情緒好難消遣也！

【月兒高】露下秋痕淺，湘簾倚花捲。（起行介）魆地凄凉夜，獨自个閑行遍。恁多事黄昏留得閑庭院。只有影兒，分付相伴。

咳！看這碧空萬里，絳河一泓，已是星期將近了。

【前腔】何處是，巫山現。鵲橋兒，問誰管。月裏瑶簧澀，雲際璚樓掩。偏則是紅顔薄命生天慣，但人間天上總孤眠。恁相思，有誰見。

聽這啼螿絮恨，暗葉敲愁，露氣漸深，夜已近午，不覺身子困倦起來，只索去睡罷。（場上設床帳介）（生轉坐介）（内打二更介）

【懶畫眉】這消魂時候早涼天，便待要訴盡孤淒也枉然。（欠伸介）知否今宵，好夢阿誰邊。倩孤燈證我相思券，又索是被冷香殘要獨自憐。（睡介）（内打三更介）

（旦鬼帕淡妝上）紫玉原烟化，靈芸是夜來。奴家柳姝，小字嬰娘，幼與莫郎，花前一諾。自乖素願，遂判兩塵。死後生前，情根永在。幽宫十載，魂夢難通。今日謫期已滿，將返兜率宫中，爲司花侍女，特來與莫郎話别一番。他日毗藍劫盡，蕊苑蓉城，再圖永聚。咳！一路行來，千山萬水，滿目烽烟，好不辛苦人也！

【前腔】爲甚步虚飛下萬重山，可只爲玉女投壺一笑緣。是生生不换有情天，則合恩情美滿由人戀。偏奴與莫郎呵，恁初地團圓便爾慳。

（望介）前面鳳城南畔，花木幽深，已是莫郎寓室，不免逕入則個。（作進介）你看書幌燈昏，琴囊塵漬，可知近狀，兀自傷心。（淚介）

【忒忒令】多則是日夜思親淚漣，那更爲著柔情厮纏，瘦書生慣受天公賺，一封封鴛鴦柬，一椿椿鸚鵡禪，轉傷心這迷睽一面。

（揭帳介）莫郎莫郎，奴家在此。（生起坐介）是那個？（旦）則奴嬰娘來也。（生驚認介）果然是我嬰娘。怎生到此？（相持泣介）（生）

【尹令】赤緊熱，齊天美眷，驀決絶，山遥水遠。則等海枯石爛，有這天從人願。看你這月樣身兒，花樣龐兒，勝似往年。

（旦）想當時呵，

【品令】曾記共携手，密誓在鏡臺邊。我和你無猜兩小，常鎮日並香肩，燕後鶯先，葉底花前，是處瞞他見。到後日呵！恁忽地裏愛癡分判，只珠淚雙雙，没個紅絲一處穿。

（生）趁此良夜，和你家去，尋覓那時蹤跡。（旦）你家在那裏，只索同去一望罷。（生旦携手行，作登高指點介）（生旦合）

【豆葉黄】那莽天涯是鬔鬔亂樹帶平烟，傍著個俏湖山粉畫兒周垣，霎時間把一座小陽臺齊現。那邊歌院，那邊舞簾，這一答軟丢丢的楊葉兒繫情絲那年，這一答艷生生的花影兒證情詞那年，是我兩人呵，結下了没頭的恩怨。

（内吹打，小生、貼旦各繡衣携花燈，雜四五人各色衣執花燈上，旋繞喧笑下）（生）鳳簫聲動，玉壺光轉，我兩人又在東風燈影中也。（生旦合）

【玉交枝】又早是蛾兒鬧宴，忽吹落銀花滿天。省可是東風便把全身現，生受這羅帕金錢。顫茸茸厮並著花勝，妍月纖纖，屧兒印遍舞胡旋，賺得嬌嗹，越顯出那小春人笑靨。

（内簫鼓，小生、貼旦各簪花執柳枝携手緩步。雜旦四人扮侍婢，分執酒壺、花瓶、團扇、書卷雜摇船上，旋轉下）（旦）畫船紫燕，團扇流鶯，又是嬉春時候哩。（生旦合）

【月上海棠】最繾綣，全家畫舸春風軟。那波光酒盞，鬢影詩奩都戀。恁滴滴花兜團扇滿，更雙雙燕繡生衣蒨。水裏青春，畫裏青山，回頭天上神仙眷。

（内鑼鼓，雜扮龍船跳舞上，小生、貼旦雜撑船隨上同下）（生）嬰娘，看那錦標競渡，鷁舞雲迴，魚飛浪織，好不熱鬧也。（生旦合）

【二犯么令】還恁張水嬉樓艦，亂魚龍飛舞青天。紅獵獵旌旗影，攪碎一湖烟。錦酣酣，驀把個畫家山鏡裏旋。（生顧旦介）游戲這刹那間，算莫負湖州少年。

（旦）莫郎，往事如塵，勿勞更憶，俺送你回寓者。（同下介）（生旦合）

【江兒水】是何年，能割斷兩情挂牽。没來由，前生孽債頭院願，今生罪過閻羅案，更來生因果菩提讚。一會價迷離夢幻，碧落黄泉，守得個情長愛短。

（内四更介）（旦）莫郎，此會難長，只索别去，前途保重，後晤有期。（生旦各淚介）（旦）

【前腔】恁流連，難剖辨恨緣愛緣。但願你呵，從今後蒲萄莫負當歸券，蘼蕪莫誤情癡傳，更芙蓉莫結迴文怨。（旦携生手至床前介）且暫返邯鄲枕畔。（生仍睡，旦放下帳介）莫郎，奴家去也。去路漫漫，又獨自凄凉消遣。（掩淚下）

（生作醒起唤介）嬰娘那裏去？（四顧呆介）（内五更介）呀，原來是一場大夢。

【川撥棹】看這月栖梁，露通簾，聽聽這亂蛩聲幽草邊，分明是燭影現嬋娟，分明是燭影現嬋娟。祇餘一縷秋風紫玉烟。空爲伊長恨天，空爲伊死挂牽。

【前腔】看這枕和衾，淚熒然，想想是玉人兒燈下彈。方纔夢中之語，説是後會有期，果許了結下再生緣，果許了結下再生緣，便教世世曇花也勝仙。空爲伊長恨天，空爲伊死挂牽。

（内鷄鳴介）（生作開門望介）呀，門外宿霧迷漫，曉星慘淡，遠遠荒鷄唱曙，你看嬰娘一路去呵！

【前腔】你這路途遥，珮環寒，看看這瘦魂兒來復還。那一座露草小墳邊，那一座露草小墳邊，祇宜冷月山深吊病鵑。空爲伊長恨天，空爲伊死挂牽。

【尾聲】恁盈盈生長畫堂前，勞夢裏家園指點，恨不得倩寄平安紙一椷。

舊作：

忽忽荒鷄送彩鸞，人天此去見應難。蓬萊清淺無多水，莫作生前淚點看。（下）

至人無夢，忘情也；愚人無夢，不及情也。安豐有言，情之所鍾，正在我輩。情也者，其夢之帥乎？越縵生幼痼於情者十餘年，已而悔之。近方研經學道，痛自砭治，絶日不言情。秋室伏景，屏俗勿營，感寂入幽，忽忽而夢。既寐，述夢中狀，爲雜劇樂府，東甌生受而誦之，憮然曰：善哉乎，情譬水也，堤而過之，孰若順而導之。使情之泛濫而失其閑者，納諸歸墟，斯日習於情而幾乎忘焉，殆夢忘之矣，則秋夢一篇，其越縵防情之學乎？僕昨夢糞穢盈厠，占其兆，謂當獲財，不知於六夢七情當何屬也，請越縵生爲僕詮之。漚公跋。

詩降而詞，詞降而曲，况斯下矣。搢紳學士，屏之弗談，而一二鄉曲脣吻之徒，又率意爲之，曲之爲道，遂以日晦。由是推之，詩若詞，趨異而阨則同。僕嘗謂天地間既有一種文字，必有一種真理包藴其間。善爲文者，先即其理，目擊而心存之，積久生悟。方其既悟，於是伸紙蘸筆，追此理于冥范之中，驅以靈心，弋以快腕，直使我之精神氣力，與天地之理呼吸膠固，發而爲文，斯其所以歷千古而不敝也。僕間以此語質蕁客，蕁客撫掌曰：『此語非君不能言，非我不能會。』故其於文章，未嘗苟作，作即無匆工。日者偶讀元人傳奇，悄然有感，紬經之暇，輒擬爲之。謡思古意，哀感頑艷，幾幾與玉茗翁《驚夢》《叫畫》諸曲，較分刌之出入，下者猶與《南柯》《紫釵》二夢争長。人但賞其用意之婉篤、措詞之綿麗，以爲才人極筆，不知其移情蕩氣，有溢於字句之外，僕亦不能言其故也。殆所云，悟之通於理者矣。吾師乎，吾師乎！漚公再書。

（盧敦基　整理）

印行越縵堂日記緣起

李蓴客先生之行述，備見於平景蓀君所爲傳。傳中列所著書目甚詳，余皆未之見，見者爲《日記》七十餘册。《日記》之内容，則王義門君所爲《徵印越縵堂日記啓》既詳言之。當前清光緒甲午之冬，先生去世未久，其子承侯受沈君子培之敦促，欲先刻《日記》，屬余分別籤識，付鈔胥寫之。甫竣，承侯即携以南歸，未及校也。閲數年，樊君樊山以速刻自任，索最後一函去，卒未刻。民國元年，余在南京，繆君筱珊又函詢及此，余急函告承侯携《日記》赴上海訪繆君，其結果如何，余未之知也。前年，承侯又卒，沈君子培恐《日記》散佚，又商之劉君翰怡。劉君願任刻貲，乃屬林君大同商諸李氏，議又不諧。去年，徐君以孫來北京，携《越縵堂藏書目録》，言其家將以藏書出售。余詢之張君岱杉，張君轉詢余以《越縵堂日記》，余以二十餘年議刻未成之歷史告之。張君謂，盍仿《曾湘鄉日記》例，用原本石印？余乃約張君及傅君沅叔、王君幼山、王君書衡，共爲第一次發起人，函商於李先生之故人，請列名發起，並徵集印貲。其復函贊同。及由王書衡、樊樊山二君代表，贊同者爲樊君樊山、沈君子培、繆君筱珊、李君木齋、趙君次珊、楊君樹棠、孫君慕韓、汪君伯棠、李君贊侯、屈君文六、王君叔魯、葉君葵初、高君夢旦、江君叔海、陳君仲恕、袁君道充、邵君伯絅、孫君伯恒、許君季黻、姒君繼先。函中亦有允墊印貲三百元以上者，馮君仲賢並告齊照巖省長允墊三千元，乃屬商務印書館估印價。顧非檢原稿，不易估定。適先生之姪璧臣來，乃商定先付版權費三千元，由張君岱杉墊付。六月間，余養疴西湖之濱，璧臣以家中所藏《日記》六十四册至。余讀《孟學齋日記甲集》敘言，知先生本意，自甲寅至壬戊十四册，家藏者實止十三册，沈悦名君寄來半册，尚缺半册也。取其考據、議論、詩文蹤跡稍可録者，分類萶之，以待付梓。而其餘則未可公布。又樊君所藏之八册，亦尚未檢出，乃與璧臣商，先印咸豐癸亥至光緒戊子《日記》五十一册，其中雖有孟學齋、受禮廬、祥琴室、息荼庵、桃花聖解盦、荀學齋諸别名，而以越縵堂爲共名。由商務印書館估定，千部印費爲銀二萬有奇，訂合同日，當先付三分之一。於是張君又墊付銀六千七百六十圓，而浙江公會會長孫君且承認以浙江公會名義付印。然預計印費，非於三月内售出預約券三百張，仍不能開印，深望李先生諸故舊，均能如張君及認墊印費諸君之熱心，不但三百張之預約券刻期售罄，而且志願預約者或在千部以上，則積其贏利，且可舉此次未印之《日記》及其他著作次第印行，非特李氏家屬之所感謝，抑亦全國學子之所希望也。爰不避煩瑣，述其緣起，且附録平君所爲傳及王君所爲啓於左方，備省覽。民國九年一月五日蔡元培。

是年九月，綜各處預約之數，已達三百部以上，於是自孟學齋至荀學齋五十一册之《日記》遂得付印。二十年來，經若干人苦心之計畫，有此結果，後死者之責稍稍盡矣。然而行百里者半九十，孟學齋以前尚待編録之十三册、荀學齋以後扃諸樊山書篋之八册，猶不可不致意也。盟諸息壤，以待來年。十一月十七日蔡元培識。

掌山西道監察御史督理街道李慈銘傳

平步青

君姓李氏，初名模，字式侯，後更名慈銘，字炁伯，號蒪客，浙江會稽人。生有異才，年十二三即工韵語，集中所存游蘭亭諸詩是也。長益覃思劬學，於書無所不窺。時越多高才生，咸推君爲職志。道光庚戌，吴縣吴晴舫侍郎再督浙學。侍郎漢學大師，得君文偉，愛之，以第二人補縣學生員。次年食餼。而應南北試凡十一，屢薦屢報罷。咸豐己未北遊，將入資爲部郎，而爲人所紿，喪其資，落魄京師。母恭人亟鬻田成之。李氏越中巨戴，以財力滋殖雄里閭，君授産故不豐，至是傫然寒士矣。同治乙丑，請急歸，奉母諱。庚午，始舉浙闈。五上春官，光緒庚辰始通籍。君才望傾朝右，僉謂宜擢上第，而顧不遇，以原官久次補户部江南司資郎。

大都尚聲氣交遊，造謁報謝無虚日，暇則徵歌狎飲以爲常，鮮治事者，而君獨鍵户讀書吟詠，蒔藥種花，非其人不與通，經年不一詣署。尚書朝邑閻公方嚴覈名實，下教諸曹郎分日入謁，尚書坐堂皇旁，一司官執簿唱名，堂下聲諾，如點隸呼囚者然。吏持牒至，君手書纍千言，責其非政體，不當辱朝官而輕量天下士，伉直激切，若昌黎《與張僕射書》，走筆付吏去。閻公得書，頗善之，事遂已。己丑試御史。庚寅補山西道監察御史，轉掌山西道，巡視北城，督理街道，皆舉其職。數上封事，洞中利弊，不避權要，被旨允行，或報聞，君項項不自得。今年夏，中日啓釁，敗問日至。知君者頗訝何以無所論效，蓋君戍削善病，至是獨居深念，感憤扼腕，咯血益劇，遂以十一月二十四日竟卒，年六十有六。

君自謂於經史子集以及稗官、梵夾、詩餘、傳奇，無不涉獵而模放之，而所致力者莫如史。所爲散文、駢體、考據筆記、詩歌詞曲，積稿數尺，而所得意者莫如詩。讀者以爲定論。君性簡略，胸無城寓。然矜尚名節，意所不可，輒面折人過。議論臧否，不輕假借苟同，雖忤樞輔不之顧。以是人多娼之。然虚中樂善，後進一言之合，譝之不容口。所指授成名者爲多，門下著録甚衆。平生故人有改而北面者，他可知已。君於經學，有《十三經古今文義彙正》《説文舉要》《音字古今要略》《越縵經説》。於史，有《後漢書集解》《北史補傳》《歷史論贊補正》《歷代史賸》《閏史》《唐代官制雜鈔》《宋代官制雜鈔》《元代重儒考》《明謚法考》《南渡事略》《國朝經儒經籍考》《軍興以來忠節小傳》《紹興府志》《會稽新志》。又有《越縵讀書録》《越縵筆記》《柯山漫録》《孟學齋古文内外篇》《湖塘林館駢體文鈔》《白華絳跗閣詩初集》《杏花香雪齋詩二集》《霞川花隱詞》《桃花聖解庵樂府》，凡百數十卷。可謂碩學鴻文，蔚爲著述者也。友人僅刻其駢體文鈔二卷、詩初集十卷，餘未禮堂寫定，傳之其人。

娶馬恭人，無子，以弟之子孝坙爲嗣。

論曰：吾越奇才，近代推石笥胡徵君。御史後出，所學與徵君微不同。其論定國朝古文，以徵君爲六家之一。徵君性剛任氣，豪傷自憙，不頫循卭覆，爲朝貴所抳迮，卒以窮死。御史晚達，入臺，差遇矣，而亦不克大㬥所蓄，卒蕉萃佗傺以殁，不可謂非窮也。然徵君有言，古今人皆死，惟能文章者不死。於虖！誰謂御史而竟死哉！

徵刊越縵堂日記啓

王存

越縵先生，浙東老宿，海内大師。合文苑與儒林，殿有清之作者。廣談虞筆，雅俗同欽。先生窮年矻矻，著述等身。剞劂所傳，十不逮一。而生平精力，尤薈萃於《日記》一編，積數百萬言，亘三十餘載。其用力也，罔有或輟；其爲事也，無乎不賅。近之可方湘鄉日課之勤，遠之可繼亭林《日知》之博。綜厥所長，殆兼數善。一曰説經。憲章本師，確守家法。乾嘉諸老，宗風不墜。最詳三《禮》之學，多申後鄭之義。無愧沉峻特精之目，可息王粲嗟怪之言。一曰證史。乙部瀚浩，非無闕文。尋按綴集，時有訂補。得失臧否，因事以明。而於明季遺聞、鄉邦掌故，尤三致意焉。昔崔慰祖採二百餘事，劉知幾著四十九篇。方之古人，詎云多讓。一曰讀書記。每讀一書，撮其指意。鉤玄挈領，采擷其英華；起廢箴盲，糾繩其謬誤。略如《四庫全書提要》之例，而詳贍過之。一曰記事。斷爛朝報，有關一代之典章；鄉里逸聞，考見百年之興廢。先生所見者大，更事尤多。不虞傳聞之異辭，可備史材於他日。一曰評騭人物。蘭臺人表，九等分其高下；汝南月旦，片言定爲褒譏。雖至慎有異乎步兵，而直道略存於魯叟。不同耳食，足愈頭風。論世知人，豈曰小補。一曰雜記。方圓之俗，國政所成；丘里之言，賢者不廢。或長纓高髻，覘風尚之轉移；或一馬十牛，見征徭之煩費。數十年來，文野蜕嬗之跡，治化遷變所由，推甲知乙，思過半矣。一曰詩文。一囊句好琉璃，則孝穆隨身；三上文成珠玉，是宛陵常課。居諸所積，觸緒紛羅。其間小品別裁，自成馨逸，俯拾即是，味美於回。纂之無俟殺青，讀者皆堪浮白。可謂見歲若月，勤志服知，集藝事之大成，推江東之獨步也已。茂陵無求，禮堂寫定。蘊其光氣，莫借一瓻。秘以緘縢，載之兼兩。蛟蛇鬱律，蟫蠹叢殘。若復假以數年，重之五厄，竊注或虞夫郭象，興玄無望於張衡。將使流波息引，詠蒼浪而不歸；學海迷津，賦(卬)〔卬〕須而永歎。非惟來學之不幸，抑亦當世所羞也。某等心傾素業，耳熟清談。或近接音塵，或親承講貫；或居鄰枌梓，或寤想琴尊。咸懷平生之言，並有後死之責。是用遍徵好事，大合金資。付與寫官，冀流傳夫不朽；別藏真蹟，俾昭示於來兹。他日人置一通，手胝萬本。珍爲鴻寶，富於猗頓之財；引入瑯嬛，侑以湖山之美。勝事傳誇於吴越，幽光照燭於東南。皆諸公之所賜矣。條具概要，列於左方。願拜百朋之貽，勿吝千金之享。謹啓。

印行越縵堂日記補緣起

當民國九年印行《越縵堂日記》時，待印之《日記》，實有手寫本六十四册，傳録本二册，一册續得，故前作《緣起》僅言沈悦名君所寄半册。而所印止五十一册者，以蓴客先生在《孟學齋日記甲集》之端有云：『予著《越縵日記》，起甲寅迄今，癸亥孟夏。編爲甲集至壬集，得十四册二十八卷……二十八卷中當取其考據、議論、詩文踪跡稍可録者，分類舂之，以待付梓。凡所餘者，或投之烈炬，或錮之深淵，或即藏之鑿楹，以爲陷匪類而不自知。至於累牘連章，魑魅屢見，每一展閱，羞憤入地……平生頗喜騖聲氣，遂子孫之戒。』云云，謹本斯意，留待類編。不意遷延十餘年，竟未有付鈔之機會。錢君玄同曾檢閲一過，謂不妨循五十一册例，仍付影印。同人咸贊成之。蓋先生所引爲深咎者，此十餘册中，恒有與周氏昆弟相徵逐之記載。然屢被剪截，疊加塗抹，所餘亦復無幾。且凶終之故，其咎不在先生，正不必爲之諱也。越縵堂藏書已由北平圖書館購藏，館中同人如王君重民等，正鈔録書端識語，次第印行，如《漢書》《後漢書》《三國志》等札記。是對於先生之遺著，最爲注意，宜有當仁不讓之概。爰與袁副館長同禮商，由本館仿九年間浙江公會之例，主持印務，而印刷發行，則亦仍五十一册之例，由商務印書館任之。所印者，自甲寅春至癸亥三月三十日，凡十三册，正與《孟學齋日記甲集》相銜接，而按之月日，雖似所缺尚多，然除丙辰九月十五日至丁巳四月十九日，已據傳録本排印補充傳録本二册，甲册前半爲《甲寅日記》，月日起訖與第一册手寫定本同，而文字稍有違異，故不複印；後半册起丙辰九月十五日，訖丁巳四月十九日。乙册亦起丙辰九月十五日，訖十二月二十五日，文字互有詳略，故並存之。外，餘如乙卯秋冬、己未夏秋，先生自言以落解伊鬱或入都冗廢之故而闕之，且不及補也。甲寅秋冬、丁巳夏雖各有一册，而均被燬於乙酉里宅被焚之時。均見《越縵堂日記壬集》自序。然則自此次印行以後，除樊樊山君所藏八册以外，已可謂應有盡有矣。甚希望樊君後人能檢出最後八册，以餉愛讀越縵遺著之學者焉。

二十二年十月一日國立北平圖書館館長蔡元培

索引

掃描二維碼獲取可檢索人名索引、詩文索引、札記索引

图書在版编目(CIP)数据

李慈銘日記 /（清）李慈銘著 ；盧敦基主編. — 杭州 ：浙江大學出版社，2024.6
（浙江文獻集成）
ISBN 978-7-308-23064-3

Ⅰ. ①李… Ⅱ. ①李… ②盧… Ⅲ. ①李慈銘(1830－1894)－日記 Ⅳ. ①K825.6

中國版本圖書館 CIP 數據核字(2022)第 172750 號

李慈銘日記

〔清〕李慈銘 著　盧敦基 主編　何勇强 副主編

策劃編輯　宋旭華　王榮鑫
項目統籌　宋旭華　王榮鑫
責任編輯　蔡　帆　潘丕秀　姜澤彬　周燁楠　徐凱凱
責任校對　吴心怡
封面設計　周　靈
出版發行　浙江大學出版社
（杭州市天目山路 148 號　郵政編碼 310007）
（網址：http://www.zjupress.com）
排　　版　杭州朝曦圖文設計有限公司
印　　刷　杭州宏雅印刷有限公司
開　　本　710mm×1000mm　1/16
印　　張　386.75
插　　頁　2
字　　數　5052 千
版 印 次　2024 年 6 月第 1 版　2024 年 6 月第 1 次印刷
書　　號　ISBN 978-7-308-23064-3
定　　價　2780.00 元(全十四册)

浙江大學出版社市場運營中心聯繫方式：0571-88925591；http://zjdxcbs.tmall.com